Modernes Marketing für Studium und Praxis
Herausgeber Hans Christian Weis

Prof. Jürgen Bruns
Internationales Marketing

umweltfreundlich
… weil auf chlor- und
säurefreiem Papier gedruckt.

Modernes Marketing für Studium und Praxis

Herausgeber Hans Christian Weis

Internationales Marketing

von

Prof. Jürgen Bruns

3., völlig überarbeitete und aktualisierte Auflage

Prof. Jürgen Bruns lehrt im Fachbereich Wirtschaftsingenieurwesen der Hochschule Niederrhein das Fach Allgemeine Betriebswirtschaftslehre, insbesondere Marketing. Vor seinem Wechsel an die FH im Jahr 1989 war **Prof. Jürgen Bruns** 25 Jahre in der Industrie tätig. So war er bei der Firma HENKEL KGaA, Düsseldorf, stellvertreender Leiter des Volkswirtschaftlichen Büros und Abteilungsleiter der Unternehmensplanung. Bei der THYSSEN EDELSTAHL WERKE AG, Krefeld, war er Marktforschungsleiter und - nach seiner Tätigkeit in der französischen Verkaufsniederlassung - Exportleiter. Bei der Firma PRYM KG, Stolberg, war er die letzten zehn Jahre bis zum Wechsel in die Lehrtätigkeit Marketingleiter und Exportleiter. Er war in dieser Funktion u.a. für den weltweiten Export einschließlich der Betreuung der Auslandsniederlassungen verantwortlich.

3 470 **43083** 7 · 3. Auflage 2003
© Friedrich Kiehl Verlag GmbH, Ludwigshafen (Rhein) 1991
Druck: Präzis-Druck GmbH, Karlsruhe – wi

Modernes Marketing für Studium und Praxis

Die Fachbuchreihe „Modernes Marketing für Studium und Praxis" will das aktuelle und praktisch anwendbare Wissen des Marketing anwendungsbezogen, anschaulich und übersichtlich darstellen und vermitteln.

Die einzelnen Bände sind so konzipiert, dass sie einzeln und in sich abgeschlossen über ein Teilgebiet des Marketing ausführlich informieren. Alle Bände der Reihe sind einheitlich gestaltet und wie folgt gegliedert:

- Der Textteil will das jeweilige Wissen vermitteln. Beispiele und grafische Darstellungen sollen die Veranschaulichung erleichtern. Den Abschluss bilden Kontrollfragen, die dem Leser zur Wissenskontrolle dienen. Jedem Kapitel ist ein Literaturverzeichnis angefügt, das die wesentlichen Literaturhinweise enthält.

- Der Übungsteil am Ende des Buches enthält Aufgaben/Fälle, die zur Vertiefung und zur Anwendung des im Textteil dargestellten Stoffgebietes dienen sollen.

Die Reihe „Modernes Marketing für Studium und Praxis" wendet sich an alle Marketinginteressierten, insbesondere an

- Studenten an Universitäten, Gesamthochschulen, Fachhochschulen sowie sonstigen Instituten, denen eine anwendungsbezogene und aktuelle Einführung in Teilgebiete des Marketing vermittelt werden soll

- in der betrieblichen Praxis Tätige, die sich über die verschiedenen Gebiete des Marketing informieren wollen.

Den einzelnen Autoren, die sowohl in der Praxis als auch durch langjährige Lehrtätigkeit im Hochschulbereich sowie im Managementtraining ausgewiesen sind, gilt mein besonderer Dank.

Für weitere Anregungen, durch die diese Fachbuchreihe verbessert werden kann, danke ich allen Lesern.

Hans Christian Weis

Vorwort zur 3. Auflage

Das Zusammenwachsen Europas mit dem Kern eines einheitlichen Währungsgebiets, die wachsende internationale Liberalisierung der Handels-, Dienstleistungs- und Kapitalströme und grenzenlose, zeitgleiche Kommunikationsmöglichkeiten führen dazu, dass der Wettbewerb immer internationaler wird. Erfolgreiche Unternehmen sind bemüht, diesen Wettbewerb durch eine internationale Orientierung aktiv mit zu gestalten.

Marktorientierte Unternehmensführung bedeutet deshalb heute die Ausrichtung aller Unternehmensaktivitäten auf die Wahrnehmung von Chancen u.a. auf den internationalen Beschaffungs-, Finanz- oder Absatzmärkten.

Dem internationalen Marketing fällt die Aufgabe zu, Bedrohungen und Chancen auf den Absatzmärkten zu erkennen und sie für ein erfolgreiches Auslandsengagement zu nutzen.

Das vorliegende Buch möchte dem Studenten, aber auch dem Praktiker, die wachsende Komplexität, die mit einem Auslandsengagement verbunden ist, transparent machen. Es möchte ihn in die Lage versetzen, vielfältige, teilweise widersprüchliche Informationen zu interpretieren und - darauf aufbauend - die Konsequenzen internationaler Entscheidungen abzuwägen und Marketingentscheidungen fundiert zu treffen. Auf eine Darstellung und Erörterung der Grundlagen der Außenhandelstheorie wurde deshalb bewusst verzichtet.

Ausgehend von den Möglichkeiten der Informationsgewinnung über Auslandsmärkte, wird die Nutzung der Informationen für eine Analyse und Auswahl der Ländermärkte diskutiert. Anhand zahlreicher praxisbezogener Beispiele werden alternative Strategien zur Markterschließung und die Instrumente zur Bearbeitung internationaler Märkte erörtert.

Der Verfasser kann dabei nicht nur auf eine Berufstätigkeit im Ausland, sondern auch auf eine mehr als 10-jährige Erfahrung als Exportleiter und Betreuer von Auslandsniederlassungen und auf eine umfangreiche internationale Projekterfahrung für die EU zurückgreifen.

An dieser Stelle möchte ich mich bei meiner studentischen Hilfskraft Carsten Kriegel für die technische Unterstützung, insbesondere bei der Erstellung von Grafiken, bedanken. Ein besonderer Dank gilt auch meiner Frau Marianna für ihr Verständnis und für den Ansporn zur Fertigstellung des Manuskripts.

Mönchengladbach, im Februar 2003

Jürgen Bruns

Inhaltsverzeichnis

A. Grundlagen

1. Einleitung

Die Weltwirtschaft unterliegt seit mehr als einem Jahrzehnt einem sich beschleunigendem Wandlungsprozess. Hinter diesem Prozess verbergen sich eine Vielzahl einzelner, oft miteinander verknüpfter und sich gegenseitig beeinflussender Entwicklungstendenzen, die sich in vier Gruppen zusammenfassen lassen:

❏ **Wirtschaftspolitische Entwicklungen**
- Die zunehmende Bildung von Wirtschaftsräumen wie gemeinsamen Märkten oder Freihandelszonen (z.B. EU, North American Free Trade Agreement (NAFTA), die bis zum Jahre 2005 geplante gesamte amerikanische Freihandelszone (FTAA), der Mercado Común del Sur (Mercosur), die Association of South East Asian Nations (ASEAN) oder die Asian Free Trade Area (AFTA)).
- Der Abbau von Handelsschranken und die Liberalisierung des Waren-, Dienstleistungs- und Kapitalverkehrs, innerhalb der Wirtschaftsräume bis zur Schaffung einer Währungsunion mit einem Übergang zu einer engeren politischen Union.
- Die Strukturverschiebungen in den Industrieländern vom primären Sektor (Landwirtschaft) und dem sekundären Sektor (Industrie) zum tertiären Sektor (Dienstleistung, Kommunikation und Wissen).
- Ein Wirtschaftswachstum, das die Ungleichgewichte zwischen Industrie- und Entwicklungsländern weiter verstärkt.

❏ **Entwicklungen auf den Güter- und Dienstleistungsmärkten**
- Sättigungstendenzen mit stagnierenden Absätzen auf vielen Gütermärkten der Industrieländer und vielfach zunehmend ungesättigte Märkte in den Entwicklungsländern -insbesondere Afrika- , um die sich die aufgrund mangelnder Kaufkraft keine Anbieter bemühen.
- Wachsende Dienstleistungsmärkte in den Industrieländern.
- Die Verkürzung der Produktlebenszyklen aufgrund des technischen Fortschritts.
- Die Verschärfung des Wettbewerbs auf den jeweiligen Heimatmärkten durch das Vordringen ausländischer Anbieter.
- Die Auflösung regionaler Marktabgrenzungen durch den weltumspannenden E-Commerce.

❏ **Technologische Entwicklungen**
- Die immer schnellere Entwicklung und Einführung neuer Technologien in Produktion und im Verkehr, die zu einer Steigerung der Arbeitsproduktivität führen und die technischen Voraussetzungen für eine Verkürzung der Produktlebenszyklen schaffen.
- Die Entwicklungen in der Kommunikationstechnologie, die weltweit die jederzeitige Speicherung, Übermittlung und den Zugriff auf Daten erlauben. Dies

bezieht sich auf externe Daten über das Internet sowie auf den Zugriff von Mitgliedern einer Unternehmensorganisation auf unternehmensinterne Daten über das Intranet und von Unternehmensfremden über das Extranet.

Die Folge ist eine wachsende Transparenz der Beschaffungs- Absatz- und Kapitalmärkte und eine Unternehmensführung, die eine zeitgleiche (real time) Informations- und Entscheidungsweitergabe an alle Unternehmensebenen gestattet.

❏ **Bevölkerungsentwicklungen**
- Ein unverändert ungleichgewichtiges Wachstum der Weltbevölkerung, das die höchsten Zuwächse in Asien und Afrika erwarten lässt.
- Eine zunehmende Verstädterung (Agglomeration), infolge einer durch Armut ausgelösten Landflucht.
- Wachsende politisch oder wirtschaftlich bedingte internationale Wanderungsbewegungen (Migrationen).
- Eine Veränderung (Vergreisung) der Bevölkerungsstruktur - zunächst in den Industrieländern - durch eine steigende Lebenserwartung bei gleichzeitig abnehmenden Geburtenraten, mit noch nicht abschätzbaren Konsequenzen für die Waren-, Dienstleistungs- und Arbeitsmärkte sowie für das Gesundheits- und Sozialwesen.

Diese Entwicklungen auf der einen Seite und die Reaktionen und Verhaltensweisen der Unternehmen und Verbraucher auf die sich wandelnden Umweltbedingungen auf der anderen Seite werden oft mit dem Schlagwort „**Globalisierung**" gekennzeichnet.

2. Entwicklung des Marketing

2.1 Von der industriellen Revolution zum Industriezeitalter

Die industrielle Revolution Ende des 18. Jahrhunderts (erste Industrielle Revolution) - die mit der Entwicklung von Maschinen und Werkzeugen in England ihren Anfang nahm - war ökonomisch durch eine rasche Steigerung der Produktivität gekennzeichnet. Diese Produktivitätssteigerung war eine Folge der Lerneffekte, der Arbeitsteilung und des technischen Fortschritts, d.h. eine Folge der Entwicklung von Maschinen, die vielfach handwerkliche Tätigkeiten übernehmen konnten.

Die Industrialisierung führte aufgrund der Fertigung größerer Gütermengen, die zu niedrigeren Preisen angeboten werden konnten, langfristig zu steigendem Wohlstand d.h. zu einem Anstieg des Realeinkommens. Die Probleme dieser Entwicklung waren zunächst gesellschaftlicher Natur. Fragen des gerechten Lohnes, des Warenwertes bzw. des Preises und des Kapitalprofits standen im Mittelpunkt wirtschaftswissenschaftlicher Überlegungen. **Fragen des Absatzes spielten nur eine untergeordnete Rolle.**

Auf die erste industrielle Revolution, die sich von England auf den Kontinent und später auf die USA ausbreitete, folgte fast nahtlos die zweite industrielle Revolution, die durch eine breite Industrialisierung sowie das Vordringen der Automation in Fertigung und Verwaltung und einer damit verbundenen Rationalisierung gekennzeichnet war. Als Symbol dieser Entwicklung kann die Einführung des Fließbandes durch Henry Ford, das den Übergang zur Massenfertigung erlaubte, gelten. Die **Massenfertigung** ermöglichte durch die Ausnutzung von Kostendegressionseffekten die **Herstellung billiger Massenverbrauchs- und Massengebrauchsgüter.**

Der Stellenwert des „Absatzes" hatte sich bis zu dieser Zeit aber noch nicht verändert. Nach wie vor waren die Märkte nicht gesättigt, d.h. die Nachfrage übertraf bei den geltenden Preisen das Angebot. Man kennzeichnet diese Konstellation mit dem Begriff **„Verkäufermarkt".** Jeder, der in der Lage war, Produkte zu erstellen, fand auch dafür Käufer. Die Engpässe betrieblicher Leistungserstellung und -verwertung lagen in der Beschaffung von Rohstoffen, dem Fertigungs-Knowhow oder fehlenden finanziellen Mitteln.

Die Unternehmensführung konnte somit „produktionsorientiert" erfolgen, d.h. im Mittelpunkt unternehmerischer Überlegungen stand die Fertigung des Produktes. Dabei ging es zunächst darum, überhaupt ein Produkt erstellen zu können, um es später bei allgemeiner Verbreitung des Know-hows kostengünstiger als der Wettbewerb anzubieten.

2.2 Die Entwicklung seit Mitte des 20. Jahrhunderts

In den sechziger und siebziger Jahren vollzog sich in den westlichen Industrieländern ein bisher nicht gekannter Wandel vom **„Verkäufermarkt"** zum **„Käufermarkt".**

Aufgrund einer sich beschleunigenden technischen Entwicklung und mit dem Ablauf vieler Patente wurden Basistechnologien allgemein zugänglich. Jeder Unternehmer und jedes Unternehmen, das über genügend eigene Kapitalkraft verfügte oder sich Kapital beschaffen konnte, konnte Bier brauen, Kosmetika herstellen, Zeitungen „machen" oder Versicherungsleistungen anbieten. Das Kapital erlaubte den Zugang zu den grundlegenden Produktionsverfahren und zum Kauf von Knowhow (z.B. von Fachpersonal oder Lizenzen). Die Folge war eine rasche Zunahme der Kapazitäten und des Angebots von Gütern.

Die Angebotsvielfalt begann die Nachfrage zu übertreffen. Der Verbraucher konnte zwischen Anbietern und ihren Produkten wählen. Er hatte nicht mehr das Problem, Produkte und Leistungen zu finden, um seine Bedürfnisse zu befriedigen, sondern er konnte sie sogar auf vielfältige Weise befriedigen. Nicht ein unzureichendes Angebot, sondern das verfügbare Einkommen begrenzte die wirksame Nachfrage nach Gütern und Dienstleistungen.

Der Verbraucher gewann damit an Macht gegenüber den Anbietern. Eine Macht, die auch dazu eingesetzt werden konnte, Wünsche nach Produktänderungen oder neuen Produkten zu äußern und durchzusetzen.

Zunächst glaubte man, der Verbraucher könne diese Macht nur ausüben, wenn er sich in Verbraucherorganisationen zusammenschlösse. Dies war die Zeit des **Konsumerismus** (Consumerism) als insbesondere in den USA in den 60er und 70er Jahren auf Druck der Verbraucherverbände zahlreiche Gesetze zum Schutz des Verbrauchers vor gesundheitlichen, materiellen und immateriellen Schäden, zur Verbesserung seiner Information und zur Stärkung seiner Rechtsposition durchgesetzt wurden. Diese Bewegung, die eng mit dem Namen des Verbraucheranwalts Ralph Nader verknüpft ist, und die ihre Denkanstöße von Vance Packard und John Kenneth Galbraith erhielt, führte dazu, dass in vielen Unternehmen Abteilungen für „verbraucherpolitische Belange" (consumer affairs departments) gegründet wurden (Diller, S. 561 f., 1994).

Diese Phase war also dadurch gekennzeichnet, dass die Unternehmen ihre Macht über den Konsumenten verloren. Sie konnten nicht mehr allein bestimmen, welche Produkte in welcher Form sie den Verbrauchern zur Verfügung stellen wollten. In ihrer Denkweise stand im Grunde genommen noch das Produkt im Mittelpunkt, aber sie wurden vielfach „gezwungen" verkaufsorientiert zu denken und zu handeln. Denn viele Produkte konnten oder durften sie nur verkaufen, wenn sie entsprechend den Verbraucherforderungen gestaltet waren.

2.3 Die Entwicklung seit Mitte der 80er Jahren

Der Konsumerismus verlor an Bedeutung als Unternehmen die unterschiedlichen **Verbraucherwünsche als Chance** begriffen - als Chance zur Erlangung von Wettbewerbsvorteilen gegenüber der Konkurrenz. Unternehmen erkannten in zunehmendem Maße, dass die Absatzchancen ihrer Produkte und Leistungen um so größer sind, je besser sie den Verbraucherwünschen entsprechen.

Der Begriff der **marktorientierten Unternehmensführung** fand somit erst seit den 80er Jahren breiten Eingang in die unternehmerischen Verhaltensweisen. Diese geänderte Denkweise beinhaltete tiefgreifende Konsequenzen für die Führung eines Unternehmens.

Unternehmen begannen sich an den **Kundenbedürfnissen** zu orientieren, um erfolgreicher als ihre Wettbewerber zu sein. Angebote wurden zielgruppenspezifischer gestaltet und vermarktet. Unternehmen wurden zunehmend marktorientiert geführt.

Meffert definierte deshalb schon sehr früh wie folgt: „Marketing bedeutet dementsprechend Planung, Koordination und Kontrolle aller auf die Märkte ausgerichteten Unternehmensaktivitäten. Durch eine dauerhafte Befriedigung der Kundenbedürfnisse sollen die Unternehmungsziele im gesamtwirtschaftlichen Güterprozess verwirklicht werden" (Meffert, 1979, S. 35).

Voraussetzungen für eine marktorientierte Unternehmensführung waren die

- Ausrichtung der Unternehmenseinstellung (Denkhaltung, Unternehmensphilosophie) und -funktionen auf den Markt als Mittelpunkt unternehmerischen Geschehens,
- Erstellung eines Marketing-Konzepts, das zum Ziele hatte, die Bedürfnisse und Wünsche des Zielmarktes zu ermitteln, um diese dann wirksamer und wirtschaftlicher zufrieden zu stellen als die Wettbewerber (Kotler, Bliemel, 1995, S. 25).

Eine marketingorientierte Unternehmenseinstellung kommt darin zum Ausdruck, dass der **Kunde als Schlüssel zum unternehmerischen Erfolg** erkannt wird - und zwar von jedem einzelnen Mitarbeiter und dass alle Mitarbeiter ihr Verhalten hieran ausrichten. Hinzu kommt, dass alle Bereiche auf allen Hierarchieebenen ihre Aktivitäten so koordinieren, dass eine höchstmögliche Kundenzufriedenheit erreicht wird.

Die marktorientierte Unternehmensführung unterscheidet sich somit von der produktorientierten Unternehmensführung durch den **Ausgangspunkt unternehmerischen Handelns** und darauf aufbauend durch die Ausrichtung aller Unternehmensbereiche und aller Unternehmensmitglieder auf den Markt und die Marktteilnehmer.

Little kennzeichnet die marktorientierte Unternehmensführung dadurch, dass er fordert, dass im Mittelpunkt unternehmerischer Bemühungen die **Optimierung des Kundennutzens** stehen müsse. Nur wenn es gelingt den Kundennutzen-Optimierungs-Prozess und die nachfolgenden internen Leistungsprozesse erfolgreich zu gestalten, ist die Sicherung der Existenz und der Überlebensfähigkeit eines Unternehmens begründet (Little, 1994, S. 22; Bruns 1998, S. 11 ff.).

2.4 Zukünftige Entwicklungen

Fazit aller bisherigen Überlegungen ist es, dass ein dauerhafter Gewinn nur durch eine Bedürfnisbefriedigung der potenziellen Verbraucher erzielt werden kann. Da jeder Verbraucher eigene Wünsche und Vorstellungen hat, wäre das Angebot eines individuellen Produktes bzw. einer individuellen Leistung, die optimale Vorgehensweise.

Ein **individuelles Produktangebot** aufgrund einer **individuellen Fertigung** oder eine **individuelle Leistung** findet man z.B.

❑ im Konsumgüterbereich
  - im Handwerk beim Schreiner, Schneider, Architekten (Hausbau)
❑ im Investitionsgüterbereich
  - im Spezialmaschinenbau, Schiffbau, Anlagenbau, Brückenbau, Sportstättenbau
  - bei der Fertigung zeichnungsgebundener Teile und Komponenten in der Elektrotechnik, im Maschinenbau, im Fahrzeugbau oder in der Stahlverarbeitung

❑ im Dienstleistungsbereich
- bei den personendominanten Dienstleistungen wie z.B. Notar, Arzt, Steuerberater, Detektei, Reparaturbetrieb, Bewachungsbetrieb, Werbeagentur, Individualreisen
- Finanzierungen (Bieberstein, 2001, S. 30 ff.)

Überall dort wo Produkte in Mehrfachfertigung (Massen-, Serien- oder Sortenfertigung) hergestellt werden, ob Autos, Kühlschränke, CD-Player, Bekleidung, Lampen oder Bücher, würde ein individuell gefertigtes Produkt nach Zeichnung oder Maßvorgaben des Kunden für diesen nicht mehr bezahlbar. **Die Bedürfnisbefriedigung des Kunden findet bei der Produktgestaltung bisher dort seine Grenze, wo die zusätzlichen Kosten eines individuell gestalteten Produktes höher sind als der zusätzliche Kundennutzen.**

Anbieter solcher Produkte versuchen den Kundennutzen dadurch zu optimieren, dass

- sie immer kleinere **Marktsegmente** bilden und immer **spezifischere Zielgruppen** auswählen, denen sie weitere Produktvarianten anbieten (sichtbares Zeichen für dieses Vorgehen ist die zunehmende Typenvielfalt),
- sie die **Serviceleistungen** als integralen Produktbestandteil ausweiten und origineller und vielseitiger gestalten,
- sie sich durch die **kundenfreundliche Gestaltung der übrigen Marketinginstrumente** (z.B. kürzere Lieferzeit, Direktvertrieb, längere Garantiefristen, niedrige Preise, niedrige Kreditzinsen) Wettbewerbsvorteile zu verschaffen versuchen.

Ein großer Schritt zur Massenfertigung **kundenindividueller Produkte** ist in der Zukunft von der technischen Entwicklung zu erwarten (Bruns, 1998, S. 295 ff.).

Bereits jetzt erlauben es Entwicklungen in der

- Informationstechnologie und
- Produktionstechnologie

in immer stärkerem Ausmaß Produkte, die den Ansprüchen **einer** Zielperson entsprechen, **zu Preisen ähnlich denen von standardisierten Massenprodukten**, herzustellen.

Das Konzept der **kundenindividuellen Massenproduktion** wird auch als **Mass Customization** - abgeleitet aus den Begriffen Mass Production und Customization - bezeichnet.

3. Entwicklung des internationalen Marketing

3.1 Von der industriellen Revolution bis zum Industriezeitalter

Die internationalen Beziehungen waren seit der im 17. Jahrhundert einsetzenden Kolonialisierung bis ins 19. Jahrhundert vorwiegend einseitig durch Rohstoffbezüge von Gold und Diamanten bis Kaffee und Tee aus überseeischen Kolonien europäischer Länder (England, Niederlande, Frankreich, Spanien und Portugal) als Grundlage einer handwerklichen Fertigung und für Zwecke des privaten Konsums gekennzeichnet.

Den internationalen Warenaustausch kontrollierten zunächst private Handelskompanien wie die im Jahre 1600 gegründete British East-India Company oder die 1602 gegründete niederländische Vereenigde Oostindische Compagnie, die auch vielfach die Kolonien verwalteten. Sie verloren an Bedeutung nachdem diese Gebiete unter die Kontrolle der Regierungen gelangten, die gegen Ende des 19. Jahrhunderts die außereuropäische Welt unter sich aufgeteilt hatten (Welge/ Holtbrügge, 1998, S. 14 ff.).

Aufbauend auf Adam Smith entwickelt David Ricardo (1817) seine Theorie der komparativen Kosten. In dieser Theorie zeigt er, dass selbst wenn alle Kosten in einem Land höher sind als in einem anderen Land (absolute Kostennachteile), ein Handel zwischen diesen Ländern zur Wohlstandssteigerung aller beteiligten Länder führen kann. Nämlich dann, wenn sich jedes Land auf die Erzeugung der Produkte konzentriert, bei denen es die vergleichsweise niedrigsten Kosten (komparative Kostenvorteile) aufweist.

Ricardo lieferte damit die ökonomische Begründung für die Forderung nach einer Öffnung der Märkte, für die Forderung nach freiem Handel. Das Faktorproportionen-Theorem (HOS-Theorem) von Heckscher und Ohlin – als einer zweiten Variante der Theorie der komparativen Kosten - besagt, dass selbst bei gleichem Produktivitätsniveau der internationale Tausch lohnt. In einer dritten Variante, dem Neofaktorproportionen-Theorem werden dann beide Ansätze verbunden (Ambrosius, 1996, S. 314 f.).

In allen Überlegungen wurde der Absatz weiterhin nur unter gesamtwirtschaftlichen Aspekten betrachtet. Einzelwirtschaftlich stellte der Verkauf von Produkten kein Problem dar. Gegenstand wirtschaftswissenschaftlicher Betrachtung war ausschließlich die Verteilung knapper Güter.

Der beginnende Liberalismus und die industrielle Revolution, mit der Entwicklung maschineller Fertigung und neuen Transport- (Eisenbahn) und Kommunikationsmitteln (Telefon, Telegraph) begünstigte - zugleich mit der Möglichkeit der

Unternehmensfinanzierung durch Aktienausgabe - das Entstehen großer Unternehmen.

Die Gründung erster ausländischer Tochtergesellschaften - vorwiegend im Erdöl- und Bergbausektor - geschah aus dem Motiv der Rohstoffsicherung. Die beginnende Massenfertigung machte jedoch vielfach einen Absatz über den eng begrenzten nationalen Markt hinaus erforderlich und aufgrund der Kostensenkungspotenziale auch möglich. Die Großunternehmen - unter ihnen auch viele deutsche Unternehmen wie Siemens, AEG, BASF, Hoechst, Degussa oder die Metallgesellschaft - begannen ein Netz von Auslandsniederlassungen zum Absatz ihrer Produkte aufzubauen.

Der erste Weltkrieg führte zu einer radikalen Abkehr von der weltwirtschaftlichen Integration. Das stabile, beinahe weltweit gültige Währungs- und Handelssystem verschwand. Eine vergleichbare internationale Wirtschaftsordnung entstand erst wieder in der westlichen Welt nach 1945. **Erst 50 Jahre später erreichte der Welthandel, gemessen am Anteil des weltweiten Bruttosozialprodukts, wieder das Niveau von 1913**. Und erst in den 80er Jahren wurde bei einem zunehmend liberalisierten Kapitalverkehr das Volumen der Vorkriegszeit erreicht (Schuhmann, 1998, S. 122 ff.).

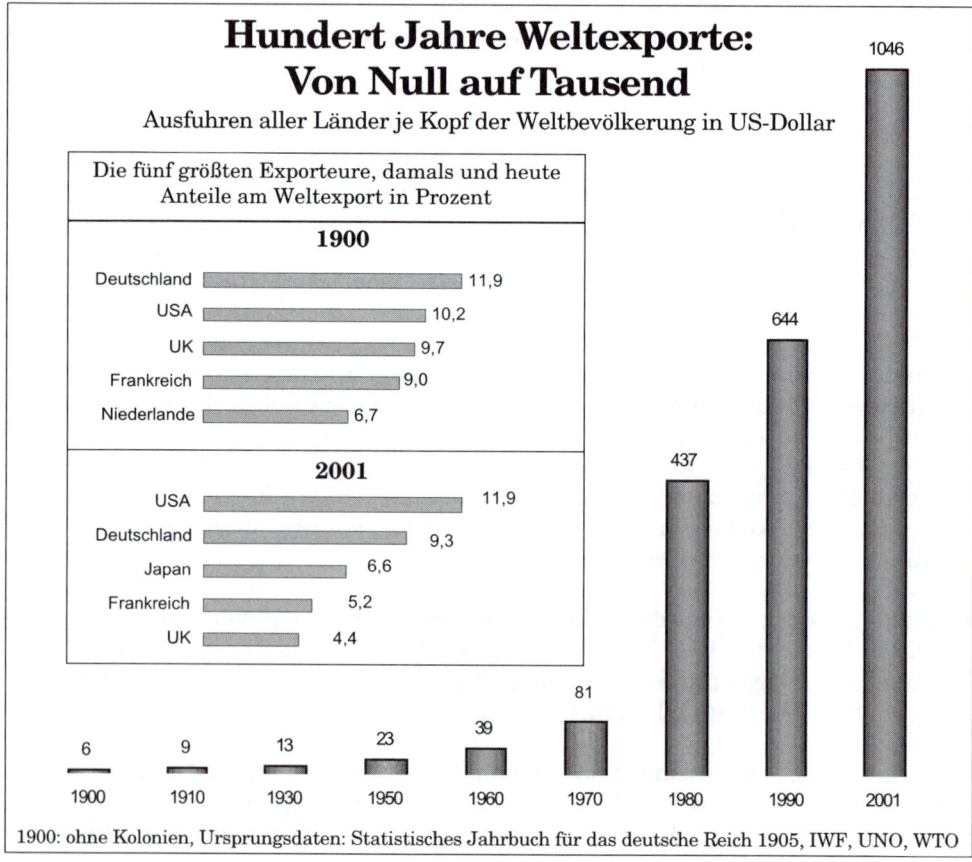

Abb. 1: Hundert Jahre Weltexporte
Quelle: Institut der deutschen Wirtschaft, eigene Berechnungen

3.2 Die Entwicklung in den 80er und 90er Jahren

Die zunehmend marketing-orientierte Führung der Unternehmen westlicher Industrieländer blieb nicht auf nationale Märkte beschränkt, sondern führte zu verstärkten Exporten und Direktinvestitionen. Dabei wurden von deutschen Unternehmen in den 80er Jahren zunächst die Kernländer Europas erschlossen

Die Entwicklung der frühen 90er Jahre war zunächst eine Fortsetzung der bisherigen Entwicklung bei einer Verlagerung der regionalen Gewichte. So sicherten große europäische Unternehmen, die bereits durch Exporte erschlossenen Märkte Westeuropas und der USA, zunehmend durch Direktinvestitionen. Gleichzeitig begannen sie die Länder Asiens, Lateinamerikas und die „Transformationsländer" Osteuropas zu erschließen.

Mit der wachsenden Integration der Kernländer Europas suchten auch mittelständische Unternehmen in dem Binnenmarkt Europa ihre Position zu finden und auszubauen. Angesichts der wachsenden Bedeutung des E-commerce gelingt auch heute kleineren Unternehmen der Eintritt in globale Märkte.

Die Internationalisierung der 80er und frühen 90er Jahre wurde von den einzelnen Unternehmen weitgehend allein getragen. Seit Mitte der 90er Jahre wird die Internationalisierung von Joint ventures, Fusionen und strategischen Allianzen bestimmt.

Voraussetzung für diese sich beschleunigende Entwicklung waren

* der Abbau oder die Verringerung der Zollschranken für Industriegüter,
* die Liberalisierung des Kapitalverkehrs und
* die Entwicklungen der Telekommunikation.

Dem GATT (General Agreement on Tariffs and Trade) und der Nachfolgeorganisation WTO (World Trade Organisation) gelang es, den durchschnittlichen Zollsatz aller Mitgliedsländer auf rd. 5% zu drücken (vor rd. 50 Jahren noch 40%).

Der liberalisierte Kapitalverkehr erlaubte es, Kapital - bei gleichzeitiger Möglichkeit der Gewinnrepatriierung (Gewinnrückführung) - an den gewinnbringendsten Standorten zu investieren.

Diese Entwicklung zeigt sich in der Wandlung von national ausgerichteten Unternehmen (Phase 1), über außenhandels-orientierte Unternehmen (Phase 2) zu internationalen Unternehmen, die Produktionsstätten oder unabhängige Tochterfirmen im Ausland gründeten (Phase 3).

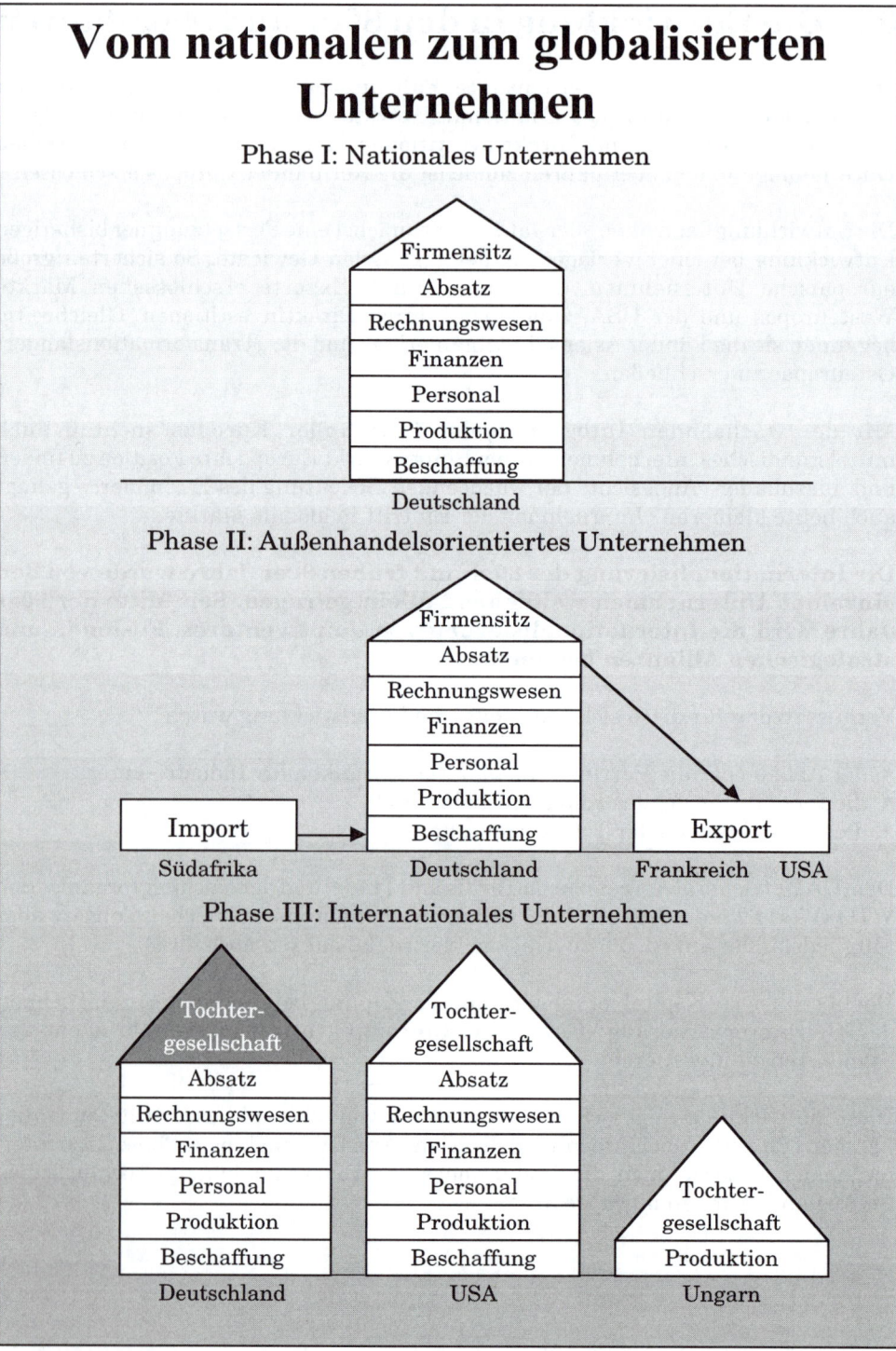

Vom nationalen zum globalisierten Unternehmen

Phase I: Nationales Unternehmen

Firmensitz
Absatz
Rechnungswesen
Finanzen
Personal
Produktion
Beschaffung

Deutschland

Phase II: Außenhandelsorientiertes Unternehmen

Firmensitz
Absatz
Rechnungswesen
Finanzen
Personal
Produktion
Beschaffung

Import

Süidafrika

Deutschland

Export

Frankreich   USA

Phase III: Internationales Unternehmen

Tochter-
gesellschaft
Absatz
Rechnungswesen
Finanzen
Personal
Produktion
Beschaffung

Deutschland

Tochter-
gesellschaft
Absatz
Rechnungswesen
Finanzen
Personal
Produktion
Beschaffung

USA

Tochter-
gesellschaft
Produktion

Ungarn

Abb. 2: Vom nationalen zum globalisierten Unternehmen; Phasen I - III

3.3 Zukünftige Entwicklungen

Die Entwicklungen in der IT Branche werden weiter dazu führen, dass auf **Unternehmensseite bzw. Angebotsseite**

* der Verbund von Unternehmensfunktionen an einem Standort aufgelöst werden kann, d.h. die Beschaffung erfolgt z.B. in Südafrika, die Produktion in Ungarn, die Abrechnung erfolgt in Indien und das Finanzwesen sowie die Geschäftsführung sitzen in der Schweiz,
* im Rahmen des E-business ein weltweiter Zugang zu den günstigsten Beschaffungsquellen, Arbeitsmärkten, Finanzmärkten oder Absatzmärkten ermöglicht wird,
* sich die internationalen Konzentrationstendenzen fortsetzen werden.

Damit werden die Voraussetzungen für die Verlagerung von Unternehmen oder einzelnen Unternehmensaktivitäten an die gewinnbringendsten internationalen Standorte geschaffen (Phase 4).

Abb. 3: Vom nationalen zum globalisierten Unternehmen; Phase IV

Auf der **Nachfrageseite** wird die wachsende Markttransparenz, die das Internet ermöglicht, insbesondere die Preistransparenz

- zu verschärftem Preiswettbewerb mit fallender Preistendenz,
- zu einer weiteren Angleichung der Verbraucherbedürfnisse mit einer wachsenden internationalen Bestelltätigkeit nicht nur im B2B (Business-to-Business) Bereich, sondern auch im B2C (Business-to-Consumer) Bereich

bei vielen Produkten und Dienstleistungen führen.

Spannungen werden sich zunehmend dadurch ergeben, dass die immer noch vorwiegend national oder bestenfalls in Wirtschaftsräumen denkende Politik, weltweit handelnden Unternehmen und zunehmend global handelnden Verbrauchern gegenübersteht.

So sind u.a. international übergreifende rechtliche Regelungen bei der Besteuerung des E-commerce (insbesondere der Umsatzsteuer), der Ursprungsregelung, dem Urheberschutz, dem Patentschutz, der Werbung, der Gewährleistung, dem Verbraucherschutz, der Zahlungssicherheit oder bei Unternehmensabsprachen zu schaffen. Unternehmen gelingt es, auf der einen Seite sich zunehmend hohen nationalen Steuern in Industriestaaten durch Gewinn- oder Standortverlagerungen zu entziehen, gleichzeitig nutzen aber auf der anderen Seite Unternehmen oder Unternehmensmitglieder Infrastrukturvorteile hochentwickelter Volkswirtschaften von Straßen über Telekommunikationsnetze bis zu Schulen oder Universitäten.

4. Begriffsabgrenzung „Internationales Marketing" und „Internationales Management"

Der Begriff „internationales Marketing" ist historisch vor allem regional geprägt. Man spricht im Allgemeinen schon dann von einem „internationalen Geschäft", wenn die Waren oder Leistungen eines Anbieters die nationalen Grenzen überschreiten.

Der Begriff des internationalen Marketing soll darauf hinweisen, dass ein Unternehmen - mit dem Ziel der Aufnahme grenzüberschreitender Aktivitäten - gegenüber dem nationalen Marketing folgenden geänderten Bedingungen gegenüberstehen kann:

- geänderte Art der Informationsbeschaffung
- Markteintrittsbarrieren (u.a. Zölle, Kontingente, nicht-tarifäre Handelshemmnisse)
- verändertes Verbraucherverhalten
- verändertes Verhalten der Wettbewerber

- unterschiedliche rechtliche Bestimmungen (u.a. Gesellschaftsrecht, Verbraucher-schutzrechte, Umweltschutzgesetze)
- unterschiedliche Steuersysteme
- unterschiedliche sozio-kulturelle Bedingungen (u.a. Sprachen, Symbole, Bräuche, Wertvorstellungen, Verhaltensweisen)
- politische Risiken
- wirtschaftliche Risiken (u.a. Währungs-, Transport-, Zahlungsrisiken)

Diese geänderten Bedingungen verlangen

- eine Erfassung aktueller und potenzieller ausländischer Verbraucher und ihrer Bedürfnisse,
- eine Analyse der Märkte, des Marktumfeldes und der jeweiligen Wettbewerbs-situation,
- eine Entscheidung darüber welche Märkte, wie bearbeitet werden sollen,
- eine besondere Anpassungsfähigkeit und Ausrichtung der Unternehmens-aktivitäten als Schlüssel zur erfolgreichen Marktbearbeitung, wobei Koordi-nationsaufwand und Komplexität der Marketingaufgaben mit wachsender Länderzahl in der Regel zunehmen.

In der Literatur finden sich u.a. folgende **Definitionen des internationalen Marketing**:

International Marketing consists of finding, and satisfying global customer needs better than the competition, both domestic and international and of coordinating marketing activities within the constraints of the global environment (Terpstra, Vern; Sarathy, Ravi, 1994, S. 4).

International marketing is a wide-ranging subject that covers, inter alia, the export of goods and services, international licensing and franchising, pricing and new product development for global markets, international advertising and market research, cross-border sales management, and the organization of transnational business-to-business campaigns. Successful international marketing requires a knowledge of the world's major markets and of the essential differences between the cultures and lifestyles of the people living within them as well as the expertise in conventional marketing methods and techniques (Bent, Roger, 1998 S. 7).

International Marketing is the performance of business activities designed to plan, price, promote, and direct the flow of a company's goods and services to consumers or users in more than one nation for a profit (Cateora/Graham, 1999, S.6).

Internationales Marketing ist die Gesamtheit aller kundengewinnenden Aktivitäten einer Unternehmung in ausgewählten Ländern (Stahr, 1991, S. 17).

Internationales Marketing ist die Einrichtung langfristig konzipierter Organisationen zur Bearbeitung internationaler Märkte in zwei oder mehr Ländern (Bradley, F., zitiert in: Backhaus, Klaus u.a., 2000, S. 34 ff.).

Internationales Marketing ist die Planung und Durchführung von (Markt-) Transaktionen über Ländergrenzen hinweg (Czikota/Ronkainen, 1998, zitiert in: Backhaus, Klaus u.a., 2000, S. 35).

Internationales Marketing ist die Übertragung von Marketingorientierung und Marketingtechniken auf internationale Geschäftstätigkeit (Mühlbacher/Daringer/ Leihs, 1999, zitiert in: Backhaus, Klaus u.a., 2000, S. 35).

Internationales Marketing besteht in der Analyse, Planung, Durchführung, Koordination und Kontrolle marktbezogener Unternehmensaktivitäten bei einer Geschäftstätigkeit in mehr als einem Land (Meffert/Bolz, 1994, S. 24).

Alle diese Definitionen betonen unterschiedliche Gesichtspunkte. **Gemeinsam ist diesen Definitionen jedoch, dass sie eine Übertragung der Marketing-Denkweise auf internationale Gegebenheiten und die Notwendigkeit einer möglichen Anpassung der Marketingaktivitäten auf geänderte Umweltbedingungen in unterschiedlichen Ländern für erforderlich halten.** In der weiteren Betrachtung soll deshalb folgende Definition des Internationalen Marketing zugrunde gelegt werden:

Internationales Marketing ist die Ausrichtung aller Unternehmensaktivitäten auf eine planvolle, länderübergreifende Befriedigung von Verbraucherbedürfnissen.

Gegenstand des internationalen Marketing ist somit vor allem die systematische Auswahl, Erschließung und Bearbeitung internationaler Märkte.

Einige Autoren untergliedern das internationale Marketing je nach Zahl der bearbeiteten Auslandsmärkte in (Hünerberg, 1994, S. 28), vgl. Abb. 4, S. 29:

- übernationales Marketing
- multinationales Marketing
- globales Marketing

Übernationales Marketing bedeutet, dass ein Unternehmen nur in wenigen Ländern vertreten ist. Beim **multinationalen Marketing** ist ein Unternehmen in vielen Ländern außerhalb des Heimatmarktes und beim **globalen Marketing** in allen wichtigen Ländern, weltweit vertreten.

Diese Definitionen sagen zunächst nur etwas über den geographischen Radius aus, in dem Unternehmen tätig sind. Da die Begriffsabgrenzungen nur an der Zahl der bearbeiteten Länder festgemacht werden, und sie damit nur graduelle, quantitative Unterschiede aufweisen, sollen diese Begriffsabgrenzungen nicht weiter verfolgt werden.

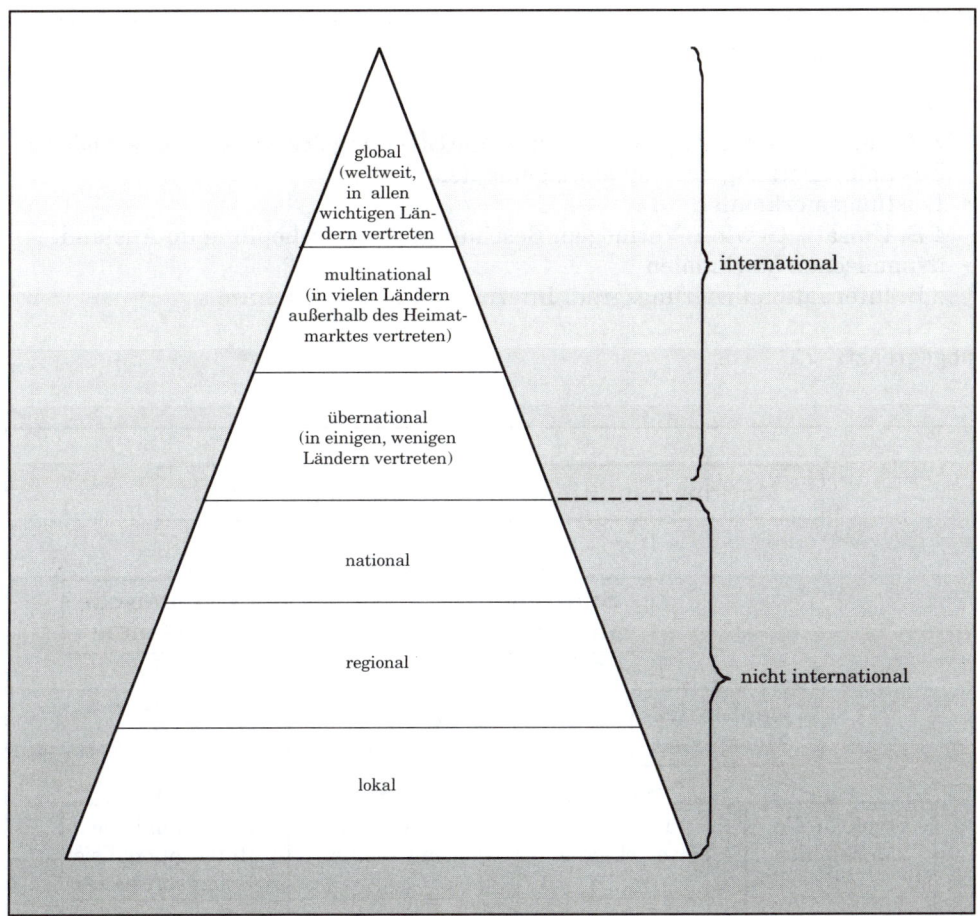

Abb. 4: Geographisch orientierte Begriffspyramide
Quelle: Hünerberg, 1994, S. 28

Das „**Internationale Management**" befasst sich vor allem mit der Frage, wie
Unternehmen organisiert sein sollten und geführt werden sollten, um der
unterschiedlichen Intensität ihres Auslandsengagements am besten gerecht werden
zu können.

Der Schwerpunkt der internationalen Managementforschung lag deshalb zunächst
bei der Gewinnung von Erkenntnissen über die optimalen Gestaltung der einzelnen
Auslandsengagements einer Unternehmung (atomistische Perspektive). Mit
wachsender Internationalisierung rückte diese Perspektive jedoch in den 80er und
90er Jahren in den Hintergrund. Es traten Fragen der Nutzung länderübergreifender
Skalen-, Synergie- und Lerneffekte hinzu. **Im Mittelpunkt der Managementforschung steht deshalb heute die Optimierung aller in- und
ausländischen Engagements multinationaler Unternehmungen** (holistische
Perspektive) (Welge/Holtbrügge, 1998, S. 48 ff.).

Dabei werden multinationale Unternehmen von ausschließlich national operierenden Unternehmen anhand von

- strukturellen Merkmalen
  z.B. Anzahl der Tochtergesellschaften, die Streuung des Aktienkapitals oder die Zusammensetzung des Top Managements,
- Leistungsmerkmalen
  z.B. Umsatz, Gewinn, Vermögen, Beschäftigte, Wertschöpfung im Ausland,
- dynamischen Merkmalen
  z.B. Internationalisierungsgrad, Internationalisierungsphase

abgegrenzt.

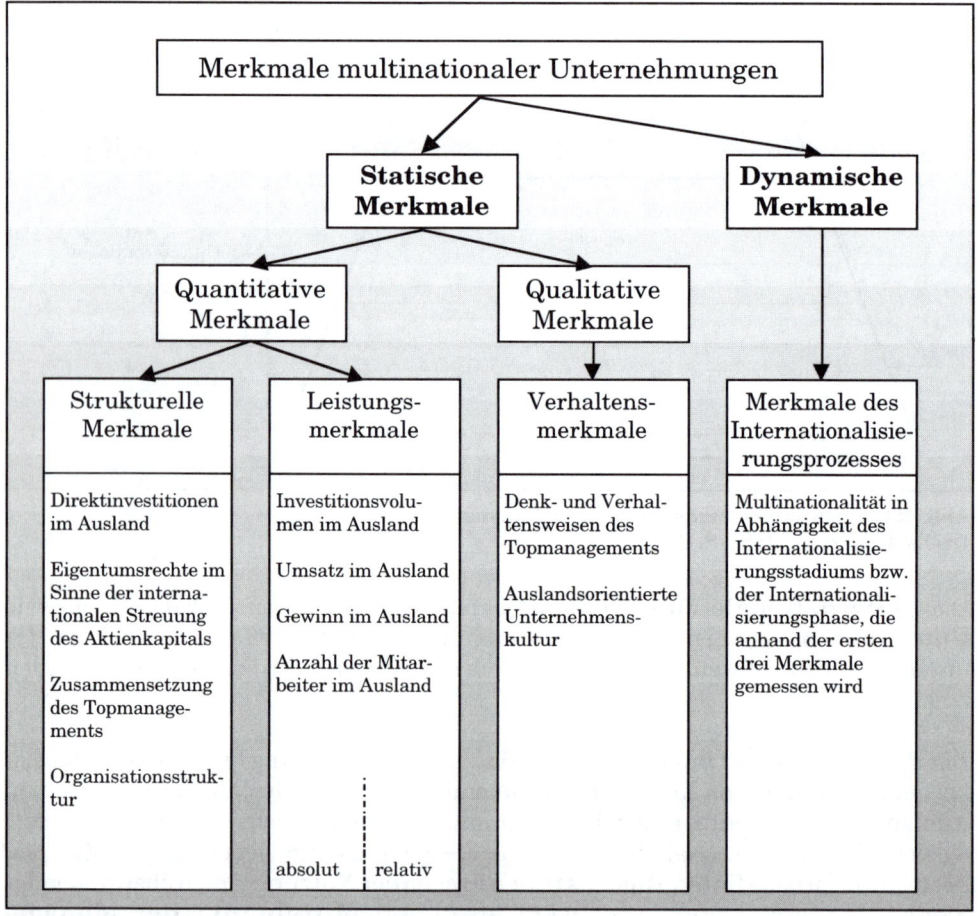

Abb. 5: Merkmale Multinationaler Unternehmungen
Quelle: Welge, Holtbrügge, 1998, S. 49

Der Aufbau international tätiger Unternehmen richtet sich also an der Unternehmensstrategie – z.B. Marketing-, Beschaffungs-, Personal- oder Finanzstrategie – aus
(structure follows strategy). Internationale Marketingstrategien sind somit einerseits
die Basis für Entscheidungen im Rahmen des Internationalen Managements, zum
anderen können u.a. Rohstoffverfügbarkeit, die Erfordernis von Kompensationsgeschäften, Möglichkeiten der Personalrekrutierung, steuerliche Gesichtspunkte
oder die Verteidigung von Marktpositionen eine bestimmte Unternehmensstruktur
bedingen und ihrerseits die Marketingstrategie beeinflussen.

Internationales Marketing und internationales Management können wie folgt
abgegrenzt werden:

Das **internationale Marketing** befasst sich mit einem Aspekt des internationalen
Managements, nämlich der internationalen Markterschließung und -bearbeitung
durch optimale Gestaltung der Kunden-/Anbieterbeziehung bei sich ändernden
Umweltzuständen. Diese Umweltzustände werden im internationalen Marketing
als Datum betrachtet, sie sind nicht Gegenstand der Analyse.

Das **internationale Management** befasst sich mit der Gestaltung aller
Unternehmensbeziehungen zur internationalen Umwelt sowie des Unternehmensaufbaus zur optimalen Wahrnehmung dieser Beziehungen.

	National operierende Unternehmen	International operierende Unternehmen (vom nationalen Standort)	International operierende Unternehmen (mit internationalen Standorten)
Untersuchungsschwerpunkt: Kunden-/Anbieterbeziehung bei unterschiedlichen Umweltzuständen	Allg. Marketing	Internationales Marketing	Internationales Marketing
Untersuchungsschwerpunkt: Unternehmens-/Umweltbeziehung Beschaffung, Produktion, Personal, Finanzen, Absatz, Organisation, Führung	Allg. Unternehmensführung	Allg. Unternehmensführung	Internationales Management

Abb. 6: Internationales Marketing und Management nach Untersuchungsschwerpunkten

Kontrollfragen

(1) Welches sind die vier wichtigsten Tendenzen, die die Entwicklungen der Weltwirtschaft in den kommenden Jahren beeinflussen werden?

(2) Warum spielten Fragen des Absatzes in den Anfängen des Industriezeitalters keine Rolle?

(3) Was versteht man unter dem Übergang vom Verkäufer- zum Käufermarkt?

(4) Was besagt der Begriff des „Konsumerismus (consumerism)"?

(5) Was versteht man unter einer marktorientierten Unternehmensführung?

(6) Wodurch unterschieden sich die internationalen Aktivitäten von Unternehmen bis Mitte des 19. Jahrhunderts von denen des späten 20 Jahrhunderts?

(7) Welches waren die Voraussetzungen für die zunehmende Internationalisierung in den 80er und 90er Jahren?

(8) Welches sind die Unterschiede zwischen einem national ausgerichteten, einem außenhandels-orientiertem und einem internationalen Unternehmen?

(9) Nennen Sie fünf unterschiedliche Bedingungen zwischen dem nationalen und dem internationalen Marketing.

(10) Geben Sie zwei Definitionen für „Internationales Marketing".

(11) Was versteht Hünerberg unter „übernationalem, multinationalem und globalem Marketing"?

(12) Nennen Sie drei Untersuchungsfelder des „Internationalen Managements".

(13) Erläutern Sie zwei Merkmalskategorien nach denen man national operierende Unternehmen von multinationalen Unternehmen abgrenzen kann.

(14) Grenzen Sie die Begriffe „Internationales Marketing" und „Internationales Management" voneinander ab.

Lösungshinweise

Frage	Seite	Frage	Seite
(1)	15 f.	(8)	24
(2)	16	(9)	26 f.
(3)	17	(10)	27
(4)	18	(11)	28
(5)	18	(12)	29 f.
(6)	21 f.	(13)	30 f.
(7)	23	(14)	31

Literatur

Ambrosius, Gerold, in: Ambrosius, Gerold u.a., Moderne Wirtschaftsgeschichte, R. Oldenbourg Verlag, München 1996, S. 314ff.

Backhaus, Klaus/Büschgen, Joachim/Voeth, Markus, Internationales Marketing, Verlag Schäffer Poeschel, 3. Aufl. 2000, S. 34 f.

Bennett, Roger, International Marketing, Biddles Ltd. Guildford, UK, 2nd edition, 1998, S. 7

Bieberstein, Ingo, Dienstleistungsmarketing, Friedrich Kiehl Verlag, 3. Aufl. 2001, S. 30 ff.

Bruns, Jürgen, Direktmarketing, Friedrich Kiehl Verlag 1998, S. 11 ff., 17, 295 ff.

Cateora, Philip, R./Graham, John, L., International Marketing, Verlag McGraw-Hill, 10. Aufl., New York 1999, S. 6

Diller, Hermann, Vahlens Großes Marketing Lexikon, Verlag Franz Vahlen, München 1994, S. 561 f.

Dülfer, Eberhard, Internationales Management, Oldenbourg Verlag, 5. Aufl., München 1997, S. 5

Hünerberg, Reinhard, Internationales Marketing, Verlag Moderne Industrie, Landsberg 1994, S. 27 ff.

Kotler, Philip/Bliemel, Friedhelm, Marketing Management: Analyse, Planung, Umsetzung und Steuerung, 8. Aufl., Verlag Schaeffer-Poeschel, Stuttgart 1995, S. 25

Little, Arthur, D., Management erfolgreicher Produkte, Verlag Gabler Wiesbaden 1994, S. 22

Meffert, Heribert, Marketing, Gabler Verlag Wiesbaden, 4. Aufl. 1979, S. 35

Meffert, Heribert/Bolz, Joachim, Internationales Marketing-Management, Kohlhammer Verlag, 2. Aufl. 1994, S. 42

Piller, Frank Thomas, Kundenindividuelle Produkte - von der Stange, in: Harvard Business Manager, Heft 3, 1997, S. 16

Schuhmann, Harald, Revolution des Kapitals, in: Spiegel, Heft 25/1999, S. 122 ff.

Smith, Adam, Eine Untersuchung über Natur und Wesen des Volkswohlstandes, Band 1, 3. Aufl., Verlag Gustav Fischer, Jena 1928, S. 10

Stahr, Gunter, Internationales Marketing, Kiehl Verlag, Ludwigshafen 1991, S. 17

Terpstra, Vern/Sarathy, Ravi, International Marketing, The Dryden Press, 6th edition, Orlando, USA, 1994, S. 4)

Welge, Martin, K./Holtbrügge, Dirk, Internationales Management, Verlag Moderne Industrie, Landsberg 1998, S.14 ff., 48

B. Marketingforschung als Grundlage unternehmerischer Entscheidungen

1. Aufgaben der internationalen Marketingforschung

1.1 Allgemeine Aufgaben

Aufgabe der Marketingforschung ist die Beschaffung, Analyse und Interpretation relevanter Informationen als Grundlage für Marketing-Entscheidungen. Relevante Informationen sind alle die Informationen, die durch das Aufzeigen von Chancen und Risiken des gegenwärtigen Marketingumfeldes und durch Aussagen über mögliche zukünftige Entwicklungen rationale Marketingentscheidungen fundierter und sicherer machen.

Hierzu werden die Umweltinformationen in einer Stärken- und Schwächenanalyse (SWOT – Analyse) der internen Situation des betrachteten Unternehmens gegenübergestellt (Vgl. C.3.3).

Untersuchungsgegenstand der internationalen Marketingforschung sind damit die von einem Anbieter

❏ nicht oder nur mittelbar beeinflussbaren Faktoren wie
- die natürliche Umwelt,
- der kulturelle Einfluss,
- der externe politische, volkswirtschaftliche und demographische Datenkranz,
- die relevante Branche,
- die Wettbewerber,
- der relevante Markt.

❏ mittelbar oder unmittelbar beeinflussbare Faktoren wie
- das Verhalten der aktuellen und potenziellen Nachfrager,
- die Ergebnisse der verfolgten Strategie,
- die Wirkung der eingesetzten Marketing Instrumente.

Die erste Gruppe von Faktoren kann von einem Unternehmen nicht oder zumindest kurzfristig nicht unmittelbar beeinflusst werden. Die Einflussfaktoren sind aber bei allen Entscheidungen zu berücksichtigen, da sie einen erheblichen Einfluss auf die wirtschaftlich Handelnden (Anbieter, Nachfrager, Handel, Wettbewerber) ausüben können. Langfristig versuchen Unternehmen auf einige dieser Faktoren Einfluss auszuüben, wie z.B. auf die Gesetzgebung über die Lobbyarbeit im politischen Raum oder über die Verbandstätigkeit.

Die **natürliche Umwelt** umfasst vor allem die topographischen und klimatischen Verhältnisse. Sie sind unbeeinflussbare Standortfaktoren, auf die sich ein Unternehmen einstellen muss.

Zur Ermittlung des **kulturellen Einflusses** gehört die Feststellung der unterschiedlichen Bedeutung von Werthaltungen, Ritualen, Vorbildern und Symbolen.

Werthaltungen sind oft religiös geprägte Einstellungen zur Arbeit, zur Freizeit, zu Geschäftsabläufen, zu Unternehmenszielen oder zu Produkten und Leistungen.

Rituale sind vielfach an gesellschaftliche Schichten gebundene Verhaltensnormen, die im Geschäftsleben ihren Ausdruck finden. (vgl. C. 1.2).

Vorbilder sind idealisierte Leitbilder, die angestrebt werden sollten. Eine besondere Bedeutung kommt **Symbolen** im internationalen Marketing zu. Denn Symbolen wie Farben, Zeichen oder der Bekleidung kann nicht nur in unterschiedlichen Kulturkreisen, sondern auch schon in verschiedenen Ländern eine andere Bedeutung beigemessen werden. Bei einer Fehlinterpretation dieser Symbole kann es zu Verhaltensweisen kommen, die den Aufbau einer Geschäftsbeziehung erschweren oder unmöglich machen.

Zu den politischen, volkswirtschaftlichen und demographischen **externen Daten** oder dem Datenkranz gehören u.a.:

❑ Politische Rahmenbedingungen wie z.B.
  • Politisches System, Demokratieverständnis, Einfluss von Gewerkschaften, Banken und Verbänden, Einfluss von Unternehmen, Einstellung der Öffentlichkeit zu ausländischen Unternehmen und ihren Produkten oder die politische Stabilität
❑ Gesamtwirtschaftliche Daten wie z.B.
  • Volkseinkommen, Pro-Kopf-Einkommen, Inflationsrate, Arbeitslosenquote, Investitionsquote, Zinsniveau, Wechselkurse, Zahlungsbilanz, Verschuldensquote, Lohnniveau, Lohnnebenkosten
❑ Gesetze, Verordnungen oder Vereinbarungen wie z.B.
  • Steuergesetze, Abschreibungsvorschriften, Wettbewerbsgesetze (Kartellgesetze, Gesetz gegen unlauteren Wettbewerb), Nahrungsmittelgesetze, Sozialgesetze (u.a. Mutterschutz, Jugendschutz, Kündigungsschutz), tarifvertragliche Vereinbarungen wie Arbeitszeitregelungen, Urlaubsansprüche, wöchentliche Arbeitszeit
❑ Umweltbedingungen wie z.B.
  • Verfügbarkeit und Preise von Energie und Rohstoffen, Zustand der Infrastruktur (Straßen, Bahnverbindungen, Wasserwege), Verfügbarkeit moderner Telekommunikationseinrichtungen, Umweltauflagen bezogen auf Luft, Wasser, Recycling
❑ Demographische Bedingungen
  • Alter und Struktur der Bevölkerung, Ausbildung und berufliche Qualifikation, Arbeitsmentalität, Freizeitverhalten, Rolle der Frau im Arbeitsleben

Bei den **Branchendaten** handelt es sich um Daten des relevanten Wirtschaftszweiges. Hier geht es vor allem um die Struktur der Branche und um Eintrittsmöglichkeiten neuer Anbieter. Zu den Branchendaten gehören u.a.:

- Branchenstruktur
  Zahl und Größe der Anbieter, Organisationsgrad der Anbieter, Entscheidungsfreiheit, Anzahl und Größe der Kunden, regionale Verteilung, Organisationsgrad der Kunden (im B2B Bereich)
- Eintrittsmöglichkeiten
  Eintrittsbarrieren (z.B. Zugangsverbote, tarifäre und nicht-tarifäre Handelsbeschränkungen, fehlender Zugang zu Distributionskanälen), Eintrittsförderung durch Subventionen (z.B. Steuervergünstigungen)

Wettbewerbsdaten sollen Vorstellungen über die Bedeutung sowie über die Hauptstärken, Hauptschwächen und über die zu erwartenden Reaktionen der Wettbewerber liefern. Zu den Wettbewerbsdaten gehören u.a.:

- Marktstellung der Wettbewerber
- Produktprogramm, Marktanteile, Produktionstechnologien, Ertragssituation
- Kostenstruktur, Kapitalausstattung, Innovationsbereitschaft, Know-how
- Strategien und Verhaltensweisen
- Erkennbare Strategien bei der Markterschließung, Marktbearbeitung und Marktbehauptung
- Reaktionen der Wettbewerber auf Veränderungen der Marketing-Instrumente (z.B. bei Preissenkungen, Produktmodifikationen)

Bei den **Marktdaten** handelt es sich vielfach um quantitative Informationen u.a. zur:

❏ Marktgröße
  - Wert- und mengenmäßiger sichtbarer Verbrauch (Marktvolumen)
  - Tatsächlicher Verbrauch
  - Marktpotenzial
❏ Marktsegmente
  - Anzahl und Kriterien unterscheidbarer Zielgruppen (z.B. Lifestyle) bzw. Zielpersonen
❏ Marktveränderungen
  - Wert- und mengenmäßige Veränderung der Marktgröße, Substitutionstendenzen
❏ Marktkennzahlen
  - Absolute und relative Marktanteile, Ex- und Importquoten, Sättigungsquoten

Aufgabe der Marketingforschung ist es, weiterhin Informationen über die Faktoren zu gewinnen, die das Unternehmen direkt zu beeinflussen versucht oder selbst gestalten kann.

Hierzu gehören

- das Verhalten der aktuellen oder potenziellen Nachfrager wie z.B.
  die Produktwahrnehmung, die Produktbeurteilung, das Produktimage, das Kaufverhalten von Zielpersonen, die Reaktion auf Preisveränderungen oder Werbemaßnahmen,
- die Ermittlung des Erfolges der bisher eingesetzten Strategie,
- die Ermittlung der Wirkung der eingesetzten Marketing Instrumente wie z.B.
  die Markenpolitik, die Preisstrategie, die Wahl der Absatzwege, die Werbestrategie, die Überprüfung ausgewählter Werbeträger (Medien) oder der Aussagegehalt und die Verständlichkeit einer Werbebotschaft.

1.2 Besonderheiten internationaler Marketingforschung

Die Erweiterung des nationalen zum internationalen Marketing führt nicht nur zu einer quantitativen Ausweitung des Untersuchungsumfanges, sondern auch in vielen Fällen zu einer qualitativen Änderung des Informationsbedarfs der Entscheidungsträger.

Die **quantitative Ausweitung des Informationsbedarfs** beruht auf der regionalen Ausweitung der Marketing Aktivitäten. Es werden um so mehr Informationen benötigt (Bauer, 1997, S. 16 ff.)

- je stärker die Aktivitäten im Heimatland von Tätigkeiten insbesondere in Regionen anderer Kulturkreise ergänzt werden bzw. sich diese Aktivitäten dorthin verlagern,
- je mehr Auslandsmärkte gleichzeitig erschlossen werden sollen,
- je kapitalintensiver das Engagement in einzelnen Ländern sein soll,
- je differenzierter die Bearbeitung der Auslandsmärkte erfolgen soll.

Die **qualitative Veränderung** der Information ergibt sich daraus, dass

- andere als die national bekannten Einflussfaktoren intensiver untersucht werden müssen,
- die Entscheidungsträger in der Regel über ein viel geringeres Ausgangswissen als bei nationalen Aktivitäten verfügen.

Gliedert man die Aufgaben bzw. Zwecke der internationalen Marketingforschung nach dem **Inhalt bzw. Bezugsbereich der Informationen**, so lassen sich nach Bauer fünf verschiedene Aufgabenbereiche unterscheiden, die von einer internationalen Marktforschung wahrgenommen werden müssen, nämlich die Gewinnung, Analyse und Interpretation von (Bauer, 1997, S. 23):

- Informationen über globale länderspezifische Umweltmerkmale
- Informationen über länderspezifische Aufgabenumwelten

- Informationen über länderspezifische bzw. länderübergreifende Möglichkeiten und Instrumente zur strategischen und operativen Markteinwirkung
- Informationen über aktuelle und/oder potenzielle länderspezifische bzw. länderübergreifende Marktreaktionen
- Informationen über die internationalisierungsrelevante interne Situation der Unternehmung

Gliedert man die Aufgaben nach den **Prozessphasen internationaler Entscheidungen**, so bietet sich folgende Unterteilung nach Meffert an (Bauer, 1997, S. 24):

- Bereitstellung von Informationen zur Planung von strategischen internationalen Marketing-Zielen und internationalen Marketing-Strategien
- Bereitstellung von Informationen zur Planung von operativen internationalen Marketing-Zielen und –Maßnahmeprogrammen
- Bereitstellung von Informationen zur strategischen internationalen Marketing-Kontrolle (Planfortschrittskontrolle, Prämissenkontrolle, strategische Überwachung)
- Bereitstellung von Informationen zur operativen internationalen Marketing-Kontrolle (Ergebniskontrolle)

Der Begriff der nur national ausgerichteten Marketingforschung kann deshalb bei Berücksichtigung internationaler Aspekte wie folgt erweitert werden:

Aufgabe der internationalen Marketingforschung ist die Beschaffung, Analyse und Interpretation relevanter länderspezifischer Informationen als Grundlage für internationale Marketing-Entscheidungen.

Die Internationalisierung der unternehmerischen Tätigkeit hat auch ihren Niederschlag in einem erhöhten Bedarf an Marktinformationen gefunden. So wuchs der Weltmarkt für Marktforschung (Umsätze der Marktforschungsinstitute) in den Jahren von 1993 bis 2001 von 6,7 Mrd. Euro auf 17,8 Mrd. Euro.

	1993	1994	1995	1996	1997	1998	1999	2000	2001
	Anteile in %								
Europa	43	42	45	46	45	43	42	39	40
- EU	38	37	42	42	41	40	39	36	37
- restl. Europa	5	5	3	4	4	3	3	3	3
USA	38	38	34	35	37	37	37	39	39
Japan	9	10	10	9	9	7	7	8	6
Sonstige	11	10	11	10	9	14	14	14	5
Insgesamt in Mio. Euro	6.970	7.592	7.468	8.533	10.478	11.976	13.744	16.543	17.756

Abb. 7: Der Weltmarkt für Marktforschung
Quelle: Arbeitskreis Deutscher Markt- und Sozialforschungsinstitute e.V., 2002, (www.adm-ev.de), ESOMAR

Innerhalb Europas entfielen 26 % der Ausgaben auf Großbritannien und 22 % auf Deutschland.

	1993	1994	1995	1996	1997	1998	1999	2000	2001
	Anteile in %								
Deutschland	23	24	25	23	22	24	23	22	22
Großbritannien	20	21	21	21	25	27	26	27	26
Frankreich	20	19	18	17	16	16	16	16	18
Italien	9	8	7	8	7	7	7	7	7
Spanien	6	6	5	5	5	5	5	5	4
Niederlande	5	5	5	4	4	5	4	4	4
Sonstige	17	17	19	21	21	16	19	19	19
Insgesamt in Mio. Euro	2.971	3.177	3.336	3.897	4.707	5.213	5.809	6.452	7.058

Abb. 8: Der europäische Markt für Marktforschung
Quelle: Arbeitskreis Deutscher Markt- und Sozialforschungsinstitute e.V., 2002, (www.adm-ev.de),
ESOMAR

2. Internationale Informationsbeschaffung

2.1 Prozess der Informationsbeschaffung

Der Prozess der Informationsbeschaffung durchläuft verschiedene Stufen, die man
als **Informationskreislauf** bezeichnen kann.

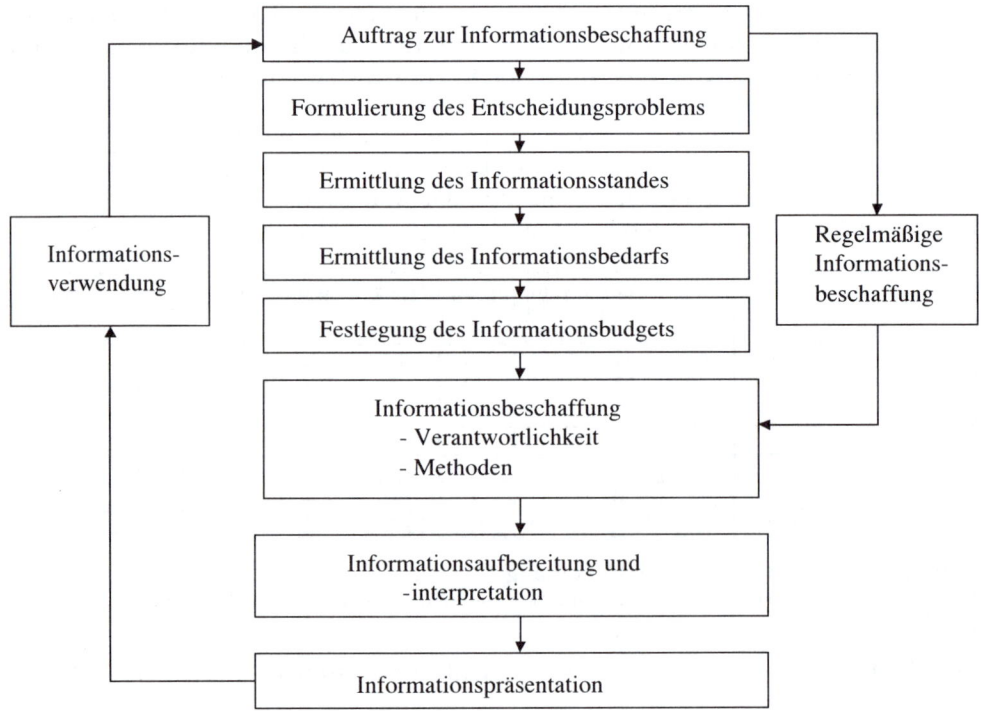

Abb. 9: Informationskreislauf

Am Anfang steht die **Formulierung des Entscheidungsproblems** als Grundlage für eine Informationsanforderung. Dabei sollte präzise, schriftlich auf beispielsweise nur einer Seite festgelegt werden, welches Problem entschieden werden sollte. Die schriftliche Festlegung zwingt den Anfordernden, sich im voraus darüber im klaren zu werden, wie er die gewünschten Informationen verwenden will. Da die anfordernden Stellen vielfach nur unzureichend über die Möglichkeiten und Grenzen der Informationsbeschaffung und –verarbeitung informiert sind, werden oft – in Bezug auf die Problemlösung – ungeeignete Informationen angefordert. Anschließend zeigt man sich über die Leistungsfähigkeit der Marketingforschung enttäuscht. **Es muss also sichergestellt werden, dass die Marketingforschung das Problem, das gelöst werden soll, kennt und auf die zu beschaffenden Informationen Einfluss nehmen kann.**

Die schriftliche Informationsanforderung erlaubt außerdem eine bessere zeitliche Planung der Marktforschungsaktivitäten sowie bei zeitlichen Engpässen die Festlegung einer Prioritätenliste.

Ein solches Formblatt zur Anforderung von Marktformationen könnte folgendermaßen gestaltet sein.

Gesellschaft/ Werk/Land	Veranlassende Abteilung/Person	Antrags- Datum	Genehmigt durch	Datum der Genehmigung

Problembeschreibung:

Benötigte Informationen:

Beschaffung durch Abteilung/Institut:

Verfügbares Budget/erwartete Kosten: Endtermin:

Bemerkungen:

Abb. 10: Formblatt zur Anforderung von Marktinformationen

Aus der Formulierung des Entscheidungsproblems kann abgeleitet werden, welche Informationen geeignet erscheinen, zur Lösung dieses Problems einen Beitrag zu leisten.

Da oftmals bereits Informationen zum Entscheidungsgegenstand vorliegen, kann es sein, dass nur die fehlenden, vielfach nur aktuellen Informationen zu beschaffen sind. Vor der Informationsbeschaffung muss weiterhin der **Informationsbedarf** präzisiert werden nach

* Art
* Umfang (Gliederungstiefe, zeitlicher Umfang)
* Detaillierungsgrad
* Häufigkeit
* zeitlicher Verfügbarkeit (Endtermin).

Sollen z.B. Zahlen zur englischen PKW Produktion beschafft werden, so wäre folgende Präzisierung erforderlich:

Art:	PKW Produktion englischer und ausländischer Hersteller in England
Umfang:	Gliederung nach Herstellern und Marken
	1995 bis letzte verfügbare Zahl, Vierteljahreswerte
Detaillierungsgrad:	Produktionszahlen in 1000 Stück
Häufigkeit:	Einmalig, sonst nach erneuter Anforderung
Zeitliche Verfügbarkeit:	30.9. des Jahres

In dem Formblatt sollte auch das zur Verfügung stehende **Budget** oder - falls die Ausgaben nicht budgetiert werden sollten - die **Kosten**, die entstehen dürfen, beziffert werden. Weiterhin sollte der **Endtermin** festgelegt werden, zu dem die Informationen vorliegen müssen. In der Praxis haben sich das Budget und der Endtermin als wichtige Restriktionsgrößen erwiesen. Die für die Marketingforschung Verantwortlichen müssen dann sagen, welche Informationen sie bei gegebenem Budget oder oftmals in der Kürze der verbleibenden Zeit noch liefern können.

2.2 Der Marktforschungsplan

Der Anforderungsbogen ist die Grundlage für einen **Marktforschungsplan**. Dieser Plan wird von der für die Informationsbeschaffung verantwortlichen Stelle (eigene Marketingforschungsabteilung, Institut) erstellt und mit dem Auftraggeber diskutiert und gemeinsam verabschiedet.

Ein **Marktforschungsplan** sollte folgende Elemente enthalten:

* Problemformulierung
* Kennzeichnung des bisherigen Informationsstandes
* Formulierung des Informationsbedarfs

- Detaillierte Festlegung der – unter Berücksichtigung des Budgets und des Endtermins – im Rahmen des Projekts zu beschaffenden Informationen
- Festlegung der Erhebungsmethoden (Erhebungsumfang, Auswahl der Erhebungseinheiten usw.)
- Umfang und Detaillierungsgrad der Auswertung
- Auswertungsmethoden
- Zeitbedarf der einzelnen Projektabschnitte und des Gesamtprojekts
- Finanzbedarf des Projekts

Aufgabe dieses Planes ist es,

- dem Auftraggeber eine detaillierte Vorstellung über Projektaufbau und –ablauf zu geben,
- die vorgesehenen Erhebungsmethoden darzustellen,
- die Auswertungsmethoden und den Auswertungsumfang darzustellen,
- den Personal- und Zeitbedarf zu quantifizieren,
- den Kostenansatz transparent und nachprüfbar zu machen.

Ein Marktforschungsplan sollte immer erstellt werden, unabhängig davon, ob die Projektdurchführung in Eigen- oder Fremdforschung erfolgt.

Die Anforderung von Marktinformationen kann mit der Aufforderung an einen Architekten verglichen werden, einen Entwurf für ein Einfamilienhaus vorzulegen. Dabei werden dem Architekten Rahmendaten wie gewünschte Gesamtfläche, Anzahl der Zimmer, Lage und Größe des zu bebauenden Grundstückes und der verfügbare Finanzrahmen genannt.

Der erste Entwurf des Architekten entspricht dem Marktforschungsplan des Marktforschers, der aufgrund der Problemstellung, der Terminvorstellung und des Budgets einen Untersuchungsvorschlag präsentiert. Dieser Vorschlag ist dann mit dem Auftraggeber zu diskutieren, eventuell abzuändern und schließlich gemeinsam zu verabschieden. Auf diese Weise wird bis ins Detail geregelt, welche Leistungen zu erbringen sind bzw. welche Leistungen der Auftraggeber erwarten kann.

Bei der späteren Durchführung ist es sinnvoll, abgeschlossene Untersuchungsabschnitte zu präsentieren, um dem Auftraggeber die Möglichkeit zu geben, während der Untersuchung Änderungen oder Ergänzungen am Projekt vorzunehmen.

2.3 Methoden der Informationsbeschaffung

Die Beschaffung bzw. Erhebung von Daten kann grundsätzlich

- durch Sekundärforschung,
- durch Primärforschung

erfolgen.

Bei der **Sekundärforschung** (auch: Quellenforschung, desk research) wird auf vorhandenes Datenmaterial zurückgegriffen. Hierbei kann es sich um unternehmens-internes oder unternehmens-externes Datenmaterial handeln. Dieses Datenmaterial ist z.B. von Unternehmen, Instituten, Banken, der Regierung, den Ministerien, von Verbänden oder den Statistischen Ämtern bereits erhoben, bearbeitet und eventuell grafisch oder tabellarisch aufbereitet und veröffentlicht worden.

Hauptprobleme der Sekundärforschung sind

- das Auffinden der Quellen, die relevante Daten zur Lösung des untersuchten Problems beinhalten,
- Abgrenzungsschwierigkeiten, die häufig dadurch auftreten, dass
  - die Daten ursprünglich zu einem anderen Zweck erhoben wurden und damit nicht so aufbereitet sind, wie es für den gegenwärtigen Untersuchungszweck erforderlich wäre,
  - der Datenerhebung international unterschiedliche Abgrenzungen zugrunde liegen.

Die Sekundärforschung hat durch das Internet, das einen weltweiten Zugriff auf internationale Daten und Datenbanken (z.B. Firmendaten, Statistiken, Patente) erlaubt, stark an Bedeutung gewonnen.

Bei der **Primärforschung** (auch: Feldforschung, field research) liegt kein veröf-fentlichtes Datenmaterial, auf das zurückgegriffen werden könnte, vor. Die Daten sind originär am Träger des untersuchten Merkmals zu erheben. Diese Datenerhe-bung kann durch

- Befragung (mündlich, schriftlich, telefonisch, online über das Internet),
- Beobachtung,
- Experiment

erfolgen.

Hauptprobleme der Primärforschung sind

- die methodisch richtige Auswahl der Erhebungseinheiten,
- die richtige Gestaltung des Untersuchungsdesigns (z.B. des Fragebogens oder einer experimentellen Anordnung),
- Begrenzungen der Datengewinnung durch die Kosten der Untersuchung (Budget-vorgaben).

Im internationalen Bereich kommen folgende Probleme hinzu:

- das Bestehen von qualifizierten Instituten zur Gewinnung aktueller Daten
- die Akzeptanz der Durchführung primärforscherischer Untersuchungen (z.B. die Bereitschaft persönlich Fragen zu beantworten, fehlende Infrastruktur für schrift-liche Befragungen oder - in bestimmten Ländern - die Möglichkeit, Frauen in die Untersuchung mit einzubeziehen)

Mündliche Befragung	Schriftliche Befragung	Telefonische Befragung	Online Befragung
Vollständige, aktuelle Auswahlbasis	Vollständige, aktuelle Auswahlbasis	Vollständige, aktuelle Auswahlbasis	Vollständige, aktuelle Auswahlbasis
Vorhandensein von Instituten mit einer Feldorganisation	Effizienter, zuverlässiger Postdienst	Hohe Telefondichte, die eine repräsentative Auswahl ermöglicht	Hohe Computerdichte, die eine repräsentative Auswahl ermöglicht
Erreichbarkeit und positive Einstellung zur mündlichen Befragung	Landesweite postalische Erschließung	Erreichbarkeit der Zielperson	Interesse der Zielperson am befragenden Unternehmen bzw. Institut
	Hinreichende Lese- und Schreibkundigkeit der Zielgruppe	Niedrigere Kosten als bei mündlicher Befragung	
Richtige, sinngemäße Übersetzung der Fragen	Positive Einstellung zur schriftlichen Befragung	Richtige, sinngemäße Übersetzung der Fragen	
	Richtige, sinngemäße Übersetzung der Fragen		

Abb. 11: Voraussetzungen internationaler Primärforschung

Sekundärforscherisch können vorwiegend Kenndaten zu ökonomischen Tatbeständen und Sachverhalten gewonnen werden (Höhe der Produktion, Anzahl der Anbieter, Verbrauchsausgaben für bestimmte Produkte oder die Reichweite bestimmter Werbeträger).

Wenn es um die Ermittlung von **Verhaltensweisen, Motiven oder Einstellungen** geht (Grund für den Kauf von Marke A, Beurteilung von Unternehmen B, Kenntnis über die Eigenschaften von Produkt C), liegen in aller Regel keine veröffentlichten Daten vor, sie müssen **primärforscherisch** gewonnen werden.

2.3.1 Sekundärforschung

Bei der Beschaffung von Informationen wird man zunächst prüfen, ob Informationsquellen vorhanden sind. Dabei gilt, dass aus Kostengründen zunächst interne Quellen untersucht werden. Erst in einem zweiten Schritt wird man sich externen Quellen zuwenden. Da die Daten aus unterschiedlichen Quellen stammen können, entscheidet die Kenntnis der möglichen Quellen über den Erfolg der Suchaktivitäten. Die fehlende Kenntnis von Datenquellen kann deshalb den Untersuchungserfolg gefährden.

Es ist deshalb sinnvoll, sich Quellenverzeichnisse anzulegen. Sie enthalten Hinweise auf Art, Umfang und Fundstellen von konkreten Daten sowie die Möglichkeiten, Zugang zu den gewünschten Daten zu erlangen (Rogge, 1999, S. 85 ff).

2.3.1.1 Interne Quellen mit Auslandsinformationen

Die Daten der innerbetrieblichen Quellen werden im Unternehmen erfasst. Sie enthalten einerseits interne Angaben über das Unternehmen selbst (Betriebsstatistik), andererseits auch externe Daten, die bereits zu einem früheren Zeitpunkt gesammelt und gespeichert wurden. Damit die Daten leicht abgerufen werden können, ist eine systematische Datenspeicherung erforderlich (Rogge, 1999, S. 86 ff.). Die wesentlichen internen Quellen, sollten eine getrennte Auswertung nach Inland und Ausland, hier wiederum zumindest nach Ländern erlauben.

Typische interne Quellen für marketing-relevante Daten können u.a. sein:

- Umsatzstatistiken
- Absatzstatistiken
- Vertriebskostenrechnung
- Reklamationsstatistiken
- Preisstatistiken

- Besuchsberichte von Außendienst-mitarbeitern (ADM)
- Messeberichte
- interne Datenbanken

Je größer ein Unternehmen ist, um so umfangreicher ist im Allgemeinen auch das Datenmaterial, das internen Quellen entnommen werden kann.

2.3.1.2 Externe Quellen mit Auslandsinformationen

Zahlreiche externe Quellen enthalten Daten für den Konsumgüter-, für den Dienstleistungs- und für den Investitionsgüterbereich sowohl für das Inland als auch für das Ausland. Aus der Fülle möglicher Quellen sind im Folgenden nur einige Quellen mit ihren wesentlichen Veröffentlichungen hervorgehoben, wobei insbesondere die inländischen Quellen, die Auslandsinformationen liefern und einige ausländische Quellen, berücksichtigt wurden.

2.3.1.2.1 Inländische externe Quellen

Generell können die externen Quellen gegliedert werden in (Hüttner, 1999, S. 197 ff., Bauer, 1997, S. 92 ff.):

1. Allgemeine amtliche Statistik
2. Sonstige amtliche Quellen
3. Wirtschaftsorganisationen, Verbände, IHK und AHK
4. Wirtschaftswissenschaftliche Institute, Beratungsgesellschaften
5. Lieferverzeichnisse
6. Fachliteratur und Fachzeitschriften
7. Zeitungen und Zeitschriften
8. Messe- und Ausstellungsinformationen
9. Firmenveröffentlichungen (Geschäftsberichte, Kataloge)
10. Datenbanken
11. Sonstige privatwirtschaftliche Quellen (Adressverlage, Auskunfteien, Zeitungsausschnittbüros, Banken, Pressearchive der Verlage)
12. Internet

(1) Hierzu gehören insbesondere **Veröffentlichungen des Statistischen Bundesamtes** (www.statistik-bund.de) wie z.B.:
- Statistisches Jahrbuch für die Bundesrepublik Deutschland. Es enthält Angaben über Ein- und Ausfuhren (nach Waren, Branchen, Ländern, Ländergruppen, Verbrauchs- und Käuferländern differenziert) sowie über den Außenhandel mit den wichtigsten Ländern und Ländergruppen.

- Statistisches Jahrbuch für das Ausland mit umfassenden Informationen über die Länder der Europäischen Gemeinschaft
- Fachserien
  - Fachserie 7: Außenhandel
  - Fachserie 17: Preise mit Preisen und Preisindizes für die Ein- und Ausfuhr
- Internationaler Vergleich der Lebenshaltungskosten
- Preise und Preisindizes im Ausland
- Vierteljahreshefte zur Auslandsstatistik
- Länderberichte mit ausführlichen Angaben über Bevölkerung, Volkswirtschaft und rechtliche Bestimmungen.

(2) Zahlreiche **Ministerien** veröffentlichen Daten mit Auslandsbezug z.B.:
- Bundesministerium für Wirtschaft und Technologie (BMWI) (www.bmwi.de) Monats-, Quartals-, Jahresberichte
- Bundesministerium für wirtschaftliche Zusammenarbeit und Entwicklung (BMZ)(www.bmz.de)
  Jahresbericht
  Zusammenarbeit mit Entwicklungsländern
- Auswärtiges Amt (www.auswaertiges-amt.de)
  Zahlreiche Dokumentationen und Broschüren

Die **Bundesbank** (www.bundesbank.de) veröffentlicht:
- Monatsberichte
- Jährliche Geschäftsberichte
- Statistische Beihefte
- Mitteilungen der Deutschen Bundesbank

Eine besondere Bedeutung kommt der **Bundesstelle für Außenhandelsinformation (bfai)**, Köln, die zum BMWI gehört, zu (www.bfai.de). Ihre Aufgabe ist die Förderung des Außenhandels.

Die bfai verfügt über eine eigene Datenbank mit folgenden „Standardinformationen" für die wichtigsten Länder der Welt:

- Wirtschaftstrends
- Wirtschaftsdaten aktuell
- Markt in Kürze
- Auskunfts- und Kontaktstellen
- Geschäftspartner
- Rechtstipps
- Zolltipps

Darüber hinaus bieten die bfai-Datenbanken Exportinformationen für über 150 Länder zu den Themen (viele der Informationen sind auch auf CD-Rom verfügbar):

- Marktanalysen, Wirtschaftsdaten, Länderberichte, Rechts- und Zollinformationen

- Konkrete Anfragen ausländischer Unternehmen nach Geschäftskontakten zu deutschen Unternehmen
- Hinweise auf öffentliche Ausschreibungen ausländischer staatlicher Stellen
- Informationen über Investitionsvorhaben im Ausland, die von internationalen Finanzierungsinstitutionen gefördert werden
- Anschriften zur Außenwirtschaftsförderung im In- und Ausland
- Anschriften ausländischer Anwälte sowie Kurzüberblick über das jeweilige Anwaltsrecht
- Zolltarife, Verbote und Beschränkungen
- Informationen, wer bei Auslandsgeschäften behilflich sein kann und ob für diese Projekte Fördermittel zur Verfügung stehen
- Veröffentlichungen ausländischer Stellen wie z.B. Gesetzestexte. Die Themen reichen von Recht, Steuern, Zölle, nicht-tarifären Handelshemmnissen über Branchen, Kontaktanschriften bis zu Messen und Ausstellungen.

Das bfai gibt außerdem zahlreiche Zeitschriften heraus. Die wichtigsten sind:

- Nachrichten für den Außenhandel (NfA)
- Geschäftswünsche und Ausschreibungen
- Projekte und Ausschreibungen
- Recht und Steuern International
- Zoll spezial
- Weltwirtschaft kompakt

(3) Wichtige **Wirtschaftsverbände** sind:
- Bundesverband der Industrie e.V., (BDI), Berlin (www.bdi-online.de)
- Verband der Automobilindustrie e.V.(VDA), Frankfurt a.M. (www.vda.de)
- Verband der Chemischen Industrie e.V., Frankfurt a.M. (www.chemische-industrie.de)
- Zentralverband der elektrotechnischen Industrie e.V. (ZVEI), Frankfurt a.M.(www.zvei.de)
- Verband deutscher Maschinen- und Anlagenbau e.V. (VDMA), Frankfurt a.M. (www.vdma.de)
- Hauptgemeinschaft des deutschen Einzelhandels (www.einzelhandel.de)
- Rationalisierungskuratorium der deutschen Wirtschaft (www.rkw.de)
- Bundesverband des deutschen Exporthandels (www.bdexport.de)
- Ländervereine wie z.B der Ostasiatische Verein, Hamburg (www.oav.de)

Die Fachverbände führen oft unter ihren Mitgliedern Erhebungen durch und verfügen auf diese Weise über Informationen, die über das Material des Statistischen Bundesamtes hinausgehen. Da nur Mitglieder Informationen liefern, ist jeweils zu prüfen, ob auch so viele Unternehmen einer Branche dem Verband angehören (Organisationsgrad) und Zahlen melden, dass das Material als repräsentativ angesehen werden kann.

Der **Deutsche Industrie- und Handelskammertag** (DIHK) (www.dihk.de) ist der Dachverband von 82 Industrie- und Handelskammern mit über drei Millionen Unternehmen sowie von 110 Außenhandelskammern in 70 Ländern.

Alle **Verbände** sowie die **IHKs** (www.ihk.de) veröffentlichen - neben detaillierten bis auf die Ebene der Kammerbezirke gegliederte Informationen - auslandsbezogene Informationen, sei es in Form von Länderberichten oder Statistiken.

Die Aufgaben der **AHKs** (www.ahk.de) reichen nach eigenen Aussagen von kommerziellen Auskunftsdiensten, legislativen und administrativen Diensten, der Vertretung deutscher Messen im Ausland, von Markt- und Wirtschaftsanalysen, Technologietransfer und Umweltschutzleistungen, Handels- und Investitionsförderung bis hin zur Öffentlichkeitsarbeit, Aus- und Weiterbildung. Die AHKs verfügen durch regionale Präsenz über intensive lokale Markterfahrung.

Weitere Förderstellen der internationalen Zusammenarbeit sind z.B.:

- Deutsche Gesellschaft für Technische Zusammenarbeit (GTZ), Eschborn (www.gtz.de)
- Deutscher Entwicklungsdienst (DED), Berlin (www.ded.de)
- Carl Duisberg Gesellschaft, Köln (www.cdg.de)
- Institut für Auslandsbeziehungen (IFA), Stuttgart (www.ifa.de)

(4) Bedeutende deutsche Wirtschaftsforschungsinstitute sind:

- Deutsches Institut für Wirtschaftsforschung (DIW), Berlin (www.diw.de)
- HWWA-Institut für Wirtschaftsforschung, Hamburg (www.hwwa.de)
- Institut der deutschen Wirtschaft (IW), Köln (www.iwkoeln.de)
- Institut für Weltwirtschaft an der Universität (IfW), Kiel (www.uni-kiel.de)
- Ifo-Institut für Wirtschaftsforschung, München (www.ifo.de)
- Rheinisch-Westfälisches Institut für Wirtschaftsforschung, (RWI), Essen (www.rwi-essen.de)
- Institut für Wirtschaftsforschung, Halle (www.uni-halle.de)

Die Schwerpunkte ihrer Forschungstätigkeit liegen auf gesamtwirtschaftlichen Analysen, auf Branchenuntersuchungen, Marktbeobachtungen und Konjunkturforschungen einschließlich Prognosen. **Obwohl der Forschungsschwerpunkt bei allen Instituten unterschiedlich ist, sind fast alle Forschungsprojekte zumindest europaweit angelegt**. Hinzu kommt, dass die Institute über Archive und Bibliotheken mit internationalen statistischen Daten verfügen.

Nach Angaben des Fachinformationsdienstes Context, Düsseldorf, betrug im Jahre 2001 die Zahl der Marktforschungsinstitute in Deutschland 224 (1990: 123 und 1999: 218). Marktforschungsinstitute, die sich den Berufsgrundsätzen und den Richtlinien der ADM-Satzung unterwerfen, sind im „Arbeitskreis Deutscher Markt- und Sozialforschungsinstitute" (www.adm-ev.de) zusammengefasst. Zu den bekanntesten Instituten gehören:

- A.C. Nielsen GmbH, Frankfurt (www.acnielsen.de) und (www.acnielsen.com)
- forsa Gesellschaft für Sozialforschung und statistische Analysen mbH, Berlin (www.forsa.de)

- GfK AG, Nürnberg (www.gfk.de)
- Ifak Institut GmbH & Co. KG, Taunusstein (www.ifak.de)
- Infratest Burke, München (www.infratest-burke.com)
- Inra Deutschland GmbH, Möln (www.inra.de)
- Institut für Demoskopie Allensbach GmbH; Allensbach (www.ifd-allensbach.de)
- Ipsos Deutschland GmbH, Hamburg (www.ipsos.de)
- TSN Emnid, Bielefeld (www.emnid.tnsofres.com)

Fast alle Institute führen auch Marktforschungsprojekte im Ausland durch. Dies geschieht zum Teil mit ausländischen Kooperationspartnern, vielfach aber über eigene Auslandsniederlassungen. Nach Aussagen des Arbeitskreises hat sich der Anteil des Auslandsumsatzes der Mitgliedsinstitute laufend erhöht und betrug im Jahre 2001 rd. 48 % (1999 rd. 40%) von insgesamt 1.037 Mio. Euro. (1999: 856 Mio. Euro).

Weitere **internationale Beratungsgesellschaften** sind z.B.:

- Frost & Sullivan, New York (www.frost.com)
- Prognos AG, Basel (www.prognos.ch)
- Diebold, Frankfurt (www.diebold.de)
- Arthur D. Little, Boston (www.adlittle.com)

(5) Lieferverzeichnisse können dem Auffinden von Kunden und Lieferanten dienen. Sie sind nach Unternehmen, Produkten und Ländern gegliedert. Bekannte Verzeichnisse bzw. Verlage sind:

- Wer liefert was?; Hamburg (web.wlwonline.de),
- Kompass (www.kompass-deutschland.de),
- Handbuch der Großunternehmen, Hoppenstedt, Darmstadt (www.hoppenstedt.de)
- ABC Verlagshaus, Darmstadt (www.abc.online.de)

(6) Einen Überblick über die Verbreitung von Fachzeitschriften, ihre Reichweite, ihre Leserschaft, Anzeigenpreise usw. liefert das Medienhandbuch des Stamm Verlages, Essen (www.stamm.de).

(7) Die Zeitungen- und Zeitschriftenverlage verfügen über umfangreiche Archive, die teilweise der Öffentlichkeit zugänglich sind.

(8) Die wichtigste Quelle für Messe- und Ausstellungsinformationen ist die Ausstellungs- und Messe AG, (AUMA), Köln (www.auma.de) sowie die einzelnen Messegesellschaften der Messestädte.

Die AUMA verfügt weltweit über Informationen zu den Messeterminen, zu den Messebeteiligungen, über Berichte früherer Messen oder über Förderungsmöglichkeiten. Diese Informationen erlauben es, sicher zu entscheiden, ob eine Messebeteiligung oder ein Messebesuch sinnvoll erscheinen.

(9) Firmenveröffentlichungen in Form von Geschäftsberichten, Katalogen, Preislisten, Pressemeldungen oder WebSites liefern eine Fülle von Informationen über Stärken und Schwächen sowie Einsichten in die Strategien von Kunden, Lieferanten oder Wettbewerbern.

(10) Eine besondere Bedeutung haben in den letzten Jahren firmenexterne **Datenbanken** gewonnen. Der Vorteil der Datenbanken ist, dass sie stets aktuelle, aufbereitete Informationen liefern, auf die online zugegriffen werden kann.

Das Angebot von Datenbanken kann über einen Vertrag mit einem **Datenbankanbieter (Host)** (z.B. GENIOS, Düsseldorf (www.genios.de), Data Star, Schweiz oder Dialog, USA (www.dialog.com) oder STN International (www.cas.org) erschlossen werden.

GENIOS, bietet einen Zugang zu über 500 Datenbanken der Wirtschafts- und Fachpresse. Die Datenbanken können nach Branchen, Quellenart, Themen oder alphabetisch erschlossen werden. Über Genios Web-Search kann eine Recherche in über 750.000 Firmenprofilen durchgeführt werden und auf Informationen in 120 Pressearchiven zurückgegriffen werden. (Weis, Steinmetz, 1998, S. 67 f.)

Datenbanken können auch direkt zur Geschäftsanbahnung im Ausland genutzt werden. Hierzu dienen die in GENIOS integrierten bfai-Datenbanken „Auslandsauschreibungen", „bfai-Projektinformationen" oder die Kooperationsbörse „Business".

Datenbankproduzenten sind z.B. die GBI Gesellschaft für betriebswirtschaftliche Information, München (www.gbi.de); Predicast, London oder FIZ Technik, Karlsruhe.

Datenbankeneinsatz	Datenbankbeispiele
Adressdatenbanken	AZ Direktmarketing
Unternehmensverzeichnisse	DUN´s, Kompass
Statistik Datenbanken	Statistik-Bund, DRI, WEFA
Marktstudienverzeichnisse	Datamonitor, Euromonitor, PTS Promt
Wirtschaftspresse	PTS Newsletter, Textline
Literaturdatenbanken	BLISS, ABI/INFORM, BISY, EIU

Abb. 12 Datenbanken im Marketing (Beispiele)

Pepels unterscheidet nach Art des Inhalts und nach Nutzungsmöglichkeit folgende Datenbanken (Pepels, 1995, S. 179):

• Numerische Datenbanken
enthalten vorwiegend numerische Informationen in Form von Tabellen oder Zeitreihen (z.B. volkswirtschaftliche Daten, Devisenkurse, Rohstoffpreise).

- Bibliographische Datenbanken
  enthalten neben Literaturhinweisen auch kurze Inhaltsangaben (Summary, Abstract).
- Volltextdatenbanken
  enthalten vollständige Textdokumente. Sie können über Kurzbeschreibungen oder Schlagwörter erschlossen werden.
- Referenzdatenbanken
  enthalten Veröffentlichungen mit Angabe des Titels, des Autors, des Erscheinungsdatums und -ortes. Sie weisen ferner Schlagworte auf, die den Inhalt charakterisieren. Sie enthalten im Allgemeinen eine kurze Inhaltsangabe.
- Faktendatenbanken
  enthalten Zusammenfassungen überbetrieblicher Datensammlungen (Statistiken, Modelle).
- Real time Datenbanken
  geben aktuelle Datenänderungen (z. B. an der Börse) zeitgleich wieder.

(11) Zu den sonstigen privatwirtschaftlichen Quellen zählen z.B.:

Adressverlage, die ausgewählte Adressen über Privatpersonen, Unternehmen oder Personen in Unternehmen im In- und Ausland (z.B. Einkaufsleiter, Marketingleiter) zur Verfügung stellen. Bedeutende Adressverlage sind:
- AZ Bertelsmann Direct, Gütersloh (www.az.bertelsmann.de)
- Merkur Direktwerbegesellschaft mbH & Co. KG, Einbeck
  (www.merkur-einbeck.de)
- Pan-Adress, Planegg (www.panadress.de)
- Schober Direktmarketing GmbH, Ditzingen (www.schober.de)

Eine Übersicht über die Adressverlage findet sich im Adress Index der AdWebCat (www.adwebcat.com).

Wirtschaftsinformationsdienste z.B. VWD (www.vwd.de) liefern allgemeine und branchenspezifische Wirtschaftsinformationen.

Wirtschaftsauskunfteien versuchen durch unternehmensbezogene Informationen das Kreditrisiko zu vermindern. Sie erhalten im Gegensatz zur Schufa (www.schufa.de) nur einen Teil ihrer Informationen durch Selbstauskünfte oder Auskünfte von Kreditinstituten. Im Wesentlichen sammeln sie selbst Informationen über wirtschaftliche Betätigung, Zahlungsverhalten, Umsatz, Grundbesitz, Schulden, Zwangsversteigerungsverfahren oder über das Vorliegen von Mahn- oder Vollstreckungsbescheiden. Die Daten stammen überwiegend aus allgemein zugänglichen Quellen wie Telefon-, Adressbüchern oder dem Handelsregister.

Zu den bekannten Auskunfteien gehören z.B.:
- D & B Schimmelpfeng (www.schimmelpfeng.de)
- Kreditschutzverein für Industrie, Handel und Dienstleistungen (IKD)

- Verband der Vereine Creditreform (www.creditreform.de)
- Vereinigte Auskunfteien Bürgel (www.buergel.de)

Finanzinstitutionen der Banken wie z.B.:
- Kreditanstalt für Wiederaufbau (KfW), Frankfurt (www.kfw.de)
- Deutsche Ausgleichsbank, Bonn (www.dta.de)
- Hermes Kreditversicherung, Hamburg (www.hermes.de).

Zeitungsausschnittbüros werten in- und ausländische Zeitungen und Zeitschriften nach vom Auftraggeber vorgegebenen Suchbegriffen aus und stellen die entsprechenden Artikel zur Verfügung. Eine tägliche kostenlose Auswertung nach Suchbegriffen bietet (www.paperball.de).

Hinweise zu **Zöllen, Aus- und Einfuhrbeschränkungen** finden sich im Internet (www.mkaccdb.eu.int).

(12) Die vorstehend genannten Quellen sind nahezu alle auch über das **Internet** zu erschließen. Es sollen deshalb nur die Internet-Adressen von einigen Übersichten mit marketing-relevanten Informationen genannt werden:

- das Portal Marketing Marktplatz (www.marketing-marktplatz.de)
- das Portal für Marketing Informationen (www.marketingnetz.de)
- der Brandenburger Marktforschungsindex (www.fh-brandenburg.de)
- das Quellenverzeichnis Marketing im Internet (www.uni-magdeburg.de)
- das Marketing Lexikon (www.medialine.focus.de)
- die Volltextnachweise www.competence-site.de, www.business-wissen.de oder www.innovationen-aktuell.de, www.4managers.de, www.zingel.de

Das **Portal Marketing-Marktplatz** bietet einen Zugang zu vielen Marketingquellen (Veröffentlichungen, Firmennachrichten, Messen sowie Marketing-Grundlagenwissen). Das **Marketingnetz** zeigt vor allem Links zu Marktforschungsinstituten. Der **Brandenburger Marktforschungsindex** liefert eine sehr breite Übersicht über sekundärstatistische externe Quellen für die Marktforschung. **Marketing im Internet** gibt u.a. links zu Hochschulen, Bibliotheken, Web-Katalogen oder staatlichen Institutionen. Das **Marketing Lexikon** erläutert zahlreiche Begriffe des nationalen und internationalen Marketing. Unter den genannten **Volltextnachweisen** finden sich u.a. kostenfrei Aufsätze, Vorträge, Vorlesungsskripte, Hausarbeiten, Diplomarbeiten oder Diskussionsforen zu außenwirtschaftlichen Themen.

2.3.1.2.2 Ausländische externe Quellen

Im Ausland gibt es vielfach vergleichbare Quellen wie im Inland (z.B. Verbände, Statistiken, Firmeninformationen). Sie sind am besten über eine Suchmaschine, die Suchmaschinen sucht (www.klugsuchen.de), sowie über die bekannten Suchmaschinen (z.B. yahoo, altavista, fireball, google) zu erschließen.

Hier seien deshalb nur einige internationale und supranationale Organisationen aufgeführt, die alle internationales Zahlenmaterial veröffentlichen:

- Vereinte Nationen (UN) (www.unsystem.org)
- Weltbank (www.worldbank.org)
- Organisation für wirtschaftliche Zusammenarbeit und Entwicklung (OECD) (www.oecd.org)
- Internationaler Währungsfonds (www.dsbb.imf.org)
- Eurostat (EU) (Statistisches Büro) (www.europa.eu.int)
- ISI International Statistical Institute (www.cbs.nl/isi)
- World Trade Organisation (www.wto.org)

2.3.1.3 Beurteilungs- und Auswahlkriterien

Maßstab für die Brauchbarkeit von Sekundärdaten ist die Verwendungsmöglichkeit der Daten für die konkrete Problemsituation. Für jede Aufgabenstellung ist deshalb die Frage der Datenqualität neu zu beantworten. Als Hauptkriterien für die Beurteilung der Qualität von Daten und Sekundärquellen können herangezogen werden (Rogge, 1992, S. 59 ff.):

- Glaubwürdigkeit
- Erhebungsgrundlagen
- Erhebungs- und Verarbeitungsmethodik
- Weiterverarbeitungsmöglichkeit der Daten

Eine genaue Überprüfung ist oftmals - insbesondere bei internationalen Zahlen - nicht möglich. Deshalb muss die Beurteilung subjektiv erfolgen. Die Glaubwürdigkeit kann z.B. dabei aufgrund folgender Kriterien beurteilt werden (Rogge, 1999, S. 89 ff.):

- Auftraggeber der Datenerhebung
- Zweck der Datensammlung
- Durchführende Instanzen der Datensammlung
- Fachliche Qualifikation der Bearbeiter des Datenmaterials
- Aufbereitungsmethodik
- Verfügbarkeit von Kontroll- oder Vergleichsuntersuchungen

Informationen über Erhebungszeitraum, - zweck, - methode und -umstände erlauben Hinweise auf die **Erhebungsgrundlagen** und damit die Verwendbarkeit der Sekundärdaten.

Bei der **Methodik** sind Fragen wie

- Repräsentativität,
- Direkte oder indirekte Messung,
- Objektivität,

- Validität,
- Zuverlässigkeit (Reliabilität),
- Signifikanz

zu überprüfen.

Ein wesentliches Qualitätsmerkmal ist die **Weiterverwendbarkeit** der Daten. Die Frage, ob die Daten den individuellen Informationsbedürfnissen entsprechen oder angepasst werden können, hängt ab von der

- eindeutigen Datendefinition (werden unter Konsumenten sowohl Käufer als auch Verwender oder nur Verwender verstanden),
- Vollständigkeit des Datenmaterials,
- zeitlichen Aktualität des Datenmaterials.

2.3.2 Primärforschung

Sollen keine Marktkenndaten (wie z. B. Marktgröße, Absatzzahlen, Umsätze oder Marktanteile) gewonnen werden, sondern Informationen zu Verhaltensweisen, Motiven, Einstellungen, Bedürfnissen oder Kaufabsichten – die in der Regel nicht veröffentlicht werden –, so müssen die Daten bei den Zielpersonen originär erhoben werden.

Alle in Deutschland eingesetzten Formen der Datengewinnung sind zunächst einmal auch im Ausland zur Datengewinnung verwendbar. Die technische Infrastruktur (z.B. Postzustellung, Computerausstattung, Internetzugang, das Vorhandensein von Instituten oder Interviewerorganisationen), Verhaltensnormen und persönliche Einstellungen und Fähigkeiten führen jedoch dazu, dass die primärforscherischen Instrumente in einzelnen Ländern ein ganz unterschiedliches Gewicht haben.

Basis Gesamter Forschungsumsatz	Quantitativ Gesamt	Persönlich Gesamt	Außer-häuslich	Häuslich	Postalisch	Telefonisch	Andere Gesamt
Belgien	44	28	10	18	1	10	5
Dänemark	40	13	5	8	6	21	0
Deutschland	39	22	4	19	4	7	6
Finnland	36	14	$-^{1'}$	$-^{1'}$	7	15	0
Fr. Jugoslawien	10	5	2	3	2	1	2
Frankreich	43	26	1	25	5	10	1
Griechenland	35	30	3	27	*	2	2
Großbritannien	58	37	$4^{2'}$	33	4	17	0
Irland	42	37	4	33	2	3	0
Italien	70	46	6	40	4	15	5
Kroatien	40	30	5	25	5	5	0
Luxemburg	65	35	0	35	0	15	15
Niederlande	44	$18^{2'}$	$-^{2'}$	$-^{2'}$	$16^{2'}$	$10^{2'}$	0
Norwegen	77	21	4	$17^{2'}$	5	31	20
Österreich	30	23	3	20	1	5	1
Portugal	35	26	3	23	5	4	0
Schweden	54	15	10	5	17	20	2
Schweiz	51	27	$-^{1'}$	$-^{1'}$	5	20	0
Slovenien	51	40	12	28	2	8	0
Spanien	65	35	5	30	10	20	0
Türkei	55	35	5	30	10	5	5
Europäischer Durchschnitt	49	29	4	25	5	12	3

* = Signifikant geringer als 0,5%
[1'] = Der europäische Durchschnitt basiert auf Daten derjenigen Länder, die ihre Datenerhebungsmethoden aufschlüsseln konnten
[2'] = Aufgrund der Nichtverfügbarkeit von 1992'er Daten basierend auf 1991'er Daten

Abb. 13: Ausgabenanteile für quantitative Erhebungsmethoden in den Ländern Europas im Jahre 1992
Quelle: ESOMAR (1993a), S. 19

Grundsätzlich unterscheidet man primärforscherische Datengewinnung durch

- Befragung (mündlich, schriftlich, telefonisch, Online-Befragung über das Internet),
- Beobachtung,
- Experiment.

2.3.2.1 Befragung

Bei der **Befragung** lassen sich nach der **Form der Datengewinnung** konventionelle Befragungen und computergestützte Befragungen unterscheiden.

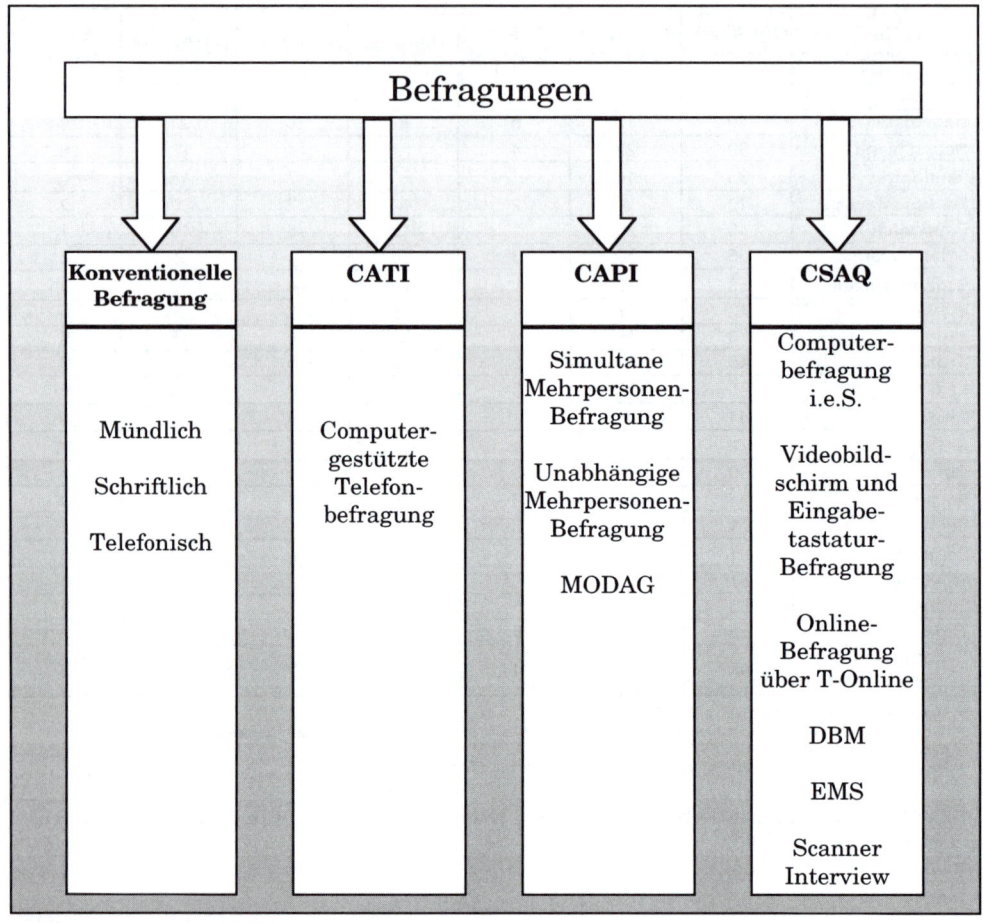

Abb. 14: Befragungsarten
Quelle: Weis/Steinmetz, 2000, S. 82

Diese Befragungsformen weisen verschiedene **Befragungsdimensionen** auf.

Dimension	Form
Kommunikationsform	mündlich, schriftlich, telefonisch, computergestützt, Internet
Umfang	Gesamtbefragung, Teilbefragung
Inhalt	Ein-Themen-, Mehr-Themen-Befragung (Omnibus-Befragung)
Häufigkeit	Einmal-, Mehrfach-Befragung, (Panel)
Befragungsumfang	Vollerhebung, Teilerhebung
Auswahl der zu Befragenden	Zufallsauswahl, systematische Auswahl
Befragungsstrategie	standardisiert, nicht standardisiert
Befragungstaktik	Direkte bzw. indirekte Befragung
Befragtenanzahl	Einzel-, Gruppeninterview
Befragungsumfeld	real, experimentell

Abb. 15: Dimensionen der Befragung
Quelle: In Anlehnung an Weis/Steinmetz, 2000, S. 81

2.3.2.1.1 Die mündliche Befragung (Interview)

Die **mündliche Befragung** gibt keinen unmittelbaren Aufschluss über das wirkliche Verhalten, die wirklichen Bedürfnisse oder Einstellungen. Sie vermittelt subjektiv gefärbte Informationen der Auskunftsperson. Diese Informationen, die einen sozialen Filter durchlaufen haben, können bewusst oder unbewusst bewertend gefärbt sein (Atteslander 1975, S. 87 f.). Das ist stets zu beachten, wenn von den Befragungsdaten auf tatsächliche Werte geschlossen werden soll.

Nach dem **Bewegungsspielraum**, der dem Interviewer und dem Befragten im Interview gelassen wird, unterscheidet man zwischen **standardisiertem** oder **nicht-standardisiertem Interview**. Zwischen diesen beiden reinen Strategien gibt es halb-standardisierte (gelenkte) Interviewformen.

	Kennzeichnung	Anwendbarkeit	Vorteile	Nachteile
Standardisierte Befragung	Frageformulierung und Fragefolge sind im Fragebogen festgelegt. Geringer Interviewerspielraum	Der Befragtenkreis muss hinsichtlich Bildung, Interessen homogen sein, damit alle die Fragen gleich verstehen	Gute vergleichbare Ergebnisse, einfache statistische Aufbereitung Geeignet zur Überprüfung von Hypothesen, geringe Interviewerqualifikation erforderlich	Nur zu den erfragten Sachverhalten werden Informationen gewonnen
Nicht-Standardisierte Befragung	Freies Gespräch, lediglich Themenstellung und Gesprächsleitfaden werden vorgegeben	Der Befragtenkreis kann heterogen sein, da Fragen erläutert und Sachverhalte erklärt werden können	Fragen können dem jeweiligen Gesprächsverlauf angepasst werden (elastische Gesprächsführung) Geeignet für neue Erkenntnisse und Hypothesen	Gefahr der Interviewereinflussnahme durch suggestive Fragestellung und selektive Wahrnehmung Schwierigkeiten bei der Fragebogenauswertung

Abb. 16: Befragungsstrategien

Das **standardisierte Interview** ist wie folgt gekennzeichnet:

- alle Fragen sind in einem Fragebogen ausformuliert festgehalten
- der Interviewer hat die Fragen wörtlich vorzulesen und die Antworten zu notieren
- der Interviewer hat sich dabei an die im Fragebogen vorgegebene Reihenfolge zu halten
- alle Erklärungen und Erläuterungen, die ein Interviewer geben darf oder muss, sind ebenfalls im Fragebogen festgehalten. Ergänzende Bemerkungen sind nicht erlaubt

Voraussetzung für eine **standardisierte Befragung** ist, dass

- die Befragtengruppe möglichst homogen ist z.B. hinsichtlich Bildung, Interessen oder Erfahrungen, sodass alle Befragten die Fragen verstehen und gleich interpretieren. Fragen zu Sachverhalten, die Kenntnisse auf einem speziellen Gebiet voraussetzen (z.B. Fotografie, Briefmarken oder Computer) können nur einem ausgewählten Personenkreis gestellt werden,
- die Befragten auf alle Fragen gleich emotional reagieren, da die Reaktion den weiteren Gesprächsverlauf beeinflussen kann. Gerade dies ist oftmals nicht gegeben, denn die emotionale Reaktion wird stark von persönlichen Lebensumständen geprägt. Eine Frage nach den Arbeitsumständen kann eine unzufriedene oder arbeitslose Person negativ berühren und den weiteren Gesprächsablauf negativ beeinflussen. Eine beruflich erfolgreiche Person kann hingegen durch die Frage für den weiteren Gesprächsverlauf positiv motiviert werden.

Der **Vorteil der standardisierten Befragung** liegt in Folgendem:

- der Interviewereinfluss wird weitgehend ausgeschaltet, da Fragenreihenfolge und Fragenformulierung vorgegeben sind
- die Anforderungen an die Qualifikation des Interviewers sind gering
- die Ergebnisse der Befragung eignen sich gut für eine statistische Aufbereitung (Auszählung, Verdichtung, Verknüpfung, grafische Darstellung)

Da allen Befragten dieselben Fragen gestellt wurden, sind eindeutige Aussagen zu erfragten Sachverhalten möglich (z.B. 60 % der Befragen haben ein bestimmtes Produkt schon mindestens einmal gekauft oder die Ausgaben für ein bestimmtes Produkt steigen mit zunehmendem Alter der Käufer).

Die standardisierte Befragung eignet sich damit besonders zur Überprüfung von Hypothesen und kausalen Zusammenhängen. Wie bei jedem statistischen Verfahren kann eine Kausalität nicht aufgedeckt werden, sondern nur ein als sinnvoll erachteter Zusammenhang statistisch gesichert werden. Nur wenn ein Zusammenhang zwischen Alter, Einkommen oder Geschlecht und dem Kauf eines Produktes sinnvoll vermutet werden kann, kann eine Befragung dies bestätigen oder nicht bestätigen.

Der **Nachteil der standardisierten Befragung** liegt darin, dass

- der Befragtenkreis (Abgrenzung der Grundgesamtheit, aus der die Stichprobe der zu Befragenden gezogen wird) sorgfältig daraufhin zu überprüfen ist, ob die erforderliche Homogenität gegeben ist, d.h. ob erwartet werden kann, dass alle Befragten die Fragen gleich verstehen und gleichartig darauf reagieren,
- die strenge Interviewführung einer Auskunftsperson wenig Entfaltungsmöglichkeiten lässt. Aktive, eloquente Personen, die den Hintergrund erhellende Ausführungen machen könnten, können sich frustriert und zu „Antwortautomaten" degradiert fühlen,
- Sachverhalte, die im Fragebogen nicht berücksichtigt wurden, weil sie für unbedeutend gehalten wurden oder weil sie vergessen wurden, nicht mehr berücksichtigt und in Erfahrung gebracht werden können.

Gerade das letzte Argument führt zu der Forderung, dass vor der endgültigen Erstellung eines Fragebogens Probeinterviews als halb-standardisierte Interviews durchgeführt werden sollten, die die Möglichkeit eröffnen, Sachverhalte in den Fragebogen aufzunehmen, an die vorher nicht gedacht wurde.

Das standardisierte mündliche Interview stellt die wichtigste Form der Datengewinnung in der Konsumgütermarktforschung dar. Befragt werden hier i.d.R. einzelne Personen in Haushalten z.B. über ihre Produktkenntnisse, Produktbeurteilungen, Einstellungen zu Produkten und Marken, über ihr Kaufverhalten oder Verwenderverhalten.

Das **nicht-standardisierte Interview** ist wie folgt gekennzeichnet:

- Das Interview ist ein freies Gespräch zwischen Interviewer und Auskunftsperson, in dem der Interviewer die Fragen frei formuliert
- Der Verlauf des Gesprächs wird von der Auskunftsperson mit gestaltet, da der Interviewer seine Fragestellung auf den Antworten des Befragten aufbauen kann
- Dem Interviewer werden lediglich die Themenstellung vorgegeben und ein Gesprächsleitfaden, mit einzelnen Punkten, die er im Laufe des Interviews ansprechen soll

Die **Voraussetzung** für den Erfolg des nicht-standardisierten Interviews liegt allein in der Person des Interviewers begründet.

- Der Interviewer muss kompetent genug sein, die Antworten bewerten zu können, um zu entscheiden, ob er nachfragen muss, um weitergehende Informationen zu erlangen.
- Der Interviewer muss in der Lage sein, wichtige von unwichtigen Aussagen zu trennen und die wichtigen Antworten aussagegenau im Sinne des Antwortenden festhalten.
- Der Interviewer muss die Fähigkeit haben, sich dem Wissensstand und dem Ausdrucksvermögen des Befragten mit seiner Fragestellung anzupassen.

Der **Vorteil der nicht-standardisierten Befragung** liegt in Folgendem:

- Der Gesprächsverlauf ist sehr flexibel, neue Ideen und Anregungen der Auskunfts-person können weiter verfolgt werden. Es können also Erkenntnisse gewonnen werden, an die der Auftraggeber und der Interviewer vorher nicht gedacht haben.
- Der Befragtenkreis kann heterogen sein, d.h. es können zu demselben Thema technische oder kaufmännische Experten oder Laien befragt werden. Der Inter-viewer kann seine Frageformulierung dem Wissensstand und der Sprache des Befragten anpassen.
- Die freie Gesprächsform wirkt bei selbstbewussten Befragten motivierend, sie können eigene Vorstellungen und Anregungen in die Befragung einbringen.

Der **Nachteil der nicht-standardisierten Befragung** liegt darin, dass

- die Qualifikation der Interviewer - bezogen auf den Untersuchungsgegenstand - so hoch sein sollte, wie die der Befragten, denn der Interviewer muss in der Lage sein, ein Fachgespräch zu führen,
- der Interviewer versucht sein könnte, durch suggestive Fragestellung seine Meinung bestätigen zu lassen,
- der Interviewer selektiv bzw. gefiltert wahrnehmen könnte, d.h. er nimmt insbesondere die Aussagen wahr, die seine Auffassung unterstützen,
- eine statistische Auswertung weitgehend nicht möglich ist, da jedes Interview anders verläuft, da bei jedem Interview andere Fragen gestellt werden. Eine Auszählung ist bestenfalls bei den Fragen möglich, die im Leitfaden vorgegeben waren, die also von allen Interviewern gestellt werden sollten. Ansonsten können aus den Gesprächsprotokollen nur qualitative Tendenzen abgelesen werden.

Die nicht-standardisierte Befragung ist die vorherrschende Befragungs-strategie im Business-to-Business Bereich. Sobald Produktions- oder Laborlei-ter, Leiter von Forschungs- und Entwicklungsabteilungen oder Konstruktionsab-teilungen zu technischen Problemen, Werkstofffragen oder zukünftigen Tendenzen gefragt werden sollen, kann dies nur durch kompetente Fachleute im Rahmen freier Gespräche geschehen. Es müssen Interviewer sein, die etwas vom Sachverhalt verstehen, und damit gleichzeitig eine eigene Meinung zum Befragungsgegenstand haben.

2.3.2.1.2 Die schriftliche Befragung

Die **schriftliche Befragung** erfolgt durch Zusendung eines Fragebogens oder durch persönliche Verteilung an die Zielperson oder durch anonyme Verteilung durch eine Zeitung oder Zeitschrift. Der zurückgesandte, ausgefüllte Fragebogen wird dann statistisch ausgewertet.

Die schriftliche Befragung hat gegenüber dem mündlichen Interview folgende **Vorteile:**

- sie ist kostengünstiger als das mündliche Interview
- jede Zielperson ist (zumindest theoretisch) erreichbar
- der mögliche Interviewereinfluss entfällt
- schwer zu erreichende Berufskreise (Schichtarbeiter, Landwirte) können erfasst werden

Die schriftliche Befragung weist aber auch eine Reihe von **Nachteilen** auf:

- Die Rücklaufquote ist in der Regel sehr gering (oft unter 20%). Dies kann dazu führen, dass die Stichprobe nicht mehr repräsentativ ist, d.h. die Stichproben- ergebnisse sind nicht geeignet, um Rückschlüsse auf die Grundgesamtheit zu ziehen.
- Die Beantwortung des Fragebogens kann unter dem Einfluss dritter Personen erfolgt sein (Identitätsproblem).
- Missverständnisse können nicht durch Rückfragen ausgeräumt werden.
- Ein schriftlich zu beantwortender Fragebogen kann nicht so lang sein wie ein mündlich abgefragter Fragebogen.
- Eine Stichtagsbefragung ist nicht möglich, da die Beantwortung und Rücksen- dung des Fragebogens eine gewisse Zeit in Anspruch nimmt (mindestens 4 Wochen bis zur Bearbeitung). Erfolgt in dieser Zeitspanne z.B. eine Steuererhöh- ung oder Zinssenkung, so kann die Beantwortung vor und nach diesem Ereignis unterschiedlich ausfallen.

Zur Abmilderung des Hauptnachteils „der geringen Rücklaufquote" sind eine Reihe von Techniken zur **Erhöhung der Rücklaufquote** entwickelt worden. So versucht man die Rücklaufquote zu steigern, indem man

- durch Zusendung per Eilpost und Freimachen des Rückumschlages - ebenfalls als Eilpost - die Wichtigkeit unterstreicht,
- durch Beifügung eines Begleitbriefs den Sinn der Umfrage erläutert und dem Befragten die Anonymität zusichert,
- durch Beifügung kleinerer Geschenke oder der Zusage an einer Preisverlosung teilzunehmen, die Antwortbereitschaft erhöht (die Geschenke dürfen nicht den Charakter einer Bezahlung annehmen, die Bezahlung eines Interviews wird von den Instituten abgelehnt).

Die Gefahr der mangelnden Repräsentativität bei einer schriftlichen Befragung kann auch nicht durch die Erhöhung der Anzahl der versandten Fragebögen gelöst werden. Erklären sich z.B. 1.000 ausgewählte Personen zu einem mündlichen Interview bereit, so könnte man bei einer schriftlichen Befragung durch den Versand von 10.000 Fragebögen (angenommene Rücklaufquote: 10%) ebenfalls eine Stichprobe von 1.000 Personen erhalten. Die Struktur der Rücksender ist jedoch im Allgemeinen so verzerrt, dass sie nicht als repräsentativ gelten kann.

Der zugesandte Fragebogen sollte so gestaltet sein, dass eine einfache Ausfüllung und anschließende Codierung und Auswertung möglich ist.

Die schriftliche Befragung hat um so größere Chancen eine hohe Rücklaufquote zu erreichen, je interessanter und je wichtiger das Thema für den Befragten ist. Ein Reiseveranstalter, der seine Kunden schriftlich über den Urlaub befragt, kann mit Rücklaufquoten von bis zu 50% rechnen, da der einzelne Kunde sich einen persönlichen Vorteil davon verspricht, wenn z.B. schlechte Hotels aus dem Reiseprospekt verschwinden. Ein Waschmaschinenbesitzer, der sich frühestens in fünf Jahren eine neue Maschine kaufen will, wird wahrscheinlich keine Veranlassung sehen, jetzt einen Fragebogen zu beantworten.

2.3.2.1.3 Die telefonische Befragung

Die **telefonische Befragung** wird heute überwiegend in der computergestützten Form (CATI für Computer Assisted Telephone Interview) durchgeführt.

Die **Vorteile der telefonischen Befragung**, als Sonderform der mündlichen Befragung, sind:

* Interviews sind schnell durchzuführen
* die Zahl der erforderlichen Interviewer ist geringer als beim mündlichen Interview
* die Kosten (im Vergleich zum mündlichen Interview) sind als Folge der fallenden Kommunikationskosten Ende der neunziger Jahre geringer
* die Ergebnisse unterliegen einer ständigen Plausibilitätskontrolle
* es kann zeitgleich eine Auswertung der erhaltenen Antworten bis zur Stabilisierung der Ergebnisse durchgeführt werden

Als **Nachteile** werden aufgeführt:

* hohe Anfangsinvestitionen durch eine z.B. ACD Anlage
* hoher Programmieraufwand
* nur zeitlich kurze Interviews sind möglich
* die Gesprächssituation ist nicht überschaubar
* Bilder, Karten, Produktmuster können nicht präsentiert werden
* mögliche Repräsentanzprobleme durch Zweitanschlüsse, Geheimnummern
* Zurückhaltung bei den Antworten, da sich der Interviewer nicht eindeutig legitimieren kann

Mit dem Vordringen der Datenverarbeitung hat die **computergestützte Befragung** stark an Bedeutung gewonnen. Dabei sind folgende Formen zu unterscheiden:

* CATI (Computer Assisted Telephone Interviewing)
* CAPI (Computer Assisted Personal Interviewing)
* CSAQ (Computerized Self Administered Questionnaires)

Bei **CATI** liest der Interviewer, die vor ihm auf dem Bildschirm erscheinenden Fragen vor und gibt die Antwort des Befragten ein. Der Computer generiert daraufhin die nächste Frage des Fragebogens. Es kann somit sofort eine Gesamtauswertung aller Antworten erfolgen und das Interview bei Stabilisierung der Ergebnisse - ohne vorherige Festlegung des Stichprobenumfangs - abgebrochen werden.

Bei **CAPI** liegt ein persönliches Interview vor, bei dem der Interviewer die Fragen wiederum direkt vom Bildschirm abliest und die Antworten in den PC eingibt. Sie werden später per Modem an das Institut weitergeleitet.

Bei den **CSAQ** Verfahren (Computer Assisted Self-Administered Questionnaire) kann der Telefoninterviewer durch ein Band oder eine Computerstimme ersetzt werden.

2.3.2.1.4 Die Online-Befragung

Bei den Online-Befragungen oder Bildschirmbefragungen entfällt der Interviewer ganz. Die Initiative geht von dem Befragten aus, der die Fragen dem ins Netz gestellten Fragebogen entnimmt und die Antworten selber direkt eingibt (Hüttner, 1999, S. 79ff). Da bei Online-Befragungen keine Auswahlverfahren eingesetzt werden können, die eine repräsentative Stichprobe gewährleisten, eignen sie sich für eine aussagefähige Datengewinnung nur dann, wenn

- die Zielpersonen der Befragung durch das Internet erreicht werden können,
- die Antwortenden persönliche Angaben machen, die ein Überprüfung der Repräsentanz erlauben,
- die Befragten auf die Befragung aufmerksam gemacht werden,
- die Befragten durch Interessenstimuli (Preisausschreiben, Geschenke) zur Beantwortung angeregt werden.

2.3.2.1.5 Die wirtschaftliche Bedeutung der Befragung

Die Senkung der Kommunikationskosten des Telefons, die damit einhergehende Einrichtung von Call Centern und das Vordringen der Datenverarbeitung haben dazu geführt, dass die (computergestützte) telefonische Befragung in den letzten Jahren stark vorgedrungen ist.

Die Bedeutung der Online-Befragung kommt in der Zahl von 4 % nur unzureichend zum Ausdruck, da zahlreiche Befragungen von Unternehmen direkt – ohne Einschaltung eines Instituts – durchgeführt werden dürften.

	1990	1991	1992	1993	1994	1995	1996	1997	1998	1999	2000	2001
	Anteile in %											
Persönliche Interviews	65	60	58	59	61	60	45	44	39	37	34	39
- mit paper & pencil							40	38	34	31	25	31
- mit Laptop							5	6	5	6	9	8
Telefoninterviews	22	30	32	32	29	30	44	40	41	40	41	29
Schriftliche Interviews	13	10	10	9	10	10	11	16	19	22	22	28
Online-Befragungen									1	1	3	4

Abb. 17: Quantitative Interviews nach Befragungsart in Deutschland (nur Mitgliedsinstitute)
(Anmerkung: Durch die Veränderung der Zahlen der Mitgliedsinstitute sind die Zahlen für 2001 nur begrenzt mit den Zahlen früherer Jahre vergleichbar.)
Quelle: Arbeitskreis Deutscher Markt- und Sozialforschungsinstitute e.V., 2002, (www.adm-ev.de)

2.3.2.2 Die Beobachtung

Die Beobachtung wird in der Marktforschung im Wesentlichen zur Erfassung von Wahrnehmungen, Verhaltensweisen und zur Aktivierungsmessung eingesetzt.

Typische Anwendungsgebiete in der Marktforschung sind die Erfassung

- von Käuferwegen durch ein Geschäft,
- der Betrachtung von Schaufenstern oder Regalen,
- des Verhaltens des Verkaufspersonals,
- des Leseverhaltens (Lesen von Texten, Betrachtung von Anzeigen),
- der inneren Erregung (Aktivierungsmessung) bei der Betrachtung von Bildern, Anzeigen, Filmen,
- der Prägnanz von Werbemitteln (Güte der Anzeigengestaltung).

Die Datengewinnung geschieht zunehmend durch Messungen mittels technischer Geräte wie

- Lichtschranken,
- Tachistoskop,
- Blickaufzeichnungsmessungen,
- Hautwiderstandsmessungen,
- Videoaufzeichnungen.

2.3.2.3 Das Experiment

Experimentelle Befragungen oder Beobachtungen kommen insbesondere in verschiedenen Testverfahren zur Anwendung.

Die wesentlichsten international eingesetzten Testverfahren sind (Bauer, 1997, S. 197 ff.)

- Konzepttests,
- Produkttests,
- Werbemitteltests (copy tests),
- Markttests einschl. Mini-Markttests.

Konzepttests, die Produktideen oder Konzepte bewerten, werden vor allem dann eingesetzt wenn,

- ein neues Produkt für Auslandsmärkte entwickelt werden soll,
- aus Kostengründen nicht überprüft werden kann, ob ein national bereits eingeführtes Produkt, ohne oder mit Veränderungen auch erfolgversprechend auf einem Auslandsmarkt eingeführt werden kann.

Produkttests sollen z.B. durch home-use-tests am fertigen Produkt Produkturteile gewinnen, um eine bessere Abschätzung von Marktchancen neuer Produkte zu erlauben.

Werbemitteltests werden zur optimalen Gestaltung einzelner Werbemittel (z.B. von Anzeigen, TV Spots, Plakaten) als Pretest (vor der Schaltung) oder als Posttest (nach der Schaltung) von Werbemitteln eingesetzt.

Markttests sollen durch den tatsächlichen Verkauf von Produkten auf einem regional begrenzten Markt oder sogar auf einem Ministestmarkt (3000 Haushalte beim GfK Behavior Scan) die Wirksamkeit einzelner Marketinginstrumente sowie ihre Abstimmung aufeinander (Marketingmix) testen. Da die letzteren Tests elektronische Medien wie Kabelfernsehen voraussetzen, ist ihr internationaler Einsatz noch sehr begrenzt.

Kontrollfragen

(1) Geben Sie fünf Beispiele für den Untersuchungsgegenstand der internationalen Marktforschung.

(2) Nennen Sie sechs Informationen, die geeignet sind, über die Stärken und Schwächen der Wettbewerber Auskunft zu geben.

(3) Nennen Sie sechs quantitative Informationen, die geeignet sind einen Absatzmarkt zu charakterisieren.

(4) Inwieweit führt die Internationalisierung der Unternehmensaktivitäten zu einer Veränderung der quantitativen und qualitativen Informationsansprüche?

(5) Wie können die Aufgaben der internationalen Marktforschung nach den Prozessphasen der Entscheidung gegliedert werden?

(6) Nach welchen Kriterien muss ein Informationsbedarf präzisiert werden, um die Beschaffung der richtigen Information sicher zu stellen?

(7) Welche Elemente sollte ein Marktforschungsplan enthalten?

(8) Was ist die Aufgabe eines schriftlich festgehaltenen Marktforschungsplanes?

(9) Nennen Sie drei Probleme, die sich bei der internationalen sekundärforscherischen Datengewinnung ergeben.

(10) Welche Probleme treten bei der internationalen Primärforschung zusätzlich (zur nationalen Primärforschung) auf?

(11) Nennen Sie zwölf nationale externe Quellen, die auch Auslandsinformationen enthalten.

(12) Erklären Sie was ein Marketingportal ist.

(13) Anhand welcher Maßstäbe muss die Glaubwürdigkeit von Sekundärquellen beurteilt werden?

(14) Was versteht man einer „standardisierten" und einer „nicht-standardisierten Befragung"?

(15) Nennen Sie fünf Nachteile, die eine schriftliche Befragung gegenüber einer mündlichen bzw. telefonischen Befragung aufweist.

(16) Was versteht man unter einer computergestützten telefonischen Befragung? Nennen Sie zwei Formen dieser Befragung.

(17) Erläutern Sie das computergestützte Verfahren CATI.

(18) Beim Vorliegen welcher Voraussetzungen eignen sich Online-Befragungen zur Datengewinnung?

(19) Nennen Sie drei technische Instrumente bzw. Anordnungen, die bei der Beobachtung zur Datengewinnung eingesetzt werden.

(20) Was versteht man unter einem Konzepttest und was unter einem Markttest?

Lösungshinweise

Frage	Seite	Frage	Seite
(1)	35	(11)	47 ff.
(2)	37	(12)	54
(3)	37	(13)	55
(4)	38	(14)	59
(5)	39	(15)	63
(6)	43	(16)	64
(7)	43 f.	(17)	64
(8)	44	(18)	65
(9)	45	(19)	66
(10)	45	(20)	66 f.

Literatur

Atteslander, Peter, Methoden der empirischen Sozialforschung, Verlag Walter de Gruyter, Berlin 1975, S. 87 f.

Bauer, Erich, Internationale Marketingforschung, Oldenbourg Verlag, 2. Aufl. München 1997, S. 16 ff., 23, 24, 197 ff.

Hüttner, Manfred, Grundzüge der Marktforschung, Oldenbourg Verlag, 6. Aufl., München 1999, S. 197

Pepels, Werner, Käuferverhalten und Marktforschung, Schäffer-Poeschel Verlag, Stuttgart 1995, S. 179

Rogge, Hans-Jürgen, Sekundärerhebung (Informationsquellen), in: Pepels, Werner (Hrsg.), Moderne Marktforschungspraxis, Luchterhand, Neuwied, 1999, S. 86 ff.

Rogge, Hans-Jürgen, Marktforschung, München 1992, 2. Aufl. S. 59 ff.

*Weis, Hans Christian/***Steinmetz, Peter**, Marktforschung, Kiehl Verlag, 4. Aufl. Ludwigshafen 2000, S. 81 f.

Zahlen über den Markt für Marktforschung, Arbeitskreis Deutscher Marktforschungsinstitute e.V., 2002, (www.adm-ev.de)

C. Auswahl von Ländern und Märkten

Vor Aufnahme einer internationalen Aktivität werden Unternehmen eine Auswahl von Ländern und Märkten vornehmen. Wie bei einem Filter wird man von einer **Grobauswahl** zu einer engmaschigen **Feinauswahl** übergehen.

Voraussetzung für eine Länderauswahl ist eine Analyse der internationalen Rahmenbedingungen. Die Länderauswahl soll über eine Abschätzung der Länderrisiken die Zahl potenziell zu bearbeitender Länder reduzieren. Für die verbleibenden Länder erfolgt dann eine detailliertere Betrachtung möglicher Zielmärkte und Zielgruppen.

Die Überprüfung der Unternehmensbedingungen soll dann eine Rangfolge der auszuwählenden Länder ermöglichen. Unternehmensbedingungen und Marktbedingungen liefern dann, nach Festlegung der internationalen Marketingziele, Hinweise für eine sinnvolle Strategie der Markterschließung.

Der letzte Schritt ist dann die Gestaltung der Marketinginstrumente sowie deren Abstimmung im Marketing-Mix.

1. Länderauswahlverfahren

Eine Länderauswahl ist deshalb erforderlich, weil Unternehmen, die international tätig werden wollen, mit folgenden veränderten Bedingungen konfrontiert werden können:

* natürliche Umwelteinflüsse
* kulturelle Rahmenbedingungen
* politische, rechtliche, soziale und ökonomische Unterschiede

1.1 Natürliche Umwelteinflüsse

Zu den allgemeinen natürlichen Umweltbedingungen, die eine unternehmerische Aktivität beeinflussen gehören (Dülfer, 1997, S. 277 ff.):

* die topographischen Bedingungen (Gewässer, Gebirge, Wüsten, Steppen, Regenwald)
* die lebenswichtigen Ressourcen (Trinkwasser, unverschmutzte Atmosphäre)
* die klimatischen Bedingungen (Temperatur, Luftfeuchtigkeit, Luftdruck, Luftbewegung, Niederschläge)

Diese Einflüsse werden schon seit langem in der Standortlehre als Standortfaktoren berücksichtigt. Wurde ursprünglich vorwiegend ihr Einfluss auf technische Produktionsabläufe und Logistik untersucht, so wird zunehmend ihre Wirkung auf geistige und körperliche Arbeitsfähigkeit, auf die Einstellung zur Arbeit und auf das Führungsverhalten betrachtet. Dies ist insofern sinnvoll, als ein enger Zusammenhang zwischen Klima und Arbeitsproduktivität feststellbar ist.

1.2 Kulturelle Rahmenbedingungen

Gleiche Vorgehensweisen wie z.B. Geschäftspraktiken, Verhandlungsstile, kommunikative Ansprachen oder Verhaltensweisen wie Begrüßungen, Sitzordnungen oder das Überreichen von Visitenkarten, können in unterschiedlichen Ländern unterschiedliche Reaktionen hervorrufen (Vgl. B.1.1).

Grund hierfür sind oftmals unterschiedliche Kulturen, denen ein Unternehmen und seine Mitarbeiter gegenüberstehen. Kultur im Sinne von gemeinsam geteilten Werthaltungen wird dabei im eigenen Land als etwas Selbstverständliches angesehen. Man ist sich der eigenen kulturellen Prägung meistens gar nicht bewusst. (Perlitz, 2000, S. 280)

Folgt man Keller, so kann der Kulturbegriff durch folgende Aussagen eingegrenzt werden (Keller v., E. 1982 in: Perlitz, 2000, S. 280):

- Kultur ist menschengeschaffen. Sie ist ein Produkt kollektiven gesellschaftlichen Handelns und Denkens einzelner Menschen.
- Kultur ist überindividuell und ein soziales Phänomen, das den einzelnen überdauert.
- Kultur wird erlernt und durch Symbole übermittelt.
- Kultur ist durch Normen, Regeln und Verhaltenskodizes verhaltenssteuernd.
- Kultur strebt nach innerer Konsistenz und Integration.
- Kultur ist ein Instrument zur Anpassung an die Umwelt.
- Kultur ist langfristig adaptiv wandlungsfähig.

Der Begriff „Kultur" kann dabei aus den unterschiedlichsten Sichtweisen erklärt werden. Ziel aller Erklärungsversuche ist es, dem Einzelnen ein Orientierungssystem zu vermitteln, an dem er seine Wahrnehmung, sein Denken, sein Urteilen und Handeln ausrichten kann.

Einen umfassenden Kulturbegriff liefert Schein, der in einem 3-Stufen-Modell die Gesamtheit der Lebensformen, Wert- und Glaubensvorstellungen, sozial-moralischen Leitideen und die Lebensbedingungen zu erfassen versucht.

1. Stufe Basisannahmen	2. Stufe Normen und Standards	3. Stufe Symbolsysteme
Grundannahmen über die Natur, den Menschen und seine sozialen Beziehungen; unsichtbar, meist unbewusst.	Maximen, „Ideologien", Gemeinsame Werte, Verhaltensrichtlinien, Verbote; teils sichtbar, teils unbewusst.	Schöpfungen der Kultur (Technologie, Kunst, Verhaltensmuster, Kleidung, Sprache, Rituale, Umgangsformen); sichtbar, aber interpretationsbedürftig.

Abb. 18: Das 3-Stufen-Modell von Schein
Quelle: Rothlauf, 1999, S. 17

Die **Basis der Kultur besteht danach aus grundlegenden Orientierungs- und Vorstellungsmustern (Weltanschauungen),** die die Wahrnehmung und das Handeln leiten. Diese Orientierungspunkte organisatorischen Handels werden unbewusst, ohne darüber nachzudenken, befolgt.

Dieses Weltbild findet in der zweiten Stufe in konkretisierten Wertvorstellungen und Verhaltensstandards seinen Niederschlag. Verhaltensrichtlinien, Verbote oder gemeinsame Werte für alle Mitglieder eines Unternehmens werden hieraus abgeleitet.

Diese zum Teil ungeschriebenen und unbewussten Annahmen und Maxime finden in der dritten Ebene ihren Niederschlag in Zeichen und Symbolen. Sie haben die Aufgabe die Wertvorstellungen lebendig zu erhalten, weiter zu entwickeln und an neue Mitglieder weiter zu geben. Symbole und Zeichen stellen den sichtbaren Teil dar, der nur in Zusammenhang mit den Wertvorstellungen verständlich ist (Rothlauf, 1999, S. 17 ff.).

Hofstede hat in einer empirischen Untersuchung fünf **Kulturdimensionen** untersucht, die mittels Indexwerte die Abgrenzung von Kulturen erlauben sollen (Rothlauf, 1999, S. 20 ff., Perlitz, 2000, S. 283 ff.). Dies sind:

1. Machtdistanz
2. Individualismus versus Kollektivismus
3. Maskulinität versus Feminität
4. Unsicherheitsvermeidung
5. Kurzfristige versus langfristige Zeitvorstellung

Niedrige **Machtdistanz** bedeutet dezentrale, partizipative Führung mit qualifizierten Mitarbeitern. Hohe Machtdistanz heißt autoritärer Führungsstil mit geringer Widerspruchsmöglichkeit und auch geringem Widerspruchsinteresse.

Ein hoher **Individualismus**index spricht für Verantwortungsgefühl und Selbstsicherheit und das Interesse, das eigene Leben unabhängig von staatlichen Einflüssen zu gestalten (Selbstverwirklichung). Beim **Kollektivismus** entwickeln die Menschen ein „Wir-Gefühl". Sie fühlen sich einem Kollektiv zugehörig und erwarten staatliche Führung, Fürsorge und Schutz.

Hofstede bezeichnet eine Gesellschaft als **maskulin**, wenn sie leistungsbezogen ist, die Individuen (Männer wie Frauen) erfolgsbezogen und selbstbewusst sind und Konflikte ausgetragen werden. In **femininen Gesellschaften** stehen zwischenmenschliche Beziehungen, die Bewahrung der Umwelt und Lebensqualität im Vordergrund. Konflikte werden durch Kompromisse beizulegen versucht.

Jede Kultur muss mit **Unsicherheiten** über zukünftige Entwicklungen leben. Einige Gesellschaften versuchen durch Regeln, Gesetze, Normen und Sicherheitsbestimmungen zukünftige Entwicklungen zu strukturieren d.h. in geordnete Bahnen zu lenken. In anderen Ländern ist die Unsicherheitsvermeidung geringer ausgeprägt. Die Gesellschaften sind toleranter, motivierter und neuen Entwicklungen gegenüber aufgeschlossen.

Vergangenheits-, Gegenwarts- und Zukunftsvorstellungen können in unterschiedlichen Kulturen unterschiedliches Gewicht haben. **Zeitvorstellungen** können ebenfalls linear oder zyklisch verlaufen.

Die unterschiedliche Ausprägung dieser kulturellen Einflüsse (Rituale) hat nicht zu unterschätzende Konsequenzen für die Markterschließung, die Art eines Marktengagements und die praktische Durchführung des täglichen operativen Geschäfts.

Kulturelle Unterschiede können im Geschäftsleben an so einfachen Sachverhalten wie die Eröffnung eines Meetings in verschiedenen Ländern oder wie die Erwartungen, die an eine Präsentation gerichtet werden, verdeutlicht werden. So zeigt Lewis beispielsweise die unterschiedlichen Arten ein Meeting zu eröffnen oder die in einzelnen Ländern abweichenden Erwartungen der Zuhörer an eine Präsentation (Lewis, 2000, S. 122 f. und S. 135).

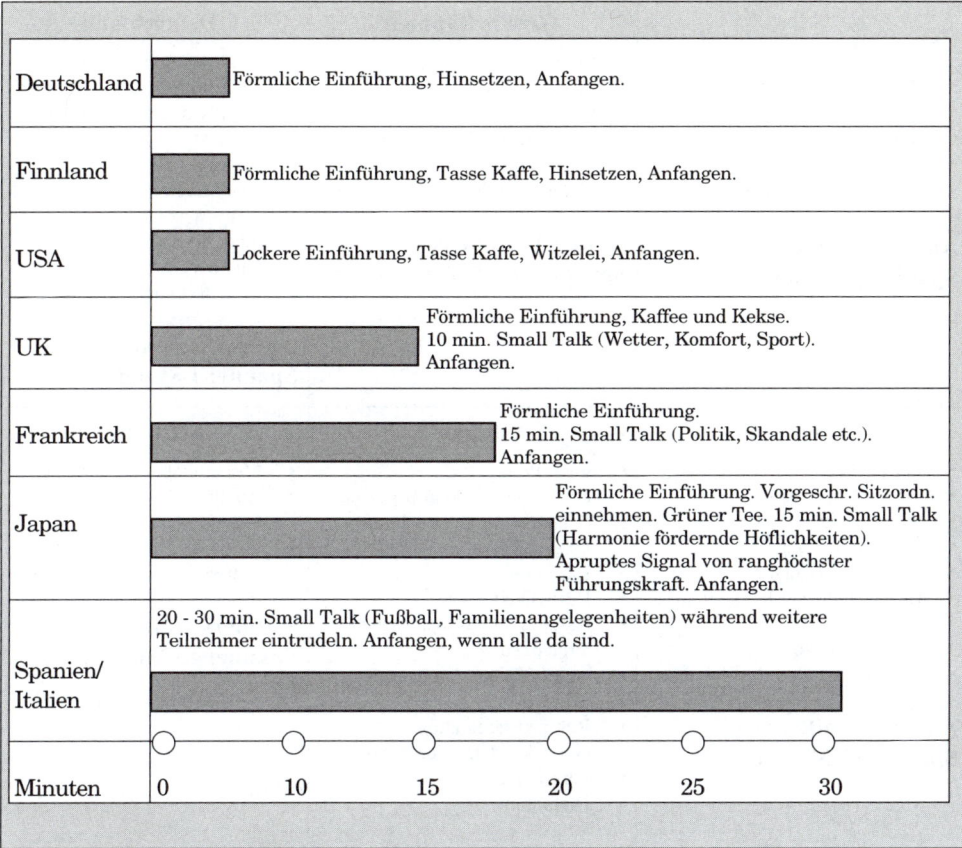

Abb. 19: Eröffnung eines Meetings
Quelle: Lewis, 2000, S. 135

USA	Großbritannien	Deutschland
• Humor • Witze • Modernität • Reklametricks • Slogans • aggressive Verkaufstaktik **Aufmerksamkeits-Spanne: 30 Minuten**	• Humor • eine gute Story • »nettes« Produkt • vernünftiger Preis • Qualität • Mehr Tradition als Modernität **Aufmerksamkeits-Spanne: 30-45 Minuten**	• solides Unternehmen • solides Produkt • technische Informationen • Kontext • Anfang – Mitte – Ende • eine Menge schriftl. Material • keine Witze • guter Preis • Qualität • Liefertermine **Aufmerksamkeits-Spanne: 1 Stunde +**

Frankreich	Japan	Schweden
• Förmlichkeit • innovatives Produkt • Sexappeal • Einfallsreichtum • logische Präsentation • Bezugnahme auf Frankreich • Stil, Auftreten • persönliche Note • Toleranz für Unterbrechungen **Aufmerksamkeits-Spanne: 30 Minuten**	• guter Preis • einmaliges Verkaufsargument • Synergie mit Unternehmens-image • Harmonie • Höflichkeit • Respekt für das japanische Un-ternehmen • Guter Ruf des Anbieterunter-nehmens • Ruhige Präsentation • Gut gekleideter Vortragsredner • Förmlichkeit • Diagramme **Aufmerksamkeits-Spanne: 1 Stunde**	• Modernität • Qualität • Design • technische Informationen • Liefertermine **Aufmerksamkeits-Spanne: 45 Minuten**

Mittelmeerländer/ Arabien	Finnland	Australien
• Persönliche Note • rhetorische Fähigkeiten • Eloquenz • Lebendigkeit • Lautstärke • Toleranz für Unterbrechungen • Zusätzliches Gespräch im Anschluss an die Präsentation **Aufmerksamkeits-Spanne: kurz**	• Modernität • Qualität • technische Informationen • bescheidene Präsentation • Design **Aufmerksamkeits-Spanne: 45 Minuten**	• kumpelhafter Einstieg • durch und durch lockere Dar-bietung • Humor • Überredungskunst • kein überflüssiges Beiwerk • wenig Kontext • innovatives Produkt • die wesentlichen technischen Daten • persönliche Note • Toleranz für Unterbrechungen • Fantasievoller Schluss **Aufmerksamkeits-spanne 30 Minuten**

Abb. 20: Zuhörererwartungen bei Präsentationen
Quelle: Lewis, 2000, S. 122 f.

1.3 Politische, rechtliche, soziale und ökonomische Rahmenbedingungen

Folgende Faktoren können u.a. als **Länderauswahlkriterien** eine Rolle spielen:

Politische Faktoren

- politische Stabilität
- politische Traditionen
- Regierungsform
- ethnische oder religiöse Spannungen
- Gewerkschaftseinfluss
- Verbandseinflüsse
- Verhältnis zu den Nachbarländern

Rechtliche Faktoren

- Gesetze, Verordnungen
- Gesetzgebungsverfahren
- Unabhängigkeit der Justiz, Rechtssicherheit
- Beachtung internationaler Gesetze (Menschenrechte, Verbot von Kinderarbeit)

Soziale Faktoren

- Sozialsystem
- Bevölkerungsschichten
- Bildungsgrad
- Einkommens- und Vermögensverteilung
- Armut
- Lebenserwartung
- Korruption, Arbeitsmoral
- Gesellschaftliche Stellung von Frauen und Kindern

Ökonomische Faktoren

- Bruttoinlandsprodukt, Wachstum
- Inflationsrate, Preisbildung
- Freizügigkeit von Arbeit und Kapital (Konvertibilität)
- Finanzpolitik
- Auslandsverschuldung (Tilgungsverhalten), Währungsreserven
- Arbeitslosenquote
- Marktzugang

2. Länderbewertungsverfahren

Jede Unternehmenstätigkeit birgt in marktwirtschaftlichen Wirtschaftsordnungen das Risiko angestrebte Gewinne nicht zu erzielen oder Verluste zu erleiden. Die Tätigkeit auf Auslandsmärkten ist darüber hinaus durch die genannten Einflussfaktoren mit zusätzlichen Risiken verbunden. Diese Risiken werden als **Länderrisiko** bezeichnet.

Unter einem Länderrisiko versteht man

- das Risiko eines nicht vorhersehbaren direkten oder indirekten Eingriffs souveräner Staaten in die Verfügbarkeit, die Verwendung, die Rückzahlung oder die Rentabilität des eingesetzten Kapitals,

- die Gefahr politischer Veränderungen im Ausland mit wirtschaftlichen Konsequenzen für die dort tätigen Unternehmen (politischer Umsturz, politische Spannungen, Embargos),

- die Gefahr durch nicht vorhersehbare internationale Entwicklungen (z.B. Wechselkursverschiebungen) Ertragseinbußen zu erleiden.

In verschiedenen Konzepten versucht man, diese Länderrisiken anschaulich und verdichtet zu erfassen (Diller, 2001, S. 893 ff.).

Qualitative Kriterien	Quantitative Kriterien			
	Kennzahlen	Ökonometrische Modelle	Punktbewertungs- modelle	Portfolio Modelle
Länderberichte der BfAI	Schuldenquote	Two-Gap Modell der Weltbank	BERI Informations- system	Marktattraktivität/ Marktbarrieren Modell
Political Risk Letter	Nettokreditbedarf	US Eximbank Modell	FORELEND	Marktattraktivität/ Risikopotenzial Modell
AGEFI Country-Index	Euromoney Index	...	Hermes Risiko Klassen	
...	...		Unternehmenseigene Modelle	...

Abb. 21: Modelle zur Länderrisikobewertung
In Anlehnung an Backhaus u.a., 2000, S. 111

Qualitative Konzepte beschreiben die relevanten Risikokomponenten und fassen sie zu einer Gesamtbeurteilung zusammen. Bei den **quantitativen Modellen** kann man sich auf objektive Kennzahlen, wie die Schuldenquote oder den Nettokreditbedarf stützen. Auch ökonometrische Modelle wie das Two-Gap-Modell der Weltbank versuchen objektive Daten zu verarbeiten. In der Praxis spielen hingegen die subjektiv basierten Beurteilungsansätze die größte Rolle.

2.1 Länderratings

Länderratings sollen das Länderrisiko zahlenmäßig (in Punkten) in Tabellenform oder in Form einer Profilspinne erfassen und über eine Risikorangfolge zu einer Risikovergleichbarkeit von Ländern führen. Länderratings können nach der Art der Datengewinnung in drei Kategorien unterschieden werden: in Umfrage-, Wertpapier- und Indikatorenratings.

Umfrageratings	Wertpapierratings	Indikatorenratings
Institutional Investor	Moody´s	Business Environment
Euromoney	Standard & Poor´s	Risk Information (BERI)
	Fitch IBCA	Economist Intelligence
		Unit (EIU)
		Interne Bankenratings

Abb. 22: Grundformen des Ratings

Umfrageratings beruhen auf der Befragung von Experten. Experten von Unternehmen, Institutionen und Banken beurteilen zum gleichen Zeitpunkt in regelmäßigen Zeitabständen ein Länderrisiko. Ihre Beurteilung schlägt sich in einem „Mittelwert von Meinungen" nieder, wobei die Skalierung von 0 bis 100 reichen kann.

Wertpapierratings sind stark kapitalmarktorientiert. Sie sollen vor allem Banken das Risiko von Finanzinvestitionen durch Bonitätseinschätzungen erlauben.

Indikatorenratings stellen für ein Unternehmen den wichtigsten Anhaltspunkt für eine Länderauswahl dar. So schätzt der Business Environment Risk Intelligence Index der BERI S.A., Genf, anhand von bewerteten Kennzahlen das Länderrisiko ein. Im Gegensatz zu anderen Institutionen veröffentlicht BERI die Art der Index-berechnung. Dies führt zu mehr Transparenz und Nachvollziehbarkeit der Ergebnisse.

Der **BERI Index**, der für 50 Länder dreimal jährlich erstellt wird, setzt sich aus den Subindizes Operation Risk Index (ORI), Political Risk Index (PRI) und dem Remittance and Repatriation Factor (R Factor) zusammen. Den ersten beiden Subindizes liegen Expertenschätzungen zugrunde. Der R-Factor wird durch ein Computerprogramm, in das mehr als 14.000 Einzeldaten eingehen, ermittelt.

FORELEND (Forecast of country risk for international lenders) von BERI prognostiziert eine Einschätzung des Länderrisikos mit einem Zeithorizont von 1 bis 5 Jahren und dem Schwerpunkt des Risikos der Kreditvergabe. Hier werden drei Subindizes gebildet, ein quantitativer, ein qualitativer und ein sozialer Index. Sie gehen mit Gewichten von jeweils 50%, 25% und 25% in den Gesamtindex ein. Als typisches Indikatorenrating setzt BERI damit zu 50% auf die klassischen quantitativen Daten. Positiv ist jedoch die Berücksichtigung von Faktoren mit qualitativen und sozialen Aspekten zu beurteilen, die über den rein statischen Charakter des quantitativen Subindex hinausgehen (Reuse, 2001, S.20).

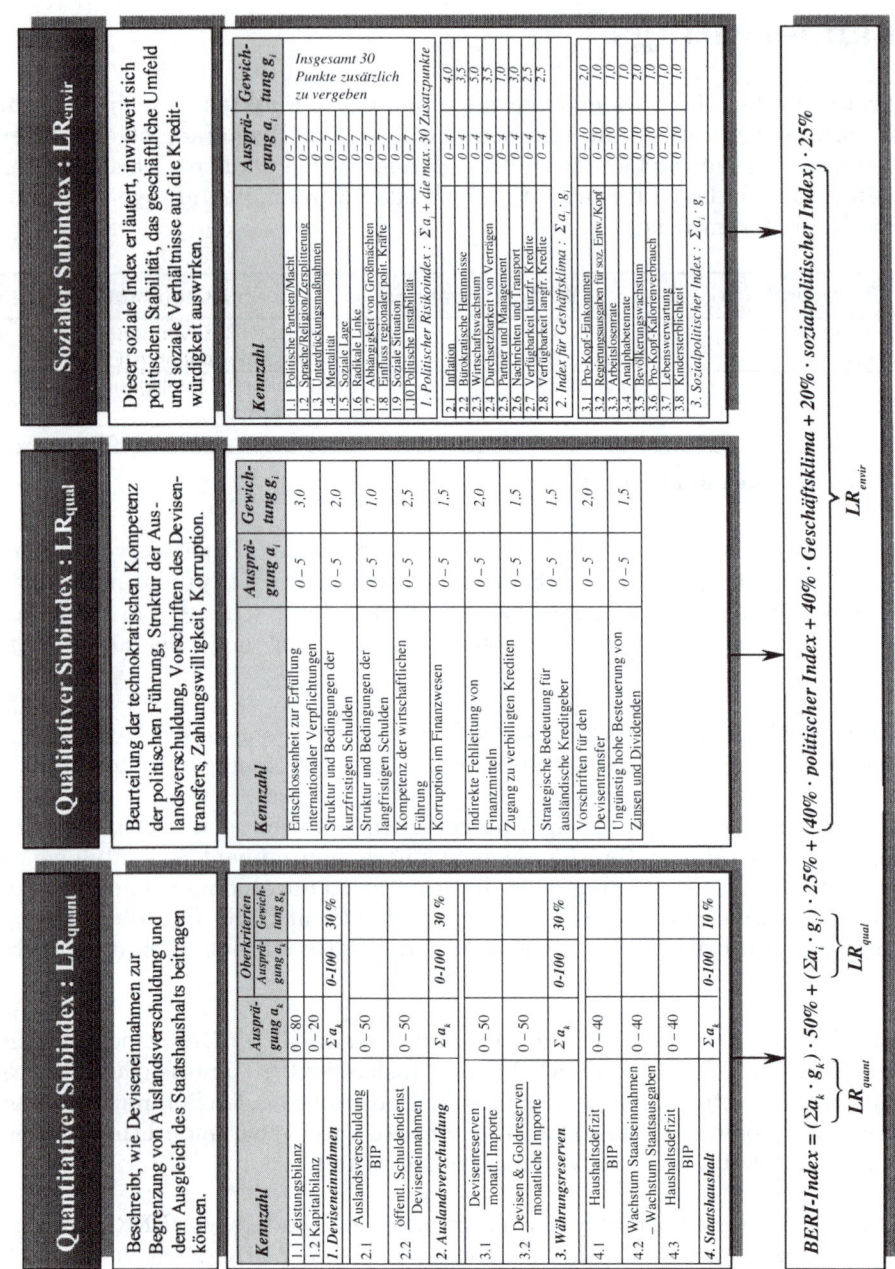

Abb. 22a: Aufbau und Zusammensetzung des BERI-Index
In Anlehnung an BERI (Forelend Userguide, Country Risk Forecasts for International Lenders); Krayenbühl (Country Risk), S. 78

Weitere Ratings werden in Deutschland u.a. von Kreditversicherern, Auskunfteien und Finanzinstituten durchgeführt. Sie werden nur teilweise veröffentlicht, da sie oftmals ausschließlich der internen Einschätzung von Länderrisiken dienen.

2.2 Eigene Punktbewertungsmodelle

Eigene **Punktbewertungsmodelle** unterscheiden sich von den Ratingansätzen – die ebenfalls Punktbewertungsmodelle darstellen – nur dadurch, dass ein Unternehmen hier die für die eigenen Vorhaben als relevant angesehenen Faktoren mit den entsprechenden Gewichten berücksichtigen kann. Diese individuellere Bewertung wird aber durch einen erhöhten Aufwand bei der Informationsbeschaffung erkauft.

Durch die Einführung einer Mindestpunktzahl für einzelne Kriterien können „K.O. Kriterien" eingeführt werden, die ein Land aus einem Bewertungsraster fallen lassen, obwohl die gesamte Mindestpunktzahl überschritten wird.

Im Beispiel wird die Situation eines Landes nicht weiter verfolgt, weil die Mindestpunktzahl für die politische Stabilität nicht erreicht wird.

	Kriterium	Gewicht	Bewertung	Gesamtpunktzahl	Mindestpunktzahl
1.	Politische Stabilität	0,25	2,00	0,50	1,00
2.	Wachstum des BSP	0,10	7,00	0,70	0,50
3.	Verschuldungsgrad	0,10	6,00	0,60	0,50
4.	Rechtssicherheit	0,20	3,00	0,60	0,50
5.	Gewinnrückführungsmöglichkeit	0,10	7,00	0,70	0,50
6.	Staatlicher Einfluss auf unternehmerische Tätigkeit	0,25	6,00	1,50	1,00
	Insgesamt	1,00		4,60	4,00

Abb. 23: Punktbewertungsmodell für eine Ländergrobauswahl

Außerdem können mehrere Punktbewertungsmodelle in Form eines Rasters nacheinander geschaltet werden. Auf diese Weise kann bereits mit wenigen Kriterien eine Grobauswahl erfolgen, die in einem **sequentiellen Ablauf (Filterverfahren)** immer stärker verfeinert wird.

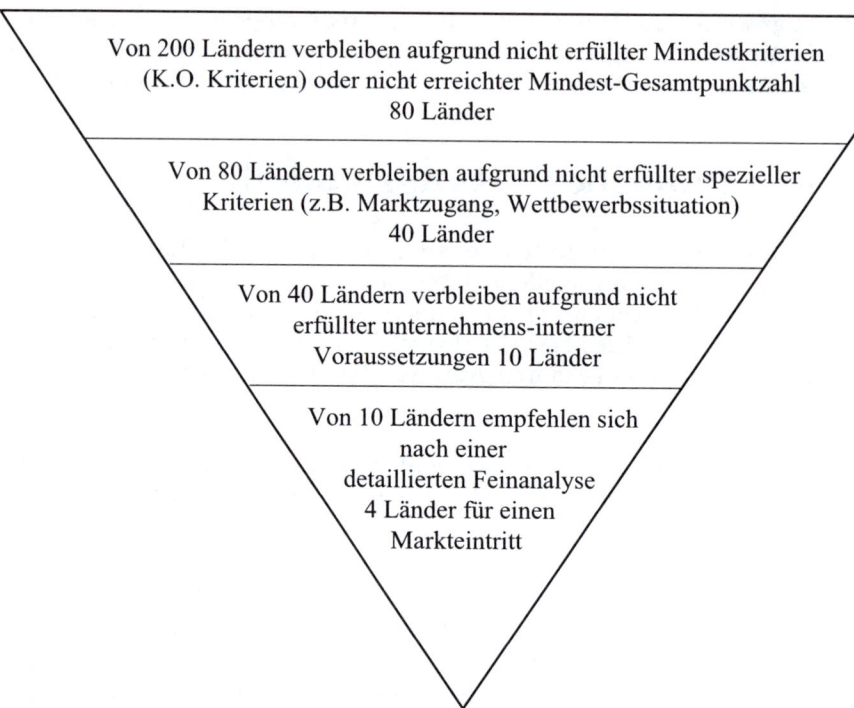

Abb. 24: Sequentielles Länderbewertungsverfahren (Filtermodell)

2.3 Länderportfolios

Länderportfolios sollen eine aus Unternehmenssicht optimale Kombination mehrerer zu bearbeitender Länder ermöglichen. Zu diesem Zweck werden einzelne Länder in eine zweidimensionale Matrix eingeordnet. Die Achsen der Matrix sind durch so genannte Schlüsseldimension gekennzeichnet. Die Schlüsseldimensionen sollen die Erfolgsfaktoren für die Bearbeitung eines Landes widerspiegeln.

Nach Backhaus hängt der Erfolg einer Marktbearbeitung von der Attraktivität eines Marktes und den bestehenden Marktbarrieren ab (Backhaus u.a., 2000, S. 116 ff.). Meissner stellt neben der Marktattraktivität das Risikopotenzial eines Landes als Schlüsselgröße heraus (Meissner, 1987, S. 132).

Hinter den einzelnen Schlüsselgrößen verbergen sich wiederum Punktbewertungen einer Vielzahl von Einflussfaktoren, die die genaue Einordnung eines Landes erlauben. Die maximal erreichbare Punktzahl ergibt die Feldgrenzen des Portfolios. Die Größe spezieller Märkte einzelner Länder kann durch unterschiedliche Kreisflächen verdeutlicht werden.

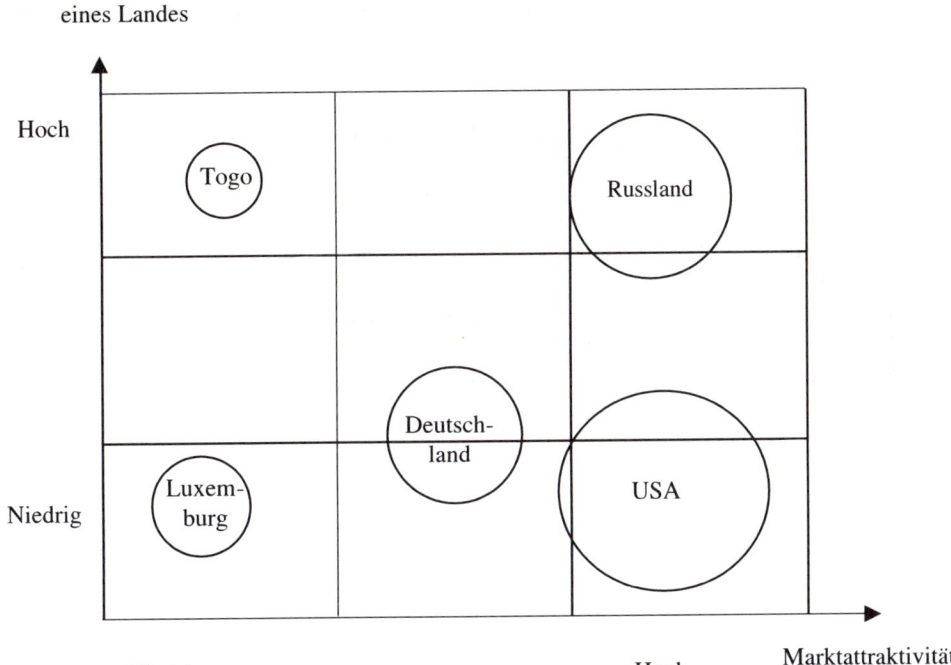

Abb. 25: Länderportfolio
In Anlehnung an Meissner, 1987, S. 133

3. Auswahl von Märkten und Marktsegmenten

Der letzte Schritt des Auswahlverfahrensprozesses soll z.B. im Rahmen einer Stärken- und Schwächenanalyse (SWOT-Analyse) für ausgewählte Länder

- die Chancen und Risiken aufgrund der Branchen-, Markt- und Wettbewerbssituation,
- die Stärken und Schwächen der eigenen Unternehmensposition

beurteilen helfen.

3.1 Branchen –, Markt- und Konkurrenzanalysen

Branchen- und Markt- und Konkurrenzanalysen sind der letzte Schritt einer Länderbewertung. Sie sind von jedem Unternehmen einzeln durchzuführen, da in jedem Land eine Vielzahl von unterschiedlichen Märkten und Marktsegmenten bearbeitet werden kann. Man kann also hier nicht auf Bewertungen externer Institute oder Organisationen zurückgreifen, sondern muss sich eigene Bewertungsfaktoren und -kriterien schaffen.

Die **Branchensituation** kann anhand der Triebkräfte des Wettbewerbs (5 Forces) nach Porter analysiert werden (Porter, 1992, S. 26 ff.).

Die Wettbewerbssituation hängt danach ab von

- der Rivalität unter den bestehenden Unternehmen,
- der Bedrohung durch neue Konkurrenten,
- der Bedrohung durch Ersatzprodukte und -dienste,
- der Verhandlungsstärke der Abnehmer,
- der Verhandlungsstärke der Lieferanten.

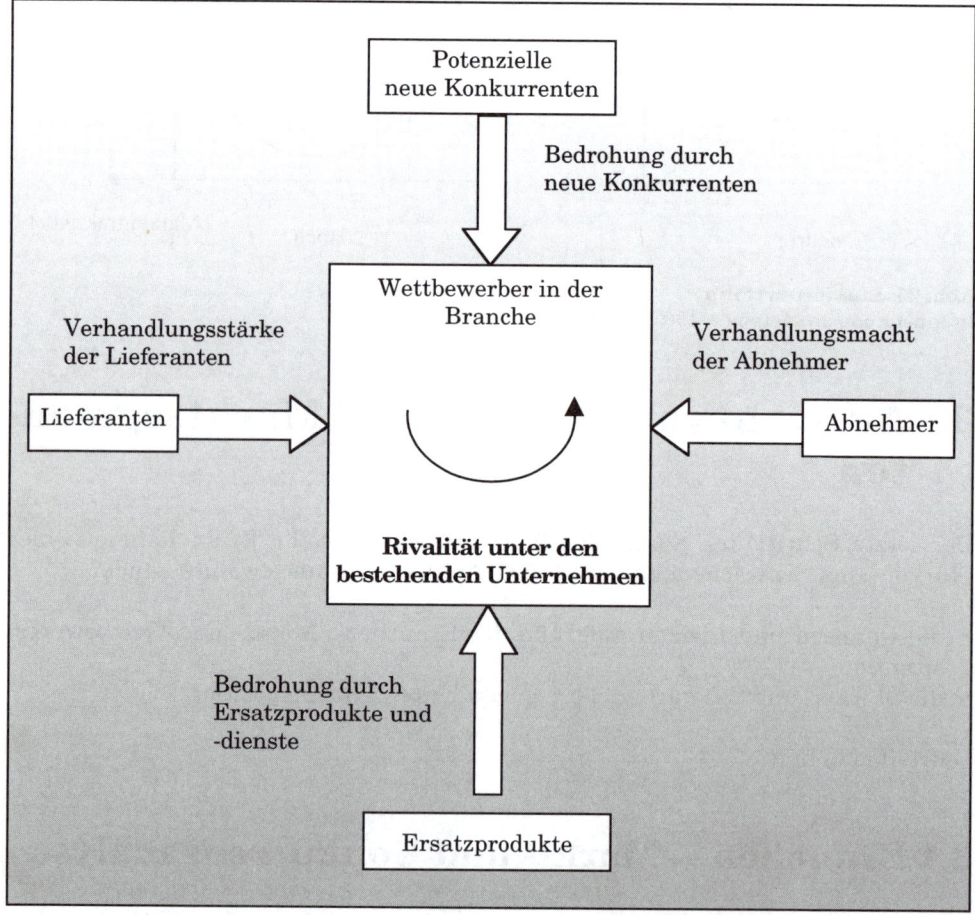

Abb. 26: Die Triebkräfte des Branchenwettbewerbs
Quelle: Porter, 1992, S. 26

Zur Beurteilung der einzelnen Triebkräfte sind nach Porter u.a. jeweils folgende
Informationen zu gewinnen:

- **Informationen zur Intensität der Rivalität unter den Wettbewerbern**
  - Branchenwachstum
  - Produktunterschiede
  - Strategische Unternehmensinteressen
  - Austrittsbarrieren
- **Informationen zur Bedrohung durch neue Konkurrenten (Eintritts-barrieren)**
  - Staatliche Vorschriften
  - Fehlender Zugang zu Distributionskanälen
  - Kapitalbedarf
  - Gefahr von Vergeltungsmaßnahmen
- **Informationen zu möglichen Ersatzprodukten**
  - Preisverhältnis der Ersatzprodukte zu eingeführten Produkten
  - Umstellungskosten
  - Substitutionsneigung der Abnehmer
- **Informationen zur Abnehmerstärke**
  - Unternehmenskonzentration der Abnehmer
  - Abnehmervolumen
  - Fähigkeit zur Rückwärtsintegration
  - Durchhaltevermögen
- **Informationen zur Lieferantenstärke**
  - Unternehmenskonzentration der Lieferanten
  - Bedeutung des Auftragsvolumen für den Lieferanten
  - Fähigkeit zur Vorwärtsintegration
  - Möglichkeit der Abnehmer auf Ersatzprodukte auszuweichen

Die Gewichtung der Einflussfaktoren und ihre Bewertung ist dann im Rahmen von
Punktbewertungsmodellen durchzuführen.

Marktanalysen liefern u.a. Informationen:

- zum potenziellen Markt
  - Marktgröße
  - Marktwachstum
  - Stellung des Marktes im Marktlebenszyklus
  - Marktanteile der Anbieter
- zu den Nachfragern und ihren Bedürfnissen
  - Zahl der Nachfrager
  - Bedürfnisstruktur
  - Nachfrageschwankungen
  - Kaufverhalten

Konkurrenzanalysen sollen Angaben über die Wettbewerber, ihre Marktposition
und ihre Strategien liefern.

Hierzu gehören z.B. Informationen über

- die Zielgruppen der Wettbewerber,
- die Strategien,,
- die Ausgestaltung der eingesetzten Marketinginstrumente,
- die Hauptstärken- und Hauptschwächen,
- die Finanzkraft.

Aus diesen Einzelanalysen ergeben sich **Chancen und Risiken** für ausgewählte Märkte und Marktsegmente.

3.2 Unternehmensanalyse (Potenzialanalyse)

Die **Unternehmensanalyse** oder **Potenzialanalyse** soll die gegenwärtigen und künftigen Voraussetzungen und Ressourcen eines Unternehmens für die Erschließung bestimmter Ländermärkte und bestimmter Zielgruppen beurteilen. Sie schließt sich also an die Branchen-, Markt- und Konkurrenzanalyse an und wird nur die Eignung (Stärken und Schwächen) des Unternehmens für solche Länder und Zielgruppen untersuchen, für die sich im ersten Teil der SWOT-Analyse „Chancen" ergeben haben.

Gegenstand der Unternehmensanalyse ist die Bereitstellung interner Informationen u.a. zu den Bereichen

- Marketing z.B.
  - Eignung und Wettbewerbsfähigkeit der eigenen Produkte,
  - Konkurrenzfähigkeit des Preisniveaus,
  - Zugangsmöglichkeit zu den Vertriebswegen,
  - Know-how der Marktbearbeitung,
- Personal z.B.
  - Anzahl und Qualifikation der Mitarbeiter,
  - Personalkosten,
  - Verfügbarkeit,
- Fertigung z.B.
  - Verfügbarkeit zusätzlicher Kapazitäten,
  - Produktivität,
  - Produktionskosten.

3.3. SWOT-Analyse

Im Rahmen der SWOT-Analyse (Strengths-Weaknesses und Opportunities-Threads oder Stärken- und Schwächenanalyse) werden die Chancen und Risiken der Umwelt den Stärken und Schwächen des Unternehmens – so wie sie sich aus der Potenzialanalyse ergeben – gegenübergestellt.

Im Beispiel werden im Land A für einen Möbelhersteller die Marktsegmente 1 (Küchenmöbel), 2 (Wohnzimmermöbel) und 3 (Büromöbel) auf ihre Chancen und Risiken untersucht. Da das Segment 1 überwiegend Umweltrisiken enthält, wurde von vornherein auf eine Unternehmensanalyse verzichtet. Die Segmente 2 und 3 bieten überwiegend Chancen. Das Unternehmen weist aber im wesentlichen Stärken und Ressourcen (z.B. angestrebtes Preisniveau, Produktkenntnisse, Fertigungs-Know-how) im Segment Büromöbel auf. Das Unternehmen entschließt sich deshalb, sich auf dieses Marktsegment zu konzentrieren.

Bewertung Land A					
Umweltanalyse	**Chancen**	**Risiken**	**Stärken**	**Schwächen**	**Unternehmensanalyse**
Marktsegment 1 (Küchenmöbel)					
Branchensituation z.B.					Marketing
- Anzahl der Wettbewerber		(-)(-)(-)			- Preisniveau
- Gefahr von Vergeltungsmaßnahmen...	(+)				- Produkteignung
Marktsituation					- Zugang zu den Vertriebswegen ...
- Marktgröße		(-)(-)(-)	Nicht bewertet wegen		Personal
- Marktwachstum	(+)		schlechter		- Qualifikation
Wettbewerbssituation zum Konkurrenten A			Umweltbedingungen		- Verfügbarkeit ...
- Marktzugang		(-)			Fertigung
- Strategie des Wettbewerbers A		(-)(-)			- Verfügbarkeit von Kapazitäten
...					- Produktionskosten ...
Marktsegment 2 (Wohnzimmermöbel)					
Branchensituation z.B.					Marketing
- Anzahl der Wettbewerber	(+)(+)			(-)	- Preisniveau
- Gefahr von Vergeltungsmaßnahmen...	(+)			(-)	- Produkteignung
Marktsituation			(+)		- Zugang zu den Vertriebswegen ...
- Marktgröße	(+)				Personal
- Marktwachstum	(+)(+)			(-)(-)	- Qualifikation
Wettbewerbssituation zum Konkurrenten A			(+)		- Verfügbarkeit ...
- Marktzugang		(-)			Fertigung
- Strategie des Wettbewerbers A	(+)		(+)		- Verfügbarkeit von Kapazitäten
...				(-)(-)(-)	- Produktionskosten ...
Marktsegment 3 (Büromöbel)					
Branchensituation z.B.					Marketing
- Anzahl der Wettbewerber	(+)		(+)(+)		- Preisniveau
- Gefahr von Vergeltungsmaßnahmen...		(-)	(+)(+)		- Produkteignung
Marktsituation			(+)		- Zugang zu den Vertriebswegen ...
- Marktgröße	(+)(+)(+)				Personal
- Marktwachstum	(+)(+)		(+)		- Qualifikation
Wettbewerbssituation zum Konkurrenten A				(-)	- Verfügbarkeit ...
- Marktzugang	(+)				Fertigung
- Strategie des Wettbewerbers A		(-)	(+)(+)		- Verfügbarkeit von Kapazitäten
...			(+)(+)		- Produktionskosten ...

Abb. 27: SWOT-Analyse für ausgewählte Ländermärkte und Marktsegmente

Kontrollfragen

(1) Erläutern Sie warum im internationalen Marketing eine Länderauswahl in jedem Fall einer Marktauswahl vorangehen muss.

(2) Mit welchen fünf Kulturdimensionen versucht Hofstede Kulturen voneinander abzugrenzen?

(3) Nennen Sie je zwei Beispiele für politische, rechtliche, soziale und ökonomische Faktoren, die bei einer Länderauswahl eine Rolle spielen können.

(4) Was versteht man bei der Länderbewertung unter einem Länderrisiko?

(5) Erläutern Sie zwei Arten des Länderratings.

(6) Entwickeln Sie ein Punktbewertungsmodell mit 10 selbstgewählten Einflusskriterien, das geeignet ist, eine Länderauswahl in Europa vorzunehmen.

(7) Welche Schlüsselgrößen könnte man heranziehen, um ein Länderportfolio zu erstellen?

(8) Erläutern Sie die Triebkräfte des Wettbewerbs (five forces) nach Porter.

(9) Nennen Sie fünf Kriterien die Gegenstand der Unternehmensanalyse sein können.

(10) Erläutern Sie die Vorgehensweise bei der Stärken-/Schwächenanalyse (SWOT-Analyse).

Lösungshinweise

Frage	Seite	Frage	Seite
(1)	71	(6)	81
(2)	73	(7)	82 f.
(3)	77	(8)	84
(4)	78	(9)	86
(5)	79	(10)	86 f.

Literatur

Backhaus, Klaus, Büschgen, Joachim; Voeth, Markus, Internationales Marketing, Schäffer-Poeschel Verlag, 3. Aufl. Stuttgart 2000, S. 116 ff.

Diller, Hermann, Vahlens Großes Marketing Lexikon, Verlag Franz Vahlen, München 2001, S. 893 ff.

Dülfer, Eberhard, Internationales Management, Oldenbourg Verlag, München 1997, S. 277 ff.

Lewis, Richard, D. , Handbuch Internationale Kompetenz, Campus Verlag, Frankfurt, New York, 2000, S. 122 f., 135, 277 ff.

Meissner, Hans Günther, Strategisches Internationales Marketing, Springer Verlag, Berlin 1987, S. 133

Perlitz, Manfred, Internationales Management, Reihe UTB1560, Verlag Lucius & Lucius, 4. Aufl. Stuttgart 2000, S. 280, 283 ff.

Porter, Michael, E., Wettbewerbsstrategie, Campus Verlag, 7. Aufl. Frankfurt/M. 1992, S. 26 ff.

Reuse, Svend, Country Risk aus Bankensicht, (unveröffentlichte Diplomarbeit 2001), S. 20

Rothlauf, Jürgen, Interkulturelles Management, Oldenbourg Verlag, München 1999, S. 17 ff.

Walldorf, Erwin, Georg, Auslandsmarketing, Gabler Verlag, Wiesbaden 1987, S. 306

D. Internationale Marketingstrategien

1. Strategieansätze

1.1 Historische Entwicklung

Eine Strategie ist die Fähigkeit eines Unternehmens alle seine Kräfte auf ausgewählten, Erfolg versprechenden Märkten und Marktsegmenten dauerhaft so zu entwickeln und einzusetzen, dass ein langfristiges Überleben gesichert und ein gewinnträchtiges Wachstum erreichbar wird.

Im Mittelpunkt strategischer Überlegungen stand in den 70er und 80er Jahren nach der Einführung der langfristigen Planung und der Entwicklung von Instrumenten wie z.B der Portfolio-Analyse die Betrachtung **externer Chancen** (Marktwachstum, Wettbewerbsvorteile, Kundenorientierung). Da aber attraktive Märkte allein noch keine Erfolgsgarantie darstellen, führte diese einseitige Betrachtung dazu, dass viele Unternehmensdiversifikationen scheiterten, da die Unternehmen nicht über die entsprechenden Kompetenzen zur erfolgreichen Marktbearbeitung verfügten.

Aus diesem Grunde wandte sich die Strategieforschung **internen Aspekten** zu. Die Analyse der Ressourcen, Kernkompetenzen oder Kosten trat in den Vordergrund. Kostenreduktionen, Rationalisierungen und Restrukturierungen waren die Folge. Auch diese Betrachtung erwies sich als einseitig. Die moderne Auffassung bezieht deshalb externe Chancen und interne Ressourcen als gleichberechtigt ein (Simon, Hermann, 2001).

Zeitraum	50er bis 60erJahre	70er / frühe 80er Jahre	späte 80er/ 90er Jahre	nach 2000
Fokus	Langfristige Planung	Externe Chancen	Interne Kompetenzen	Wertorientierung, Integration, externe Chancen, interne Ressourcen
Inhalte	Antizipation des Wachstums	Attraktive Märkte, Wettbewerbsvorteile, Diversifikation Boston, Porter	Fähigkeiten, Kernkompetenzen, Ressourcen, Hamel-Prahalad	Kapitalmarkt-Disziplin, Konzentration auf Kerngebiete
Annahmen	Trends lassen sich fortschreiben	„Wir können alles" Die Zukunft ist prognostizierbar	„Innen fällt die Entscheidung"	Werte/Überlegenheit schaffen durch Konzentration
Zentralisierung	mittel	hoch	hoch-gering	hoch-gering
Planungsrythmus	ca. 10 Jahre	5 Jahre	3 Jahre	Permanent, nach Bedarf/Schnelligkeit

Abb. 28: Entwicklung von Strategiesystemen
Quelle: Simon, Hermann, 2001

1.2 Managementausrichtung als Grundlage der Strategiewahl

Perlmutter weist daraufhin, dass die Wahl der Eintritts- und Bearbeitungsstrategie auch von der Grundorientierung des Managements hinsichtlich der Bearbeitung internationaler Märkte beeinflusst wird (Perlitz, 2000, S. 137 f). Er unterscheidet dabei (EPRG Schema) eine

- ethnozentrische Orientierung,
- polyzentrische Orientierung,
- regiozentrische Orientierung,
- geozentrische Orientierung.

Eine **ethnozentrische Orientierung** (Stammlandorientierung) liegt dann vor, wenn die Wahl von Auslandsmärkten ausschließlich unter dem Gesichtspunkt erfolgt, ob die auf den Heimatmärkten gewonnenen Erfahrungen auf einen Auslandsmarkt zu übertragen sind (looking for similiarity). Das kann dazu führen, dass die Schwerpunkte oftmals auf den „verwandten" Märkten der Nachbarländer liegen oder dazu, dass nur eine sporadische Auslandsmarktbearbeitung (Spotmarktpolitik) erfolgt. Schwerpunkte der Auslandtätigkeit sind Exporte. Ausländische Tochtergesellschaften werden zentral vom Heimatland durch ins Ausland versetzte Führungspersonen geführt (Backhaus u.a., 2000, S. 123 ff.).

Eine **polyzentrische Orientierung** (Gastlandorientierung) erfolgt, wenn Unternehmen bereit sind, auf Marktbesonderheiten auf internationalen Märkten einzugehen und landesspezifische Strategiefestlegungen und -umsetzungen durchzuführen. Ausländische Tochtergesellschaften haben weitgehende Autonomie wie nationale Unternehmen aufzutreten. Das Führungspersonal stammt überwiegend aus dem jeweiligen Land.

Man spricht von einer **regiozentrischen Orientierung** (Ländergruppenorientierung), wenn Auslandsmärkte zu homogenen Ländergruppen zusammengefasst und innerhalb einer Gruppe einheitlich bearbeitet werden. Innerhalb einer Ländergruppe werden die Entscheidungen zentral zwischen den Ländergruppen dezentral getroffen (Hünerberg, 1994, S. 114). Die Zusammenfassung kann aufgrund kultureller, sprachlicher Einheitlichkeit oder eines gleichen Verbraucherverhaltens getroffen werden. So kann sich z.B. der lateinamerikanische Markt oder der nordamerikanische Markt (USA, Kanada) für eine regiozentrische Bearbeitung anbieten. Auch dem Triade Ansatz von Ohmae liegt eine regiozentrische Ausrichtung zugrunde (Perlitz, 2000, S. 141 ff.).

Eine **geozentrische Orientierung** (Globale Orientierung) orientiert sich an länderübergreifenden Zielgruppen. Die bearbeiteten Länder werden als einheitlicher Markt betrachtet, der mit standardisierten Produkten – ohne Berücksichtigung nationaler Bedürfnisse – bearbeitet wird. Skaleneffekte führen damit zu Stückkostenvorteilen. Diese werden zu Preisvorteilen gegenüber Wettbewerbern umgesetzt. Schlüsselpositionen werden von weltweit rekrutierten Mitarbeitern (beyond passport) besetzt.

Orientierung Merkmale	ethno- zentrisch	poly- zentrisch	regio- zentrisch	geo- zentrisch
Organisations-komplexität	Komplex im Heimatland, einfach bei den Tochtergesellschaften	Unterschiedlich und voneinander unabhängig	Hohe gegenseitige Abhängigkeit auf regionaler Ebene	Zunehmende Komplexität und weltweit eine hohe gegenseitige Abhängigkeit
Autorität und Entscheidungs-findung	Stark auf Muttergesellschaft konzentriert	Gering von Seiten der Muttergesellschaft	Große regionale Headquarters und/oder große Zusammenarbeit zwischen den Tochtergesellschaften einer Region	Weltweite Zusammenarbeit zwischen der Muttergesellschaft und den Tochtergesellschaften
Auswertung und Kontrolle	Standards des Heimatlandes werden auf Leistungs- und Personalbeurteilung angewendet	Lokale Bestimmungen	Regionale Bestimmungen	Universale und lokale Standards
Anreizsystem und Sanktionen	Hoch bei der Muttergesellschaft, gering in den Tochtergesellschaften	Sehr unterschiedlich, Tochtergesellschaften erhalten Belohnungen unterschiedlicher Höhe.	Belohnungen für das Erreichen regionaler Zielvorgaben	Belohnungen internationaler und lokaler Führungskräfte für das Erreichen internationaler und lokaler Zielvorgaben
Kommunikation, Informationsfluss	Hohe Anzahl von Aufträgen, Weisungen und Ratschlägen an die Tochtergesellschaften	Gering (mit der Muttergesellschaft und den anderen Tochtergesellschaften)	Gering mit der Muttergesellschaft, u.U. hoch mit den regionalen Headquarters und hoch zwischen den einzelnen Tochtergesellschaften	Beide Wege, sowohl mit der Muttergesellschaft als auch zwischen den Tochtergesellschaften
Geographische Identifikation	Nationalität der Muttergesellschaft	Nationalität des Gastlandes	Regionale Unternehmung	Weltweites Unternehmen unter Wahrung nationaler Interessen
Fortlaufende Management-Aufgaben	Mitarbeiter der Muttergesellschaft werden für weltweite Schlüsselpositionen ausgebildet.	Mitarbeiter des Gastlandes werden für Schlüsselpositionen im eigenen Land ausgebildet.	Regionale Mitarbeiter werden für Schlüsselpositionen in der ganzen Region ausgebildet.	Die besten Mitarbeiter auf der ganzen Welt werden für weltweite Schlüsselpositionen ausgebildet.

Abb. 29: EPRG Profil von Perlmutter
Quelle: Perlitz, 2000, S. 139 f.

1.3 Markterschließungs- und Marktbearbeitungs- strategien

Im internationalen Marketing sind in der Ausgangssituation

- Markterschließungs- oder Markteintrittsstrategien und
- Marktbearbeitungsstrategien

zu unterscheiden.

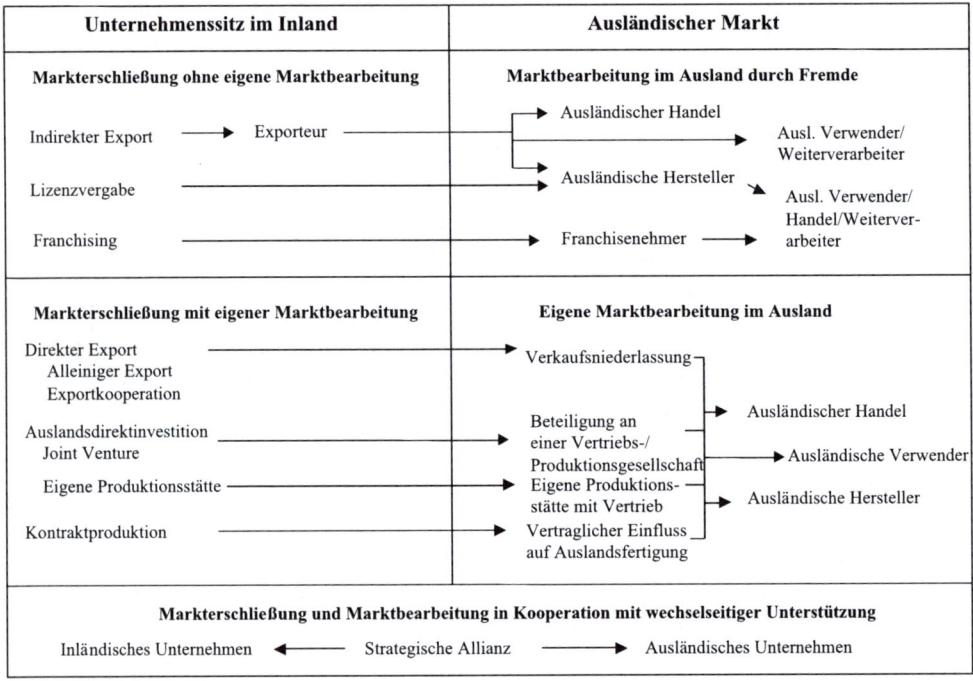

Abb. 30: Grundlegende Markterschließungs- und Marktbearbeitungsstrategien

Markteintrittsstrategien zeigen Möglichkeiten auf wie Auslandsmärkte grundsätzlich erschlossen werden können. Die **Markteintrittsstrategien legen die Form des Engagements und die Form der Marktpräsenz für einen längeren Zeitraum fest**. Diese strategischen Entscheidungen sind deshalb Entscheidungen der Unternehmensführung.

Markteintrittsstrategien lassen sich einteilen nach

- Strategien, bei denen die Marktbearbeitung des Auslandsmarktes nicht selbst durchgeführt wird,
- Strategien, bei denen auch die Marktbearbeitung des Auslandsmarktes selbst durchgeführt wird.

Von den Eintrittsstrategien sind die **Marktbearbeitungsstrategien** zu unterscheiden. Die Marktbearbeitungsstrategien bauen auf den Markteintrittsstrategien auf. Die **Marktbearbeitungsstrategien gestalten den strategischen Einsatz der Marketinginstrumente** auf einem Markt. Der Vertriebsaspekt der Marktbearbeitungsstrategie entspricht der Distributionspolitik auf nationalen Märkten.

2. Markterschließungsstrategien ohne eigene Auslands-Marktbearbeitung

2.1 Indirekter Export

Man spricht von **indirektem Export,** wenn ein Anbieter seine Erzeugnisse über im Inland (hier: Deutschland) ansässige

- Exporteure,
- Handelshäuser,
- ausländische Importeure,
- Tochterfirmen ausländischer Konzerne

vertreibt, die ihrerseits die Ware **ohne weitere Verarbeitung** im Ausland absetzen. (Ein indirekter Export von Stahlblechen liegt dann nicht vor, wenn ein Hersteller von Karosserieblechen einen deutschen Fahrzeughersteller beliefert und diese Bleche in exportierten Autos enthalten sind). Der überwiegende Anteil des indirekten Exports erfolgt über Exporteure und Handelshäuser. Eine andere Form des indirekten Exports ist z.B. die Lieferung an ein ausländisches Tochterunternehmen in Deutschland, das die Ware an die Muttergesellschaft im Ausland liefert.

Der indirekte Export ist dadurch gekennzeichnet, dass ein Unternehmen, das auf einem ausländischen Markt tätig werden will, auf die eigene Marktbearbeitung des Auslandsmarktes verzichtet. Es entsteht ein Kaufvertrag zwischen zwei inländischen Unternehmen. Alle Auslandsrisiken werden somit auf das exportierende Unternehmen verlagert.

Hauptmotive für die Wahl des indirekten Exports sind

- das Ziel einer schnellen Absatzausweitung,
- das Exportvolumen ist zu gering, um eine eigene Vertriebsorganisation im Ausland aufzubauen,
- es sind nur temporär Überschussmengen auf einem Spotmarkt abzusetzen,
- das Unternehmen ist zu klein, um eine eigene, unternehmensinterne Exportabteilung aufzubauen.

Weitere **Vorteile** des indirekten Exports sind:

- geringeres Risiko als beim direkten Export
- kein Export-Know-how (Kenntnis von Exporttechniken) erforderlich
- keine Kenntnisse des Auslandsmarktes erforderlich
- Finanzierungsvorteile
- Sortimentsvorteile

Der Vertragsabschluss erfolgt mit einem im Inland ansässigen Kunden. Alle Besonderheiten und Risiken, die das Auslandsgeschäft betreffen, trägt somit der Exporteur. Hierzu gehören insbesondere das Währungsrisiko, das Transportrisiko oder das politische Risiko, da der Exporteur die Waren auf eigene Rechnung kauft und verkauft. Der Hersteller benötigt beim indirekten Export keine länderspezifischen Marktkenntnisse und keine Kenntnisse der Exporttechniken. **Dennoch ist ein schneller Einstieg auf dem Auslandsmarkt gewährleistet, wenn der Hersteller attraktive Produkte zu international wettbewerbsfähigen Preisen anbieten kann.**

Exporthandelshäuser bieten nicht nur die Übernahme der Risiken, sondern auch Finanzierungsvorteile. Mit Handelshäusern werden in Deutschland übliche Zahlungsziele (z.B. 30 Tage netto, 8 Tage 2% Skonto) vereinbart. Der Auslandskunde wird dagegen in vielen Fällen mit dem Exporteur ein längeres Zahlungsziel vereinbaren. Der Exporteur muss also das Geschäft vorfinanzieren. Unter Umständen kann auch die Einbeziehung der Produkte des Exporteurs in das Sortiment des Handelshauses die Attraktivität der eigenen Ware steigern.

Nachteile des indirekten Exports können sein:

- fehlender Kontakt zum Markt
- Marktzugang auf Dauer verschlossen
- geringe Erlöse
- Exporteur übt Filterfunktion aus

Da der Exporteur die Zielgruppen auswählt und die Marketinginstrumente (z.B. Preise) gestaltet, hat der **Hersteller in der Regel keinen Kontakt zum Kunden**. Er hat damit keinen Einfluss auf die Kunden und kein „Gefühl" für den Markt. Sofern der Exporteur den Hersteller nicht freiwillig informiert, können ihm auf diese Weise Marktentwicklungen verborgen bleiben. Zwischen Hersteller und Kunden besteht somit eine „Bedarfsferne", die die rechtzeitige Produktmodifikation oder Einführung von Nachfolgeprodukten verhindern kann.

Die Exporteure sind an einer langfristigen Zusammenarbeit interessiert, da sie anfangs oft erhebliche Marktinvestitionen vorzunehmen haben. Sie sind daher bemüht, vertraglich eine Exklusivität für den Vertrieb der Produkte zu erhalten. **Damit kann ein späterer direkter Marktzugang verschlossen sein.** Es empfiehlt sich , die Gewährung einer Exklusivität an das Erreichen eines Mindestabsatzes oder -umsatzes zu binden, um den Vertrag auflösen zu können, falls die versprochenen Absatzziele nicht erreicht werden.

Nachteilig ist ferner, dass sich die **Gewinnmarge des Herstellers „deutlich"
verringern** kann, da das Handelshaus entstehende Kosten abdecken und die
Absatzpreise dem jeweiligen Länderpreisniveau anpassen muss.

Ein in der Praxis nicht unbedeutender Nachteil des indirekten Exports könnte sein,
dass **der Exporteur bereits eine Vorauswahl aus den Angeboten mehrerer
Hersteller trifft (Filterfunktion).** Er leitet nur das aus seiner Sicht günstigste
Angebot oder das eines langjährigen Partners an den Kunden weiter, ohne dass der
einzelne Anbieter erfährt, dass sein Angebot dem Auslandskunden nicht unterbreitet wurde.

Kleinere Unternehmen, die nicht über die personelle oder finanzielle Kapazität
verfügen, eine eigene interne und externe Exportorganisation aufzubauen, bedie-
nen sich oft zur Erschließung von Auslandsmärkten der Kenntnisse von Handelshäusern. Gleiches gilt aber auch für mittlere und größere Unternehmen bei der
Bearbeitung von „kleineren" Märkten. Unternehmen, die über eigene Exportorga-
nisationen in den Kernländern Europas oder in den USA verfügen, beliefern oftmals
Märkte in Peru oder Pakistan über Handelshäuser. Hier haben die Handelshäuser
eine ergänzende Funktion zum eigenen direkten Export.

Die Exporthandelsunternehmen sind aufgrund der wachsenden technologischen
Ansprüche der Produkte hoch spezialisiert. Hinzu kommt eine Länderspezialisierung,
die dazu führt, dass insbesondere in Übersee die rund 3.000 Niederlassungen
deutscher Exporteure oftmals die einzigen Repräsentanten „vor Ort" sind.

Große und mittlere Unternehmen, die dauerhaft ein Exportgeschäft aufbauen
wollen, werden sich dagegen bemühen, einen Auslandsmarkt durch eigene Akquisition zu erschließen.

2.2 Lizenzabkommen

**Eine Lizenz ist die Genehmigung des Lizenzgebers (licensor) an den
Lizenznehmer (licensee), seine geschützten Rechte gewerblich zu nutzen.**

Da der Wert z.B. von Patenten, Gebrauchsmustern, Geschmacksmustern oder
Marken nicht in der Bilanz aktiviert werden darf (Ausnahme: Kauf von Schutzrechten), wird vielen Unternehmen die entgangene Wertsteigerung des Unternehmens
durch den Verzicht auf eine mögliche Lizenzvergabe nicht bewusst. Vielfach wird die
Lizenzvergabe auch deshalb restriktiv gehandhabt, um eine Stärkung der Konkurrenz zu vermeiden.

2.2.1 Lizenzarten

Die Lizenzvergabe umfasst z.B. das Recht zur Nutzung von Schutzrechten für:

- Erfindungen (Verfahrens- und Produktpatente)
- Gebrauchsmuster
- Geschmacksmuster
- Marken
- technisches Know-how
- Marketing und Management Know-how

Man unterscheidet dementsprechend:

Produktlizenzen, bei denen der Lizenznehmer das Recht zur Herstellung und zum Vertrieb von Erzeugnissen erhält, die bisher vom Lizenzgeber hergestellt wurden. Solche Lizenzen können sich auf Endprodukte, Teile oder Komponenten beziehen.

Bei **Produktions- bzw. Verfahrenslizenzen** erhält der Lizenznehmer ein bestimmtes Herstellungs-Know-how einschließlich Konstruktionsplänen und Fertigungsabläufen (Blaupausen oder blueprints), Rezepturen (chem. Industrie) und technischer Unterweisungen.

Markenlizenzen regeln das Recht einen Markennamen für eigene zielgruppen- verwandte Produkte zu verwenden (Porsche/Porsche Brille; Boss Anzüge/Boss Parfum).

Mit **Vertriebslizenzen** erwirbt der Lizenznehmer das Recht, das Vertriebs Know- how des Lizenzgebers zu nutzen.

2.2.2 Vor- und Nachteile der Lizenzvergabe

Die Lizenzvergabe eignet sich zur Erschließung solcher Märkte

- für die die Finanzkraft des Unternehmens zur eigenen Erschließung nicht ausreicht,
- die dem Unternehmen aufgrund von Beschränkungen verschlossen bleiben z.B. aufgrund von Importverboten, Investitionsverboten, Verbot des Gewinntransfers (Repatriierung) ins Mutterland.

Weitere **Vorteile** für die Lizenzvergabe können sein:

- Umgehung von tarifären und nicht-tarifären Handelshemmnissen
- schnelle, kostengünstige Erschließung eines Auslandsmarktes
- die Erschließung von Marktnischen
- die Reduzierung des Auslandsmarktrisikos
- die schnellere Amortisation von Forschungs- und Entwicklungskosten

- zusätzliche Einnahmen durch Lizenzgebühren
- die Erweiterung der eigenen Leistungspalette durch einen möglichen Lizenztausch (cross licensing)

Die Lizenzvergabe führt möglicherweise zu folgenden **Nachteilen**:

- mit einer Lizenzvergabe „züchtet" man sich die eigene Konkurrenz
- die Lizenzvergabe kann die Möglichkeit einer späteren eigenen Markbearbeitung vertraglich ausschließen
- der Lizenznehmer kann als unerwünschter Konkurrent auf dem Heimatmarkt oder auf Drittmärkten auftreten (falls nicht vertraglich geregelt)
- das Image des eigenen Produktes wird durch niedrige Preise des Lizenzproduktes beschädigt

Eine sorgfältige vertragliche Vereinbarung kann die letzteren Einwände gegenstandslos machen. Aber auch das Argument „sich die eigene Konkurrenz heranzuziehen" ist oft nicht stichhaltig. Zahlreiche Beispiele belegen, dass ein Wettbewerbsvorsprung durch eine neue Technologie, durch Nachahmung oder Neuentwicklung auch ohne Lizenzvergabe streitig gemacht wurde (Japaner entwickelten z.B. eine eigene Kopiertechnik, nachdem Rank Xerox die Lizenzvergabe verweigerte).

2.2.3 Organisation des Lizenzverkaufs

Der Lizenzverkauf kann durch **das eigene Unternehmen,** durch einen „Lizenzverantwortlichen" (Geschäftsführer, Patentanwalt), durch eine eigene Lizenzabteilung oder durch ein externes Unternehmen erfolgen. Das können Beratungsunternehmen, Projektgesellschaften, Technologie- oder Handelsgesellschaften sein, denen das Lizenzangebot zur Vermarktung zur Verfügung gestellt wird.

Um Lizenzgeschäfte bemühen sich auch **Kooperationsbörsen**

Bei privaten oder öffentlichen Kooperationsbörsen kann man Angebote und Gesuche ausfindig machen. Kooperationsbörsen im Internet sind z.B. genios, gbi, IHK Ulm, dino-online, softnet, rkw oder lengua.

2.2.4 Lizenzvertrag

Der Lizenzvertrag sollte insbesondere folgende Punkte regeln:

- Auflagen hinsichtlich der Absatzmärkte des Lizenznehmers und der Weitergabe der Lizenz
- Auflagen hinsichtlich des Reimports der in Lizenz erzeugten Produkte in das Land des Lizenzgebers
- Lizenzgebühr
- Mindestlizenzgebühr bei Nichtinanspruchnahme

Der Lizenzvertrag soll spätere Auseinandersetzungen der Vertragsparteien vermeiden. Er bedarf deshalb einer sorgfältigen Aushandlung. **Elemente des Lizenzvertrages** sollten sein:

- Nennung der vertragsschließenden Parteien
- die Präambel
- der Vertragsgegenstand, Schutzrechte, Verkauf von Rechten
- das Pflichtenheft für den Lizenzgeber
- das Pflichtenheft für den Lizenznehmer
- die Haftung der Vertragsparteien
- das Lizenzgebiet und die Regelungen der Exportrechte
- Zahlung von Umsatz- und Quellensteuern
- Kennzeichnung der Ware
- Buchführung und Kontrollen
- Abrechnung und Zahlung
- die Ausübungspflicht
- die Kündigung des Vertrages
- die Vertragsdauer
- die Auslaufklausel
- die Wahl der Rechtsordnung
- Rechtsweg und Schiedsgericht

Die **Gegenleistungen des Lizenznehmers** können nicht-monetärer oder monetärer Art sein. Im ersten Fall kann eine Kompensation ebenfalls durch eine Lizenzgewährung oder durch Produktlieferungen erfolgen.

Monetäre Gegenleistungen sind regelmäßige Lizenzgebühren (royalties), deren Höhe an Umsätze, Absatz- oder Produktionszahlen gebunden sein kann. Es kann aber auch eine einmalige Zahlung (down payment) vereinbart werden. Welche Form der monetären Gegenleistung gewählt wird, hängt oft von den Kontrollmöglichkeiten ab. Bei geringen Kontrollmöglichkeiten (wie früher bei der Lizenzvergabe an Ostblockländer) wurden einmalige Zahlungen bevorzugt.

2.2.5 Erfolgs- und Misserfolgsfaktoren

Empirische Untersuchungen haben gezeigt, wann ein Lizenzgeschäft Erfolge verspricht oder Misserfolge erwarten lässt.

Erfolgsfaktoren	Misserfolgsfaktoren
Gemeinsame Zielsetzung	Stark voneinander abweichende Größenordnung der Unternehmen
Profitabilität der Zusammenarbeit für beide Vertragsparteien	
	Gravierende Unterschiede in den Entscheidungsroutinen und Organisationsabläufen
Ständig erneuerter Technologievorsprung des Lizenzgebers	
Laufende Geschäftsbeziehungen außerhalb des Technologietransfers	Unzureichende Ausarbeitung und Formulierung der Lasten- und Pflichtenhefte
Erfahrungen des Lizenznehmers mit dem durch das Lizenzprodukt angesprochenen Kundenkreis oder Erfahrungen in der Fertigungstechnik	Abschluss von Lizenz- und Know-how Verträgen im Sanierungsfall
	Starkes undifferenziertes Eigenständigkeitsstreben in der Unternehmensleitung eines Kooperationspartners

Abb. 31: Hauptgründe für den Erfolg oder Misserfolg von Lizenzvereinbarungen

2.3 Franchising

2.3.1 Franchise-System

Das Franchising beruht auf einer ausgeprägten **vertikalen Arbeitsteilung**. Im Rahmen dieser Arbeitsteilung werden alle nicht unmittelbar verkaufsbezogenen Funktionen wie Marktforschung, Werbung, Verkaufsförderung, Ladengestaltung, Schulung oder Erfolgskontrolle an die Systemzentrale delegiert. So kann sich ein Franchisenehmer voll auf die Vertriebsaufgaben konzentrieren. Bei der Erschließung ausländischer Märkte übernimmt der ausländische Vertriebspartner die Marktbearbeitung durch den Vertrieb auf den jeweiligen Heimatmärkten.

Bekannte **international operierende Franchisesysteme** sind z.B.

Hotels:	Mariotts, Holiday Inn
Transport:	Hertz, Sixt Budget
Gastronomie:	McDonald's, Grillmaster
Kosmetik	Yves Rocher, Body Shop
Textil:	Benetton, Marc o'Polo

Beim Franchising stellt der Franchisegeber dem Franchisenehmer ein **Leistungspaket** zur Verfügung, das dem Franchisenehmer Wettbewerbsvorteile z.B. durch den Markennamen, die Qualität des Produktes oder durch ein intelligentes Servicesystem verspricht. Dafür gewährt der Franchisenehmer dem Franchisegeber ein umfassendes Weisungs- und Kontrollrecht.

2.3.2 Vorteile für Franchisegeber und Franchisenehmer

Das **Leistungsprogramm des Franchisegebers** kann folgende Punkte umfassen:

- betriebswirtschaftliche Beratung, Standortbewertung, Rentabilitätsrechnung
- Sortimentsfestlegung und Sortimentspflege
- Überlassung von Markennamen, Warenzeichen und Schutzrechten
- Aus- und Fortbildung des Franchise-Nehmers und seiner Mitarbeiter
- Werbung, Verkaufsförderung und Öffentlichkeitsarbeit
- Betriebsplanung und Betriebseinrichtung
- Zentraler Einkauf - bei entsprechend hoher Bezugsquote - oder ein entsprechender Bezugsquellennachweis
- Erfahrungs- und Ideenaustausch
- Gebietsschutz
- laufende Erfolgskontrolle durch Betriebsvergleiche und die Verpflichtung des Franchisegebers das Konzept ständig weiter zu entwickeln und den Franchisenehmer zu unterstützen

Für den **Franchisegeber** ergeben sich daraus folgende **Vorteile:**

- Schaffung sicherer Absatzpotenziale
- Teilung des Risikos im Absatzkanal
- potenzialschwache Regionen werden flächendeckend erschlossen
- bei schneller Zunahme der Zahl der Franchisenehmer wird eine hohe Expansionsgeschwindigkeit erreicht
- das Personalproblem wird auf die Franchisenehmer verlagert
- hoch motivierte, selbstständige Absatzmittler
- der Franchisegeber kann ausgeprägte Kontroll- und Steuerungsmöglichkeiten nutzen, der preispolitische Handlungsspielraum kann erweitert werden
- die Entwicklungs- und Systemkosten können auf den Kooperationspartner verlagert werden

Der **Franchisenehmer** ist in eigenem Namen und für eigene Rechnung tätig. Er hat das Recht und die Pflicht, das Franchise-Paket gegen eine Franchise-Gebühr zu nutzen. Sein Leistungsbeitrag liegt in der Bereitstellung von Arbeitskräften, Kapital und Informationen.

Für den **Franchisenehmer** ergeben sich folgende **Vorteile:**

- Bewahrung der Selbstständigkeit
- sicheres Einkommen durch die Nutzung eines ausgereiften Absatz-, Beschäftigungs- und Organisationskonzeptes
- Erleichterung der Marktbearbeitung durch Imageteilhabe

2.3.3 Nachteile für Franchisegeber und Franchisenehmer

Mögliche **Nachteile für den Franchisegeber** sind:

- eigene spätere Markterschließung nicht möglich
- geringere Einflussnahme auf die Geschäftsführung als bei einem Filialsystem

Nachteile für den Franchisenehmer können sein:

- eingeengter Handlungsspielraum durch vertragliche Bindung an ein System (z.B. kein Vertrieb von Produkten des Wettbewerbs)
- Übernahme des Absatzrisikos
- zusätzliche Kosten durch Gebühren
- Gefahr der Systemveralterung, falls der Franchisegeber keine ständige Weiterentwicklung durchführt

Das Handelsinstitut Saarbrücken veröffentlichte einen umfassenden Überblick über Vorteile und Nachteile des Franchising.

Franchisegeber		Franchisenehmer	
Vorteile	Nachteile	Vorteile	Nachteile
1. Enge Bindung der Partner 2. Geringe Kapitalkraft 3. Geringe personelle Belastung 4. Gewinnung weiterer externer Kapitalgeber 5. Niedrige Fixkosten im Vertriebssystem 6. Hohe Expansionschancen 7. Auch kleine Partner möglich, z.B. im Vergleich zu eigenen Filialen 8. Minderung des Absatzrisikos 9. Verbesserung der Marktausschöpfung 10. Erleichterung der Diversifikation 12. Dezentralisierung von Personalproblemen 13. Risikoabsicherung durch Systemeinnahmen	1. Einräumung von Mitbestimmungsrechten an Partner 2. Hohe Managementqualifikation in der Systemführung erforderlich 3. Mindestmarktstellung erforderlich 4. Intensiver Einsatz und Durchführung der Kontrollen 5. Stärkung der rechtlichen Stellung der Franchisenehmer	1. Risikoabsicherung 2. Oft Absicherung der Betriebserhaltung 3. Einkommenssicherung 4. Verbesserung des Ausbildungsstandes 5. Oft einziger Weg zur Selbstständigkeit 6. Recht zur Mitgestaltung des Systems 7. Erzielung von Wettbewerbsvorteilen durch Franchisepakete und Funktionszentralisierung 8. Minimierung von Anlaufverlusten 9. Erzielung von Einkaufsvorteilen 10. Erleichterung der Umstrukturierung 11. Unterstützung im Finanzierungsbereich 12. Sicherung einer lfd. Beratung 13. Gewinnung von Vorteilen bei Versicherung und Rechtsberatung	1. Teilweise Aufgabe von Selbstständigkeit 2. Zwang zur Standardisierung und Aufgabe von Individualitätselementen 3. Oft hohe Arbeitsbelastung 4. Bedingte lokale Anpassungsfähigkeit 5. Teilweise kein Gebietsschutz 6. Systemstandards erfordern Mobilisierung aller Reserven

Abb. 32: Katalog von Vor- und Nachteilen des Franchising (Universität Saarbrücken)
Quelle: Bieberstein, 2001, S. 274

Im **Franchise-System** müssen folgende **Tatbestände geregelt sein**:

- die Entgeltregelung zwischen Franchisegeber und Franchisenehmer
- die Nutzungsrechte der Franchisenehmer
- die rechtliche Selbstständigkeit der Franchisenehmer
- das verbindliche Absatz- und Organisationskonzept
- die Unterstützung der Franchisenehmer durch den Franchisengeber
- das Vorhandensein eines vertraglichen Dauerschuldverhältnisses

Franchise-Systeme spielen heute im B2C Sektor (Konsumgüter und Dienstleistungen) sowie im B2B Bereich eine wichtige Rolle bei der Erschließung internationaler Märkte. Ihr Erfolg zeigt sich darin, dass nach 5 Jahren noch 95 % der neu gegründeten Unternehmen existieren und dass 80 % der Unternehmen noch von den ursprünglichen Gründern geführt werden (Arthur Andersen, Wallstreet Journal).

3. Markterschließungsstrategien mit eigener Auslands-Marktbearbeitung

3.1 Direkter Export

Der direkte Export stellt die **klassische Erschließung eines Auslandsmarktes** dar. Ein inländischer Anbieter liefert Waren an ausländische Abnehmer (Importeure, Händler, Weiterverarbeiter oder Endverbraucher), ohne dass fremde Absatzorgane bis zur ersten Absatzstufe im Ausland zwischen geschaltet werden.

In Deutschland hat sich der Export in den Jahren 1990 bis 2001 von 339 Mrd. Euro auf 637 Mrd. Euro erhöht. Der Exportanteil betrug damit 2001 rd. 31 % des Bruttoinlandsproduktes.

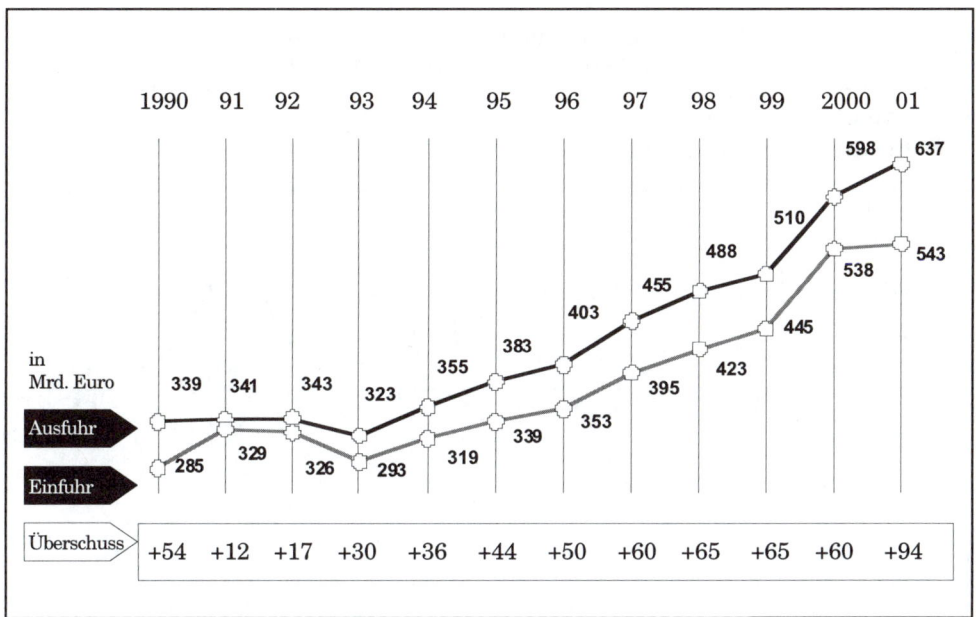

Abb. 33: Deutscher Außenhandel
Quelle: Stat. Bundesamt

Ein Indikator für die Wettbewerbsfähigkeit eines Landes ist die von der OECD entwickelte **Export-Performance**. Sie zeigt wie sich die Exporte eines Landes im Verhältnis zu den Importen seiner Absatzmärkte entwickeln. Eine sinkende (steigende) Export-Performance bedeutet also, dass ein Land auf seinen Zielmärkten Importanteile verloren (gewonnen) hat. Nach einer Untersuchung des Instituts der Deutschen Wirtschaft (Februar 2002) hat Deutschland im verarbeitenden Gewerbe im Verlauf der 90er Jahre fast 20 % Importanteile verloren bzw. der Anteil deutscher Waren an den Importen der betrachteten Länder ist um 20 % zurückgegangen.

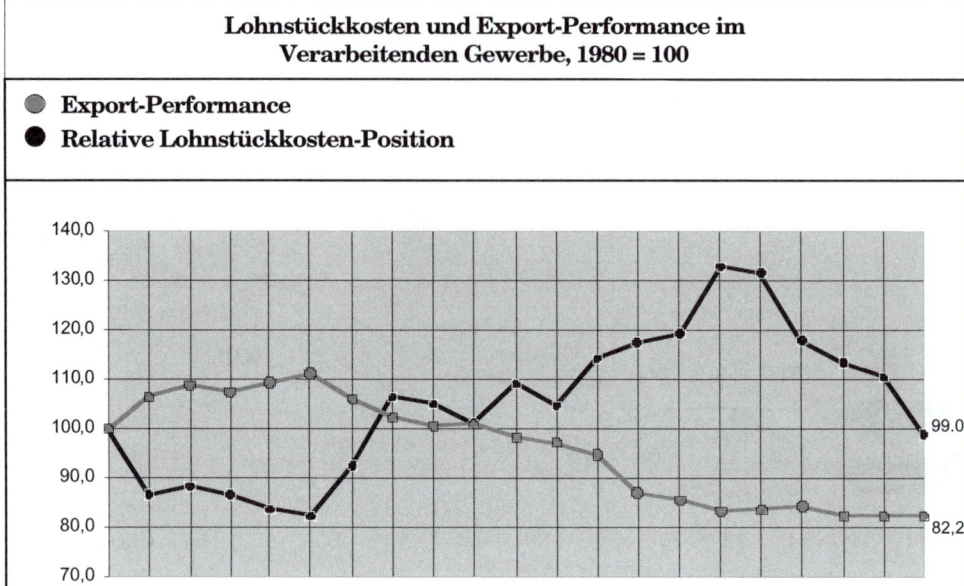

Export-Performance: Entwicklung der Warenausfuhren Deutschlands im Verhältnis zu den Einfuhren auf den
                                     deutschen Zielmärkten;
Lohnstückkosten-Position: Entwicklung der westdeutschen Lohnstückkosten im Verhältnis zur Lohnstückkosten-
                                     Entwicklung im Schnitt der übrigen Industrieländer; Ursprungsdaten: U.S. Department
                                     of Labor, OECD, Deutsche Bundesbank

Abb. 34: Lohnstückkosten in der Industrie
Quelle: Institut der deutschen Wirtschaft, Köln

Ein wichtiger Grund ist nach Ansicht des Instituts der deutschen Wirtschaft die
Verschlechterung der deutschen **Lohnstückkosten-Position** Anfang der 90er
Jahre. Die Lohnstückkosten sind in Deutschland zwischen 1980 und 1995 um etwa
30 % stärker gestiegen als die Lohnstückkosten im Durchschnitt der übrigen
Industrieländer. Seit 1995 ist aufgrund der nur schwach gestiegenen Nominallöhne
allerdings eine deutliche Verbesserung dieser Position zu erkennen. Im Jahr 2000
wurde sogar das Niveau von 1980 wieder erreicht. Dennoch gelang es seit 1995 nur
ein weiteres Zurückfallen der Export-Performance zu vermeiden.

Der direkte Export kann **von einem einzelnen Unternehmen** oder im Rahmen
einer **Exportkooperation** durchgeführt werden.

3.1.1 Motive für die Wahl des direkten Exports

Die Hauptmotive für den von einem Unternehmen allein durchgeführten direkten
Export sind

- eigenständige Auswahl der Zielgruppen
- eigenständige Marktbearbeitung
- enger Kundenkontakt
- genaue Marktinformation
- höherer Gewinn als bei einer Exportkooperation

Die Zielgruppe kann vom Unternehmen selbst mit geeigneten Marketing-Instrumenten beeinflusst werden. Durch den direkten Kontakt können Kundenpräferenzen und Kundenbindungen aufgebaut werden. Ein Wandel von Kundenwünschen oder Änderungen in der Wettbewerbssituation werden unmittelbar wahrgenommen und erlauben kurzfristige Reaktionen.

Die größeren Absatzchancen, die der direkte gegenüber einem indirekten Export eröffnet, erfordern allerdings ein größeres Engagement des exportierenden Unternehmens. Der Aufbau einer Exportabteilung mit qualifizierten Mitarbeitern, die Ausrichtung der Rechtsabteilung, der Finanzabteilung, der Buchhaltung oder der Spedition auf den direkten Export sind zwingend notwendig. Darüber hinaus muss im Ausland ein Vertriebssystem aufgebaut werden.

Den höheren und dauerhafteren Erträgen des direkten Exports stehen auch höhere Risiken gegenüber wie z.B. das:

- Zahlungsrisiko
- Transportrisiko
- Währungsrisiko (vgl. D 3.3.2.1)
- Prozessrisiko
- politisches Risiko

3.1.2 Absatzformen des direkten Exportes

Der direkte Export kann unter Einschaltung folgender Absatzmittler bzw. Absatzorgane durchgeführt werden (Jahrmann, 1998, s. 72 ff.):

- inländische Exportmitarbeiter
- Verkaufskommissionäre
- CIF-Agenten
- Handelsmakler
- ausländische Handelsvertreter/Reisende
- ausländische Importeure
- eigene Verkaufsniederlassungen im Ausland (mit Handelsvertretern oder Reisenden)

Ein erster Versuch auf dem Auslandsmarkt Fuß zu fassen, erfolgt häufig über einen **ausländischen Importeur**, der Marktkenntnisse und Kenntnisse der Mentalität der Verbraucher eines Landes hat. Oft verfügt er über logistische Einrichtungen wie Läger und Transportmittel. Er kann dem exportierenden Unternehmen zusätzlich wichtige Hinweise über Kundenwünsche und über eine optimale Produktgestaltung geben.

Nachteilig ist die Abhängigkeit von den Aktivitäten des Importeurs zu bewerten. Dieser Weg sollte nur dann beschritten werden, wenn eine spätere direkte Marktbearbeitung von Händlern, Weiterverarbeitern oder Verbrauchern nicht behindert wird.

Eine **Handelsvertretung** bietet den Vorteil der guten Marktkenntnis mit dem Eigeninteresse einer auf Provisionsbasis beruhenden Absatzorganisation. Allerdings ist auch hier die Selbstständigkeit eingeschränkt. Alle Risiken verbleiben darüber hinaus beim exportierenden Unternehmen. Hinzu kommt, dass Handelsvertreter – ähnlich wie in Deutschland – auch international gesetzlich geschützt sind, und damit eine Trennung oft nur gegen Zahlung von Ausgleichsansprüchen möglich ist.

Eine **eigene Verkaufsniederlassung** mit einem Geschäftsführer und festangestellten Reisenden der jeweiligen ausländischen Nationalität stellen daher die intensivste Form der Markbearbeitung für den direkten Export dar.

3.2 Direkter Export in Form einer Exportkooperation

Für viele Unternehmen, die selbst auf einem Auslandsmarkt tätig sein wollen, denen aber die finanziellen Mittel oder die Erfahrung fehlt, bietet sich eine Zusammenarbeit mit anderen Unternehmen im Exportgeschäft an.

Unter einer **Exportkooperation** versteht man die Zusammenarbeit von mindestens zwei rechtlich und wirtschaftlich selbstständigen Partnern. Die Zusammenarbeit erfolgt auf freiwilliger Basis unter gemeinsamen Zielvorstellungen. Die Vereinbarung schränkt die ökonomische Selbstständigkeit der Partner nur hinsichtlich des Kooperationsziels ein.

Es lassen sich verschiedene **Arten der Exportkooperation** unterscheiden, je nachdem, ob eine Kooperation inländischer Anbieter

- mit einem oder mit mehreren Partnerunternehmen erfolgt,
- begrenzt oder dauerhaft angelegt ist,
- zwischen Partnern mit komplementären Produkten oder Konkurrenten geschlossen wird.

Abb. 35: Arten von Exportkooperationen

3.2.1 Huckepack-Export

Bei diesem – aus dem Straße-Schiene-Verkehr abgeleiteten – Begriff, handelt es sich um die Idee, dass ein Unternehmen mit speziellen Erfahrungen im Auslandsgeschäft für ein anderes Unternehmen mit ergänzendem Produktionsprogramm das Exportgeschäft aufbaut oder ausweitet.

Ein kleines Unternehmen A, das Gießereichemikalien herstellte, hatte Exportversuche in die USA aufgrund der hohen Akquisitionskosten wieder aufgegeben. Ein großer Hersteller B von Sondermaschinen und Anlagekomponenten für Gießereien mit einem ausgebauten Auslandsvertriebsnetz übernahm daraufhin den Vertrieb der Gießereichemikalien.

Dem Außendienst von B eröffneten sich durch das Produkt von A bessere Einstiegschancen für den Verkauf ihrer Produkte und durch das Provisionseinkommen ein zusätzlicher Einkommensanreiz.

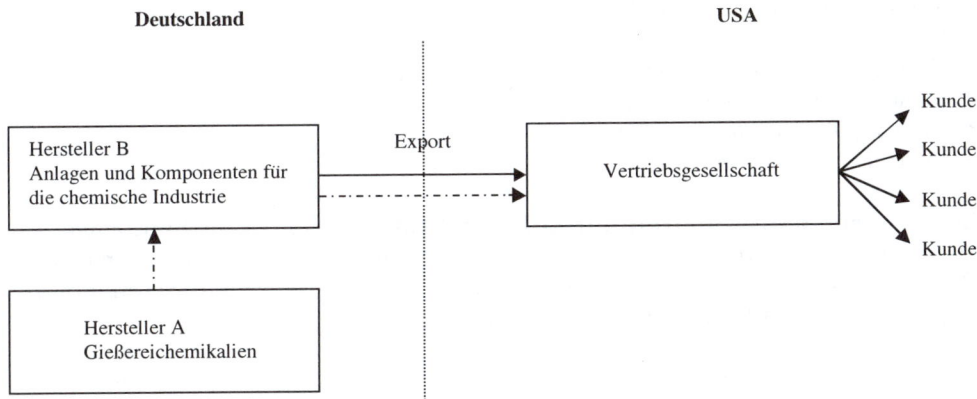

Abb. 36: Huckepack-Export

Das Wort „Huckepack" (piggyback) vermittelt den Eindruck, dass ein Partner eine aktive, der andere eine passive Rolle spielt, dass also im Grunde ein indirekter Export vorliegt. Da jedoch beide Partner eine aktive Rolle spielen können, spricht man auch vom „**Tandem-Export**".

3.2.2 Exportgemeinschaft

Bei der Exportgemeinschaft gliedern die beteiligten Unternehmen Exportfunktionen aus und übertragen sie einer gemeinsamen Gesellschaft oder nehmen sie als Partner wechselseitig wahr. In einer Exportgemeinschaft arbeiten Partner mit sich ergänzenden Leistungsprogrammen zusammen. Sie unterscheiden sich hinsichtlich verschiedener Intensitätsstufen der Zusammenarbeit (Walldorf, 1987, S. 32 ff.).

In einer Exportgemeinschaft können folgende **Aufgaben** gemeinsam wahrgenommen werden:

- Informationsgewinnung und -verarbeitung
- Kontaktanbahnung und Markterschließung (Akquisition, Werbung, Teilnahme an Messen und Ausstellungen)
- Realisierung von Kontakten (Angebotsgestaltung, Preis- und Konditionenpolitik, Verkaufsförderungsmaßnahmen)
- Vertragsgestaltung (Abwicklungsmodalitäten, Lieferungs- und Zahlungsbedingungen, Gewährleistungsfragen, Qualitätssicherung)
- Durchführung des Auslandsgeschäftes (Fakturierung, Ausfallbürgschaften, Einholen von Kreditauskünften, Mahnwesen)
- Lagerhaltung (Muster-, Verkaufs-, Ersatzteillager)
- Pre- and After Sales Service (Kundeninformation, Kundenberatung, Wartungs- und Reparaturdienste)

Exportgemeinschaften auf einfacher Stufe übernehmen Geschäftsanbahnungs- oder Begleitfunktionen im Export wie z.B.:

- Marktforschungsgemeinschaften
- Werbegemeinschaften
- Transportgemeinschaften
- Kundendienstgemeinschaften
- Ersatzteillagergemeinschaften
- Vertretungsgemeinschaften

Bei **Exportgemeinschaften auf höherer Stufe** werden Exportfunktionen der Mitglieder vollständig auf die Exportgemeinschaft übertragen. Die ausgelagerte Exportgemeinschaft ist eine rechtlich selbstständige Gesellschaft. Sie nimmt die Exportaufgaben auf eigene Rechnung wahr.

Hierzu gehören beispielsweise:

- Exportvermittlungsgemeinschaften
- Exportabschlussgemeinschaften

3.2.3 Exportkartelle

Exportkartelle haben die gemeinsame Erschließung des Auslandsmarktes durch Konkurrenten, die vergleichbare Produkte anbieten, zum Ziel. **Exportkartellen liegt eine vertragliche Vereinbarung** zugrunde, in der Exportanteile (Quoten), das Preisniveau, Zahlungsbedingungen, Provisionssätze oder andere Verkaufsbedingungen vereinbart werden. Die Kartellmitglieder müssen sich verpflichten, alle oder einen bestimmten Anteil ihrer mengenmäßigen Exporte in ein bestimmtes Land über das Kartell abzuwickeln.

Eine Kartellvereinbarung unterliegt dabei, den Bestimmungen des EWG Vertrages. Ein solches Kartell ist nach **Artikel 85 EWG Vertrag nur dann zulässig und anzeigepflichtig**, wenn es z.B. zu einer Unterstützung bei der Exportabwicklung insbesondere kleinerer Unternehmen und damit zu einer Erhöhung der Zahl der Anbieter beiträgt oder zu einer im Interesse der Abnehmer liegenden Stabilität des Preises und der Qualität führt.

Das Kartell ist mit dem **Artikel 85 Absatz 1 EWG Vertrag unvereinbar und verboten**, wenn die „Vereinbarungen zwischen Unternehmen, Beschlüsse von Unternehmensvereinigungen und aufeinander abgestimmte Verhaltensweisen, welche den Handel zwischen Mitgliedsstaaten zu beeinträchtigen geeignet sind und eine Verhinderung, Einschränkung oder Verfälschung des Wettbewerbs innerhalb des Gemeinsamen Marktes bezwecken oder bewirken, darunter insbesondere die unmittelbare oder mittelbare Festsetzung der An- oder Verkaufspreise oder sonstiger Geschäftsbedingungen" (Entscheidung der EWG Kommission 1980).

3.2.4 Vor- und Nachteile von Exportkooperationen

Da es sich im Wesentlichen um kleine und mittlere Unternehmen handelt, die sich in Exportkooperationen zusammenschließen, können sich für diese folgende Vorteile, insbesondere Skalenvorteile (economies of scale), ergeben:

- **Economies of large scale production**
  die Kooperation ermöglicht es oft erst an Großprojekten teilzunehmen

- **Economies of large scale distribution**
  Kosteneinsparung im Bereich der Logistik (Versand, Lagerhaltung) oder im Außendienst (gemeinsame Vertreter)

- **Economies of large scale range**
  Erhöhung der Absatzchancen durch ein sich ergänzendes Sortiment

- **Economies of large scale advertising, sales promotion, service**
  Kosteneinsparung im Bereich der Kommunikationspolitik

- **Economies of large scale buying**
  Erhöhung der Einkaufsmacht durch Bündelung von Einkaufsmengen

- **Economies of large scale financing**
  ein größeres Kreditvolumen führt zu günstigeren Konditionen bei der Bank

Nachteil einer Kooperation ist der durch die Bindung eintretende Verlust an Handlungsfreiheit. Die Bindung, die ein Unternehmen einzugehen bereits ist, hängt ab:

- von den Zielvorstellungen
- der Art der zu lösenden Probleme
- vom Umfang der Problemlösung (Nutzenerwartung)
- von den Partnerprofilen (Größe, Erfahrung, Programm)
- vom Grad der Einschränkung des Handlungsspielraums

3.3 Auslandsdirektinvestition

Eine Direktinvestition im Ausland kann erfolgen durch:

- die Gründung bzw. Erweiterung eines Unternehmens im Ausland
- den Kauf eines im Ausland ansässigen Unternehmens
- die kapitalmäßige Beteiligung an einem im Ausland ansässigen Unternehmen

Die deutschen Investitionen im Ausland haben sich in den letzten 10 Jahren in etwa verdreifacht. Die ausländischen Investitionen in Deutschland haben sich sogar tendenziell mehr als verzehnfacht.

		1990	1991	1992	1993	1994	1995
Dt .Direktinvestitionen im Ausland	Mio. Euro	-20.021	-19.462	-14.851	-14.537	-15.648	-28.613
Ausl. Direktinvestitionen in Deutschland	Mio. Euro	2.447	4.011	-1.668	311	5.919	8.811
Saldo (- = Nettokapitalexport)	Mio. Euro	-17.574	-15.451	-16.519	-14.226	-9.729	-19.802

		1996	1997	1998	1999	2000	2001
Dt .Direktinvestitionen im Ausland	Mio. Euro	-39.088	-37.058	-79.696	-102.729	-54.045	-48.430
Ausl. Direktinvestitionen in Deutschland	Mio. Euro	5.057	10.856	21.842	51.392	211.786	35.574
Saldo	Mio. Euro	-34.031	-26.202	-57.854	-51.337	157.741	-12.856

Direktinvestitionen = Beteiligungskapital, reinvestierte Gewinne, Kreditverkehr deutscher Direktinvestoren, übrige Anlagen (ohne Wertpapieranlagen)
1996 Umstellung der Berechnungsgrundlage

Abb. 37: Direktinvestitionen
Quelle: Monatsberichte der deutschen Bundesbank

In den letzten Jahren waren die starken Schwankungen in den Investitionen durch Firmenübernahmen der Global Players geprägt. So wurden die deutschen Auslandsinvestitionen 1998 stark von der Fusion der Deutschen Bank und der amerikanischen Bankers Trust und die Zahlen von 1999 durch die Übernahme der amerikanischen Chrysler Gesellschaft durch die Daimler Benz AG beeinflusst. Die hohen Auslandsinvestitionen in Deutschland im Jahr 2000 sind im Wesentlichen auf die Übernahme von Mannesmann durch die englische Vodafone Airtouch zurückzuführen.

	Übernahmeziel	Land	Käufer/Fusionspartner	Land	Mrd. Euro
1.	Mannesmann	D	Vodafone Airtouch	GB	211,2
2.	E.On (Fusion von Veba und Viag)	D	Veba	D	25,6
3.	E-Plus Mobilfunk	D	Bell South/KPN	USA	9,1
4.	Aérospatial Matra	F	Fusion mit DASA zu EADS	D	8,8
5.	AOL Europe (50% von Bertelsmann)	D	American Online	USA	7,3
6.	Peason TV (Kauf von 22 %)	GB	Fusion mit CLT Ufa zur RTL Group	D/GB/L	4,4
7.	AGA	S	Linde	D	4,3

Abb. 38: Die größten deutschen Fusionen im Jahr 2000
Quelle: Börsenzeitung

Eine Firmenübernahme kann dabei **freundlich (friendly takeover)** erfolgen, in dem Aktien des Unternehmens oft durch „Strohmänner" (z.B. Banken) an der Börse über einen längeren Zeitraum gekauft werden. Dies hat zum Ziel, die Übernahmeabsicht nicht erkennen zu lassen und Kurssteigerungen möglichst zu vermeiden. Eine **feindliche Übernahme (unfriendly takeover)** liegt dann vor, wenn sich das übernehmende Unternehmen direkt an die Aktionäre des Übernahmekandidaten wendet und einen Kaufpreis für deren Aktien unterbreitet, der über dem Börsenkurs liegt. Damit wird den Aktionären ein Anreiz geboten, einen höheren Preis als den gegenwärtigen Kurswert zu erzielen.

Nach dem Kapitalanteil kann zwischen **Minderheits-, Gleichheits- und Mehrheitsbeteiligung** unterschieden werden.

Eine **Beteiligung** kann durch den Erwerb eines Aktienpaketes oder durch Überlassung von Gesellschaftsanteilen erfolgen, sofern der Partner eine Kapitalgesellschaft ist. Bei Privatunternehmen erfolgt die Beteiligung durch eine Kapitalzufuhr (Einlage).

Sofern nicht vertraglich eine Einflussnahme auf die Geschäftsführung zugesichert wird – ein Zugeständnis, das über den Kapitalanteil hinausgehen würde – können die **Motive für eine Minderheitsbeteiligung** sein:

• finanzielle Motive
• strategische Motive

Die **finanziellen Motiven** liegen in der Erzielung einer hohen Kapitalrendite. **Strategische Motive** – wie die gegenseitige Kontrolle – liegen z.B. beim Einräumen einer gegenseitigen Minderheitsbeteiligung zugrunde (oftmals bei Unternehmen die komplementäre Produkte erzeugen und diese gemeinsam vertreiben).

Eine Minderheitsbeteiligung wird vielfach auch als ein erster Schritt zu einer späteren Mehrheitsbeteiligung angesehen.

In den meisten Fällen, wird zur Sicherung der aktiven Einflussnahme auf die Geschäftspolitik des ausländischen Unternehmens eine **Gleichheits- oder Mehrheitsbeteiligung** angestrebt werden.

3.3.1 Joint Venture

Unter Joint Venture kann einmal - entsprechend einer **weit gefassten amerikanischen Definition** - die Zusammenarbeit eines inländischen mit einem ausländischen Unternehmen verstanden werden. Nach dieser Definition gehören auch die Lizenzvergabe, das Kontraktmanagement oder die Kontraktproduktion zum Joint Venture.

Nach der **engeren Definition** der deutschsprachigen Literatur versteht man (in der Außenwirtschaft) unter Joint Venture die gemeinsame Gründung einer Tochtergesellschaft durch einen gebietsansässigen und gebietsfremden Partner (Partnerschaftsunternehmen oder joint-ownership venture).

In einem Joint Venture sind alle Partner kapitalmäßig beteiligt und tragen anteilig das Risiko, wobei die Investoren bei internationalen Joint Ventures aus verschiedenen Ländern kommen. Die Programme, Ziele, die Verteilung der Managementaufgaben, die Entscheidungsfindung, die Schiedsgerichtsbarkeit und die Gewinnverteilung sind jeweils vertraglich zu regeln.

3.3.1.1 Arten von Joint Ventures

Es lassen sich unter dem Gesichtspunkt der Freiwilligkeit folgende **Arten von Joint Ventures** unterscheiden:

❑ das erzwungene Joint Venture
  • mit Minoritätsbeteiligung des ausländischen Partners (minority joint venture)
  • mit Gleichbeteiligung (equity joint venture)
  • mit Mehrheitsbeteiligung des ausländischen Partners (majority joint venture)
❑ das freiwillige Joint Venture

Joint Ventures können ebenfalls **nach Zweck und Inhalt** unterschieden werden in:

❑ Vertriebs-Joint Venture
  Die Kapitalbeteiligung bezieht sich auf eine bestehende oder neu zu gründende

Vertriebsgesellschaft im Zielland. (Dies war in kommunistischen Staatshandels-
ländern oft die einzige Möglichkeit einen Absatzmarkt kontrolliert zu bearbeiten).

❑ Joint Venture für Forschung und Entwicklung
   Es wird eine kostengünstigere Forschung in einer gemeinsamen Gesellschaft
   genutzt. Die Ergebnisse stehen allen Joint Venture Partnern zur Verfügung.

❑ Produktions-Joint Venture
   Diese Form kann sich auf alle Produktionsstufen beziehen (Vorproduktion,
   Konfektionierung, Veredelung, Montage, komplette Fertigung).

3.3.1.2 Motive für die Wahl eines Joint Venture

Die wichtigsten Motive für ein Joint Venture können sein:

❑ geringerer Kapitalbedarf als bei einer alleinigen Auslandsaktivität
❑ Risikoverminderung (risk sharing).
❑ die Verbindung mit einem ausländischen Partner erlaubt das Auftreten als
   „quasi-nationales" Unternehmen mit der Konsequenz
   • möglicher Imagevorteile im Gastland
   • der Nutzung nationaler Förderprogramme
   • der Teilnahmemöglichkeit an nationalen Ausschreibungen

Ein Joint Venture kann dazu beitragen Know-how sicherzustellen und zu erweitern,
die Produktion zu rationalisieren, Synergieeffekte der gemeinsamen Forschung und
Entwicklung oder der Distribution zu fördern und die Basis zur Realisierung
technischer Großprojekte und zur Verteilung des Gesamtrisikos zu vergrößern (z.B.
Airbus, Produktion von Chips).

Darüber hinaus können Wettbewerbsvorteile im Gastland, durch bessere Marktkenntnisse und Landeserfahrung des Partners gewonnen werden.

Das **Joint Venture kann auch als Brückenkopf für die Erschließung von
Märkten der Nachbarländer** desselben Wirtschaftsraums dienen.

3.3.1.3 Probleme von Joint Ventures

Joint Ventures sind oft die nur zweitbeste Wahl einer Markterschließung, die
gewählt werden muss, da der direkte Marktzugang verschlossen ist. Die Probleme,
die in einem Joint Venture auftreten können, lassen sich einteilen in:

• Probleme aufgrund der Partnerstruktur und der Entscheidungsbefugnisse
• Probleme aufgrund der Einschränkung des Handlungsspielraumes

Probleme aufgrund der **Partnerstruktur** und der **Entscheidungsbefugnisse** können auftreten, weil die Partner unterschiedliche Vorstellungen über Zielsetzungen, Marktbearbeitung, Gewinnverteilung oder Investitionsverhalten haben. Auch die Geschäftsmentalität, Entscheidungsroutinen, Führungsverhalten sowie ein unterschiedliches unternehmerisches Erfahrungsniveau können zu Schwierigkeiten führen.

Die **Einschränkung des Handlungsspielraums** kann sich im Absatzbereich bei der Auswahl der Zielgruppen, der Preispolitik oder der Vertriebskanäle im Gastland widerspiegeln.

Ferner müssen Personalentscheidungen im Management, Finanzierungsentscheidungen und Investitionsentscheidungen gemeinsam beschlossen und getragen werden.

Das Entstehen von Schwierigkeiten sollte durch eine detaillierte Vertragsgestaltung im Vorfeld so weit wie möglich aufgefangen werden.

3.3.2 Voll integriertes Unternehmen

3.3.2.1 Motive für eine ausländische Fertigungsstätte

Auslandsinvestitionen in eine eigene Fertigungsstätte mit Auslandsvertrieb liegen oft Motive zugrunde, die ihren Schwerpunkt haben:

❑ im Absatzmarkt
   • Fertigungsstätten im Land erleichtern den Aufbau von Absatzmärkten
   • die Vertriebsbedingungen können gesichert und kontrolliert werden
   • Importbeschränkungen können überwunden werden
   • ein Produkt muss für den Absatz auf dem ausländischen Markt neu entwickelt werden
   • Abnehmer verlangen räumliche Nähe des Zulieferers (Just-in-time Lieferung)

❑ im Beschaffungsmarkt
   • Auslandsinvestitionen sichern Beschaffungsquellen beispielsweise für Rohstoffe oder erleichtern den Zugang zu Beschaffungsquellen

❑ in Standortvorteilen
   • niedrigere Lohnstückkosten
   • niedrigere Transport- und Energiekosten
   • Steuervorteile
   • inländische Anlagen dürfen aufgrund von gesetzlichen Vorschriften nicht mehr betrieben oder erweitert werden
   • inländische Verfahren dürfen nicht mehr angewandt werden

❏ in sonstigen Vorteilen
- das Unternehmen hat Möglichkeiten auf Strategien der Wettbewerber zu reagieren
- Handelsbeschränkungen z.B. Zölle, Kontingente, Importlizenzen, local content Vorschriften können umgangen werden
- Auslandsinvestitionen verringern Wechselkursrisiken

Insbesondere die **hohe Abhängigkeit von Wechselkursschwankungen beim direkten Export** war bereits in den sechziger Jahren eines der wichtigsten Motive für eine Direktinvestition im Ausland.

In der Ausgangssituation soll ein Gut A in Deutschland produziert und in die USA exportiert werden. In Deutschland soll ein Erlös von 100 EUR und in den USA von 120 US Dollar erzielt werden. Bei Vernachlässigung aller Transaktionskosten und einem Wechselkurs von 1 EUR gleich 1 US Dollar wird in Deutschland (bei Stückkosten von 80 EUR) ein Gewinn von 20 EUR und aus dem USA Geschäft ein Gewinn von 40 EUR erzielt. Beim **direkten Export** führt eine Aufwertung der nationalen Währung z.B. des Euro gegenüber dem US $ bei sonst gleichen Bedingungen zu einer Verringerung der Gewinne in nationaler Währung. So wird im Beispiel aus einem Gewinn von 40 EUR (bei einem Wechselkurs von 1 Euro = 1 US $), ein Verlust von 20 EUR (bei einem Wechselkurs von 0,5 EUR = 1 US $). Dies ist darauf zurückzuführen, dass sich lediglich die Erlöse verringern, aber die Kosten in Euro in Deutschland unverändert bleiben.

Gut A in Deutschland		Wechselkurs	Gut A in USA	
	Euro	1 Euro = 1 US $	US Dollar	
Preis in Deutschland	100		120	Preis in USA
Kosten in Deutschland	80			
Gewinn in Deutschland	20			
US-Erlös in Euro	120	◄		
Kosten in Deutschland	80			
Gewinn im US Geschäft	40			

Gut A in Deutschland		Wechselkurs	Gut A in USA	
	Euro	0,5 Euro = 1 US $	US Dollar	
Preis in Deutschland	100		120	Preis in USA
Kosten in Deutschland	80			
Gewinn in Deutschland	20			
US-Erlös in Euro	60	◄		
Kosten in Deutschland	80			
Verlust im US Geschäft	-20			

Abb. 39: Gewinnveränderung beim direkten Export (in Abhängigkeit von Wechselkursveränderungen)

Bei einer **Produktion im Ausland** bleiben nach einer Wechselkursänderung die Gewinne in US $ unverändert. Der Gewinn in Euro verringert sich zwar auch von

40 Euro auf 20 Euro, aber es bleibt ein Gewinn bestehen, denn – in Euro gerechnet – reduzieren sich Erlöse **und** Kosten.

Gut A in Deutschland		Wechselkurs	Gut A in USA	
	Euro	1 Euro = 1 US $	US Dollar	
Preis in Deutschland	100		120	Preis in USA
Kosten in Deutschland	80		80	Kosten in USA
Gewinn in Deutschland	20		40	Gewinn
Gewinn im US Geschäft	40			

Gut A in Deutschland		Wechselkurs	Gut A in USA	
	Euro	0,5 Euro = 1 US $	US Dollar	
Preis in Deutschland	100		120	Preis in USA
Kosten in Deutschland	80		80	Kosten in USA
Gewinn in Deutschland	20		40	Gewinn
Gewinn im US Geschäft	20			

Abb. 40: Gewinnveränderung bei einer Auslandsinvestition (in Abhängigkeit von Wechselkursveränderungen)

3.3.2.2 Investitionsüberlegungen für eine ausländische Fertigungsstätte

Die **wirtschaftlichen Investitionsüberlegungen** beruhen auf den Investitionsrechnungen der Betriebswirtschaft wie:

❑ Statische Investitionsverfahren
   • Kostenvergleichsverfahren
   • Gewinnvergleichsverfahren
❑ Dynamische Investitionsverfahren
   • Kapitalwertmethode
   • Interne Zinsfuß-Methode
   • Annuitätenmethode

In die Kostenbetrachtung gehen u.a. Kosten für Grund und Boden, Anlagekosten, Infrastrukturkosten, ferner Rohstoff-, Energie- und Lohnkosten oder Zinskosten ein. Auf der anderen Seite sind staatliche Förderungsmittel zur Ansiedlung von Industriebetrieben und die im Allgemeinen geringere Steuerbelastungen zu berücksichtigen.

Neben den **Lohnkostenvergleichen** sind **Produktivitätsrechnungen** anzustellen.

	Stundenlohn
Land A (Inland)	25 Euro/Std.
Land B (Ausland)	5 Euro/Std.

	Output	Input	Arbeitsproduktivität je Std.
Land A	1.000 Werkzeuge	100 Stunden	10 Werkzeuge/Stunde
Land B	1.000 Werkzeuge	200 Stunden	5 Werkzeuge/Stunde

	Lohnstückkosten
Land A	2,5 Euro/Werkzeug
Land B	1 Euro/Werkzeug

Abb. 41: Lohnstückkosten

Zwei Länder A und B fertigen Werkzeuge gleicher Qualität. Die Stundenlöhne betragen 25 bzw. 5 Euro. Aufgrund besserer technischer Ausstattung und qualifizierteren Personals fertigt ein Unternehmen in Land A 1.000 Werkzeuge in 100 Stunden, das Unternehmen in Land B benötigt 200 Stunden. Die Arbeitsproduktivität ist damit bei A doppelt so hoch wie bei B. Aufgrund der geringen Produktivität ist der Kostenvorteil gemessen als Lohnstückkosten von B nicht fünfmal, sondern nur noch zweieinhalbmal so hoch. Die entscheidende Größe zur Beurteilung der Vorteilhaftigkeit einer Auslandsinvestition sind also die **Lohnstückkosten**.

3.4 Kontraktproduktion

3.4.1 Arten der Kontraktproduktion

Kontraktproduktion liegt vor, wenn ein Unternehmen (Hersteller oder Handelsunternehmen) im Inland einem Unternehmen im Ausland die Fertigung auf der Grundlage von Verträgen überträgt. Für Kontraktproduktion werden auch folgende Begriffe verwandt:

- contract manufacturing
- Auftragsfertigung
- Lohnfertigung
- verlängerte Werkbank

Die Kontraktfertigung kann sich erstrecken auf:

- Vorproduktion (Teilefertigung)
- Konfektionierung
- passive Veredlung
- Montage
- vollständige Fertigung von Produkten

Bei der **Vorproduktion** führt der Kontraktpartner (z.B. in Korea) für den ausländischen Partner (z.B. aus Deutschland) die ersten Fertigungsstufen eines Erzeugnisses oder die Produktion von Zubehörteilen des Endproduktes durch.

Unter **Konfektionierung** (auch: Formulierung) eines Produktes versteht man die Fertigung der letzten Stufe eines Produktes.

Die Konfektionierung umfasst das kundengerechte Zuschneiden, Ablängen (Metallindustrie), das Anbringen von Applikationen (Textilindustrie) oder das Abfüllen (flüssiger Produkte) oder das Abpacken (Tabletten).

Der Begriff Formulierung wird ausschließlich in der chemischen, pharmazeutischen oder in der Nahrungsmittelindustrie verwandt. Es handelt sich um das Mischen und Abpacken von Produkten auf marktgängige Packungsgrößen und Gebinde. Oft wird „Bulk" Ware importiert und ausschließlich umgepackt.

Nach Art. 145 - 160 ZK DVO (Zollkodex Durchführungsverordnung) handelt es sich bei der **passiven Veredlung** um „Waren, die vorübergehend aus dem Zollgebiet der Gemeinschaft ausgeführt, im Drittland Veredlungsvorgängen unterzogen und nach Wiedereinfuhr... in den zollrechtlich freien Verkehr überführt" werden. So werden z.B. in Deutschland produzierte Rahmen für Aluminiumfenster zum Eloxieren nach Tschechien exportiert und anschließend in Deutschland mit Glas und Beschlägen versehen und vertrieben. Der Vorteil ist, dass passive Veredlungsvorgänge – nach Antrag und Bewilligung – einer Zollermäßigung oder Zollfreiheit unterliegen.

Bei der **Montage** handelt es sich um den Zusammenbau zugelieferter Teile und Komponenten. Es liegt also ein materieller Unterschied zur Teilefertigung vor. Die Montage wird oft zur Umgehung hoher Zollsätze im Ausland durchgeführt. (So montiert BMW seine Fahrzeuge in Indonesien vollständig aus angelieferten Teilen, um den Einfuhrzoll von 100 % auf Neuwagen zu vermeiden.)

Die **vollständige Fertigung** auf der Grundlage von Verfahrensplänen des Auftraggebers ist z.B. Gegenstand der Kontraktfertigung wenn der Handel Auftraggeber ist (z.B. Fertigung von Handelsmarken). Sie erfolgt aber auch im industriellen Bereich.

Die im Lohn gefertigten Produkte werden in der Regel in das Land des Auftraggebers zurückgeliefert. Sie können aber auch im Land des Lohnfertigers vermarktet werden.

3.4.2 Vorteile der Kontraktproduktion

Die Kontraktfertigung kann **Kostenvorteile** bei Löhnen, Rohstoffen und Transport aufweisen.

Die Unternehmen, die diese Möglichkeit nutzen, können **Imagevorteile** genießen. Dieser Vorteil kann sich auch für den Absatz auf dem eigenen Binnenmarkt (z.B. italienische Schuhe) ergeben. Auch auf dem Auslandsmarkt können sich Vorteile dadurch ergeben, dass die Nachfrager im Ausland das Produkt als nationales, heimisches Produkt betrachten, da es im Land gefertigt wurde.

Da eine Kontraktproduktion auf einem Vertrag basiert, kann dieser jederzeit im Rahmen der Kündigungsfrist gekündigt werden. Das **unternehmerische Risiko ist damit relativ gering**, da nicht im Ausland investiert werden muss.

Mithilfe der Kontraktproduktion werden **Importrestriktionen im Ausland überwunden**, da durch die Erfüllung von local content Vorschriften, das Erzeugnis zu einem nationalen Produkt werden kann und da durch Schaffung von Arbeitsplätzen und Devisenzufuhren die Wirtschaft im Gastland gefördert wird.

3.4.3 Nachteile der Kontraktproduktion

Mit der Kontraktfertigung könnten folgende Nachteile verbunden sein:

* es besteht ein Qualitätsrisiko, deshalb sind ständige Kontrollen erforderlich
* es besteht die Gefahr, dass der Partner nach Auslaufen eines Vertrages auf der Basis des erworbenen Know-hows selbst tätig wird oder mit einem Wettbewerber zusammenarbeitet. Um dies zu vermeiden, ist eine vertragliche Absicherung unbedingt erforderlich. Vielfach wird deshalb auch eine spätere Kapitalbeteiligung oder ein Joint Venture vereinbart.

4. Strategische Allianzen

4.1 Ziele von strategischen Allianzen

Zwischen anbietenden Unternehmen bestehen nicht nur Konkurrenzbeziehungen, sondern auch Kooperationsmöglichkeiten. In den 90er Jahren ist neben Fusion und Übernahme ausländischer Unternehmen (merger and aquisitions) die **strategische Allianz als Kooperationsform** aufgetreten.

Da Unternehmen nicht auf allen Weltmärkten präsent sein können, können **Komplementärstrategien** entwickelt werden, die zu gemeinsam genutzten Synergien auf einigen Geschäftsfeldern führen, während auf anderen Feldern ein unverminderter Wettbewerb zwischen den Partnern einer Allianz stattfindet (Krüger,1999, S.19). **Strategische Allianzen dienen dazu, zur Erreichung gemeinsamer Ziele Wettbewerbsvorteile gegenüber Konkurrenten aufzubauen.** Dies kann durch eine Bündelung und Fokussierung eigener Aktivitäten und eine Nutzung von Kompetenzen und Ressourcen des Kooperationspartners geschehen.

„Eine strategische Allianz ist eine in einzelnen oder mehreren Geschäftsfunktionen durchgeführte partnerschaftliche Zusammenarbeit von zwei oder mehreren Unternehmen. Diese Zusammenarbeit geschieht auf der Basis von individuell geregelten Vereinbarungen zur Optimierung der unternehmerischen Performance (Steigerung des Unternehmenswertes) bei größtmöglicher unternehmerischer Unabhängigkeit und Flexibilität." (Hellenbroich, o.J. S. 2)

Allianzen können zwischen

- Wettbewerbern (horizontale Allianz)
- Lieferanten und Kunden (vertikale Allianz)
- Unternehmen verschiedener Branchen (laterale Allianz)

geschlossen werden.

4.2 Maßnahmen zur Stärkung der Wettbewerbsposition

Zur Stärkung der Wettbewerbsposition der Allianzpartner gibt es zahlreiche „Hebel"
zur Realisierung der Synergievorteile.

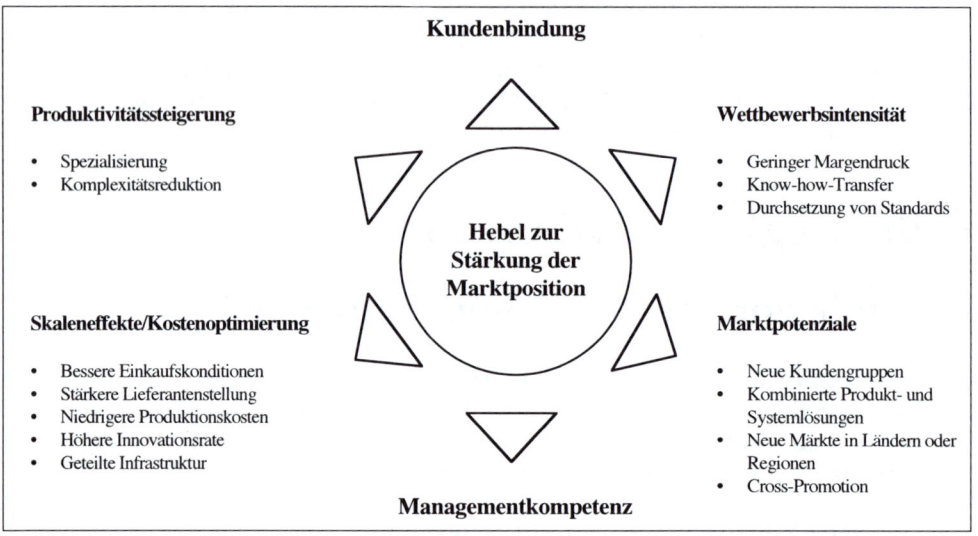

Abb. 42: Hebel zur Stärkung der Marktposition
Quelle: Hellenbroich, S. 4

Wesentlicher **Vorteil** in dieser auf Zeit angelegten Zusammenarbeit ist, dass die
beteiligten Partner wirtschaftlich selbstständig bleiben. Übernahmekapital wie bei
Akquisitionen ist also nicht erforderlich. Die Unternehmensidentität und die
Identifikation und Motivation der Mitarbeiter mit „ihrem" Unternehmen bleibt
erhalten. Ferner entfallen „Aufräumarbeiten" (Hellenbroich) wie sie bei vollständigen
Firmenübernahmen auftreten, da nur auf ausgewählten Feldern kooperiert wird.

Strategische Allianzen bieten sich damit auch für kapitalschwächere kleinere und
mittlere Unternehmen an.

4.3 Arten von strategischen Allianzen

Allianzen treten auf

- in der **Forschung und Entwicklung**
  Die Wettbewerber Philips und Sony vereinbarten einen vollständigen Know-how-
  und Patentaustausch und Bündelung der Entwicklungsaktivitäten zur Durchsetzung eines weltweit technologischen Standards der Compact Disc.

- in der **Ressourcenbeschaffung**
  Daimler Chrysler, Ford und General Motors streben über die gemeinsame
  Beschaffung von Teilen ein Einsparziel von 1.000 $ pro Fahrzeug an. Die
  Deutsche Bahn, (die ehemalige) Herlitz und GASAG vereinbarten eine gemeinsame
  Entwicklung von Fach- und Führungskräften.

- in der **Produktion**
  Hier geht es fast immer um die bessere Ausnutzung von Kapazitäten. So stimmt
  die Lufthansa innerhalb der Star Alliance mit ihren Partnern Flugpläne ab und
  kann so gemeinsam Flugzeuge, Infrastruktur und Personal nutzen. Volkswagen
  und Ford errichteten und betrieben einen gemeinsamen Produktionsstandort für
  Sharan, Galaxy und Alhambra in Portugal.

- in der **Logistik**
  Die Telekom und Vodafone (früher Mannesmann) betreiben gemeinsam den
  Aufbau eines Stausensorennetzes. Die Vermarktung der Verkehrsdaten erfolgt
  individuell. Die Deutsche Bank, Commerzbank, Hypovereinsbank und Postbank
  bieten im „Cash-Group-Verbund" für ihre Kunden eine gebührenfreie Nutzung
  aller Geldautomaten der Partnerunternehmen.

- in **Marketing und Vertrieb**
  Allianzen zielen hier auf die Übertragung von Kundengruppen, auf die Ergänzung
  des Programms oder auf die gemeinsame Nutzung von Vertriebskanälen. **Die
  Partner können auf diese Weise den Markteintritt auf ausgewählten
  internationalen Märkten wechselseitig unterstützen.**

Quelle und Avon kooperieren zur Schaffung eines zweiten Absatzkanals für Avon
neben dem Direktvertrieb. Gleichzeitig wird die Attraktivität der Quelle-Shops
durch eine Erweiterung der Angebotspalette erhöht. Schering und MediGene
kooperieren bei der Entwicklung und Vermarktung eines präkanzerösen Impfstoffs
und Daimler Chrysler plant durch eine Zusammenarbeit mit Carterpillar den
Absatz im Nutzfahrzeugbereich weiter zu steigern.

4.4 Aufbau einer strategischen Allianz

Der Aufbau einer strategischen Allianz und die **Suche nach geeigneten
Allianzpartnern** erfordert die Analyse der eigenen Stärken und Schwächen, um
Ansätze für die Geschäftsfelder zu finden, in denen man durch Kooperationen seine
Wettbewerbsstärke ausbauen möchte.

Man muss Klarheit über die **Ziele einer Allianz** haben und Vorstellungen darüber gewinnen, welche „Hebel" (Produktivität, Skaleneffekte/Kostenoptimierung, Wettbewerbsintensität, Marktpotenziale) verbessert werden sollen.

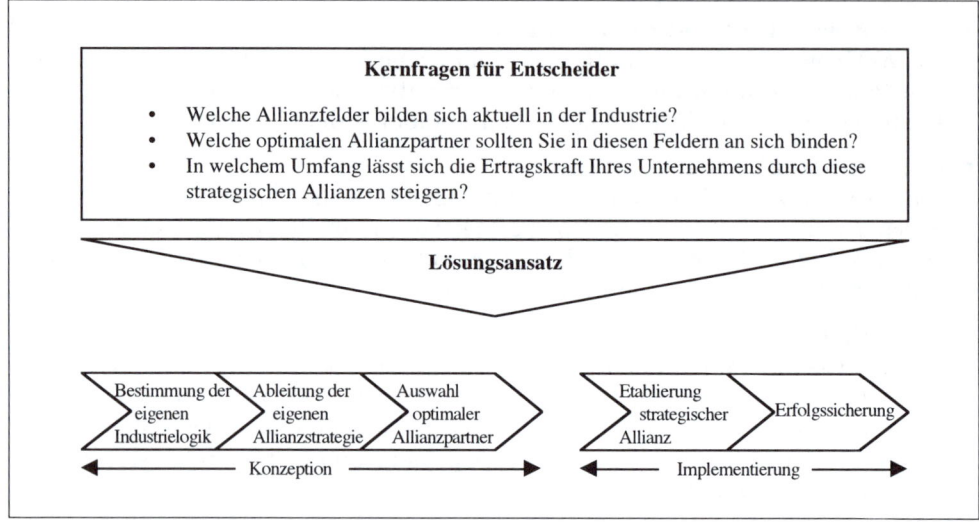

Abb. 43: Methodischer Ansatz für Strategische Allianzen
Quelle: Hellenbroich, S. 9

Die **Auswahl der Allianzpartner** kann dann in drei Stufen erfolgen (Hellenbroich):

- Bewertungsraster für einen idealen Partner
- Weltweites Screening nach potenziellen Kooperationspartnern
- Bewertung der Partner nach vorher definierten Kriterien

Der **Aufbau einer Allianzbeziehung** im Rahmen eines Verhandlungsprozesses erfordert eine Quantifizierung der gewünschten Resultate und der Beiträge der Partner in dieser Kooperation. Die Verhandlungen sollten für beide Partner zusätzliche Wettbewerbsvorteile ergeben (win-win-Situation) und von Glaubwürdigkeit und Vertrauen geprägt sein. Die Umsetzung der Ergebnisse bildet den Abschluss der Ausbaustufe.

Zur **langfristigen Erfolgssicherung** gehört die Information aller Stakeholder. Potenziellen Unsicherheiten bei Mitarbeitern und Lieferanten muss entgegengewirkt werden, Kunden muss die Vorteilhaftigkeit der Allianz verdeutlicht werden.

Ein ständiges **strategisches Zielcontrolling** überprüft den Wertbeitrag der Allianz. Dies setzt die Definition der Führungsparameter, eine eindeutige Aufgabenstellung, eine Festlegung der Verantwortlichkeiten und eine Vernetzung der Planungs- und Steuerungsprozesse der Allianzpartner voraus. Planabweichungen sollten zu gemeinsam getragenen Handlungsmaßnahmen führen.

5. Wahl der Markteintrittsstrategie

Die Wahl der Eintrittsstrategie hängt von unternehmensinternen und unternehmensexternen Faktoren ab.

Unternehmensinterne Faktoren, die die Art des Markteintritts beeinflussen, sind z.B.

- die Unternehmensphilosophie,
- die Unternehmensziele,
- die Finanzkraft,
- die Verfügbarkeit und Qualifikation des Managements und Personals (human resources),
- die vorhandene Produktionskapazität,
- das Know-how in der Bearbeitung ausländischer Märkte,
- das Vorhandensein geeigneter Produkte oder die Möglichkeit bedürfnisgerechte Produkte für Auslandsmärkte anzubieten.

Unternehmensexterne Faktoren sind neben den in C 1.3 angesprochenen Einflussfaktoren insbesondere Markteintrittsbarrieren und Mobilitätsbarrieren.

5.1 Markteintritts- und Mobilitätsbarrieren

5.1.1 Begriff

Markteintrittsbarrieren (barriers to entry) sind alle hemmenden Einflussfaktoren, die es einem Unternehmen erschweren oder gänzlich unmöglich machen, Mitglied in einem relevanten Markt zu werden (Remmerbach, 1988, S. 10). Markteintrittsbarrieren führen zu Kosten, die der neue Anbieter noch tragen muss, aber nicht mehr der etablierte Anbieter. Markteintrittsbarrieren, die regionale Märkte, Branchen oder Produkte schützen können, ergeben sich also aufgrund zeitlich unterschiedlicher **Markteintrittszeitpunkte**.

Markteintrittsbarrieren bestimmen entscheidend die Marktattraktivität eines Marktes, da sie das Risiko sowie den Zeit- und Kapitalbedarf des Markteintritts beeinflussen. Markteintrittsbarrieren verringern die Intensität des Wettbewerbs, da die Anzahl der Wettbewerber beschränkt bleibt. Das Gewinnpotenzial der etablierten Anbieter, ihre Macht gegenüber Abnehmern und Lieferanten steigt (Kunze, 1997, S. 1 ff.).

5.1.2 Markteintrittsbarrieren

Porter unterscheidet folgende Arten von **natürlichen** oder **strukturellen Eintrittsbarrieren** (Porter, 1992, S. 29 ff.):

- Losgrößen- oder Skaleneffekte (economies of scale)
- Produktdifferenzierung
- Kapitalbedarf
- Umstellungskosten
- Zugang zu Vertriebskanälen
- absolute Kostenvorteile der etablierten Anbieter
- staatliche Politik

Losgrößen- oder Skaleneffekte sind die sinkenden Stückkosten bei steigender Produktions- und Absatzmenge. Ein neuer Anbieter, der auf einem Auslandsmarkt fertigen will, wird bei zunächst geringer Produktions- und Absatzmenge, den etablierten Anbietern gegenüber höhere Stückkosten aufweisen. Versucht er den Markt sofort mit großen Absatzmengen zu erschließen, wächst das Risiko von Vergeltungsmaßnahmen.

Etablierte Anbieter können durch starke Marken eine Markentreue bzw. Käufer-loyalität aufbauen. Die Überwindung dieser Eintrittsbarriere durch neue Anbieter mittels einer **Produktdifferenzierung** erfordert Kundenkenntnisse und hohe finanzielle Mittel.

Der hohe **Kapitalbedarf** verschiedener Branchen mit schwer liquidierbaren Aktiva (z.B. Chemie, Stahlindustrie, Flugzeugbau, Automobilindustrie) erschwert den Markteintritt. Xerox schuf beispielsweise eine Eintrittsbarriere, in dem man Kopiergeräte verleaste statt verkaufte. Dies erforderte bei Neueinsteigern ein höheres Umlaufvermögen, wenn sie diesem Vertriebssystem folgen wollten.

In vielen Branchen - insbesondere im Systemgeschäft (z.B. Automobilindustrie, Elektroindustrie), bei dem die Vorlieferanten bereits in die Entwicklung neuer Produkte mit eingeschaltet sind – bestehen enge Verbindungen zwischen Zulieferern verschiedener Stufen und Endabnehmern. Der Wechsel zu einem neuen Lieferanten würde **Umstellungskosten** für Konstruktions- und Produktionsumstellungen bis zur Schulung von Mitarbeitern verursachen. Diese hohen Umstellungskosten sind nur mit erheblichen dauerhaften Preiszugeständnissen oder mit qualitativ über-legenen Produkten zu überwinden.

Oftmals sind die gewünschten **Vertriebskanäle** bereits von etablierten Abnehmern durch vertragliche Bindung der Absatzmittler (z.B. beim exklusiven Vertrieb) besetzt. Dort wo dies nicht der Fall ist, müssen Absatzmittler durch Preiszuge-ständnisse zum Wechsel bewegt werden oder es müssen völlig neue Vertriebswege erschlossen werden.

Absolute Kostenvorteile der etablierten Anbieter können insbesondere sein:

- der Schutz von Produkten durch Patente, Marken oder Marketing-Know-how
- der Zugang zu günstigen Rohstoffquellen
- niedrige Kapitalkosten
- staatliche Subventionen
- Kostenvorteile durch Erfahrungskurveneffekte

Die **staatliche Politik**, die ursprünglich nicht zu Porters Eintrittsbarrieren zählte, kann durch tarifäre (Zölle) und nicht-tarifäre (u.a. Kontingente, Normen, Vorschriften) Maßnahmen den Markteintritt erschweren oder sogar verhindern. So war der Telekommunikationsmarkt in Deutschland anderen Wettbewerbern lange Zeit wegen des staatlichen Monopols verschlossen.

Neben den **strukturellen Barrieren** können **strategische Barrieren**, die von den etablierten Anbietern errichtet werden, existieren (Minderlein, 1989) wie z.B.

- Erhöhung der bestehenden Barrieren
- Vergeltungsmaßnahmen
- Strategische Preisgestaltung

Etablierte Anbieter werden versuchen durch Bindung der Absatzmittler, durch Einführung von Zweitmarken oder durch Ausbau von Kapazitäten den Anreiz eines Markteintritts herabzusetzen und damit die **Barrieren** zu erhöhen.

Ein Markteintritt wird davon abhängen inwieweit **Vergeltungsschläge** signalisiert werden (signaling) und tatsächlich zu erwarten sind. Vergeltungsmaß-nahmen etablierter Anbieter sind um so wahrscheinlicher je

- öfters bereits früher Vergeltungsmaßnahmen ergriffen wurden.
- höher die Kapitalkraft der Wettbewerber ist.
- geringer das Marktwachstum ist (ein Neueintritt führt dann nicht nur zu Marktanteilsverlusten, sondern zu absoluten Absatzrückgängen bei den etablierten Anbietern).
- höher die Austrittsbarrieren sind (Kosten des Austritts).

Etablierte Unternehmen können versuchen durch **Preissenkungen unter die erwartete Preisuntergrenze** für Neuanbieter (Preis unter dem entry limit price) den Markteintritt unattraktiv und wenig Erfolg versprechend zu machen.

5.1.3 Mobilitätsbarrieren

Eine **strategische Gruppe** ist eine Gruppe von Unternehmen, die innerhalb einer Branche dieselbe oder eine ähnliche Strategie verfolgen. Ähnlichkeit bedeutet, dass strategische Schlüsselfaktoren wie bediente Marktsegmente, Produktpalette, Kostenstruktur oder F & E Aktivitäten vergleichbar sind. Aber auch unternehmensinterne Gegebenheiten wie Committment, innere Bindung an ein Geschäft, Kernkompetenzen oder Unternehmenskultur können Mobilitätsbarrieren sein (Innerhalb einer strategischen Gruppe findet ein intensiver Wettbewerb statt. Unterschiedliche strategische Gruppen schützen sich gegeneinander ebenfalls durch Barrieren) (Kunze, 1997, S. 2).

Während Eintrittsbarrieren die Marktattraktivität vor branchenfremden oder ausländischen Anbietern schützen sollen, schützt die **Mobilitätsbarriere** vor dem Wechsel brancheninterner Unternehmen aus einer anderen strategische Gruppe. In

dem Bestehen dieser Barrieren ist auch der Grund zu suchen, dass einige
Unternehmen einer Branche dauerhaft erfolgreicher arbeiten als andere Unternehmen.

Die Wirkung von Eintritts- und Mobilitätsbarrieren ist oft nur zeitlich begrenzt. In
einer dynamischen Umwelt gibt es zahlreiche Möglichkeiten durch neue Technologien,
neue Werkstoffe, neue Standortvorteile, neue Vertriebswege oder Standards für
neue Produkte diese Barrieren zu überwinden. Losgrößenvorteile werden durch
neue Fertigungsverfahren wettgemacht und staatliche Barrieren werden durch
Liberalisierungstendenzen in vielen Branchen abgebaut.

5.2 Zeitlicher Markteintritt (Timing Strategien)

Neben die Auswahl von zu bearbeitenden Ländermärkten tritt die Frage des
richtigen **zeitlichen Markteintritts**. Der zeitliche Markteintritt kann unter dem
Gesichtspunkt

* der Penetration eines Marktes,
* der regionalen Markterschließung

betrachtet werden.

Im ersten Fall können

* **Innovationsführer (first to the market)**
  eröffnet den Produktlebenszyklus,
* **schnelle Zweite (second to the market)**
  Eintritt in der frühen Wachstumsphase,
* **kostenminimierende Nachzügler (late to the market)**
  Eintritt in der frühen Reifephase,
* **Nischenspezialisten (niche specialist)**
  Eintritt während der Reifephase

unterschieden werden.

Hinsichtlich der **regionalen Markterschließung** lassen sich folgende zeitliche
Vorgehensweisen erkennen:

* die sukzessive Erschließung von Ländermärkten (Wasserfall-Strategie)
* die gleichzeitige Erschließung von Ländermärkten (Sprinkler-Strategie)
* die Erschließung einiger Kernmärkte als Basis für die regionale Ausweitung
  (Brückenkopf-Strategie)

Bei der **Wasserfallstrategie** werden die Länder zeitlich nacheinander erschlossen.
Dabei werden zunächst die Länder erschlossen, die die größte Ähnlichkeit zum

Heimatmarkt haben, bei denen also aufgrund der nationalen Erfahrung die Gefahr eines Fehlschlages gering ist. Die internationale Erfahrungsbasis wird auf diese Weise schrittweise verbreitert.

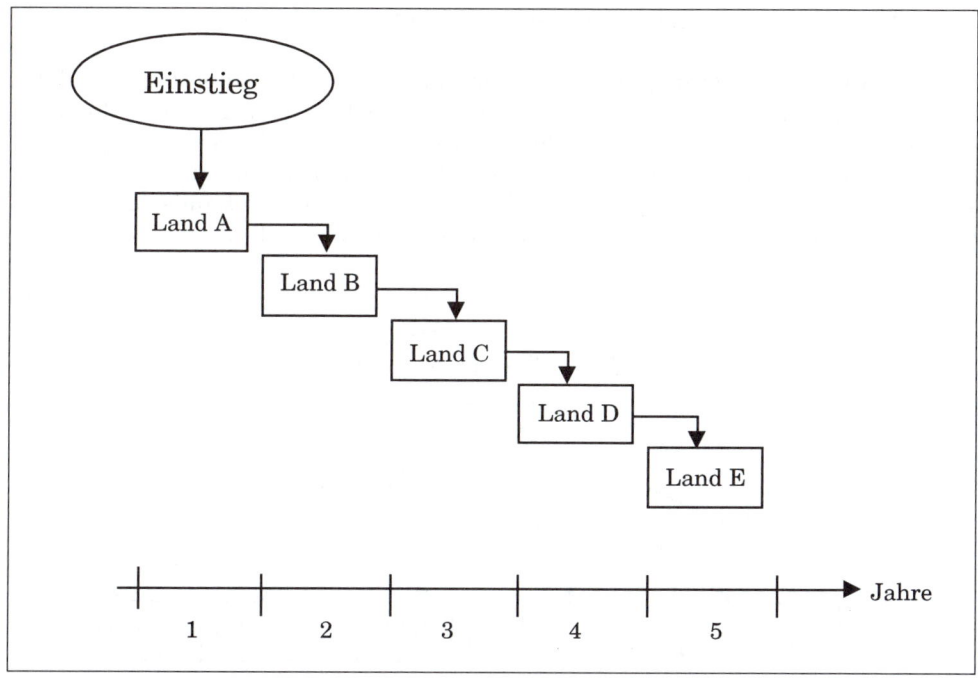

Abb. 44: Wasserfall-Strategie
Quelle: Backhaus u.a., 2000, S. 127

Der **Vorteil** gegenüber den anderen Strategien ist (Backhaus, 2000, S. 128 f.)

- die Tatsache, dass ein Unternehmen entsprechend seinen Ressourcen ein Auslandsgeschäft ausweiten und gleichzeitig seine internationale Erfahrung schrittweise ausbauen kann,
- die Eingrenzung des Risikos, da erst nach erfolgreicher Erschließung des Marktes eines Landes, das nächste Land in Angriff genommen wird,
- die Verlängerung des gesamten Produktlebenszyklus, da ein Produkt, das sich auf dem Heimatmarkt z.B. in der Sättigungsphase befindet, auf einem Auslandsmarkt erst in der Einführungsphase sein kann,
- der lange Erschließungszeitraum, der die Möglichkeit zur Anpassung an nationale Besonderheiten erlaubt.

Nachteil der Wasserfall-Strategie kann sein, dass

- bei geringen Erfolgen auf den ersten Ländermärkten auf eine weitere Erschließung anderer Länder verzichtet wird, obwohl hier eine positivere Entwicklung zu erwarten wäre,

- Produkte, die erst auf wenigen Märkten eingeführt sind von Konkurrenten auf anderen Märkten nachgeahmt werden,
- aufgrund einer längeren Gesamterschließungszeit das ursprüngliche Produkt aufgrund der technischen Entwicklung oder veränderter Konsumgewohnheiten veraltet ist und nicht mehr auf weiteren Märkten angeboten werden kann.

Bei der **Sprinkler-Strategie** werden die Auslandsmärkte simultan in relativ kurzer Zeitspanne erschlossen. Die sich verkürzenden Lebenszyklen vieler Produkte – was besonders ausgeprägt im Elektronik- und IT Bereich ist – lassen eine sukzessive Erschließung wegen der Veralterungsgefahr nicht zu. Mit der Sprinkler-strategie kann ein vollständiger Markteintritt in ausgewählten Ländermärkten oft in ein bis zwei Jahren erfolgen (Backhaus u.a., 2000, S. 136 ff.).

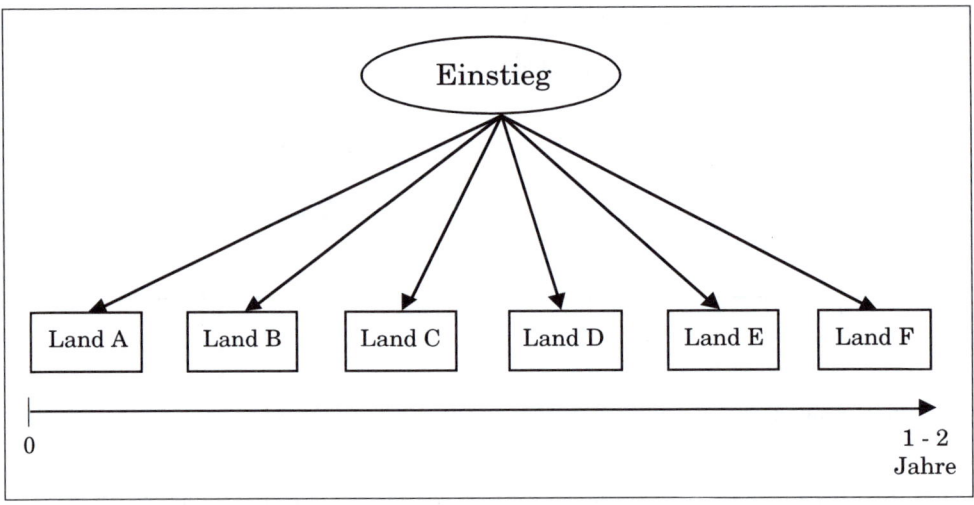

Abb. 45: Sprinkler-Strategie
Quelle: Backhaus u.a., 2000, S. 137

Vorteile der Sprinkler-Strategie sind:

- die schnelle Wiedergewinnung des investierten Kapitals
- die Schaffung von Eintrittsbarrieren für Konkurrenten durch das Setzen von technischen Standards
- der Aufbau eines Markenimages und einer Markentreue

Nachteile können sein:

- der erhebliche Ressourceneinsatz (finanzielle Mittel und Personaleinsatz)
- Koordinierungsprobleme bei gleichzeitiger Erschließung mehrerer Märkte
- erhebliche Nachteile für das bestehende Unternehmen im Falle eines Fehlschlages infolge des vervielfachten Risikos.

Neben den von Backhaus beschriebenen Strategien, lässt sich in der Praxis eine **Brückenkopf-Strategie** erkennen, bei der zunächst einige Länder simultan oder sukzessiv erschlossen werden. Es werden dabei Länder ausgewählt, die für eine Region eine zentrale Rolle spielen. Von diesen Ländern werden später unter Verantwortung der geschaffenen Stützpunkte die Nachbarländer in der jeweiligen Region erschlossen.

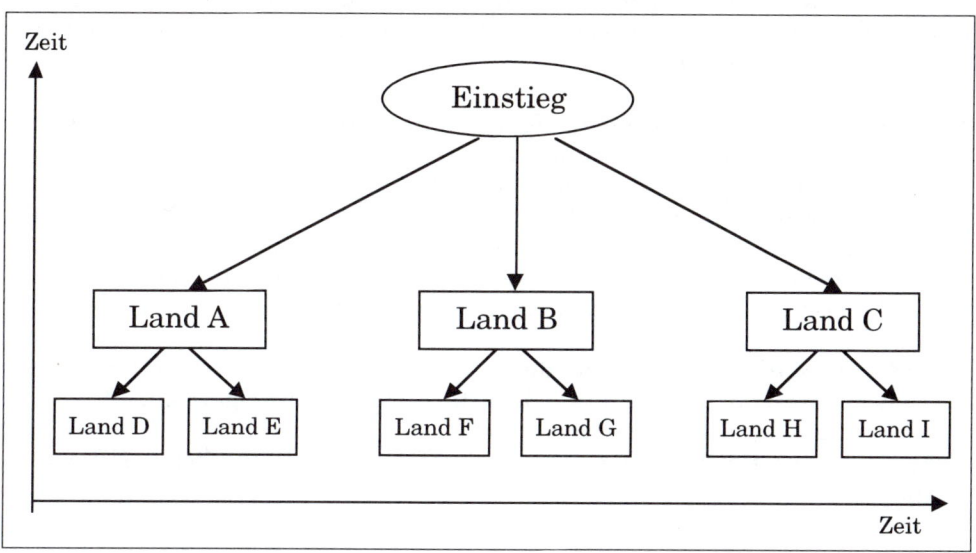

Abb. 46: Brückenkopf-Strategie

Vorteile der Brückenkopf-Strategie sind, dass

- die aufzubauenden Brückenköpfe in verschiedenen Schlüsselländern einer Region entsprechend den Ressourcen zeitlich schnell (simultan) oder langsam nacheinander (sukzessiv) durchgeführt werden können,
- das in den Brückenköpfen gewonnene Know-how auf die Nachbarländer übertragen werden kann, was zu einer Verminderung des Risikos führt,
- der Ausbau der Brückenköpfe in Abstimmung mit der Zentrale, aber operativ von den jeweiligen internationalen Stützpunkten erfolgt, was zu einer Entlastung der nationalen Muttergesellschaft führt.

Nachteile der Brückenkopf-Strategie können sein, dass

- ein fehlgeschlagener Aufbau eines Brückenkopfes die Erschließung der übrigen Länder der Region verhindert,
- der Verringerung des operativen Einsatzes der Muttergesellschaft ein erhöhter Koordinierungs- und Kontrollaufwand gegenüber steht.

6. Marktsegmentierung

6.1 Marktsegmentierungsstrategie

In Zeiten des Massenmarketing konnten Märkte undifferenziert bearbeitet werden. Hier wurden alle Verbraucher gleich behandelt. Heute kann ein Anbieter nur dann erfolgreich sein, wenn sein Angebot den Bedürfnissen der Verbraucher möglichst gut entspricht (vgl. A 2.4).

Eine vollkommene Bedürfnisbefriedigung kann jedoch nur dann erreicht werden, wenn er einzelne potenzielle Kunden als **Zielpersonen** (segment of one) zur Bearbeitung auswählt. Da diese individuelle Marktbearbeitung bei vielen Produkten oft aus Kostengründen (noch) nicht realisierbar ist (z.B. ein individueller Kühlschrank oder eine individuelle Waschmaschine), fasst ein Anbieter Verbraucher mit möglichst gleichen Bedürfnissen in **Marktsegmenten** zusammen. Hieraus wählt er dann seine **Zielgruppen** zur Bearbeitung aus.

Je tiefer die Marktsegmentierung durchgeführt wird, d.h. umso mehr Segmente entstehen, umso homogener sind die Bedürfnisse bzw. Konsumgewohnheiten der in den kleineren Segmenten verbleibenden Marktteilnehmer. Diese Tendenz zur **Fragmentierung** wird an der wachsenden Typenvielfalt angebotener Produkte deutlich.

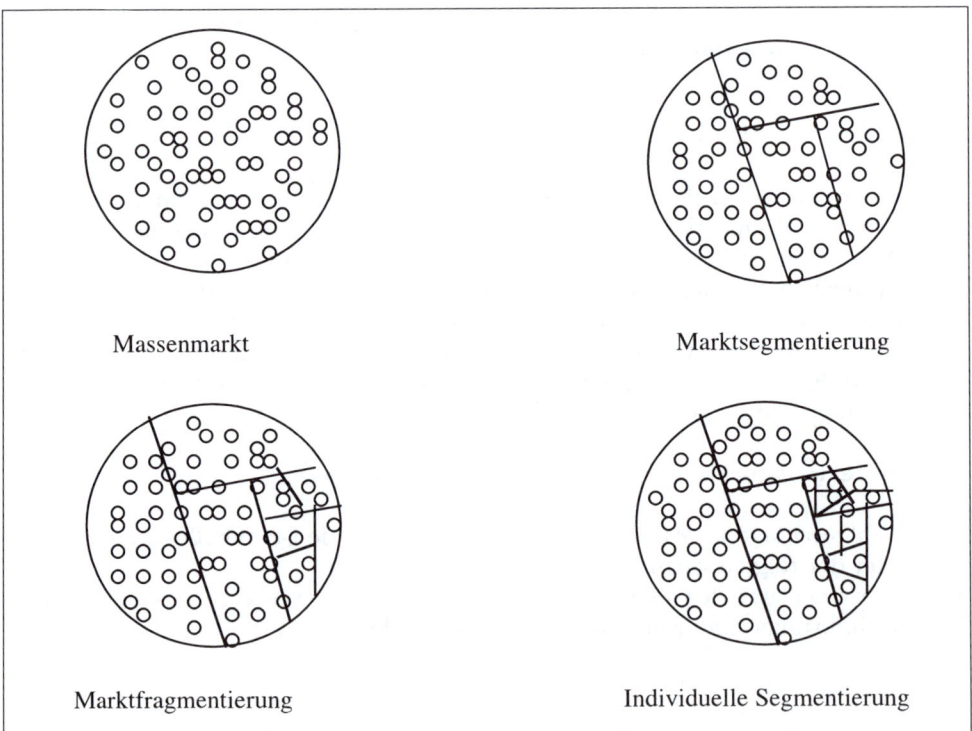

Massenmarkt   Marktsegmentierung

Marktfragmentierung   Individuelle Segmentierung

Abb. 47: Vom Massenmarkt zur individuellen Marktsegmentierung

Der Vorteil der besseren Bedürfnisbefriedigung bei kleineren Zielgruppen wird allerdings durch den Nachteil kleinerer Losgrößen und höherer Stückkosten erkauft.

Die Bearbeitung internationaler Märkte kann einen Ausgleich zu diesem Nachteil schaffen, wenn in verschiedenen Ländern Verbrauchergruppen mit gleichen Bedürfnissen, Werthaltungen und Lebensstilen auftreten. In diesem Fall kann eine gemeinsame Marktbearbeitung – durch das „Zusammenfassen" dieser Segmente – erfolgen.

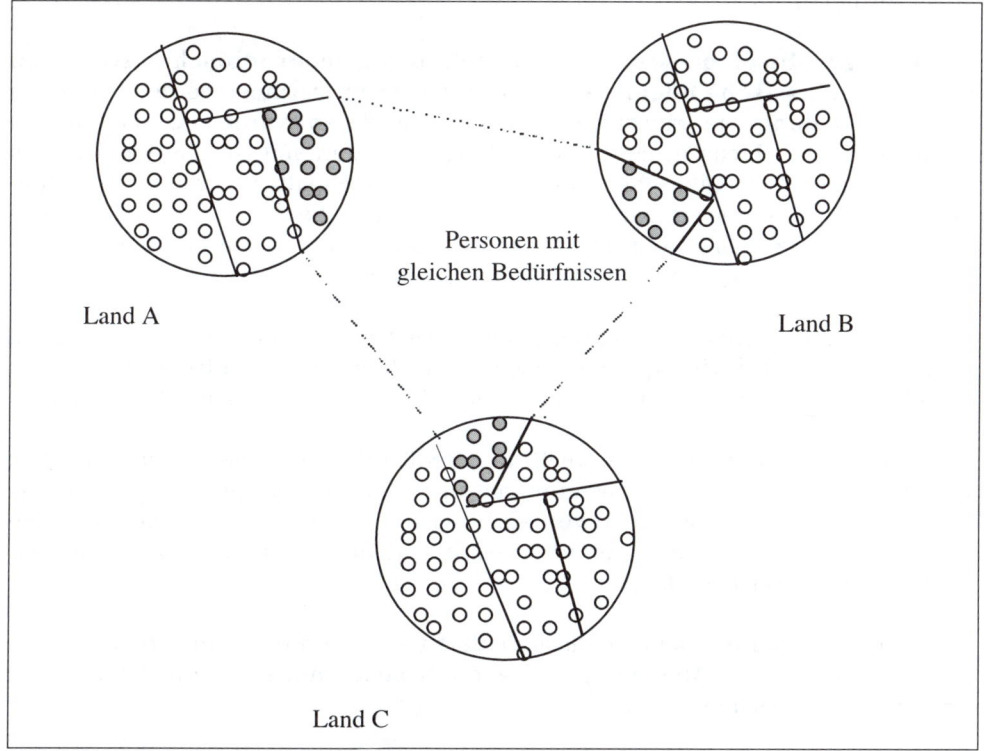

Abb. 48: Gemeinsame Bearbeitung gleicher Marktsegmente

Die Tendenz zu einer internationalen Vereinheitlichung der Konsumgewohnheiten, Werthaltungen und Lebensstilen wird durch folgende Entwicklungen gefördert:

- wachsender Tourismus mit der Übernahme von Verhaltensmustern (z.B. ausländische Essgewohnheiten, Kleidung, Freizeitaktivitäten)
- Intensivierung der Kommunikation (z.B. gleiche Fernsehfilme, gleiche Nachrichtenbilder in verschiedenen Ländern)
- Liberalisierung des Handels
- Annäherung verschiedener Politikfelder in Europa

Im B2B Sektor haben **internationale technische Standards** schon heute dazu geführt, dass Marktsegmente nicht mehr nur national definiert und bearbeitet werden.

6.2 Kriterien der Marktsegmentierung

6.2.1 Marktsegmentierung im Business-to-Consumer Bereich

Im B2C Sektor, wo Anbieter privaten Endverbrauchern gegenüberstehen, lassen sich in der Literatur zahlreiche Kriterien finden, die geeignet erscheinen, Verbraucher mit **unterschiedlichen Verhaltensweisen** zu charakterisieren und voneinander abzugrenzen.

Die **demographischen, sozio-ökonomischen** und **geographischen Kriterien** können als **klassische Segmentierungskriterien** bezeichnet werden, da sie als erste zur Bildung von Marktsegmenten herangezogen wurden. So lassen sich deutliche Unterschiede in dem Verwendungsverhalten von Kosmetika zwischen jüngeren und älteren Menschen oder der Kauf unterschiedlich teurer Armbanduhren, Autos oder Stereoanlagen je nach Einkommenshöhe des Käufers oder unterschiedliche Essgewohnheiten, Freizeitgewohnheiten oder Weiterbildungsgewohnheiten im Inland und verschiedenen Ländern unterscheiden.

Bei diesen klassischen Segmentierungskriterien geht man nach der einfachen Formel vor:„Das Bedürfnis ist eine Funktion des Alters oder Geschlechts usw." Oder: „Das Bedürfnis ist eine Funktion des ausgewählten Segmentierungskriteriums. "

Die sicherlich sehr verkürzte Betrachtung, Bedürfnisse auf einen entscheidenden, beeinflussenden Faktor zu reduzieren, hat in der Praxis dazu geführt, dass häufig mehrere Faktoren herangezogen werden. So wird beispielsweise auf vielen Konsumgütermärkten neben dem Alter und Geschlecht auch das Einkommen bei der Segmentierung berücksichtigt.

Dies kann man daran erkennen, dass Bekleidung nicht nur für jüngere und ältere Leute, nicht nur für Männer und Frauen, sondern auch in unterschiedlichen Preisklassen angeboten wird.

Bei der **Segmentierung nach dem Nutzen**, werden Käufer in Segmenten zusammengefasst, für die die Befriedigung desselben Nutzens im Vordergrund steht. So können die Käufer von Zahnpasta danach unterschieden werden, ob sie in erster Linie Wert auf weiße Zähne, gesunde Zähne, gesundes Zahnfleisch oder frischen Atem legen. Die Käufer von Herrenschuhen könnten in unterschiedlichen Segmenten zusammengefasst werden, je nachdem ob sie vor allem Wert auf modische, bequeme, strapazierfähige oder pflegeleichte Schuhe legen.

	Kriterien	Beispiele	Anwendungen
Direkt, beobachtbare Merkmale	Demografische Kriterien	Alter, Geschlecht, Haushaltsgröße, Familienstand	Spielzeug, Kosmetika, Kühlschränke Reisen
	Sozio-ökonomische Kriterien	Einkommen, Bildung, soziale Schicht, Beruf	Möbel, Autos, Zeitungen, Kleidung Berufskleidung
	Geographische Kriterien	Regionen, Städte, Länder	Lebensmittel (z.B. Bier), Trachtenbekleidung
Ableitbare, komplexe Merkmale	Nutzen	Mode, Bequemlichkeit, Pflegeleichtigkeit	Schuhe, Bekleidung
	Verwenderstatus	Normal-, Intensiv-Verwender	Kosmetika,
	Einstellungen, Kaufverhalten, Kaufabsicht	Emotionales, erfahrungs-bedingtes Verhalten	Schmuck, Stereoanlagen
	Soziale Milieus	Kleinbürger, Konservative	Zeitungen, Parteien
		Gehobene Konservative, traditionelle Arbeiter	Fernsehsendungen, Parteien, Zeitschriften
	Lebensstile	Die pflichtbewussten Rentner	Fernsehsendungen, Zigaretten, Cognac, Cola

Abb. 49: Kriterien zur Marktsegmentierung im B2C Bereich
Quelle: Bruns 2000, S. 53

Beim Verwenderverhalten bieten sich Segmentierungen nach dem **Verwender-status** (regelmäßige , seltene, einmalige, ehemalige oder potenzielle Verwender), nach der **Intensität der Verwendung** (Wenig-, Normal- und Intensivverwender) oder nach der **Markentreue** (ausschließliche Verwender des betrachteten Produkts oder Wechselkäufer) an.

Personen mit gleichen **Einstellungen** reagieren auf gleiche Meinungsgegenstände (Personen, Institutionen oder Produkte und Dienstleistungsangebote) gleichartig.

Einstellungen richten sich auf Gegenstände der Umwelt. Sie geben ein subjektives, emotional fundiertes Urteil wieder. In ihnen kommt die Wertschätzung des Beurteilenden zum Ausdruck. Nach der Drei-Komponenten-Theorie werden Einstellungen von **affektiven, kognitiven und konativen Komponenten** geprägt. Die affektive Komponente drückt die gefühlsmäßige, emotionale, die kognitive die erfahrungsbedingte Haltung aus. Diese beiden Komponenten werden von einer Verhaltenskomponente ergänzt. Aus der positiven bzw. negativen Einschätzung eines Gegenstandes folgt im Allgemeinen eine entsprechende Bereitschaft, sich diesem Meinungsgegenstand gegenüber positiv oder negativ zu verhalten. Wenn es sich z.B. um ein Produkt handelt, dieses zu kaufen oder nicht zu kaufen. Im Allgemeinen geht man davon aus, dass die drei Komponenten aufeinander abgestimmt und konsistent sind. (Kroeber-Riel, 1984, S. 158 ff.)

Da diese Kriterien vielfach als nicht ausreichend zur Beschreibung von Kaufverhaltensweisen angesehen wurden, traten **psychographische** Segmentierungskriterien hinzu. Die Segmentierung nach **Lebensstilen** versucht Personen mit gleichen Werthaltungen, Einstellungen und Meinungen zusammenzufassen. Der wichtigste Ansatz unterstellt, dass Personen mit gleichen Aktivitäten, Interessen und Meinungen einen ähnlichen Lebensstil pflegen. Dieser – heute AIO genannte – Ansatz geht auf einen Aufsatz von Wells/Tigert „Activities, Interests, Opinions" im Journal of Advertsing Research 1971 zurück.

Das Sinus Institut erstellt seit Mitte der neunziger Jahre auf der Grundlage einer **sozialen Schichtung** und der **vorherrschenden Wertehaltung** der jeweiligen Schicht so genannte **soziale Milieus**. Der Grundgedanke ist, dass die Politik die politischen und wirtschaftlichen Rahmenbedingungen zu vereinheitlichen sucht, aber die gewachsenen sozio-kulturellen Unterschiede zwischen den einzelnen europäischen Nationen ein größeres Beharrungsvermögen aufweisen. Auf regionaler Kultur, regionalen Traditionen, Gewohnheiten oder Sprachunterschieden beruhende Mentalitätsunterschiede können sogar Globalisierungstendenzen entgegengesetzte Effekte produzieren. Für jedes Land ist also zu prüfen, inwieweit länderspezifische Besonderheiten bestehen oder es über Landesgrenzen hinweg „Gruppen Gleichgesinnter" gibt. Dabei lassen sich – nach Sinus – quer durch Europa Gruppen von Menschen identifizieren, die Einheitlichkeiten in ihren Wertorientierungen, Lebensstilen und Konsumpräferenzen aufweisen. **Diese Menschen aus verschiedenen Ländern, aber vergleichbaren Milieus, verbindet mehr miteinander als mit dem Rest ihrer Landsleute**.

Entsprechend der jeweiligen Situation sind differenzierende Strategien oder einheitliche Strategien der Bearbeitung internationaler Marktsegmente einzusetzen.

6.2.2 Marktsegmentierung im Business-to-Business Bereich

Zur **Segmentierung von gewerblichen und industriellen Märkten** lassen sich nur teilweise die gleichen Kriterien wie bei Konsumgütermärkten verwenden, so z.B. geographische Gegebenheiten, Nutzenangebote oder Verwendungsraten. Neu hinzutreten können Kriterien wie die Kundengröße, die Branche oder der Kaufprozess (Erstkauf, Wiederholkauf, modifizierter Wiederholkauf). Kotler gibt in Anlehnung an Bonoma und Shapiro eine Übersicht der wichtigsten Segmentierungsvariablen für industrielle Märkte (Kotler, Bliemel, 1999, S. 451).

Demographische Variablen	
- Branchen	Auf welche Branchen, die unser Produkt benötigen, sollen wir uns konzentrieren?
- Unternehmensgröße	Auf Unternehmen welcher Größe sollen wir uns konzentrieren?
- Standort	Auf welche geographischen Gebiete sollen wir uns konzentrieren?
Operative Variablen	
- Technologie	Auf welche Kundentechnologien sollen wir uns konzentrieren?
- Anwenderstatus	Sollen wir uns auf starke, mittlere oder schwache Verwender oder Nichtverwender konzentrieren?
- Kundenkompetenz	Sollten wir uns auf Kunden konzentrieren, die viele bzw. wenige Dienstleistungen benötigen?
Beschaffungskonzepte der Kunden	
- Organisation der Beschaffung	Sollten wir uns auf Unternehmen mit einer zentralisierten (dezentralisierten) Beschaffungsfuktion konzentrieren?
- Machtstruktur	Sollten wir uns auf Unternehmen konzentrieren, bei denen die Beschaffung, Finananzabteilung usw. dominiert?
- Bestehende Beziehungen	Sollten wir uns auf Unternehmen mit bestehenden Beziehungen konzentrieren oder die attraktivsten Kunden ansprechen?
- Allgem. Beschaffungspolitik	Sollten wir uns auf Kunden konzentrieren, die Leasing, Wartungsverträge, Systemkäufe, Ausschreibungen bevorzugen?
- Kaufkriterien	Sollten wir uns auf Kunden konzentrieren, die in erster Linie Wert auf Qualität, Kundendienst oder niedrige Preise legen?
Situationsbedingte Faktoren	
- Dringlichkeit	Sollten wir uns auf Unternehmen konzentrieren, die auf schnelle Lieferungen und Kundendienst angewiesen sind?
- Spezif. Produktanwendungen	Sollten wir uns auf bestimmte Anwendungen unseres Produktes konzentrieren statt auf alle?
- Auftragsumfang	Sollten wir uns auf große oder kleine Aufträge konzentrieren?
Personengebundene Eigenschaften	
- Ähnlichkeit zwischen Käufer und Verkäufer	Sollten wir uns auf Unternehmen konzentrieren, deren Mitarbeiter und Wertvorstellungen Ähnlichkeiten mit unseren eigenen aufweisen?
- Risikobereitschaft	Sollten wir uns auf risikofreudige oder vorsichtige Kunden konzentrieren?
- Lieferantentreue	Sollten wir uns auf Unternehmen konzentrieren, die ihren Lieferanten gegenüber besonders treu sind?

Abb. 50: Segmentierungskriterien im B2B Bereich
Quelle: Kotler, Bliemel 1999, S. 451

Zur Bearbeitung der einzelnen Marktsegmente sind dann die **Marketing Instrumente**

- Produkt- und Leistungspolitik (product),
- Kontrahierungspolitik (price),
- Distributionspolitik (place),
- Kommunikationspolitik (promotion)

in ihrem Zusammenspiel (Marketing Mix) zu gestalten.

Kontrollfragen

(1) Charakterisieren Sie was man unter einer Strategie versteht.

(2) Welche internationale Orientierung von Unternehmen unterscheidet Perlmutter? Erläutern Sie diese Grundausrichtungen.

(3) Was ist unter Markterschließungsstrategien und unter Marktbearbeitungsstrategien zu verstehen?

(4) Nennen Sie drei Motive, die für die Wahl des indirekten Export als Markterschließungsstrategie sprechen könnten.

(5) Erläutern Sie zwei mögliche Nachteile, die man bei der Wahl des indirekten Exports in Erwägung ziehen sollte.

(6) Für welche Schutzrechte können in Deutschland Lizenzen vergeben werden?

(7) Unter welchen Umständen eignet sich die Lizenzvergabe besonders zur Erschließung von Auslandsmärkten?

(8) Nennen Sie zehn Punkte, die in einem Lizenzvertrag geregelt sein sollten.

(9) Nennen Sie acht Tatbestände, die in der Regel zum Leistungspaket eines Franchisegebers gehören.

(10) Welche Nachteile können sich für einen Franchisenehmer durch die Bindung an ein solches Vertriebssystem ergeben?

(11) Erläutern Sie den Begriff der Export-Performance.

(12) Welche Risiken treten beim direkten Export auf, die beim indirekten Export von Handelshäusern getragen werden?

(13) Erläutern Sie die Huckepack Kooperation als Form einer Exportgemeinschaft.

(14) Was versteht man unter Exportgemeinschaften auf einfacher und auf höherer Stufe?

(15) Erläutern Sie die Begriffe „freundliche" und „feindliche Übernahme" von Unternehmen.

(16) Nennen Sie drei Motive für die Wahl eines Joint Ventures mit einem ausländischen Partner zur Erschließung von Auslandsmärkten.

(17) Welche Probleme können sich bei einem Joint Venture aufgrund der Partnerstruktur und aufgrund des eingeschränkten Handlungsspielraumes ergeben?

(18) Erläutern Sie an einem selbst gewählten Zahlenbeispiel, dass der Aufbau oder Kauf einer Produktionsstätte im Ausland, die Wechselkursrisiken gegenüber einem direkten Export ins Ausland verringert.

(19) Erläutern Sie an einem selbst gewählten Zahlenbeispiel, dass für die Überlegung im Inland oder im Ausland zu fertigen, nicht die Lohnunterschiede,

sondern die Unterschiede in den Lohnstückkosten (neben anderen Einflussfaktoren) als Vergleichsmaßstab heranzuziehen sind.

(20) Was versteht man unter passiver Veredlung?

(21) Nennen Sie zwei Risiken der Kontraktfertigung.

(22) Erläutern Sie den Begriff der „strategischen Allianz" und grenzen Sie ihn von
der „Unternehmensfusion" ab.

(23) Was versteht Porter unter strukturellen und strategischen Barrieren, die
einen Markteintritt erschweren?

(24) Erläutern Sie den Begriff der Mobilitätsbarriere.

(25) Die Wasserfall-, Sprinkler- und Brückenkopf-Strategien schildern die zeitlich
unterschiedlichen Vorgehensweisen beim Markteintritt in ausländische Märkte. Erläutern Sie die Unterschiede dieser Timing Strategien.

(26) Erläutern Sie die Vor- und Nachteile der Brückenkopf-Strategie.

(27) Was versteht man unter „Marktsegmentierung" und unter „Marktfragmentierung"?

(28) Nennen Sie je zwei demographische und sozio-ökonomische Kriterien, mit
denen man den Markt für Eigentumswohnungen segmentieren könnte.

(29) Was besagt die Segmentierung nach Lebensstilen? Welche Kriterien werden
zur Charakterisierung eines Lebensstils herangezogen?

(30) Nennen Sie drei Kriterien nach denen man Märkte im B2B Bereich segmentieren könnte.

Lösungshinweise

Frage	Seite	Frage	Seite
(1)	91	(16)	115
(2)	92 f.	(17)	116
(3)	94	(18)	117 f.
(4)	95	(19)	119
(5)	96	(20)	120
(6)	98	(21)	121
(7)	98	(22)	121
(8)	100	(23)	125 ff.
(9)	101	(24)	127
(10)	103	(25)	128 ff.
(11)	105 f.	(26)	131
(12)	107	(27)	132
(13)	109	(28)	135
(14)	110	(29)	135 f.
(15)	113	(30)	137

Literatur

Amtsblatt Nr. L 318 vom 26.11.1980 S. 0032 ff., Entscheidung der EWG Kommission

Backhaus, Klaus/Büschgen, Joachim/Voeth, Markus, Internationales Marketing, 3.Aufl. Verlag Schäffer-Poeschel, Stuttgart 2000, S. 123 ff.

Bruns, Jürgen, Marktsegmentidentifizierung, in: Pepels, Werner (Hrsg.) Marktsegmentierung, Marktnischen finden und besetzen, Sauer Verlag, Heidelberg 2000, S. 53 f.

Börsenzeitung, www.mergers-and-aquisitions.de

Hellenbroich, Dietmar, Wertsteigerung durch strategische Allianzen, o. J., www.competence-site.de, S. 2

Hünerberg, Reinhard, Internationales Marketing, Verlag Moderne Industrie, Landsberg 1994, S. 114

Jahrmann, Fritz-Ulrich, Außenhandel, 9. Aufl., Kiehl Verlag Ludwigshafen 1998, S. 72 ff.

Kotler, Philip/Bliemel, Friedhelm, Marketing Management: Analyse, Planung, Umsetzung und Steuerung, 9. Aufl., Verlag Schäffer-Poeschel, Stuttgart 1999, S. 451

Kroeber-Riel, Werner, Konsumentenverhalten, 3. Aufl., Verlag Vahlen, München 1984, S. 158 ff.

Krüger, Wilfried, Konsequenzen der Globalisierung für Strategien, Fähigkeiten und Strukturen der Unternehmung in: Giesel, F., Glaum, M. (Hrsg.): Globalisierung zu Beginn des 21. Jahrhunderts, München 1999, S. 19

Kunze, Björn, Markteintrittsbarrieren und Mobilitätsbarrieren aus Sicht der dynamischen Marktentwicklung, Seminararbeit 1997, Institut für Marketing Humboldt-Universität Berlin, S.1 ff, http://come.to/beka

Minderlein, Martin, Markteintrittsbarrieren und Unternehmensstrategie, Deutscher Universitätsverlag, 1989

Perlitz, Manfred, Internationales Management, UTB 1560, 4. Aufl., Verlag Lucius & Lucius, Stuttgart 2000, S. 137 f.

Porter, Michael, Wettbewerbsstrategie, 7. Aufl., Campus Verlag, Frankfurt/Main 1992, S. 29 ff.

Remmerbach, Klaus-Ulrich, Markteintrittsentscheidungen, Gabler Verlag, Wiesbaden 1988, S. 10

Simon, Hermann, Eine kurze Geschichte der Strategie, Teil I und II, Frankfurter Allgemeine Zeitung, 12. Mai 2001

Walldorf, Erwin, Georg, Auslandsmarketing, Gabler Verlag, Wiesbaden 1987, S. 32 ff.

E. Internationale Produkt- und Leistungspolitik

1. Aufgaben der Produkt- und Leistungspolitik

Aufgabe der internationalen Produkt- und Leistungspolitik ist es, Zielgruppen oder Zielpersonen in ausgewählten Ländern und auf ausgewählten Märkten ein bedürfnisgerechtes Leistungsangebot zur Verfügung zu stellen.

Unter einem Produkt versteht man ein physisch greifbares oder messbares, durch menschliche und/oder maschinelle Einwirkung entstandenes Objekt. Dienstleistungen sind immaterielle, nicht lagerfähige im Allgemeinen physisch nicht fassbare, nutzenstiftende Leistungen.

Grundlage jeder Produkt- und Leistungspolitik sind die von der Marktforschung gewonnen **Informationen** über (vgl. Marktforschung B.1.1)

- die natürliche Umwelt,
- den kulturellen Einfluss,
- externe politische, volkswirtschaftliche und demographische Daten,
- die relevante Branche,
- die Wettbewerber,
- den relevanten Markt,
- das Verhalten der aktuellen und potenziellen Nachfrager.

Aufbauend auf den produktpolitischen Zielen sowie einer Strategie der Markterschließung und der Marktbearbeitung sind im Einzelnen folgende Elemente zu gestalten:

- das Produkt bzw. die Leistung
- die Gestaltung funktionaler Eigenschaften
- das Design
- die Markierung
- die Verpackung
- der Service

Markierung, Verpackung und Service sind dabei untrennbare (integrale) Bestandteile eines Produktes bzw. einer Leistung. Die Gestaltung dient der Befriedigung natürlicher, persönlicher, beruflicher oder gesellschaftlicher Grundbedürfnisse oder der Befriedigung von Zusatzbedürfnissen.

Aus Verwendersicht stellt das Produkt bzw. die Leistung ein Nutzenbündel zur Bedürfnisbefriedigung dar.	Aus Anbietersicht ist das Produkt bzw. die Leistung ein Gestaltungsproblem zur optimalen Befriedigung der Verbraucher.
Ein Verwender hat folgende Bedürfnisse:	Ein Anbieter hat folgende Gestaltungsmöglichkeiten:
natürliche Grundbedürfnisse z.B. Hunger, Durst, Sex, Schlaf, Unterhaltung, Erholung, Sicherheit, Kommunikation usw.	Gestaltung der funktionalen Eigenschaften - Konstruktionsprinzip/Rezeptur - physikalische Eigenschaften - Werkstoff - Ausstattung
berufliche und gesellschaftliche Grundbedürfnisse z.B. Transport, Pünktlichkeit, Informationsspeicherung, Arbeitserleichterung	Design - Form - Farbe - Oberfläche
Zusatzbedürfnisse z.B. Anerkennung, Prestige, Achtung, Liebe, Selbtserfüllung	Gestaltung der Elemente einer Leistung - Markengestaltung - Verpackung - Service

Abb. 51: Ein Produkt bzw. eine Leistung aus Anbieter- und Verwendersicht

Im Zusammenspiel mit den anderen Marketing Instrumenten (Marketing Mix) kommt der **Produkt- und Leistungspolitik bei der Gewinnung und der Bindung von Kunden die Hauptaufgabe** zu, denn alle anderen Instrumente haben sich hieran auszurichten und diese Politik zu unterstützen. Eine Produkt- und Leistungspolitik, die die Bedürfnisse der Verbraucher nur unzureichend befriedigt, kann nicht durch niedrige Preise oder eine überzeugende Werbung wettgemacht werden. Letztere Instrumente können einen Verbraucher zwar zum einmaligen Kauf veranlassen, er wird aber dann enttäuscht, ein Produkt nicht erneut kaufen oder eine Leistung nicht wieder in Anspruch nehmen.

2. Produkt- und Programmanalysen

Grundlage einer produktpolitischen Entscheidung ist zunächst eine Analyse der gegenwärtigen Situation. Wichtige **produktpolitische Analyseinstrumente** sind

- die Lebenszyklusanalyse,
- die ABC Analyse,
- die Altersstrukturanalyse,
- die Portfolio-Analyse.

Das Konzept des **Produktlebenszyklus** geht davon aus, dass Konsumgüter und Investitionsgüter – ähnlich organischem Leben – von der Einführung bis zum Ausscheiden nach dem „Gesetz des Werdens und Vergehens" verschiedene Lebensphasen (Einführung, Wachstum und Reife (auch: Marktdurchdringung), Sättigung und Verfall oder Degeneration) durchlaufen. Der Grundgedanke des Konzeptes ist es, in den verschiedenen charakteristischen Phasen bestimmte produktpolitische Maßnahmen zu empfehlen.

Da sich auf den einzelnen Ländermärkten Produkte in unterschiedlichen Lebensphasen befinden können, ergeben sich hieraus unterschiedliche produktpolitische Maßnahmen.

Ziel der **ABC-Analyse** ist es, die „Bedeutung" der einzelnen Produkte oder Kunden für ein Unternehmen deutlich zu machen. Die „Bedeutung" kann als Umsatzbeitrag, Deckungsbeitrag, Rentabilität oder Cash flow interpretiert werden. Die ABC-Analyse bildet z.B. die Grundlage für Maßnahmen wie Besuchshäufigkeit, Rabattgewährung oder Kundenbindungsmaßnahmen gegenüber wichtigen Kunden. Sie zeigt auch welche Produkte die Hauptaufmerksamkeit erfahren sollten. Zu diesem Zweck stellt man den kumulierten zahlenmäßigen Anteil einzelner Produkte ihrem kumulierten anteilmäßigen Umsatz gegenüber. Auf diese Weise erhält man eine **Konzentrationskurve (Lorenzkurve).** Hierbei bestätigt sich oftmals in der Praxis die 80:20 **Pareto-Regel**, nach der 80 % des Umsatzes auf 20 % der Kunden oder 80 % des Umsatzes auf rd. 20 % der Produkte entfallen.

Als A-Produkte oder A-Kunden werden Produkte bzw. Kunden mit dem höchsten Umsatz- oder Deckungsbeitrag, bezeichnet. Es folgen entsprechend die B- und C-Produkte bzw. Kunden.

Analog der **Altersstrukturanalyse** einer Bevölkerung geht man bei der Darstellung der **Altersstruktur eines Programms oder Sortiments** vor.

Die Altersstrukturdarstellung liefert Hinweise über die Zusammensetzung (z.B. Überalterung) des Programms. Wie bei der Bevölkerungspyramide, so weist auch hier die Altersstruktur eine ideale Form auf, wenn sie pyramidenähnlich verläuft, d.h. wenn viele neue Produkte „nachwachsen" und Produkte, die sich in der Sättigungs- oder Verfallsphase befinden, bereits weitgehend eliminiert sind.

Der **Portfolio-Analyse** liegt der Gedanke zugrunde, dass der Erfolg eines Unternehmens von den Chancen und Risiken der Umwelt (Umweltkomponente) und von den Stärken und Schwächen des eigenen Unternehmens (Unternehmenskomponente) bestimmt wird.

In der sog. PIMS-Studie (Profit Impact of Market Strategies) hat die Boston Consulting Group festgestellt, dass die wesentlichsten Einflussfaktoren, also die Schlüsselgrößen, für den Erfolg eines Unternehmens das **Marktwachstum** (als Umweltfaktor) und der **relative Marktanteil** (als Unternehmensfaktor) sind.

Entsprechend ihren Ausprägungen werden die einzelnen Produkte bzw. Produktgruppen (Strategische Geschäftseinheiten (SGE) oder Strategische Geschäftsfelder (SGF)) in eine Vierfelder-Matrix positioniert. Der Wert der Portfolio-Analyse als Analyse-Instrument liegt darin, dass sich jetzt aufgrund der Positionierung einzelner Produktgruppen Empfehlungen (sog. Normstrategien) für eine strategische

Behandlung dieser Produkte geben lassen. Jedes Produkt bedarf seiner Position entsprechend einer unterschiedlichen Führung, wobei eine für das Gesamtunternehmen abgestimmte Vorgehensweise erforderlich ist, um einen Ausgleich der Finanzströme sicher zu stellen.

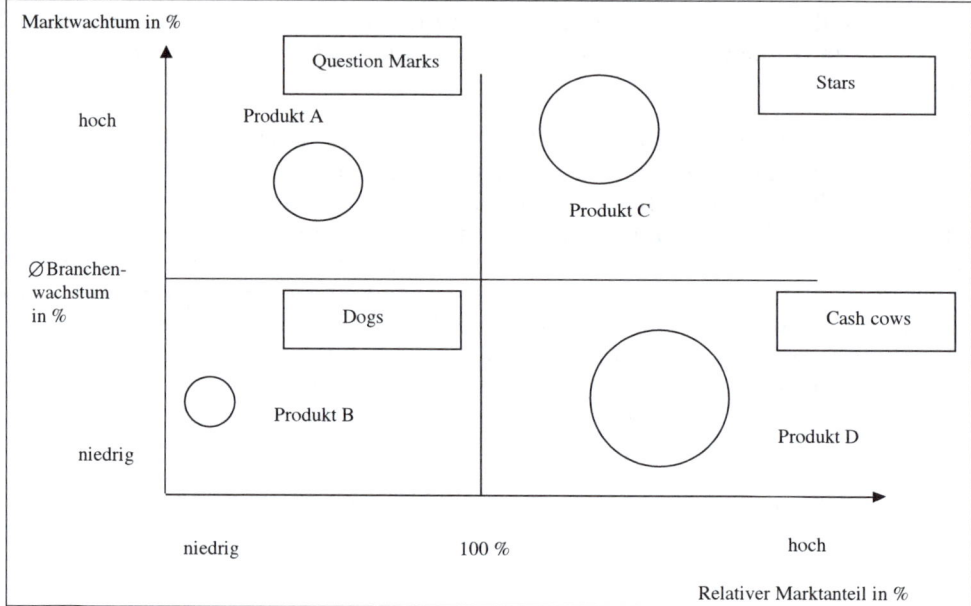

Abb. 52: BCG Portfolio

Becker fasst die Positionierung und die empfohlenen Normstrategien wie folgt zusammen

Question Marks (Fragezeichen)	Stars (Sterne)
Merkmale: SGF in der Einführung bzw. frühen Wachstumsphase mit hohem Finanzmittelbedarf; Netto-Cashflow (Finanzmittelüberschuss) deutlich negativ	**Merkmale:** SGF in der Wachstumsphase, die aufgrund ihrer starken Marktstellung ihren Finanzmittelbedarf selbst erwirtschaften; Netto-Cashflow in etwa ausgeglichen
Normstrategie: Entweder Marktanteil deutlich steigern, falls gegenüber Konkurrenten aussichtsreich (Offensiv- bzw. Investitionsstrategie) oder Marktanteil senken bzw. Verkauf, falls aussichtslose Marktsituation (Desinvestitionsstrategie)	**Normstrategie** Marktanteil halten bzw. leicht ausbauen (Wachstumsstrategie)
Dogs (Arme Hunde)	**Cash Cows (Milchkühe)**
SGF mit geringem Marktwachstum (z.B. späte Reifephase bzw. Abstiegsphase) und relativ schwacher Marktstellung; Netto-Cashflow negativ bis ausgeglichen	SGF in der späten Wachstums- und Reifephase mit starker Marktstellung, deutliche Finanzmittel-Überschüsse (Zahlmeister des Unternehmens)
Marktanteil stark senken bzw. Verkauf (Desinvestitionsstrategie)	Marktanteil halten bzw. leicht senken (Gewinn-bzw. Abschöpfungsstrategie)

Abb. 53: Charakteristiken und Normstrategien
Quelle: Becker, 2001, S. 427

Die BCG Matrix hat eine vielfache Weiterentwicklung erfahren, da die Berücksichtigung nur zweier Einflussfaktoren für den Erfolg bzw. Misserfolg eines Unternehmens als zu eng erschien. So haben insbesondere General Electric und McKinsey auch weitere Umwelt- und Unternehmenseinflussfaktoren in die Betrachtung mit einbezogen. Die Vier-Felder-Matrix wurde zur Neun-Felder-Matrix mit der **Marktattraktivität** und den **relativen Wettbewerbsvorteilen** (bzw. der **Wettbewerbsstärke**) als den bestimmenden Einflussfaktoren.

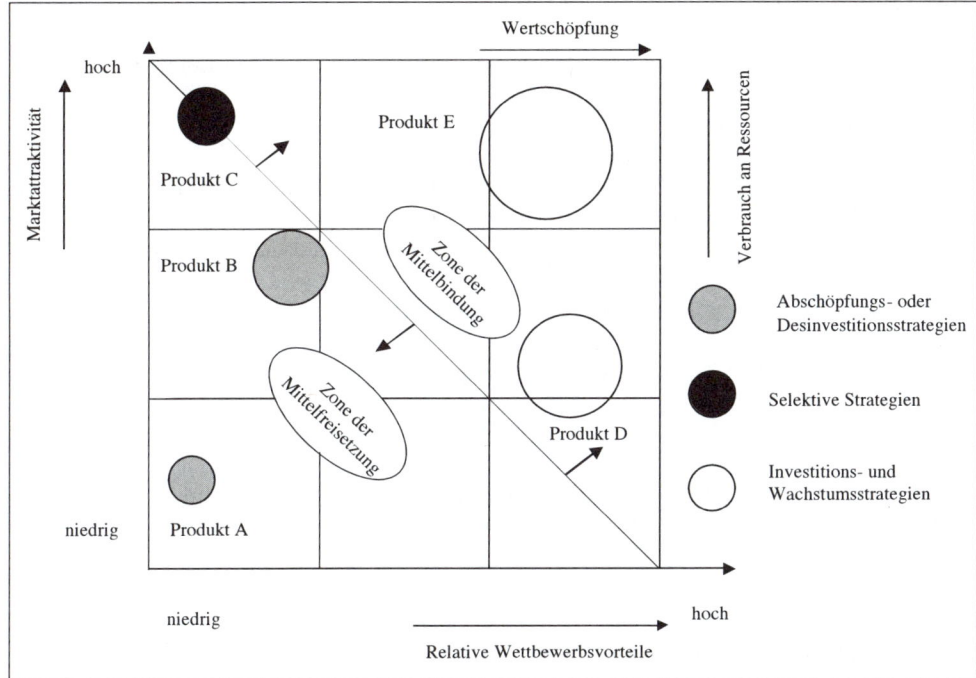

Abb. 54: McKinsey/General Electric Portofolio
Quelle: Becker, 2001, S. 434

Die Ausprägungen „Marktattraktivität" und „relative Wettbewerbsvorteile" werden dabei mithilfe eines Punktbewertungsmodells gewonnen.

Eine Schwäche der Portfolio-Betrachtung ist, dass unterschiedliche Portfolio-Ansätze zu einer unterschiedlichen Einordnung der Produkte (Strategischen Geschäftsfelder) führen können. Damit unterscheiden sich auch die Empfehlungen für die produktpolitische Strategie.

3. Produktpolitische Entscheidungen

3.1 Produktpolitische Entscheidungen im Zeitablauf

Die **Gestaltung des Leistungsangebots** unterliegt einer ständigen Überprüfung. Man unterscheidet dabei:

❏ Entscheidungen über das einzelne Produkt bzw. die einzelne Leistung:

- die Innovation (Einführung)
- die Modifikation (Veränderung)
- die Variation (Veränderung durch Ablösung bestehender Produkte)
- die Differenzierung (Erweiterung des Angebots)
- die Elimination (Herausnahme von Produkten aus dem Programm)

❏ Entscheidungen über das Programm bzw. Sortiment:

- Programm- bzw. Sortimentsgestaltung
- die Diversifikation

Die sortiments- bzw. programmpolitischen Entscheidungen über die Zusammensetzung des Leistungsangebots erfolgen parallel zu den Entscheidungen über das einzelne Produkt.

3.1.1 Innovationsprozess

Angesichts der immer kürzer werdenden Lebenszyklen **gewinnt die Innovation von Produkten und Leistungen immer mehr an Bedeutung** für das Überleben und die weitere Entwicklung eines Unternehmens. (Das Unternehmen Gilette hat beispielsweise in den Unternehmenszielen festgelegt, dass 40 % der Umsätze von neuen Produkten stammen müssen, die nicht älter als 5 Jahre sind).

Ziel der Innovationspolitik eines Unternehmens ist es, das Angebot so zu gestalten, dass die Grundbedürfnisse und Zusatzbedürfnisse der Zielpersonen oder Zielgruppen

- erstmalig,
- auf neue Art und Weise,
- auf herkömmliche Art und Weise, aber qualitativ besser, zuverlässiger oder zu niedrigeren Preisen als durch den Wettbewerb

befriedigt werden. **International kann man auch dann von Innovation sprechen, wenn ein bereits in Deutschland eingeführtes Produkt erstmalig auf**

einem Auslandsmarkt angeboten wird, da der Einführungsprozess für einen Auslandsmarkt erneut zu durchlaufen ist.

Bei Innovationen kann man

- Marktneuheiten
  - Produkte mit erstmaliger Problemlösung oder erstmaliger Bedürfnisbefriedigung,
  - Produkte mit neuer Gestaltung oder neuer Lösungsalternative und
- Produktneuheiten

unterscheiden.

Mit der Einführung des PCs, der Software und der Speichermedien konnten **erstmalig** Texte geschrieben, verschoben und extern auf Disketten gespeichert und Produkte dreidimensional dargestellt und in verschiedene Ansichtspositionen bewegt werden.

Ein Unternehmen kann aber auch mit einem neuen Produkt ein Bedürfnis funktional auf die gleiche Art und Weise befriedigen, aber das Design ansprechender gestalten oder den Service verbessern. Die CD löste das Problem der Speicherung von Musik, die Digitalkamera der Speicherung von Bildern und die DVD die Speicherung von bewegten Bildern und Musik auf **neuartige Art und Weise**. In allen diesen Fällen spricht man von **Marktneuheiten**.

Von **Produktneuheiten** spricht man, wenn ein Produkt zwar für den Markt nicht neu ist, aber von einem Unternehmen zum ersten Mal angeboten wird.

Nach einer Untersuchung des Zentrums für Europäische Wirtschaftsforschung (ZEW), Mannheim, sind deutsche Unternehmen in den letzten Jahren zunehmend innovativer geworden.

		1995	1997	1999
Anteil der innovativen Unternehmen	%	56	62	66
Beschäftigte in innovativen Unternehmen	%	82	87	88
Umsatzanteile mit Produkt- und Marktneuheiten	%	38,7	37,6	44,7
Innovationsaufwand am Umsatz	%	4,4	4,5	4,7

Innovative Unternehmen sind solche, die in den letzten 3 Jahren mindestens eine Produkt-, Dienstleistungs-, Prozess- oder Verfahrensneuerung eingeführt haben (OECD Definition).

Abb. 55: Innovationen in Deutschland
Quelle: IWD, 2001, S. 6

Der **Phase der Ideengewinnung** kommt im Innovationsprozess erhebliche Bedeutung zu, da nach Arthur D. Little auf Konsumgütermärkten rd. 100 Produktideen erforderlich sind, um ein erfolgreiches neues Produkt zu erhalten. Andere Untersuchungen berichten von 70 %igen Flopraten auf Testmärkten, wozu noch die Versagerquote nach Markteinführung tritt. (Meffert, 2000, S. 378 f.). Mit der internationalen Einführung von Produkten und den wachsenden Auslandsmarkt-risiken, dürfte die Floprate weiter steigen.

Im B2B Bereich wo bereits in der Entwicklungsphase eine enge Zusammenarbeit zwischen den Marktparteien besteht, dürfte die Floprate allerdings erheblich niedriger liegen.

Die **Ideenfindungsphase** sollte dabei auf einer strategischen Konzeption aufbauen, in der festgelegt wird, in welche Richtung die Ideenfindung gehen sollte. Es geht um die Festlegung von **Innovationszielen** und **Suchfeldern** für die Produktentwicklung (Schütz, 2001, S. 40 ff.).

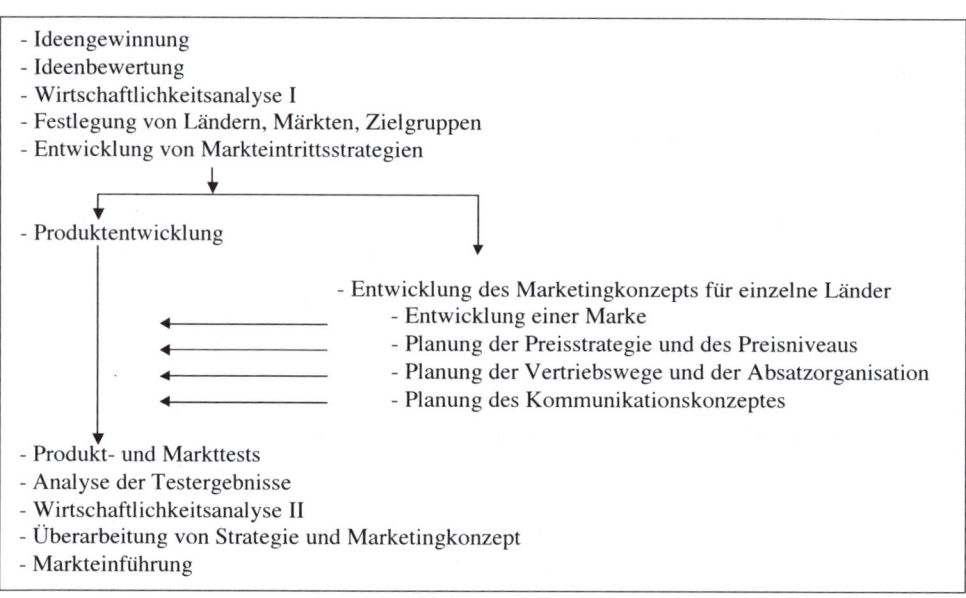

Abb. 56: Innovationsprozess

Die **Ideenbewertung** (z.B. mittels Punktbewertungsverfahren) soll zu einer Rangfolge der Ideen führen. Für die erfolgversprechendsten Ideen wird aufbauend auf Ergebnissen der Marktforschung eine erste **Wirtschaftlichkeitsanalyse** (z.B. Break-even-Analyse, Pay-off Verfahren, Kapitalwertermittlung) durchgeführt, um zu entscheiden, ob die Ideen einen ökonomischen Erfolg versprechen und weiter verfolgt werden sollen. Wird an einen gleichzeitigen Markteintritt in verschiedenen Ländern gedacht, so ist diese Analyse bereits länderweise durchzuführen.

Nach der Auswahl von Ländern, Märkten und Zielgruppen erfolgen die **technische Produktentwicklung** und die **Entwicklung eines Marketingkonzepts** mit der vorläufigen Gestaltung der Marketing Instrumente weitgehend parallel. Die Gestaltung der Instrumente und damit die Forderungen des Marketing dienen vielfach als Vorgabe für die Produktentwicklung. So bieten sich z.B. einem Produkt nur dann Absatzchancen, wenn später bei einer Serienfertigung bestimmte Herstellkosten nicht überschritten werden (target costing). Oder es werden bestimmte Forderungen hinsichtlich des verwendeten Werkstoffs, der Oberflächen- oder Farbgestal-

tung, der Verpackungsgestaltung oder der Einhaltung von Normen und Sicherheitsbestimmungen gestellt.

Hierbei sind bereits bei Produkten, die für einzelne Länder unterschiedlich gestaltet
sein müssen, die Länderanforderungen zu berücksichtigen. Nur bei standardisierten Produkten wird ein nahezu unverändertes Produkt international vertrieben
(vgl. 3.3).

Auf eine technisch erfolgreiche Entwicklung folgen **Produkt- und Markttests**. Sie
sollen Anhaltspunkte für die Produktakzeptanz und die Absatzchancen im Markt
geben. Teilweise wird allerdings auf Tests verzichtet, weil die Marktsituation eine
kurzfristige Einführung erfordert (als Reaktion auf das Verhalten von Wettbewerbern) oder es soll vermieden werden, durch Markttests Wettbewerber auf eigene
Vorhaben aufmerksam zu machen.

Durch eine **zeitlich versetzte Einführung auf verschiedenen Ländermärkten**
kann insgesamt der Lebenszyklus eines Produktes verlängert und der Gesamtgewinn verstetigt werden. So ist in der Grafik angenommen, dass ein Produkt zuerst
in den USA und nach Durchlaufen der Wachstumsphase auch in Deutschland
eingeführt wird. Bei der Einführung in Brasilien ist das Produkt in den USA bereits
in der Verfallsphase.

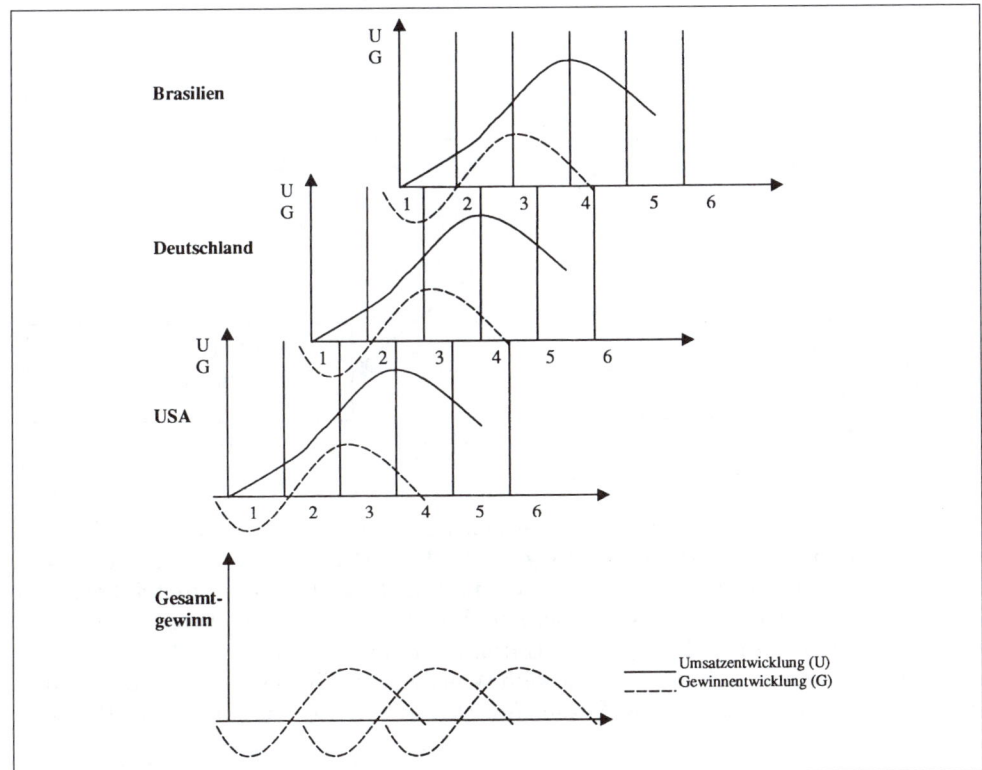

Abb. 57: Verlängerung des Gesamtlebenszyklus
Quelle: in Anlehnung an Becker, 1988, S. 132

3.1.2 Produktvariation und Produktdifferenzierung

Nach einer erfolgreichen Einführung unterliegen Produkte im Zeitablauf zunehmendem Wettbewerb und sich wandelnden Verbraucherbedürfnissen. Das führt in der Reifephase, zu einem abnehmendem Umsatzwachstum und – aufgrund eines verstärkten Preiswettbewerbs - oftmals schon zu rückläufigen Gewinnen. Der **Relaunch** (Wiedereinführung) eines Produktes soll diese Tendenzen aufhalten und dem Lebenszyklus und damit der Entwicklung des Produktes neue Impulse verleihen. Hierzu wird eine **Produktvariation** durchgeführt.

Ein Produkt hat **objektiv und subjektiv begründete kaufentscheidende Eigenschaften**. So spielen beim Kauf eines Autos der Preis, der Benzinverbrauch, die Beschleunigung oder die Sicherheit eine kaufentscheidende Rolle (Objektive Eigenschaften). Gleiches gilt für die subjektive Einschätzung des Markenimages, des sportlichen oder eleganten Design (Subjektive Eigenschaften). Ein Produkt weist auch **nicht kaufentscheidende Eigenschaften** auf. Es fragt z.B. kein Käufer nach dem Hersteller der Bremsen (obwohl sie ein sicherheits-relevantes Teil darstellen) oder nach der Stärke des Karosserieblechs. Ebenso irrelevant ist (beim Neuwagenkauf) die Marke oder das Image des Batterieherstellers.

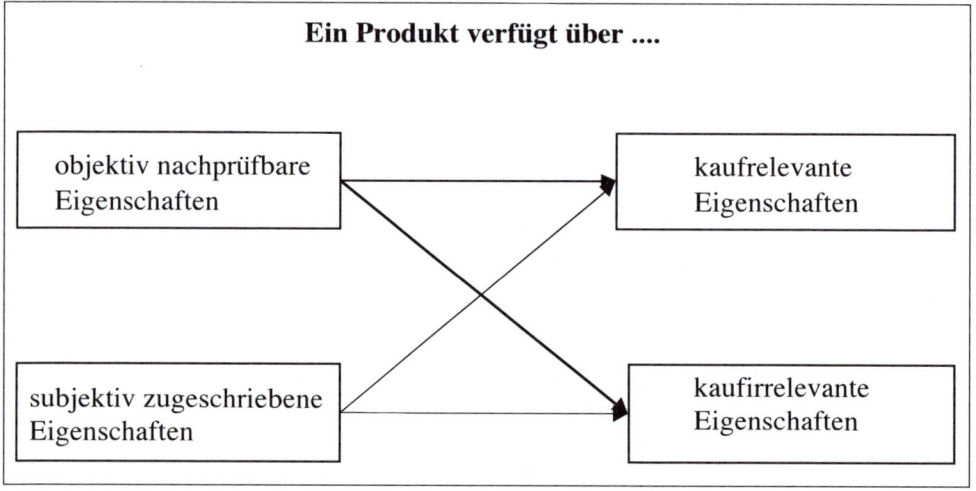

Abb. 58: Ansätze für Produktvariationen

Eine Variation, die ein Produkt moderner, aktueller erscheinen lassen soll, wird sich auf die kostengünstige **Aktualisierung kaufrelevanter Eigenschaften** beschränken, wie z.B die Änderung des Design (facelifting in der Automobilindustrie) oder des Erscheinungsbildes einer Marke (Schrift, Logo). Das variierte Produkt löst das ursprüngliche Produkt ab. Solche Variationen können vielfach durchgeführt werden. Procter & Gamble hat seit 1956 beim Waschmittel Tide 70 Produktvariationen durchgeführt, auch Nivea und Persil unterlagen seit rd. 100 Jahren vielfältigen Veränderungen.

ca. 1929   ca. 1950   ca. 1960

1970   1987   heute

Abb. 59: Logo Bitburger

Auch Veränderungen der Verpackungsgestaltung oder des Service dienen der Produktvariation.

Bei einer **Produktdifferenzierung** reagiert man auf die veränderte Nachfrage durch das Angebot zusätzlicher Produktvarianten (Typen), die auf die Bedürfnisse bestimmter Zielgruppen ausgerichtet sind. Gegenstand der Differenzierung sind wiederum kaufrelevante Eigenschaften.

3.1.3 Eliminierung

Die Eliminierung kennzeichnet die Herausnahme eines Produktes aus dem Verkaufsprogramm. (Da die Herausnahme eines Produktes aus der Fertigung und der Ersatz durch Zukauf, die Angebotspalette unverändert lässt, soll sie nicht weiter betrachtet werden).

So wie die Einführung schrittweise in einzelnen Ländern erfolgt, kann auch die Eliminierung länderweise erfolgen. So wird der 1946 bis 1978 in Deutschland gefertigte VW Käfer auch heute noch in Mexiko gefertigt.

Quantitative Gründe für eine Eliminierung können u.a. sein (Meffert, 1998, S. 438):

- sinkender Umsatz
- sinkender Marktanteil
- sinkende Deckungsbeiträge
- sinkende Rentabilität

Qualitative Gründe können sein:

- strategische Entscheidung z.B. durch Rückzug auf das Kerngeschäft
- technische Veralterung, die kein Relaunch zulässt
- gesetzliche Bestimmungen, die einen weiteren Einsatz des angewandten Fertigungsverfahrens oder die Verwendung bestimmter Werksstoffe nicht mehr zulassen oder aus Sicherheitsgründen eine Neukonstruktion erfordern würden
- bessere Verwendungsmöglichkeiten knapper Ressourcen im Unternehmen (z.B. Einsatz von Maschinenkapazitäten für ertragreichere Produkte)
- negativer Einfluss auf das Firmenimage

Gegen eine (kurzfristige) Eliminierung können folgende Gründe sprechen:

- ein Nachfolgeprodukt ist noch nicht marktreif
- die Eliminierung eines Produktes in Deutschland hätte negative Einflüsse auf das übrige Auslandsgeschäft
- es bestehen Nachfrageverbunde (Sortimentsverbunde)
- die Ersatzteilversorgung oder Nachkaufmöglichkeit ist vertraglich garantiert

3.2 Produktbündelung

Bei der Produktbündelung geht es um die Frage, welche zusätzlichen Produkte oder Leistungen zusammen mit einem Kernprodukt angeboten werden können. Anders als bei der Preisbündelung (vgl. F 3.7), bei der die Frage des Paketpreises im Vordergrund steht, ist hier die Frage nach Art und Anzahl der Zusatzelemente zu beantworten (Hermann 1998, S. 550 ff.). So bietet z.B.

- ein Touristikunternehmen Pauschalreisen bestehend aus Flug, Hotel, Essen und Mietwagen,
- ein Mobilfunkunternehmen Handys mit Vertrag,
- ein Maschinenbauunternehmen eine Maschine mit Einführungsschulung und Wartung,
- ein Fahrzeughersteller Autos mit verschiedenen frei wählbaren Zusatzausstattungen

an.

Der **Vorteil** der Produktbündelung im internationalen Geschäft ist, dass **eine unveränderte Grundausstattung durch die Zusatzleistungen länderweise individualisiert werden kann.**

Verschiedenartigkeit der Komponenten	Verwendungsverbund zwischen den Komponenten	Anzahl der beteiligten Unternehmen	Art der beteiligten Unternehmen
- *product bundle* Bündelung von Gütern, die in einem angebots- oder nachfrageseitigem Zusammenhang stehen, wie die Kombination aus Shampoo und Haarspray.	- *complementary bundle* Bündelung von Erzeugnissen, die in einer komplementären Beziehung stehen, wie etwa Hard- und Software oder Stereoanlage und Boxen.	- *intra firm bundling* Bündelung von Erzeugnissen, die von einem Anbieter stammen, wie Zahnbürste und Zahnpasta von Colgate oder Hausrats- und Haftplicht- versicherung von Allianz.	- *producer bundling* Hersteller stellt das Paket zusammen, wie z.B. die Softwarebündel von Microsoft.
- *variety bundle* Bündelung gleicher Pro- dukte, die sich etwa im Hinblick auf Farbe, Größe, Form und Geschwindigkeit von- einander unterscheiden, wie Kombikiste von Coke und Theater Abonnement.	- *substitutional bundle* Bündelkomponenten stehen in einer substitutiven Relation, wie beispielsweise ein Schmelzkäsesortiment. - *independent bundle* Bündel umfassen Elemente zwischen denen keine Nach- frageinterdependenz besteht, wie etwa eine Kreditkarte mit Auslandskrankenversicherung.	- *inter firm bundling* Bündelung von Produkten, die verschiedene Anbieter bereitstellen, wie etwa Ski und Bindung von Rossignol und Marker.	- *retailer bundling* Händler konzipiert das Produktbündel wie etwa ein Geschenkkorb bestehend aus Tee, Kerzen und Servietten. - *service bundling* Servicepaket, wie ein Bündel von Versicherungs- leistungen wird vom Dienstleister offeriert.

Abb. 60: Formen der Produktbündelung
Quelle: Hermann, 1998, S. 554

Ziel der Produktbündelung ist es, die wachsende Variantenvielfalt, die sich aus einem bedürfnisgerechten Angebot ergibt, durch Kombinationen der Zusatz- komponenten zu begrenzen. Eine zunehmende Typenvielfalt führt zu steigenden Stückkosten in der Beschaffung, Produktion, im Absatzbereich und in der Koordi- nation aufgrund der höheren Komplexität der Abläufe, die sich bei der Bedienung von Auslandsmärkten um einen weiteren Faktor erhöhen.

3.3. Internationale Standardisierung versus Dif- ferenzierung

Aufbauend auf den Länder-, Markt- und Zielgruppenanalysen ist zu entscheiden, welchen Zielgruppen welche Produkte und welche Leistungen zur Verfügung gestellt werden sollen.

Es kann möglich sein, dass ein Produkt in unveränderter oder nur leicht veränderter Form der jeweiligen Zielgruppe in den ausgewählten Ländern zur Verfügung gestellt werden kann. Man bearbeitet dann internationale Märkte mit **standardi- sierten Produkten**.

Es kann aber auch erforderlich sein, jeder Zielgruppe in jedem Land ein unterschied- liches Produkt bzw. ein unterschiedliches Leistungsangebot zur Verfügung zustel- len. Es erfolgt somit eine länderspezifische **Produktdifferenzierung**.

Voraussetzung für eine Standardisierung ist eine weitgehende internationale Übereinstimmung hinsichtlich **externer Produktanforderungen** (z.B. gesetzliche Vorschriften, Normen) **und** hinsichtlich der **Verbraucherbedürfnisse** (z.B. Anforderungen an das Design, die Marke).

Sind diese Voraussetzungen weltweit gegeben, so kann eine Zielgruppe **global** mit einem **standardisierten Produkt** bearbeitet werden. Dies tritt häufig im industriellen Bereich auf, wo weltweit die gleichen Produktionsverfahren und die gleichen Typen von Maschinen eingesetzt werden. Im Konsumgüterbereich finden wir es bei den Weltmarken (global brands) wie Coca Cola, Kellog´s, Marlboro, Nike oder Levis. Im B2B und B2C Bereich finden sich international standardisierte Produkte im Elektronik- und IT-Bereich wie z.B. PCs, Software, Speichermedien, Digitalkameras, Stereoanlagen, Fernsehgeräte oder Spielekonsolen.

Sind die Voraussetzungen nicht oder nur in einzelnen Ländern gegeben, so können Ländergruppen standardisiert bearbeitet werden (z.B. die EU Länder und die lateinamerikanischen Länder werden jeweils gemeinsam bearbeitet). Dort wo länderspezifische Unterschiede auftreten ist eine jeweils nationale **Produktdifferenzierung** (local brands) vorzunehmen.

Eine Checkliste kann erste Anhaltspunkte über die erforderliche Vorgehensweise geben:

Kriterien	Zielgruppe in Land A	Zielgruppe in Land B	Zielgruppe in Land C
1. Externe Kriterien			
gesetzliche Vorschriften hinsichtlich			
- Sicherheit			
- Produktbestandteile (Inhalte usw.)			
- Werkstoff			
- Entsorgung			
- Umweltschutz			
Normen			
...			
2. Verbraucheransprüche an			
- Produktgestaltung			
- Konstruktionsprinzip			
- physikalische Eigenschaften			
- Farbe			
- Ausstattung			
- Haltbarkeit			
- Design			
- Marke			
- Verpackung			
...			

Abb. 61: Entscheidungskriterien zur Standardisierung oder Differenzierung des Produktangebots

Die **Vorteile der Standardisierung** von Produkten liegen in den Losgrößeneffekten (economies of scale) und den Erfahrungskurveneffekten, denn der Bedarf von Zielgruppen einzelner Länder wird gebündelt und gemeinsam bearbeitet. Beide

Einflussgrößen führen zu einer Senkung der Stückkosten und damit zu einer Erhöhung der internationalen Wettbewerbsfähigkeit.

Ein **Nachteil der Standardisierung** könnte Wettbewerbern gegenüber darin liegen, dass ein Anbieter durch eine globalere Bearbeitung größerer Zielgruppen ein weniger bedürfnisgerechtes Leistungsangebot zur Verfügung stellt.

Der **Vorteil der Produktdifferenzierung** liegt darin, dass landes- und zielgruppenspezifische Anforderungen berücksichtigt werden und man auf diese Weise den Bedürfnissen gerechter wird. Der **Nachteil** liegt in den höheren Kosten, die damit verbunden sind.

Externe Rahmenbedingungen, Verbraucherwünsche und produktpolitische Ziele werden ausschlaggebend dafür sein, wieweit ein Unternehmen bei der Gestaltung von Produkten und Service einen möglichst hohen Standardisierungsgrad oder eine möglichst hohe Produktdifferenzierung anstrebt.

3.4 Programm- und Sortimentsgestaltung

Zu der Entscheidung über ein einzelnes Produkt gehört auch die Entscheidung über das **Angebotsprogramm** (Hersteller) oder das **Sortiment** (Handel). Nur selten dürfte ein Produkt allein angeboten werden, da ein Angebot im Verbund (System) einem potenziellen Verbraucher den Kauf erleichtert und das Kaufrisiko vermindert (Prinzip: alles aus einer Hand).

Die **Programmzusammensetzung** eines Herstellers kann bestimmt werden

* von den technischen Herstellmöglichkeiten (Maschinenausstattung),
* vom Material, das verarbeitet wird,
* von den Branchen, die beliefert werden.

Das **Sortiment** kann gestaltet werden nach (Achterhagen, 2002, S. 30)

* Herkunftsorientierung,
* Bedarfs- und Erlebnisorientierung,
* Orientierung nach Preislagen,
* Orientierung nach Selbstverkäuflichkeit.

Dabei sind folgende Einflussgrößen zu berücksichtigen:

❑ Ertragswirtschaftliche Determinanten wie
  * Grad und Art der Nachfragekonkretisierung, Verbundenheit der Nachfrage, Nachfrageschwankungen
❑ Kostenwirtschaftliche Determinanten wie
  * Warenkosten, Handlungskosten, kalkulatorischer Ausgleich
❑ Finanzwirtschaftliche Determinanten wie
  * Kapitalbildung und Lagerumschlag, Liquiditäts- und Risikoaspekte

Die Sortimentsgestaltung wird sich dabei in einzelnen Ländern, teilweise auch innerhalb eines Landes unterscheiden.

Im Zeitverlauf stellt sich für die eingeführten Produkte neben der Frage nach einer Produktmodifikation oder der Erschließung neuer Absatzmärkte auch die Frage der **Programm- bzw. Sortimentsüberarbeitung (Diversifikation)**.

Bei der **horizontalen Diversifikation** werden artverwandte Produkte aufgenommen, für deren Herstellung ein technisches Know-how besteht (ein Zeitungsverlag beginnt Bücher zu produzieren) oder für deren Vertrieb bestehende Vertriebswege genutzt werden können.

Bei der **vertikalen Vorwärts-Diversifikation** werden Tätigkeiten aufgenommen, die marktnäher als die bisherigen Kerngeschäfte sind (eine Brauerei kauft eine Restaurantkette). Bei **der vertikalen Rückwärts-Diversifikation** werden Tätigkeiten aufgenommen, die näher zu den Vorprodukten oder Rohstoffen sind (ein Automobilhersteller beginnt Reifen zu produzieren oder kauft einen Batteriehersteller).

Bei der **lateralen Diversifikation** wird eine artfremde Tätigkeit aufgenommen (Ein Versicherungsunternehmen beginnt Schuhe zu produzieren oder kauft eine Handelskette).

Bei den ersten Diversifikationen kann ein Unternehmen vorhandenes technisches Know-how oder Marketing-Know-how nutzen. Bei der risikoreichsten lateralen Diversifikation fehlen Produktions- und Marktkenntnisse.

4. Produktgestaltung

4.1 Gestaltung funktionaler Eigenschaften

Die Gestaltung funktionaler Eigenschaften sichert die Erfüllung des Produktgrundnutzens (eine Uhr soll pünktlich die Zeit anzeigen und ein TV Gerät flimmerfrei Bilder übertragen). Im B2B Bereich wird der Produktnutzen erfüllt, indem ein Produkt so zu gestalten ist, dass vorgegebene Kundenspezifikationen eingehalten werden.

Im Einzelnen können folgende Elemente gestaltet werden:

- das Konstruktionsprinzip bzw. die Rezeptur
- die physikalischen Eigenschaften
- der Werkstoff
- die Ausstattung

Ein Fahrzeug kann durch einen Benzinmotor oder durch einen Dieselmotor angetrieben werden und eine Waschmaschine kann auf herkömmliche Weise oder mit niedrigem Wasserverbrauch „ökologisch" konstruiert werden. Diesen unterschiedlichen **Konstruktionsprinzipien** entsprechen unterschiedliche **Rezepturen** bei Nahrungsmitteln oder Arzneimitteln zur Befriedigung des gleichen Bedürfnisses.

Die **physikalischen Eigenschaften** ergeben sich oft aus den Gebrauchseigenschaften, die ein Produkt aufweisen soll oder aus Vorgaben von Kundenseite (Spezifikationen). Sie beziehen sich auf Größen wie z.B. Festigkeit, Härte, Temperaturbeständigkeit, Gewicht oder Oberflächentiefe und Oberflächenrauheit.

Eng mit den physikalische Eigenschaften ist die **Werkstoffwahl** verknüpft. Bestimmte Eigenschaften können nur mit Stahl, Aluminium, Kunststoff oder Holz erreicht werden.

Die **Ausstattung** richtet sich nach den Bedürfnissen der Zielgruppe, die befriedigt werden sollen. Sie ist somit ökonomisch bedingt. Produkte, die den gleichen Grundnutzen erfüllen, werden oft mit unterschiedlicher Ausstattung (Anzahl der Zusatzfunktionen) gefertigt. Dies gilt für alle fast alle Produkte vom Taschenrechner über das Handy bis zum PKW und zum Reihenhaus.

4.2 Design

Die Aufgabe des **Produktsdesigns** ist es, ein Produkt so zu gestalten, dass es den individuellen Ansprüchen der Zielpersonen innerhalb einer Zielgruppe hinsichtlich Produktnutzen, Ästhetik, Handhabung, Lebensdauer usw. möglichst gut entspricht. Das Design steht ganz im Dienste des Produkts bzw. einer Marke. **Das Design stellt somit eine Verbindung von technischen Eigenschaften und künstlerischer Gestaltung dar.**

Die wahrnehmungsvermittelnden Funktionen (die Produktsprache) können durch die Gestaltung folgender Elemente beeinflusst und kommuniziert werden:

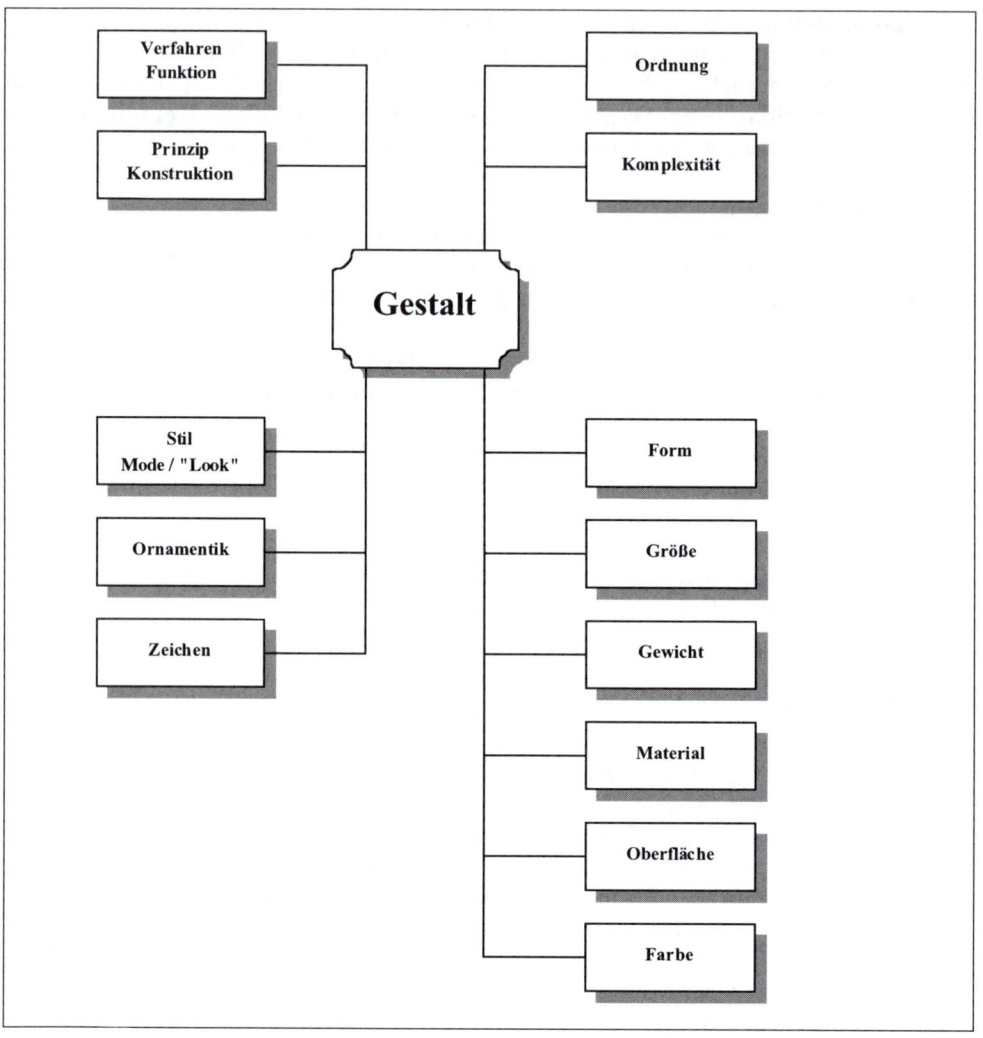

Abb. 62: Wirkungsmittel des Designs
Quelle: Grillo, 2001, Design Workshop

Grillo definiert Design wie folgt: **Design ist die Einwirkung auf die vom Verwender wahrnehmbaren Produkteigenschaften (praktische, symbolische, ästhetische) soweit sie das Ziel verfolgen, dem Verwender Informationen oder Vorstellungen zu vermitteln**. (Grillo, 2001, Bild 12).

Design dient damit der

- Identifikation,
- Motivation,
- Profilierung,
- Differenzierung,

- Alltagskultur,
- Anspruchsbefriedigung,
- Bedarfsbefriedigung.

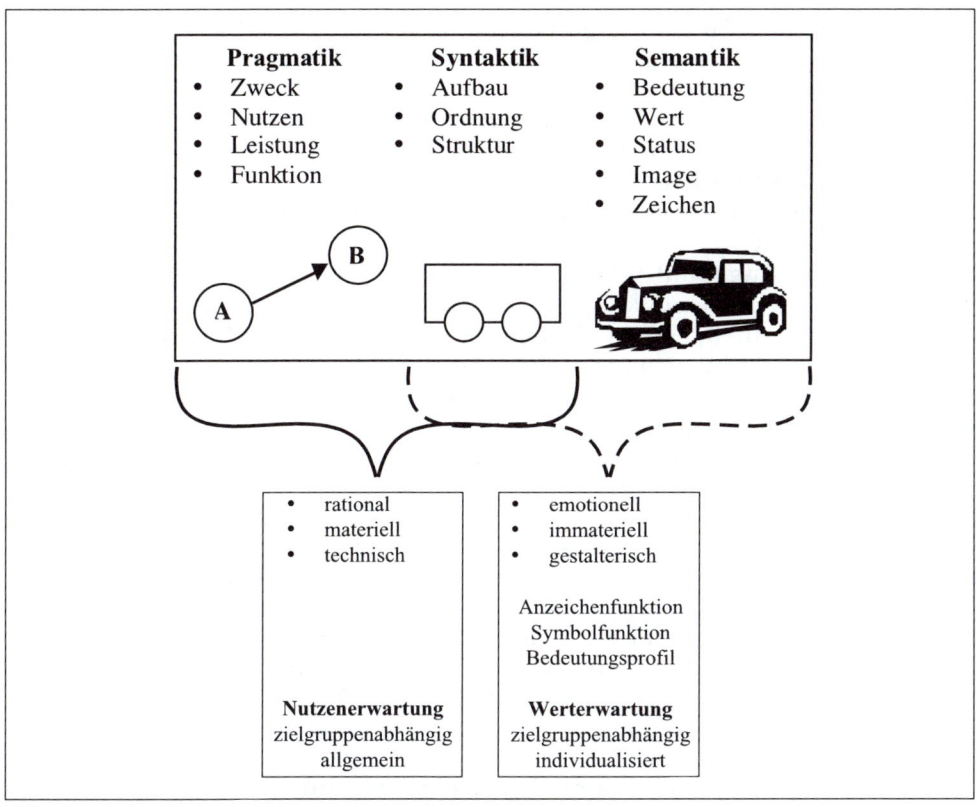

Abb. 63: Bedeutungsdimension eines Produktes
Quelle: Grillo, 2001, Design Workshop

Das Design unterliegt dabei

- betriebsinternen Bedingungen (z.B. Konstruktionsprinzipien, Produktionsprozess, Kostenbegrenzungen, Zielgruppenauswahl),
- betriebsexternen Bedingungen (Wertstrukturen und Präferenzen der Zielpersonen, Umweltverträglichkeit, gesetzliche Bestimmungen).

Ein erfolgreiches Produktdesign soll folgende **Wertmaßstäbe** erfüllen (Kriterien für eine Designauszeichnung verwendet vom Industrieforum Design Hannover) (Hilgenstock, Schupach, 2001, S. 4):

- **praktischer Nutzen**
  hohe Gebrauchstauglichkeit und einwandfreies Funktionieren
- **ausreichende Sicherheit**
  Erfüllung von Sicherheitsvorschriften, Schutz vor fehlerhaftem Gebrauch

- **ergonomische Anpassung**
  Anpassung an die physischen Gegebenheiten des Benutzers (Arbeitshöhen, Greifweiten, leichte Bedienbarkeit und Ablesbarkeit, Vermeidung belastender Ermüdung, visuelle Störungsfreiheit)
- **technische und formale Eigenständigkeit**
  Vermeidung von Nachahmung
- **Umfeld-Beziehungen**
  der Gegenstand soll auch in Funktion und Gestalt in der späteren Produktnachbarschaft (d.h. in Beziehungen zu anderen Produkten) sinnvoll sein
- **Umweltfreundlichkeit**
  Energie- und ressourcenschonend in Herstellung und Gebrauch, abfallarm und recyclinggerecht
- **hohe Gestaltungsqualität**
  Prägnanz und Eindeutigkeit der Gestaltungselemente, Kontrast von Form, Farbe und Schriften, ästhetisch sinnvolle Gliederung im Einklang mit Herstellung, Nutzung und Wartung der Teile. Logik der Form hinsichtlich des verwendeten Materials, des Herstellungsverfahrens und des Gebrauchs
- **eine sinnlich-geistige Stimulans**
  die Gesamtwirkung sollte zu einer Identifikation führen. Ihre Bedeutung hängt von der Funktion der Objekte ab

Das Design soll auf diese Weise einen emotionalen Mehrwert liefern und einen einzigartigen Verkaufsvorteil (USP = unique selling proposition) schaffen.

Obwohl allgemein anerkannt wird, dass die Qualität eines Produktes maßgeblich durch sein Design bestimmt wird, liegt der Anteil, der in die Formgebung eines Produktes investiert wird meist bei unter 20 %, bei 40 % der Produkte sogar unter 5 % (Hessler, 1998, S. 166 ff.).

Die **Gestaltung der funktionalen Eigenschaften und des Design** macht die so genannte **Produktsprache** aus.

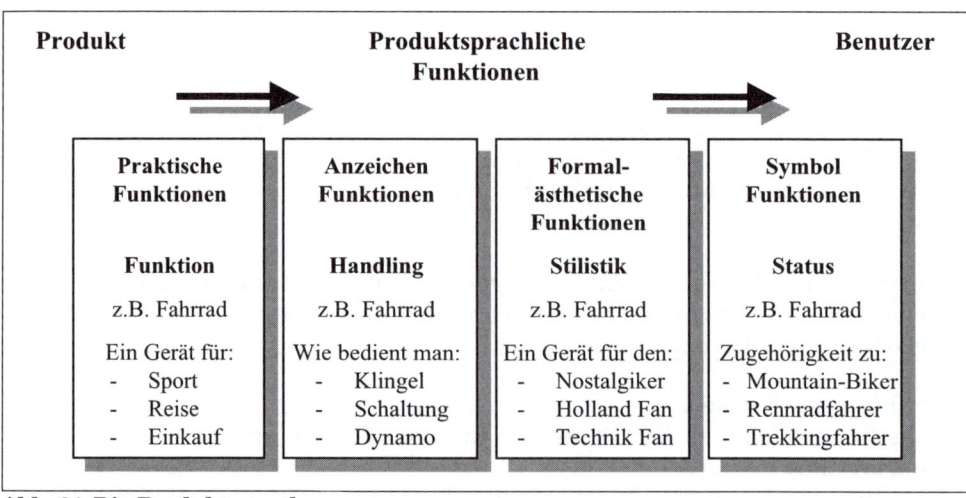

Abb. 64: Die Produktsprache
Quelle: Grillo, 2001, Workshop Design Management, S. 13

Im internationalen Geschäft müssen sich funktionale Eigenschaften und Design nicht nur an unterschiedlichen Konsumentenbedürfnissen ausrichten, sondern zahlreichen nationalen **Gesetzen, Vorschriften und Verordnungen** entsprechen. Sie dienen vor allem dem Verbraucherschutz und regeln deshalb

- die Produktsicherheit,
- die Produkthaftung.

4.3 Produktsicherheit

In den 60er und 70er Jahren wurden erstmals in den USA auf Druck der Verbraucherverbände zahlreiche Gesetze zum Schutz des Verbrauchers vor gesundheitlichen, materiellen und immateriellen Schäden, zur Verbesserung seiner informatorischen Grundlagen und zur Stärkung seiner Rechtsposition durchgesetzt. In dieser Zeit des **Konsumerismus** (consumerism) konnten erstmals Produkte nur dann verkauft werden, wenn sie bestimmte gesetzliche **Verbraucher-Schutzvorschriften** erfüllten (Bruns, 2000, S. 14).

Der Konsumerismus verlor an Bedeutung, als die Unternehmen in zunehmendem Maße erkannten, dass nicht nur die Einhaltung, sondern die „Übererfüllung" bedürfnisrelevanter Vorschriften Wettbewerbsvorteile bringt.

In Europa gibt es seit 1997 mit dem Gesetz zur „Regelung der Sicherheitsanforderungen an Produkte und zum Schutz der **CE-Kennzeichnung** (Produktsicherheitsgesetz)" einen einheitlichen Sicherheitsstandard für Konsumgüter.

Danach gilt ein Produkt dann als sicher, wenn auf entsprechende Gefährdungen hingewiesen wird, die sich im Umgang mit einem Produkt während des gesamten Lebenszyklus – vom Auspacken, über die Benutzung bis zur Entsorgung – ergeben können. Zu einem technischen Produkt gehören nachvollziehbare Angaben zu den Produktionsprozessen, zu den durchgeführten Prüfungen sowie eine technische Dokumentation (Montage- bzw. Bedienungsanleitung).

Ein Hersteller, der das **CE Zeichen** in eigener Verantwortung anbringt, erklärt damit dass er die Sicherheitsanforderungen der EU Richtlinie eingehalten hat. Er kann damit seine Produkte uneingeschränkt in Europa vertreiben. In 2001 wurden die Standards und die Produkthaftung verschärft und die Unternehmen stärker in die Pflicht genommen, Produkte, von denen Gefährdungen ausgehen können, mit Rückrufaktionen vom Markt zu nehmen. Rückrufaktionen erfolgen inzwischen auf allen Gebieten von Autos über Medikamente bis zu Patienten (in Korea), an denen Schönheitsoperationen durchgeführt wurden.

Darüber hinaus ist in Deutschland die freiwillige Anbringung des **GS Zeichens** (TÜV Geprüfte Sicherheit) möglich. Ferner müssen, je nach Branche, zahlreiche gesetzliche Bestimmungen beachtet werden, wie sie z.B. das Gerätesicherheitsgesetz, das Lebensmittel- und Bedarfsgegenständegesetz, die Hygienegesetze oder

die Gesetze über Lebensmittelzusatzstoffe und die Kennzeichnungspflicht vorschreiben.

Im Investitionsgüterbereich gibt es ebenfalls eine Fülle nationaler Bestimmungen,
deren Einhaltung durch Zertifikate (VDE, TÜV) nachgewiesen werden muss, bevor
ein Produkt in den Verkehr gebracht werden kann.

Vergleichbare **Konformitäts- und Prüfzeichen** gibt es in vielen Ländern und
Branchen z.B. das Prüfzeichen S+ in der Schweiz, CSA in Kanada, UL und CSA/US
in den USA oder SAA in Australien sowie das CB Zertifikat, das für 34 Länder die
gegenseitige Anerkennung von Prüfberichten regelt.

4.4 Gewährleistung und Produkthaftung

Der Käufer eines fehlerhaften Produktes oder der Käufer, der durch ein Produkt
geschädigt wurde, kann unter Umständen Ansprüche geltend machen aus

* Gewährleistung,
* Produkthaftung.

Die vertragliche oder gesetzliche **Gewährleistung**, gewährt einen Ausgleich für
den Minderwert einer Sache (www.produkthaftung ihk hannover.de).

Unter **Produkthaftung** (auch: Produzentenhaftung) versteht man die **Haftung
für Folgeschäden** an Personen und Sachen, die dem Benutzer oder Dritten durch
die Verwendung fehlerhafter Produkte entstehen.

Die Produkthaftungsbestimmungen setzen zum einem bei einem Fehlverhalten des
Produzenten, zum anderen bei einem Produktfehler an (www.ruesmann.jura.uni-
sb.de 2001).

4.4.1 Gewährleistung und Produkthaftung in der EU

Nach dem neuen Schuldrecht von 2002 (§§ 434 ff.) steht dem Käufer bei Lieferung
einer fehlerhaften Sache das Recht auf Nacherfüllung zu. Erfolgt keine Nacher-
füllung, so hat er die weiteren Gewährleistungsrechte Rücktritt oder Minderung.
Beim Verschulden des Käufers kann er auch Schadensersatz verlangen. Der
Fehlerbegriff wurde auf unzutreffende Werbeaussagen, falsche Montagen oder
Montageanleitungen erweitert.

Gewährleistungsansprüche können sich ferner ergeben aus

* den allgemeinen Geschäftsbedingungen (geregelt in den §§ 305 bis 310 BGB),
* dem Konsumentenschutzgesetz,
* dem Versicherungsvertragsgesetz.

Die vertraglichen **Gewährleistungsansprüche** verjähren 2 Jahre nach Übernahme der Kaufsache sowohl für Verbrauchergeschäfte als auch im B2B Bereich. Im B2B Bereich kann die Gewährleistung aber – abgesehen von Fällen der Haftung wegen Vorsatzes – einzelvertraglich auf ein Jahr verkürzt werden.

Die **Produkthaftung in Deutschland** beruht auf der **Delikthaftung des BGB §§ 823 ff.** und auf dem **Produkthaftungsgesetz (ProdHaftG)** von 1990, bei dem es sich um die Umsetzung der EG Produkthaftungsrichtlinie von 1985 handelt. Für die Anwendung des BGB ist ein Verschulden erforderlich, für eine Haftung nach dem ProdHaftG ist ein Verschulden irrelevant. Einem Geschädigten stehen beide Anspruchsgrundlagen für eine Klage offen (Podratz, 1992, S.24).

Der Grundgedanke des § 823 I ist die **verschuldensabhängige Haftung nach der ein Hersteller schadenersatzpflichtig wird, wenn er eine unerlaubte Handlung begangen hat** (z.B ein fehlerhaftes Produkt in den Verkehr gebracht hat oder auftretende Schäden nach Markteinführung nicht erkannt oder nicht berücksichtigt hat).

Der Grundgedanke des § 823 II ist die **Haftung bei schuldhafter Verletzung eines Schutzgesetzes** (z.B. Verstoß gegen das Gerätesicherheitsgesetz (GSG) oder das Lebensmittelgesetz (LebMG)).

Die Beweislast liegt beim § 823 I beim Hersteller (Beweislastumkehr), beim § 823 II muss dagegen der Geschädigte das Verschulden des Herstellers beweisen.

Während der § 823 sich auf den Ersatz eines Vermögensschaden bezieht, gibt der § 847 dem Geschädigten die Möglichkeit, den Hersteller auch auf Schmerzensgeld als Entschädigung für immaterielle Schäden zu verklagen.

Während es sich bei der Haftung nach § 823 BGB um eine verschuldensabhängige Haftung handelt, handelt es sich bei der Haftung nach dem **Produkthaftungsgesetz (ProdHaftG)** um eine reine **Gefährdungshaftung**. Wer eine Schadensquelle schafft und daraus wirtschaftlichen Nutzen zieht (z.B. fehlerhafte Produkte verkauft) soll haften, selbst wenn ihm kein Verschulden anzulasten ist.

Dabei sind vier **Fehlertypen** zu unterscheiden:

- Konstruktionsfehler
- Fabrikationsfehler
- Instruktionsfehler
- Produktbeobachtungsfehler

Konstruktionsfehler treten aufgrund einer fehlerhaften technischen Konzeption auf, daher haftet der Fehler allen Produkten an. Das Erkennen führt deshalb zu Rückrufaktionen ganzer Produktserien (z.B fehlerhafte Bremsanlagen oder fehlende Schutzvorrichtungen an Maschinen).

Fabrikationsfehler entstehen bei der Fertigung und haften nur einzelnen Produkten an (z.B Materialfehler oder Typhusbakterien in Dosenmilch).

Instruktionsfehler sind fehlerhafte, lückenhafte oder ungenaue Gebrauchsanweisungen, die zu einer Gefährdung führen können oder die Gefahren nicht genügend deutlich machen. Denn Hersteller sind auch verpflichtet vor vorhersehbaren Fehlbenutzungen zu warnen (z.b. fehlender Hinweis auf Feuergefährlichkeit oder auf einen einzuhaltenden Sicherheitsabstand).

Produktbeobachtungsfehler treten erst im Verlauf der Produktbenutzung auf und können vorher nicht erkannt werden. (z.b. nicht vorhersehbare Wirkungen der Einnahme zweier Medikamente). Hieraus kann sich die Pflicht zur Information, zur Produktveränderung oder zum Produktrückruf ergeben.

Ein Schwerpunkt des Produkthaftungsgesetzes ist die **Erweiterung des Herstellerbegriffs**. Als Hersteller gilt nicht nur derjenige, der das Produkt hergestellt hat, sondern auch der Lizenznehmer, der Hersteller eines Teilproduktes (Zulieferer, vorausgesetzt das Teil allein war fehlerhaft), der Quasi-Hersteller (der z.B. Produkte in Lohnfertigung im Ausland herstellen lässt und unter seinem Namen vertreibt), der Importeur (von Nicht-EU-Waren) und auch der Händler, falls der Hersteller nach außen nicht in Erscheinung tritt (was generell für alle Handelsmarken gilt).

Alle, die am Entstehen eines Fehlers ursächlich beteiligt sind, haften als Gesamtschuldner. Diese Haftung kann gegenüber dem Geschädigten nicht durch Allgemeine Geschäftsbedingungen ausgeschlossen werden (www.produkthaftung ihk hannover.de).

Tatbestände	§§ 823 BGB	ProdHaftG
Anwendungs-voraussetzung	Verschulden (Delikthaftung)	Auch ohne Verschulden (Gefährdungshaftung)
Geschützter Personenkreis	Private und gewerbliche Endverbraucher Vertragspartner des Herstellers	vor allem Endverbraucher
Sachschäden	alle Sachschäden	nur Sachschäden privater Endverbraucher
Personenschäden	alle Personenschäden	Personenschäden privater und gewerblicher Endverbraucher sowie Vertragspartner des Handels
Schmerzensgeld	Schmerzensgeld nach § 847 BGB	kein Schmerzensgeld
Haftungsadressat	Hersteller	Hersteller, Importeur, Lieferant
Haftungshöchstbetrag	kein Haftungshöchstbetrag	Personenschäden 82 Mio EUR
Selbstbeteiligung	keine Selbstbeteiligung	bis zu einer Bagatellgrenze rd. 575 EUR
Verjährung	3 Jahre nach dem Schadensfall, spätestens nach 30 Jahren	3 Jahre nach dem Schadensfall, spätestens nach 10 Jahren

Abb. 65: Abgrenzung der Produkthaftungsgrundlagen

Eine vollständige einheitliche Regelung der Produkthaftung gibt es innerhalb der EU nicht, da die EG Richtlinie von den Einzelstaaten unterschiedlich umgesetzt wurde. Zum anderen hat der Kläger nach wie vor die Möglichkeit, auf die verschuldensrechtliche Produkthaftung nach nationalem Recht zurückzugreifen. (Hüttel, 1998, S.408)

4.4.2 Gewährleistung und Produkthaftung in den USA

In den USA gibt es ebenfalls eine gesetzliche Mindestgewährleistungspflicht (implied warranties) und eine vertragliche Garantie (expressed warranties). Hier besteht eine verschuldensunabhängige Haftung wegen Verstoßes gegen gesetzliche oder vertraglich vereinbarte Gewährungspflichten (breach of warranty).

Beide Haftungen unterscheiden sich nicht sehr von der EG Produkthaftungs-richtlinie. Ähnlich ist auch die Unterscheidung in die Fallgruppen

* design defects (Konstruktionsfehler),
* warning defects (Instruktionsfehler),
* product monitoring defects (Produktbeobachtungsfehler).

Starke Unterschiede ergeben sich aber aus den materiell-rechtlichen Regelungen der Prozesspraxis und der Höhe der Schadenskompensation. Bei der Schadens-kompensation gilt das Prinzip des Schadensersatzes mit Strafwirkung (punitive damages). So wird bei der Bemessung der Schadenshöhe und des Strafmaßes u.a. auch die Vermögenssituation des Beklagten berücksichtigt. Dies ist in den einzelnen Bundesstaaten unterschiedlich geregelt.

4.5 Produktschutz

Bevor Produkte geschützt werden, sollte überprüft werden, ob nicht die Verwirkli-chung der eigenen Idee sei es in Form eines Produktes, einer Marke oder einer Dienstleistung zur Schutzrechtsverletzung bestehender Rechte führt. Diese Re-cherche sollte von der Entwicklungsphase bis zur Veröffentlichung der Schutzrechts-anmeldung laufend weiter geführt werden, da bis zu diesem Zeitpunkt Konkurren-ten einem Anbieter zuvorkommen können und als erste Schutzrechte anmelden können.

Gewerbliche Schutzrechte in Deutschland sind der

* Patentschutz,
* Gebrauchsmusterschutz,
* Geschmacksmusterschutz,
* Markenschutz,
* Urheberschutz,
* Halbleiterschutz.

Patente schützen technische Erfindungen, die gewerblich anwendbar sind. Der Patentschutz beträgt maximal 20 Jahre. Er ist nur in dem Land gültig, in dem die Anmeldung erfolgt. Es besteht jedoch die Möglichkeit aufgrund des **Europäischen Patentübereinkommens** (EPÜ) einen europäischen Patentschutz durch Anmel-dung beim **Europäischen Patentamt** (EPA) in München ebenfalls für 20 Jahre zu erhalten. Im Jahre 2001 verzeichnete das EPA 158.160 Anmeldungen. Davon kamen knapp 49 % aus den 20 europäischen Mitgliedsstaaten der **Europäischen Patentorganisation** (EPO), 28 % aus den USA und 18 % aus Japan. Der Anteil Deutschlands an den europäischen Anmeldungen betrug rd. 40 %.

Fast alle bedeutenden Länder der Welt haben einen **Patentzusammenarbeitsvertrag (Patent Cooperation Treaty (PCT))** unterschrieben. Er eröffnet die Möglichkeit, einen **internationalen Schutz** für die dem PCT angehörenden mehr als 100 Länder zeitgleich mit einer Anmeldung bei dem für das eigene Land zuständigen Patentamt zu erreichen. Die Patenterteilungsverfahren finden jedoch beim PCT unabhängig voneinander bei den Patentämtern in den Ländern statt, in denen man für die Anmeldung Schutz sucht.

Die meisten Anmeldungen bei der EPA erfolgen inzwischen auf dem Wege einer internationalen Anmeldung über den PCT.

Unternehmen verzichten oftmals auf Patentanmeldungen, wenn

- der Schutzumfang so klein ist, dass Wettbewerber wegen der technischen Entwicklung den Schutz ohne Rechtsverletzung umgehen können,
- Verfahrensentwicklungen, im Unternehmen geheim gehalten werden können, um Konkurrenten keine Anhaltspunkte für mögliche Schutzrechtsumgehungen zu geben.

Ob eine **Patentanmeldung im Ausland** erfolgen soll, hängt von u.a. folgenden Fragen ab:

- Kann das Produkt auch in anderen Ländern hergestellt werden als im Ursprungsland, in dem Patentschutz besteht?
- Sollen die zu schützenden Auslandsmärkte selbst bearbeitet werden?
- Können die eigenen Patente eingesetzt werden, um auf nicht bearbeiteten Märkten Lizenzeinnahmen zu erzielen?
- Nach welcher Zeit wird das Patent aufgrund technischer Neuentwicklungen überholt sein?

Es ist allein Aufgabe des Inhabers eines Patentschutzes zu überprüfen, ob die Rechte durch Dritte verletzt werden. Die Verletzung eines Schutzrechts löst einen Unterlassungsanspruch und bei Fahrlässigkeit einen Schadensersatzanspruch aus, wobei die Unkenntnis eines bestehenden Patentschutzes als Fahrlässigkeit interpretiert wird.

Gebrauchsmusterschutz wird in Deutschland und in verschiedenen anderen Ländern für technische Neuerungen gewährt, die geringere Anforderungen an die Erfinderleistung stellen (kleines Patent). Es wird z.B. an einem patentgeschützten Projektor eine Kurbel durch einen Kipphebel ersetzt, der die Bedienung erleichtert. Der Gebrauchsmusterschutz beträgt maximal 10 Jahre.

Ein **Geschmacksmusterschutz** schützt Farb- und Formgestaltungen zwei- oder dreidimensionaler gewerblicher Erzeugnisse, die durch ihre ästhetische Gestaltung einzigartig sind (z.B. die Colani Computer-Maus). Ein Geschmacksmusterschutz beträgt 5 Jahre und kann auf maximal 20 Jahre verlängert werden.

Durch den **Halbleiterschutz** können Topographien (zwei- und dreidimensionale Strukturen) von Halbleitererzeugnissen beim Deutschen Patentamt zum Schutz angemeldet werden. Geschützt werden auf diese Weise z.B. neuartige Computerchips für 10 Jahre, beginnend mit der geschäftlichen Verwertung.

Weltweit waren im Jahr 2001 mehr als 4 Millionen Patente in Kraft. Jedes Jahr werden rd. 700.000 Erfindungen zum Patent angemeldet (158.000 beim Europäischen Patentamt, 129.500 beim **Deutschen Patent- und Markenamt** (DPMA)). Ferner wurden im Jahr 2001 rd. 20.200 Gebrauchsmuster- und rd. 63.300 Geschmacksmusteranmeldungen beim DMPA registriert.

Für jede Erfindung wird durchschnittlich in 4 Ländern Patentschutz beantragt. Die Lizenzeinnahmen werden jährlich weltweit auf rd. 100 Mrd. US Dollar geschätzt. Die Europäische Patentorganisation (EPO) macht über das Internet unter esp@cenet 30 Mio. Patentdokumentationen kostenlos zugänglich (www.european-patent-office.org.).

5. Internationale Markenpolitik

5.1 Aufgaben einer Marke

In Zeiten zunehmender Austauschbarkeit von Produkten kommt der Marke eine wichtige und verlässliche Orientierungs- und Entscheidungsaufgabe – aufgrund der tief verankerten Bedeutung als Markenpersönlichkeit – zu. Kotler/Bliemel bezeichnen es als die vielleicht bedeutendste Marketingleistung eines Unternehmens, bedeutende Marken einzuführen und zu erhalten und damit seine Zukunft zu sichern (Kotler/Bliemel, 1995, S. 680).

Der Begriff der Markierung eines Produktes, also die Schaffung einer Marke (dt: marc = Grenze, franz: marque = Warenzeichen) diente lange Zeit ausschließlich dazu, einen **Herkunftsnachweis** für Produkte zu liefern (Bruhn, 1994, S. 3 ff). Heute ist der Begriff jedoch viel weiter zu fassen. Er findet zur Bezeichnung eines geschützten Rechtsgutes Verwendung, zur Charakterisierung einer Warengruppe, und er umfasst rationale Erwartungshaltungen und emotionale Leitbilder (Buck; Hermann, 2001, S.1).

Es lassen sich je nach Sichtweise verschiedene **Markendefinitionen** unterscheiden:

Die **rechtliche Definition** versteht unter einer Marke ein geschütztes Zeichen, welches zur Unterscheidung von Waren und Dienstleistungen anderer Unternehmen dient und welches diesen Schutz durch Eintragung in das Markenregister oder durch eine hinreichende Nutzung im geschäftlichen Verkehr erlangt (§§ 3, 4 MarkenG).

Die **ökonomische Definition** stellt die merkmalsbezogenen Ansätze in den Vordergrund. Hierzu gehört der Ansatz von Mellerowicz (1963) nach dem Marken, Waren sind, die folgende konstitutive Merkmale aufweisen (Meffert, 1998, S. 784 ff.):

- das Vorliegen einer Fertigware
- mit einer Markierung als physische Kennzeichnung
- in gleichbleibender oder verbesserter Qualität
- in gleichbleibender Menge
- in gleichbleibender Aufmachung
- in einem größeren Absatzraum (Überallerhältlichkeit bzw. Ubiquität)
- mit kommunikativer Unterstützung beim Endverbraucher und Anerkennung im Markt

Wenn auch inzwischen der Begriff auf alle Waren (nicht nur Fertigwaren) und Dienstleistungen ausgeweitet wurde, so haben alle übrigen Merkmale – aus Gestaltungssicht des Anbieters – nach wie vor Gültigkeit.

Die **marketing-orientierte Definition** rückt die anbieter-orientierte Sichtweise in den Hintergrund und stellt die Frage in den Mittelpunkt, wie Produkte oder Dienstleistungen beschaffen sein müssen, um ein in der **Psyche des Konsumenten verankertes, unverwechselbares Vorstellungsbild von einem Produkt oder einer Dienstleistung** zu liefern (Meffert, 1998, S. 785).

Aus **Sicht des Konsumenten** soll eine Marke folgende wichtige Funktionen erfüllen:

- Erleichterung der Identifikation durch eine hohe Bekanntheit einer Marke
- Orientierungshilfe bei der Auswahl
- Vermittlung von Vertrauen durch Kompetenz (Qualitätssicherungsfunktion)
- Beweis von Kompetenz beziehungsweise Sicherheit bei der Verwendung und Entsorgung. Diese Eigenschaften ergeben sich oft aus der Qualitätsvermutung
- Image- bzw. Prestigefunktion im sozialen Umfeld des Verwenders

Aus **Sicht des Anbieters** hat eine Marke die Aufgabe

- den Aufbau einer Markentreue (Markenloyalität) beim Kunden zu ermöglichen,
- Schutz vor Angriffen der Konkurrenz zu bieten,
- preispolitische Spielräume zu schaffen.

Zur Erfüllung dieser Forderung bedarf es

- der Schaffung einer Marke (Markenkonzept),
- der Positionierung einer Marke,
- der Führung einer Marke.

5.2 Markenkonzept

Ein **Markenkonzept** setzt sich zusammen aus

❑ Markengestaltung
  • Markenname
  • Markenzeichen
  • Markendesign
  • Qualitätsniveau

❑ Markenintegration
  • Produktprogramm
  • Preispolitik
  • Distributionspolitik
  • Kommunikationspolitik

Die **Markengestaltung** verschmilzt mit dem Einsatz der Instrumente zu einem Markenkonzept und zu einem Markenauftritt. Ein Werbespruch ("Nichts ist unmöglich...") kann damit eine Marke ebenso unverwechselbar machen, wie ein überlegenes Qualitätsniveau oder ein Markenname.

Insbesondere die Vergabe eines **Markennamens** spielt eine wichtige Rolle bei der Schaffung eines Markenkonzepts. Ähnlich wie man bei der Nennung eines persönlichen Namens sofort an eine Person denkt und mit dem Namen positive oder negative Erinnerungen verknüpft, wird die Nennung eines Markennamens, der mit dem Produkt zu einer Einheit verschmilzt, positive oder negative Assoziationen auslösen.

Ein guter Name sollte deshalb folgende Kriterien erfüllen (Meffert, 1994, S. 166; Kircher, 2000, S. 447 ff.):

  • Eigenständigkeit
  • Seriosität
  • Innovationskraft
  • Merkfähigkeit
  • Schutzfähigkeit
  • Internationale Verwendbarkeit (leichte Aussprechbarkeit, keine negativen Assoziationen)
  • Internationale Schutzmöglichkeit

Bei der Art der **Namensvergabe** lassen sich folgende Vorgehensweisen unterscheiden:

  • persönliche Namen
  • beschreibende Namen
  • assoziative Namen
  • artifizielle Namen

Persönliche Namen, Vornamen und Nachnamen oder ihre Abkürzungen waren früher die häufigste Form der Namensvergabe (z.B. Dr. Oetker, Jacobs, Mercedes, Adidas, Melitta oder Eduscho (Eduard Schopf)). Mit dem Vordringen der Kapitalgesellschaften wurden auch zunehmend Unternehmensnamen verwandt (z.B. Allianz, Nestlé).

Beschreibende Namen sagen konkret etwas über das Produkt aus, wie z.B. Kinderschokolade oder Schokomüsli. Diese Namen werden leicht zu Gattungsbezeichnungen. Die rechtliche Schutzwürdigkeit ist in vielen Fällen nicht gegeben. Beschreibende Namen können auch die Produktbeschaffenheit beschreiben (Nirosta für nichtrostenden Stahl, Persil für Perborat und Silikat).

Assoziative Namen sollen Inhalte vermitteln, die auch ohne kommunikative Unterstützung etwas aussagen. Der Sinngehalt eines Begriffs soll eine Botschaft für die Zielperson bedeuten (z.B. Kilofort, Slimfast, Knirps, Smart).

Alle diese Namen erlauben nur einen begrenzten internationalen Einsatz. Persönliche Namen sind oft in einer anderen Sprache unaussprechbar. Beschreibende Namen verlieren ihre Sinngebung und assoziative Namen lösen keine Assoziationen mehr aus. Darüber hinaus besteht die Gefahr, dass Namen in einer anderen Sprache eine andere Bedeutung haben können.

Mit der zunehmenden internationalen Verbreitung von Marken werden deshalb zunehmend **Buchstaben- und Zahlenkombinationen** und **virtuelle Namen** (Kunstnamen) verwandt. Namen wie D2, E-Plus, BMW 320 Ci oder wie Kelts, Vectra, Arcor oder Spheros können international eingesetzt werden.

Eine zunehmende internationale Bedeutung gewinnen **elektronische Marken.** Dabei ist zwischen traditionellen auf das Internet übertragenen Marken (Offline-Marken oder Electronic Enabled Brands) und neuen für das Internet geschaffenen Marken (Online-Marken oder Electronic Generated Brands) zu unterscheiden.

Während bei den übertragenen Marken die Markenidentität abgestimmt werden muss, kann sie bei den neu geschaffenen Marken unabhängig gestaltet werden. **Offline-Marken** können den Vorteil der Bekanntheit, Akzeptanz, Kompetenz und des bestehenden Images nutzen. Sie müssen auf ein neues Medium übertragen werden. Die völlig neu zu schaffenden **Online-Marken** ermöglichen es einem Unternehmen, sich dem Umfeld und den Bedingungen des Internet anzupassen. So können segmentspezifische Marken in einer Mehrmarkenstrategie individuell oder unter einem Markendach geführt werden (Hermann, 2001, S. 66 ff.).

5.3 Strategien zur Markenpositionierung

Ziel der Markenpositionierung ist es, eine dominierende Stellung in der Psyche des Verbrauchers (Meffert, 1998, S. 788), d.h. in seinem Empfinden, in seiner Beurteilung und in seinem Handeln und eine hinreichende Differenzierung gegenüber

Konkurrenzprodukten zu erreichen. Die **Markenpositionierung** dient also der **Profilierung** und der **Differenzierung**. Dies geschieht durch eine geeignete Strategie.

5.3.1 Internationale Markenstrategien

International stehen Unternehmen zwischen den Entscheidungen ein einheitliches Markenkonzept ohne nationale Besonderheiten weltweit durchzusetzen (globale Markenstrategie) oder auf Länderbesonderheiten Rücksicht zu nehmen und individuelle Konzepte für einzelne Ländermärkte zu entwickeln (multinationale Markenstrategie). Dazwischen gibt es die Möglichkeit durch Selektion (modulare Markenstrategie) oder durch Gruppierung von Ländern (konzeptionelle Bündelung), die Vorteile der beiden reinen Strategien zu nutzen (Meffert, 1998, S. 808 ff.).

Bei der **globalen Strategie** werden im Idealfall Marken unter einem Markenauftritt. d.h. unter einem Namen, einer Verpackung, in einer Qualität mit einheitlich gestalteten Marketing Instrumenten den gleichen Zielgruppen weltweit angeboten. Diese Strategie stellt die optimale Nutzung von Kostendegressioneffekten dar. Nachteilig kann sich die Vernachlässigung nationaler Besonderheiten auswirken.

Solche globalen Strategien findet man bei den „**Culture-Free-Products**" wie z.B. Soft-Drinks, Sportschuhen, Uhren, Zigaretten, Kameras oder PCs (Buck, Hermann, 2001, S. 1).

Die länderindividuelle Gestaltung von Marken erlaubt die Berücksichtigung nationaler Unterschiede bei den Verbrauchergewohnheiten. Oftmals wird die **multinationale Markenstrategie** auch von gesetzlichen Vorschriften (z.B. Vorschriften über Nahrungsmittelzusätze) erzwungen oder sie ist die Folge zugekaufter und unter dem ursprünglichen Namen weitergeführter Marken. Nachteilig ist die geringe Nutzung von Synergie- (Imageübertragung) und Kostendegressionseffekten.

Eine national ausgerichtete Strategie findet sich bei den „**Culture-Bound-Products**" wie z.B. bei Nahrungsmitteln wie Brot, Bier, Kaffee, Eiscreme oder Yoghurt.

Bei der **modularen Strategie** wird das Grundkonzept einer Marke länderspezifisch angepasst durch Veränderungen, Ergänzungen oder Weglassungen (z.B. Verpackungsform, Verpackungsinhalt, Funktionsergänzungen wie Standheizung beim Auto). Das einheitliche Markenkonzept soll dabei international gewahrt bleiben.

Lassen sich mehrere Länder in Ländergruppen sinnvoll zusammenfassen und bearbeiten, weil in ihnen die externen Rahmenbedingungen und Verbraucherbedürfnisse gleich sind (z.B. nordeuropäische Länder, asiatische Länder und zentralafrikanische Länder) kann man von einer **konzeptionell gebündelten Strategie** sprechen.

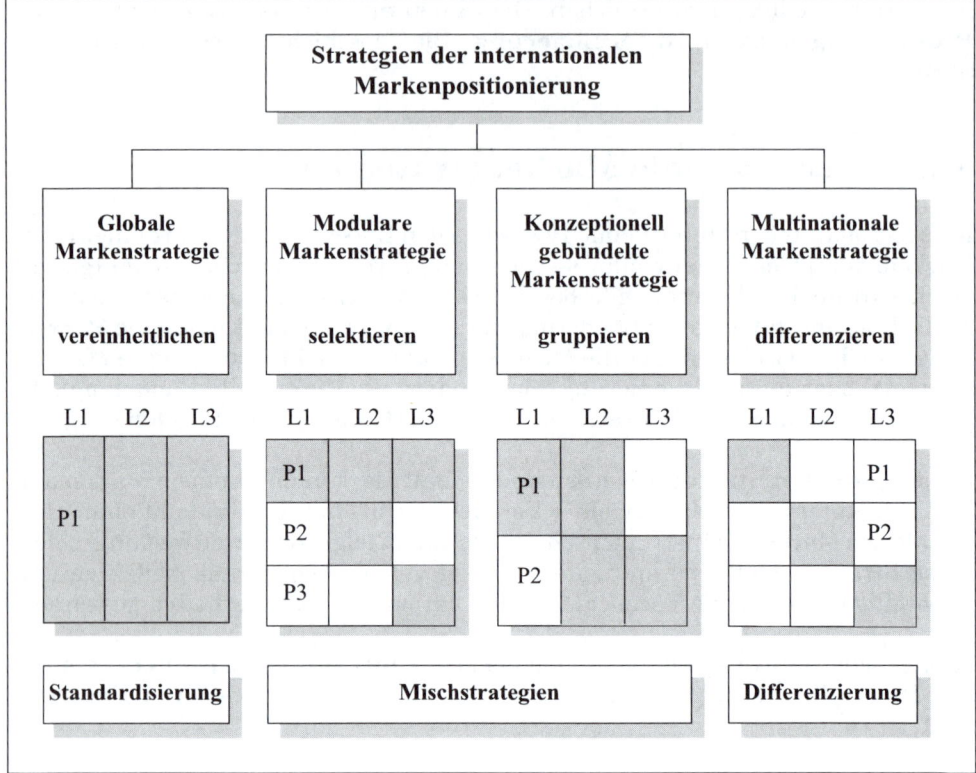

Abb. 66: Strategien der internationalen Markenpositionierung
Quelle: in Anlehnung an Meffert, Heribert, Marketing, S. 811

Welche dieser Strategien international von einem Unternehmen verfolgt werden wird, hängt im Wesentlichen ab, von den

- externen Rahmenbedingungen (gesetzlichen Vorschriften über Produktgestaltung, Produktsicherheit, Produkthaftung, Produktbeseitigung, Verwendung von Werkstoffen usw.),
- Verbraucherwünschen (Produktgrundnutzen, Zusatznutzen, Design, Image, Prestige usw.),
- internen Bedingungen (Zielen, Know how, Kapazitäten, Finanzkraft usw.).

Ist die strategische Grundsatzentscheidung gefallen, sind vertikale und horizontale Strategien für das internationale Vorgehen zu entwickeln.

5.3.2 Vertikale Strategien

Die **vertikale Strategie** kann von einem Hersteller oder vom Handel verfolgt werden. Sie kennzeichnet die **Preis- und Leistungsbandbreite**, indem Anbieter ihre Marken verankern. Neben den **Herstellermarken** (Klassische Markenartikel) haben sich in den letzten 30 Jahren zunehmend **Handelsmarken** (klassische Eigenmarken) etabliert. Dies geschah zum einen, weil sich der Handel von der Schaffung eigener Marken eine höhere Umsatzrendite als vom Vertrieb der Herstellermarken versprach, zum anderen weil auf diese Weise neue preissensitivere Verbrauchersegmente angesprochen werden konnten.

Die **Herstellermarken** haben sich in den letzten Jahren sowohl „nach oben" in Richtung Leistungsvorteil, Genuss und Geltung als **Premiummarken** und **Luxusmarken** profiliert, als auch „nach unten" in Richtung Preisvorteil durch Schaffung von Zweitmarken.

Der Handel hat ebenfalls neben seinen klassischen **Eigenmarken** gehobene oder **Premiummarken des Handels** geschaffen.

Die **No-Names** oder **Generics** als ursprünglich markenlose Produkte sind heute weitgehend zu **Discount-Handelsmarken** oder **Gattungsmarken** aufgewertet worden.

Je nach Produkt und Anbieter können die Premium-Handelsmarken auch vor den klassischen Herstellermarken eingeordnet werden, denn die unter eigener Führung stehenden Marken werden vom Handel nicht nur zur Demonstration der preislichen Leistungsfähigkeit, sondern zur Profilierung über Qualität und Image aufgebaut. Auch die Zweitmarken des Herstellers können fallweise hinter den klassischen Handelsmarken eingeordnet werden, wenn die Hersteller damit im Wesentlichen ihre preisliche Flexibilität beweisen wollen.

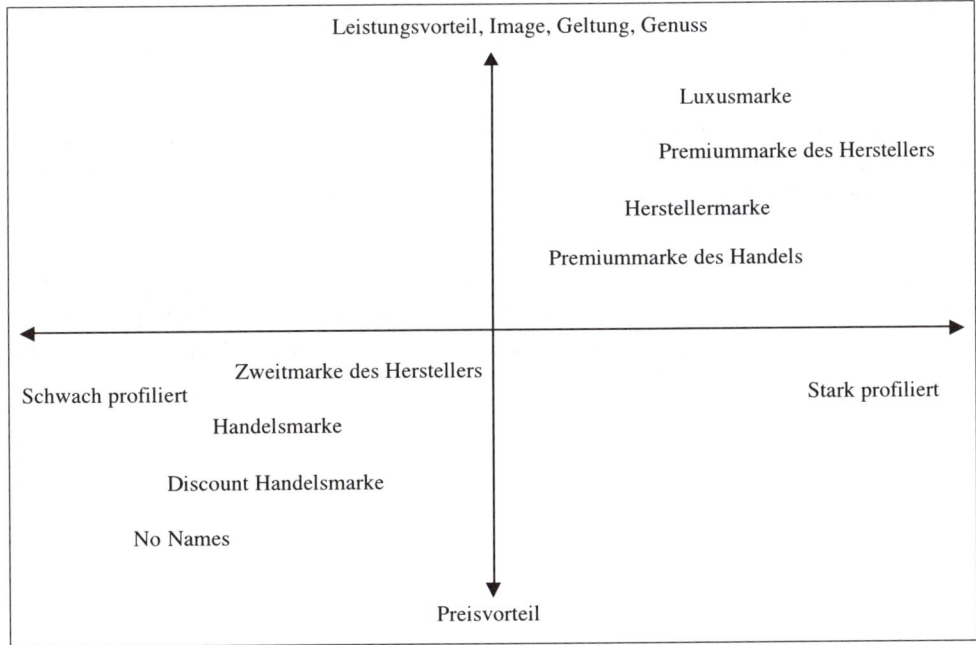

Abb. 67: Positionierung von Markenarten

5.3.3 Horizontale Strategien

Bei der horizontalen Strategie ist die Frage zu entscheiden, wie viel Produkte unter einer Marke geführt werden sollen. Die Entscheidung ist zu treffen, nach dem festgelegt wurde, ob Marken länderweise lokal angepasst werden müssen (Differenzierung oder Adaption) oder in mehreren oder sogar allen Ländern nahezu unverändert vertrieben werden können (Standardisierung).

Bei der **Einzelmarkenstrategie** werden die einzelnen Produkte eines Anbieters jeweils unter einem eigenständigen Namen vertrieben. Für **ein Segment eines Marktes** wird jeweils nur eine Marke konzipiert (z.B. Nestlé mit Thomy, Alete, Maggi, Le Parfait, Hirz oder Buitoni). Auf diese Weise soll eine unverwechselbare Markenpersönlichkeit (brand identity) geschaffen werden. Damit ist eine klare und präzise Profilierung und Positionierung und die genaue Ansprache einer Zielgruppe möglich.

Die Einzelmarkenstrategie erlaubt es, z.B. im internationalen Geschäft auf einem Ländermarkt niedrigpreisige Produkte anzubieten und auf einem anderen Ländermarkt hochpreisige Produkte unter einem anderen Namen. Ein weiterer **Vorteil** ist, dass auch eine Marke unter einem Namen international an die gleiche Zielgruppe vertrieben werden kann (z.B. Procter & Gamble mit Ariel, Mr. Propper und Pampers).

Nachteil ist, dass eine Marke alle Marketingaufwendungen tragen muss. Die hohen Einführungskosten angesichts immer kürzer werdender Lebenszyklen, das Risiko des Verfehlens der Mindestabsatzmengen, die schnellen Strukturveränderung von Marken und die fehlende Unterstützung durch angrenzende Marken des eigenen Sortiments führt dazu, dass die Einzelmarkenstrategie immer seltener angewandt wird (Meffert, 1998, S. 794).

Bei der **Mehrmarkenstrategie** werden **mehrere Marken in einem Produktbereich** angeboten. Sie unterscheiden sich hinsichtlich Preis-, Qualitätsniveau und Markenkonzeption und wenden sich somit an verschiedene Zielgruppen in verschiedenen Marktsegmenten.

Ein Markt kann auf diese Weise besser durchdrungen und ausgeschöpft werden (z.B. Philip Morris mit Marlboro, Benson & Hedges, Philip Morris oder Eckes mit den Weinbrandmarken Attaché, Chantré, Mariacron). Hier soll dem Verbraucher nicht bewusst werden, dass die Produkte aus einem Hause kommen.

	Chancen	**Risiken**
Einzelmarken-strategie	• Generell: Je spezifischer die Markenleistung, desto höher wird die Markenkompetenz der Marke wahrgenommen • Spezifische Profilierung möglich • Keine Gefahr negativer Ausstrahlungseffekte auf andere Marken (z.B. bei Neueinführungen)	• Produkt muss alle Markenaufwendungen tragen
Mehrmarken-strategie	• Markenwechsler können gehalten werden durch Produktvarietät • Durch Einführung von „Kampfmarken" können die übrigen Marken vom Preiskampf ferngehalten werden	• Kannibalisierung: Die eigenen (Mono) - Marken bzw. Produkte nehmen sich gegenseitig Marktanteile weg (Substitutionseffekt)
Mehrmarken-familien-strategie	• Durch gegenseitige Unterstützung der Marken schnellere Akzeptanz beim Handel und besseres Feedback der Kunden • Kosten der Markenbildung vergleichsweise gering durch Nutzung von Synergien • Ansprache neuer Zielgruppen durch Marktausweitung	• Gefahr von negativen Ausstrahlungen auf andere Produkte der Markenfamilie, falls konstante Qualität und Ähnlichkeit der Produkte nicht eingehalten werden
Dachmarken-strategie	• Produkte tragen den Profilierungsaufwand gemeinsam • Durch gegenseitige Unterstützung der Marken schnellere Akzeptanz beim Handel und besseres Feedback der Kunden • Aufbau eines Firmenimages	• Generell: Je höher der Diversifikationsgrad, desto schwächer wird die Markenkompetenz der Marke wahrgenommen • Dachmarken können weniger klar profiliert werden • Risiko negativer Ausstrahlungseffekte bei Produkten mit stark differierender Ausrichtung und Qualität

Abb. 68: Vor- und Nachteile verschiedener Markenstrategien
Quelle: Krafft, WHU, 2001

Markenwechsler (Markenhopper) werden in vielen Fällen beim Wechsel eine andere Marke des Konzerns wählen und somit den Konzernumsatz nicht schmälern. Die Einführung von Niedrigpreismarken in einem Segment kann außerdem etablierte Marken vor einem ruinösen Preisangriff schützen (z.B. die Marke 1-2 Fly bei TUI oder Go bei British Airways).

Die **Gefahr** der Mehrmarkenstrategie liegt darin, dass Märkte „übersegmentiert" werden, d.h. dass auf einem Markt zu viele Produkte angeboten werden, die sich gegenseitig Marktanteile wegnehmen (Kannibalisierung).

Bei der **Dachmarkenstrategie** werden **alle Produkte eines Unternehmens unter einem Dach** geführt. Das **Dach wird oft vom Firmennamen gebildet**. Das einzelne Produkt wird durch einen Namenszusatz zum Dachmarkennamen gekennzeichnet (z.B. VW Polo, VW Passat, VW Bora). Die Produkte können dabei auf einem Markt vertrieben werden, wie es z.B in der Automobilindustrie der Fall ist oder auf mehren Märkten angeboten werden (z.B. Siemens Waschmaschine, Siemens Kühlschrank, Siemens Handy. Die Preussag z.B. hat im Jahre 2001 alle ihre Aktivitäten unter die Dachmarke „World of TUI" geholt.). Dies ist eine der häufigsten Markenstrategien bei international tätigen Unternehmen (z.B. Mercedes, Ford, Allianz, IBM, Philips, Deutsche Bank oder McKinsey).

Der positiv besetzte Name eines Herstellers soll dazu dienen, das Image auf die Produkte dieses Herstellers zu übertragen. Damit soll als **Vorteil** das Floprisiko bei neuen Produkten verringert, die Markenidentität und die Markenbindung erhöht werden. Unternehmen mit international bekannten Namen können auf diese Weise Auslandsmärkte durch einen Vertrauensvorschuss, den ihnen Verbraucher entgegenbringen, leichter erschließen.

Das **Risiko** dieser Strategie liegt darin, dass mit einer Beschädigung des Firmennamens (z.B. Bayer durch Lipobay®) auch die Kompetenz für andere Marken beschädigt werden kann. Besonders stark ist hier auch das Risiko der Kannibalisierung.

Die **Markenfamilienstrategie** ist dadurch gekennzeichnet, dass **mehrere Marken verwandter Produkte unter einem Namen vertrieben werden** (der nicht der Unternehmensname ist). So führt Beiersdorf u.a. die Markenfamilien Nivea, Hansaplast, Juvena, Tesa oder 8 x 4. Unter dem Namen Nivea (Produktgruppenmarke oder Range Marke) werden dann Produkte wie Creme, Seife, Deo Shampoo, Duschgel oder Sonnenschutzmittel usw. geführt. Auf diese Weise sollen alle eingeführten und neu hinzukommenden Produkte (line extension) vom Image der Range Marke profitieren.

Die Markenfamilienstrategie ist oft die Fortführung einer Einzelmarkenstrategie. So begann Beiersdorf kurz nach der Jahrhundertwende 1900 zunächst mit der Nivea Creme.

Unilever kündigte im Jahre 2001 an, die Zahl der Marken in drei Jahren von 1.600 auf 400 zurückzuführen. Man will sich auf Marken wie Axe oder Dove konzentrieren, anstatt auf bedeutungslose Labels. Um Größenvorteile bei Produktion und Marketing zu nutzen, werden internationale Einzelmarken durch neue Labels verknüpft. Margarineprodukte, die in unterschiedlichen Ländern Rama, Blue Band oder Solo heißen, werden durch ein einheitliches „Culiness"-Logo in eine Markenfamilie überführt. Starke Monomarken werden zu Markenfamilien ausgebaut. So soll die italienische Olivenölmarke Bertolli zu einer Weltmarke ausgebaut werden und Pasta, Aufstrich und Mayonnaise unter diesem Namen vertrieben werden (Fischer, Ronko, 2001).

Vorteile bestehen bei der Markenfamilienstrategie im Good will Transfer des Range Namens auf die Einzelprodukte einer Produktfamilie. **Negative Einflüsse** können entsprechend dann entstehen, wenn ein Produkt fehlerhaft ist und geändert oder zurückgerufen werden muss. Die Rückrufaktion eines Sparproduktes wegen Listeriose Bakterien (Harzer Roller) oder der Six Packs von Jever wegen möglicher Verunreinigungen durch Glaspartikel können sich negativ auf die Familienmarken auswirken.

Die **Markentransferstrategie** dient der **Ausweitung des Images und des Bekanntheitsgrades** von Marken durch Übertragung des Markennamens auf andere Produktbereiche. So z.B. hat der Feuerzeughersteller BIC auch Kugelschreiber und Rasierapparate unter diesem Namen eingeführt. In vielen Fällen werden die Nutzungsrechte des Markennamens in Form von Markenlizenzen gewährt (z.B. Porsche und Porschebrille, Boss und Boss Parfum).

5.4 Markenführung

Unter Markenführung versteht man alle Maßnahmen, die sich

- mit dem Aufbau eines Markenportfolios,
- mit der Entwicklung einer Markenkonzeption,
- mit der Strategie der Positionierung,
- mit dem Marketing Controlling,

befassen. Hierzu zählen ferner die möglichen Reaktionen auf Marktveränderungen (z.B. Markenerweiterung oder Relaunch), die sich im **zeitlichen Ablauf des Lebenszyklus** ergeben können. **Ziel der Markenführung ist es eine Marktposition aufzubauen, zu erweitern und zu verteidigen.**

Dabei ist zwischen einer

- strategischen Markenführung (brand governance) und
- operativen Markenführung (brand management)

zu unterscheiden. Die **strategische Führung** befasst sich mit der Einordnung einer Marke in das Markenportfolio eines Unternehmens, mit der Ausrichtung der Markenstrategie sowie der Organisation des Markenmanagements und des Markenmonitorings. Die **operative Führung** befasst sich mit allen Maßnahmen, die den Erfolg einer einzelnen Marke betreffen.

Bei der Ausrichtung eines **Markenportfolios** geht es um die Zahl der Marken, ihre Positionierung auf den internationalen Märkten und um die Beziehung der Marken zueinander, um eine schlagkräftige Markenpolitik betreiben zu können. Markenkäufe und -verkäufe dienen häufig dazu, die Kernkompetenz zu sichern oder zu erweitern. So hat z.B. die Corn Products Comp., Chicago, (in Deutschland: Bestfoods GmbH) mit den Marken Knorr, Mazola, Maizena und Mondamin 1993 das Unternehmen Pfanni gekauft, um auf dem Markt der Kartoffel-Produkte besser vertreten zu sein.

Bei der **operativen Führung** geht es um die Erzeugung eines Zusatznutzens, um die Bildung von Präferenzen, die Schaffung einer Markenloyalität und um den Aufbau einer Markenstärke und damit den Ausbau des Markenwerts.

Dabei weisen folgende Fragen daraufhin welche Aspekte einer Marke zu fördern sind:

- Was leistet die Marke? (Brand Performance)
- Wie gibt sich die Marke? (Brand Personalitiy)
- Wodurch unterscheidet sich die Marke? (Brand Differentiators)
- Welche Signale sendet die Marke? (Brand Signals)

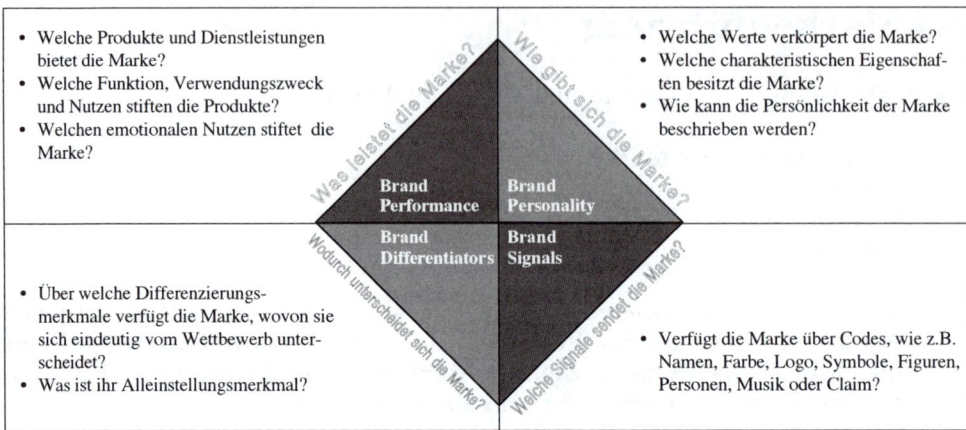

Abb. 69: Brand Essentials Modell, Stellhebel zum Ausbau der Markenstärke
Quelle: Zimmermann; Zander; Brand Equity, 2001

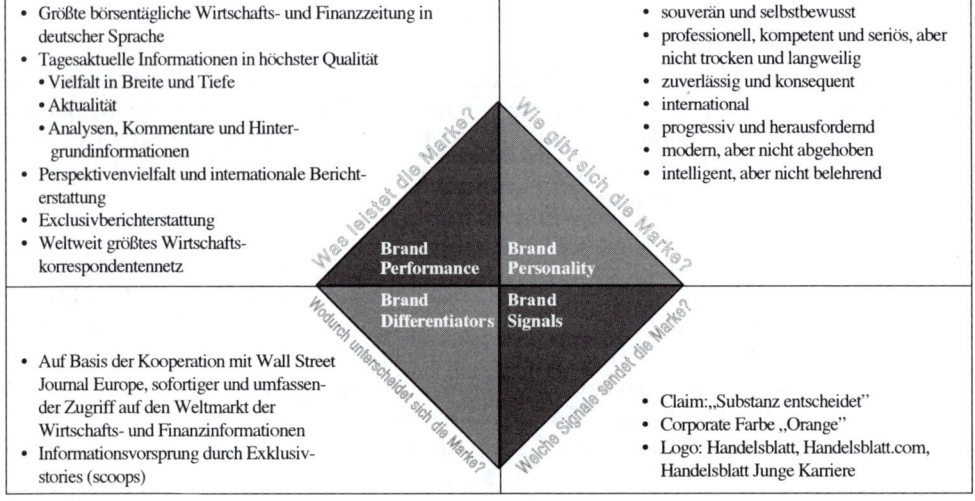

Abb. 70: Brand Essentials Modell, Beispiel Handelsblatt
Quelle: Zimmermann; Zander; Brand Equity, 2001

Marken stehen unter einem hohen Innovationsdruck. Der Verbraucher sucht neben Kontinuität und Bestätigung in Marken zunehmend Abwechslung und Dynamik. Marken müssen demnach Orientierung, Identität und Wiedererkennbarkeit gewährleisten und gleichzeitig Aktualität und Flexibilität vermitteln. Diesen gegenläufigen Forderungen versuchen Unternehmen zunehmend durch

- Relaunch einer erfolgreichen Marke,
- Line Extension im Rahmen einer Mehrmarkenstrategie

statt durch Einführung immer neuer Marken zu begegnen. Jugendmarken wie Diesel, Nike oder Adidas verlangen natürlich eine höhere Markendynamik, d.h. eine zeitlich kürzere Überarbeitung, als klassische Marken wie Nivea, 4711 oder Siemens.

Beim **Relaunch** einer Marke geht es darum, **kaufentscheidende Faktoren** (vgl. 3.1.2) einer Marke so zu verändern, dass die Kontinuität und Wiedererkennbarkeit gewahrt und gleichzeitig die Markenaktualität erhöht wird. Ein Relaunch wird in der Reife- oder Sättigungsphase des Lebenszyklus, wenn das Umsatzwachstum schwächer wird oder stagniert und die Gewinnentwicklung oft bereits rückläufig ist, durchgeführt.

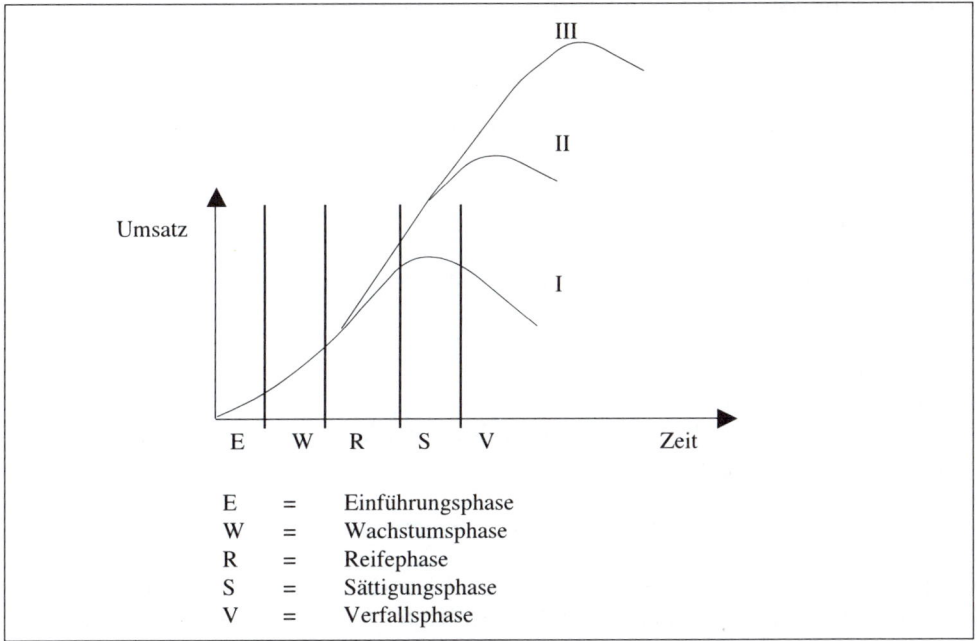

Abb. 71: Relaunch

Gegenstand eines Relaunch können sein:

- die Markierung (Markenname, Logo, Markendesign)
- die Produktgestaltung (Design, Werkstoff. Ausstattung usw.)
- die Verpackung
- der Service

Sehr häufig wird das Markendesign durch Neugestaltung des Namensschriftzuges oder des Logos geändert (vgl. Abb. 59).

5.5 Markenwert

Aufgrund der hohen Investitionen, die erforderlich sind, nicht nur um eine Marke bekannt zu machen, sondern vor allem, um eine Marke emotional in der Psyche der Zielpersonen so zu verankern, dass Präferenzen und Bindungen aufgebaut werden, repräsentieren erfolgreiche Marken einen erheblichen Wert.

Der Markenwert hat folgende Bedeutung (Zimmermann, Sander, 2001):

Unternehmensinterne Bedeutung des Markenwertes:

❑ Markenwert als Planungsinstrument
  • zur Allokation des Marketingbudgets
  • Vorgabe eines Markenwerts als Zielgröße
❑ Markenwert als Kontrollinstrument
  • Erfolgsmaßstab
  • Entlohnungsgrundlage

Unternehmensexterne Bedeutung des Markenwerts:

• Preisermittlung bei der Markenakquisition
• Kennzahl für externe Analysten
• Kreditsicherung durch die Marke
• Bestimmung der Höhe von Lizenzzahlungen für die Markennutzung oder im Rahmen des Franchising

Verschiedene Ansätze versuchen diesen Markenwert zu messen:

Globale Modelle versuchen den Markenwert als Einheit zu erfassen und zu quantifizieren. **Indikatoren Modelle** ermitteln den Markenwert anhand einer Reihe von Kriterien, deren Ausprägungen bewertet und gewichtet werden (Punktbewertungsmodelle). Hierzu gehören

• das Interbrand Modell,
• das Semion Modell,
• das A.C. Nielsen Modell.

Das **Interbrand Modell** untersucht sieben Haupteinflussgrößen (Marktführerschaft, Markenstabilität, Resistenz in Krisensituationen, Trend (Wachstumspotenzial) der Marke, Internationalität, Marketingunterstützung, rechtlicher Schutz) mit bis zu 100 Untergrößen. Semion untersucht vier und Nielsen 19 Faktoren.

Interbrand kam in 2001 zu folgender Reihenfolge der Markenwerte für die weltbesten Marken:

Rang	Marke	WERT 2001	Veränderung geg.Vorjahr in %	Land
1	Coca-Cola	68,95	-5	USA
2	Microsoft	65,07	-7	USA
3	IBM	52,75	-1	USA
4	General Electric	42,40	+11	USA
5	Nokia	35,04	-9	Finnland
6	Intel	34,67	-11	USA
7	Disney	32,59	-3	USA
8	Ford	30,09	-17	USA
9	McDonald's	25,29	-9	USA
10	AT&T	22,83	-11	USA
11	Marlboro	22,05	+/- 0	USA
12	Mercedes	21,73	+3	Deutschland
13	Citibank	19,01	+1	USA
14	Toyota	18,58	-1	Japan
15	Hewlett-Packard	17,98	-13	USA
16	Cisco Systems	17,21	-14	USA
17	American Express	16,92	+5	USA
18	Gilette	15,30	-12	USA
19	Merill Lynch	15,02	k.A.	USA
20	Sony	16,41	-9	Japan

Angaben: Wert in Milliarden US-Dollar

Abb. 72: Die 20 wertvollsten Marken
Quelle: Interbrand 2001

Schwäche aller Bewertungsverfahren ist, dass sie zu unterschiedlichen Werten für dieselbe Marke kommen. **Der wahre Wert einer Marke ergibt sich erst beim Kauf bzw. Verkauf**. So hat Beiersdorf, die wie viele deutsche Markenartikelunternehmen die Markenrechte nach dem 2. Weltkrieges verloren hatten, für den Rückkauf der Marke Nivea in Großbritannien 1992 46,5 Mio. engl. Pfund bezahlt (Popiolek, 1992) und Dittmeyer hat für den Rückkauf der Marke Valensina von Procter & Gamble 1998 41 Mio. DM bezahlt (Buse, 2001).

Nach Kranz sollten an ein **Bewertungsverfahren folgende Anforderungen** gestellt werden (Kranz, 2002, S. 450 ff.):

Grundlage	Anforderungen
Identitätsorientierte Markenführung	- Selbst- und Fremdbild der Markenidentität erfassen - Kompetenz und Vertrauen operationalisieren und messen - Berücksichtigung der Bezugsgruppenvielfalt
Messtheorie	- Validität - Realibilität - Objektivität
Wirtschaftlichkeit	- Zeitbedarf - Kosten - Praktikabilität

Abb. 73: Anforderungen an Markenbewertungsverfahren
Quelle: Kranz, 2002, S. 453

Die geforderte Übereinstimmung von Eigen- und Fremdbild ist eine wesentliche Voraussetzung für Vertrauen, das einer Marke entgegengebracht wird. Vertrauen entsteht bei den unterschiedlichen Bezugsgruppen durch den Aufbau von Identität und Kompetenz.

Die Markenbewertung muss unabhängig vom Bewertenden und bei wiederholten Messungen zu gleichen Ergebnissen führen.

Ferner muss die Bewertung nach wirtschaftlichen Gesichtspunkten erfolgen.

5.6 Markenschutz

Als Marke können alle Elemente einer Marke, die der Unterscheidung von Waren und Dienstleistungen eines anderen Unternehmens dienen, geschützt werden.

Voraussetzung für einen Schutz ist (Weinknecht, 2001,S. 1 ff):

- die Marke muss Unterscheidungskraft besitzen, sonst besteht ein absolutes Schutzhindernis (z. B. „Frisch" als Marke für Milcherzeugnisse ist nicht schutzfähig)
- die Marke darf nicht ältere Schutzrechte verletzen (z.B. Verwechselungsgefahr mit einer älteren Marke)
- die Marke darf nicht freihaltungsbedürftig sein wie geographische oder beschreibende Angaben
- die Marke muss fünf Jahre nach Eintragung genutzt werden, sonst kann jeder ihre Löschung beantragen

Als Marke können geschützt werden:

- Wortmarken (z.B. Persil)
- Personennamen (Dr. Oetker)
- Werbeslogans („Nimm zwei...", „Nichts ist unmöglich")
- Zahlen- und Buchstabenkombinationen (Mercedes SLK, D2)
- Bilder, Embleme (das Michelin Männchen)
- Wort-Bildmarken
- Hörmarken (Werbejingles z.B. Tonfolge der Telekom)
- Dreidimensionale Gebilde (Adidas Streifen, Odol-Flasche)
- Farben und Farbzusammenstellungen (Aral Blau, Maggi Rot-Gelb). Die Eintragung einzelner Farben losgelöst von sonstigen Gestaltungselementen wird vom DPMA abgelehnt.

Unternehmen eines Verbandes können einheitliche **Kollektivmarken** (vgl. §§ 97 ff. MarkenG) nutzen, wenn sie gleiche Waren herstellen oder Dienstleistungen erbringen (RDM – Ring deutscher Makler).

Marken können geschützt werden als:

- Deutsche Marke
- EU Gemeinschaftsmarke
- IR Marke

Die Anmeldung einer Marke (früher: Warenzeichen) erfolgt bei dem Markenamt des Landes, bei dem Schutz erlangt werden soll (Territorialprinzip). Der Schutz als **Deutsche Marke** erfolgt danach durch Anmeldung **beim Deutschen Patent- und Markenamt (DPMA),** München. Der Markenschutz gilt für 10 Jahre und kann unbegrenzt um jeweils 10 Jahre verlängert werden (Hüttel, 1998, S. 276).

Seit 1996 kann eine Marke als **EU Gemeinschaftsmarke** beim **Harmonisierungs- amt** in Alicante geschützt werden. Der Antrag kann in Alicante oder bei den nationalen Behörden gestellt werden. Der Schutz bezieht sich automatisch auf alle Länder der EU, ohne dass in jedem Land eigene Verfahren durchgeführt werden müssen. Wird in einem EU Land Widerspruch eingelegt, so erfolgt in keinem Land eine Anmeldung. Aus diesem Grund ist die Anmeldung einer IR Marke der EU Marke vorzuziehen, wenn man den Schutz nur in bestimmten EU Ländern braucht, da hier bei einem Widerspruch in einem Land, nicht der gesamt Antrag scheitert.

Eine Anmeldung als **IR Marke** nach dem Madrider Markenabkommen und dem Protokoll zum Abkommen beim Internationalen Büro der **WIPO (World Intellectual Property Organization)**, Genf, gewährt Markenschutz in allen 67 angeschlosse- nen Ländern (Stand: 2001). Wünscht ein Unternehmen darüber hinaus Marken- schutz in nicht angeschlossenen Ländern z.B. in den USA, so muss dieser in den einzelnen Ländern beantragt werden.

Die Anmeldung muss bei dem für den Anmelder zuständigen Markenamt erfolgen, da für die Registrierung als IR Marke das Bestehen einer nationalen Heimatmarke Voraussetzung ist.

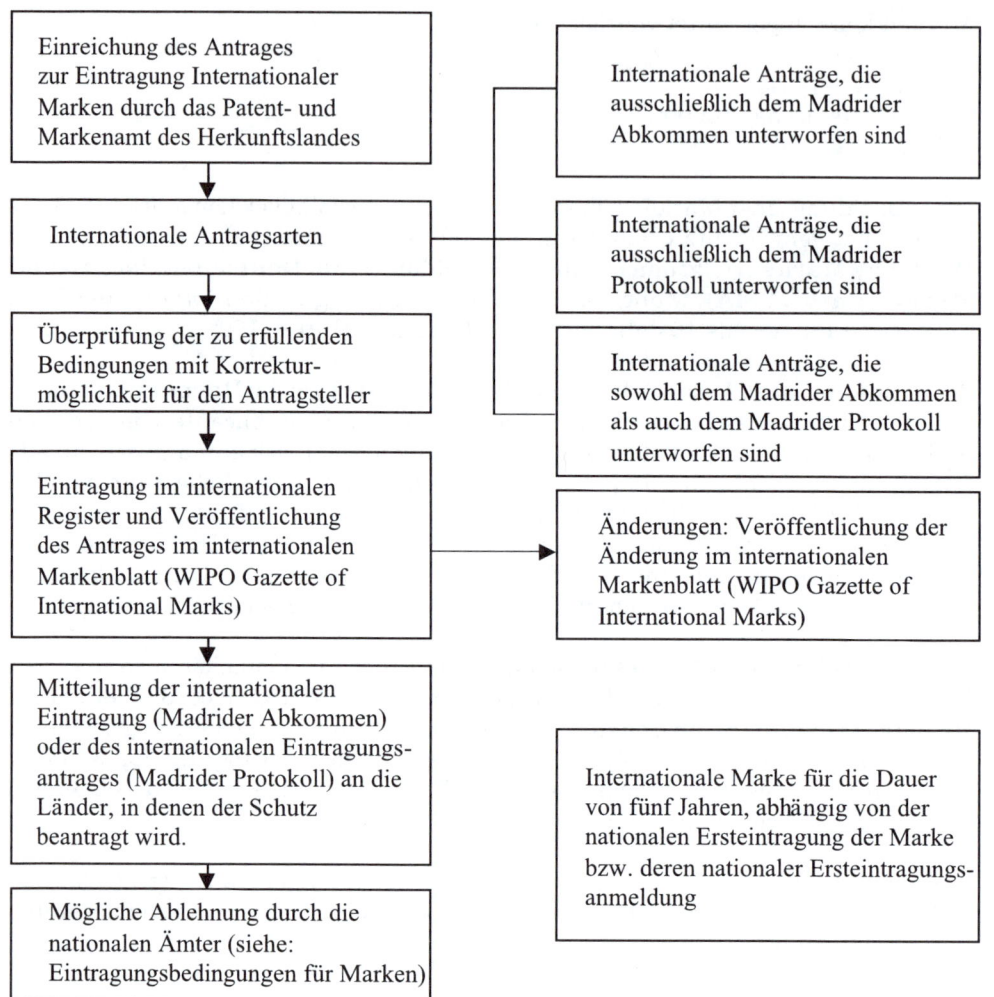

Abb. 74: Verfahren zur Anmeldung von IR Marken

5.7 Verpackung

Die meisten Produkte werden vor ihrem Verbrauch oder Gebrauch entweder auf Hersteller-, Handels- oder Endverbraucherstufe transportiert und gelagert und später entsorgt. Das bedeutet, dass drei Gruppen Ansprüche an die Verpackung erheben (Hermann, 1998, S. 470).

Hersteller	Handel	Verbraucher

- hohe Abfüllgeschwindigkeit
- Eignung zur Profilierung
- Eignung als Informationsträger
- kostengünstig
- Vermittlung intendierter Preis-
  und Qualitätsvorstellungen
	- optimale Nutzung von
	  Regalplatz
	- scanningfähig
	- optimales Handling
	- Eignung für
	  Verkaufsförderung
		- ansprechendes Design
		- hohe Anmutungsqualität
		- Sichtbarkeit des Inhalts
		- Verbrauchswirtschaftlichkeit
		- Möglichkeit der Zweit-
		  verwendung
		- ökologische Qualität

- stapelfähig - palettierungsfähig - raumsparend		- Sicherheit vor missbräuchlicher Öffnung - verbrauchergerechte Größe
- gewichtsgünstig - bruchsicher - Schutz des Inhalts - Haltbarkeit des Inhalts		

Abb. 75: Anforderungen an die Verpackung
Quelle: Nieschlag, Dichtl, Hörschgen zitiert in: Hermann, 1998, S. 470

Diese Vorgänge erfordern einen Schutz des Produktes durch eine **Außenverpackung oder Versandverpackung** (z.B. eine Kiste). Die Außenverpackung wird nach Erreichen des Zielortes entsorgt. Die **Grundverpackung oder Verkaufsverpackung** ist das unmittelbare Produktbehältnis (z.B. die Cola Flasche oder die Zigarettenpackung) (Kotler, 1995, S. 700). Synonym spricht man auch von Verpackung und Packung (Meffert, 1998, S. 440).

Die **Schutz- und Sicherungsfunktion** war die ursprüngliche Aufgabe der Verpackung. Die Außenverpackung muss Ware und Umwelt gegenseitig voneinander abschirmen. Dazu muss sie die bei Transport, Umschlagsvorgängen und Lagerung auftretenden statischen und dynamischen Kräfte aufnehmen können und die Ware gegen Einflüsse wie Temperatur, Luftfeuchtigkeit, Niederschlag oder Sonneneinstrahlung schützen. Dies hat zu vielfältigen Verpackungsvorschriften für den Luft-, Bahn- oder Seetransport geführt.

Im Zeitablauf erweiterten sich die Aufgaben der Verpackung. Die **Dimensionierungsfunktion** (z.B. Reis wurde nicht mehr aus Säcken in Tüten abgewogen oder Milch in Kannen abgefüllt) erleichterte den Verkaufsvorgang bzw. ermöglichte ihn erst (**Funktion der Verbrauchserleichterung**).

Während die Versandverpackung im Wesentlichen, die für den Transportvorgang erforderlichen Markierungen aufweist (z.B. entsprechend den Akkreditivvorschriften), kommt der Verkaufsverpackung die Aufgabe eines Werbeträgers zu. Markenname, Logo und farbliche Gestaltung sollen die **Selbstpräsentation am Verkaufsort** (Point of Purchase) unterstützen. Die Verpackung wird damit zu einem **Kommunikationsinstrument**.

Die **psychologische Wirkung von Verpackungen** liegt in der Ausstrahlung einer Anmutungswirkung der Produktpersönlichkeit. Eine solche Anmutungswirkung wird durch die Kombination der Gestaltungselemente (Form, Farbe usw.) erreicht.

Zunehmend gewinnen auch die Entsorgungsmöglichkeiten (Wiederverwendbarkeit als Zweitnutzen, Recyclefähigkeit, Dekompostierbarkeit oder biologische Abbaubarkeit) als Kaufentscheidungskriterium an Bedeutung.

Die Anmutungswirkung führt unter Berücksichtigung der übrigen Marketing Instrumente - insbesondere des Preises - und dem Vergleich mit den individuellen Bedürfnissen zu dem **subjektiv-faktischen Qualitätsurteil**.

Funktionen der Verpackung / Entwicklungsstufen	Schutz und Sicherung im Transportweg	Dimensionierung für den Verkaufsakt	Selbstpräsentation am point of purchase	Ge- und Verbrauchserleichterung	Rationalisierung der Warenwirtschaft	Entlastung der Umwelt
(1) Verpackung als Transportschutz	x					
(2) Packung als Verkaufseinheit	x	x				
(3) Packung als Medium der Verkaufsförderung	x	x	x			
(4) Packung als Qualitätsbestandteil	x	x	x	x		
(5) Packung als warenwirtschaftlicher Informationsträger	x	x	x	x	x	
(6) Verpackung und Packung als wenig schädliche Abfallprodukte	x	x	x	x	x	x

Abb. 76: Funktionen der Verpackung
Quelle: in Anlehnung an Weis, 1999, S. 246

Eine Gegenüberstellung der Qualitätsurteile wird dann die Wahlentscheidung Kauf oder Nicht-Kauf, und wenn gekauft wird, welche Produktalternative gekauft wird, mitbeeinflussen.

Die **Verpackungsgestaltung** erfordert deshalb die Planung von

- Größe,
- Form/Stapelfähigkeit,
- Material/Stabilität,
- Farbe,
- Textverwendung,
- Markenzeichen,
- Entsorgungsmöglichkeit/Wiederverwendbarkeit

sowie unter Umständen die Erfüllung internationaler technischer Normen, Sicherheits- und Entsorgungsvorschriften (Verpackungsordnung, Grüner Punkt in Deutschland) oder Vorschriften hinsichtlich Packungsgröße und Inhalt.

So ist beispielsweise in Deutschland bei der Verpackungsgestaltung sicher zu stellen, dass es sich um keine **Mogelpackung** handelt, d.h. dass die Verpackung beim Verbraucher keinen Inhalt suggeriert, der nicht gegeben ist (z.B. Füllung eines Behälters von 30 ml mit einem Inhalt von 20 ml) (§1 UWG und § 7 Abs. 2 Eichgesetz).

Außerdem sind international unterschiedliche **gesetzliche Vorschriften** über die erforderlichen **Angaben auf einer Verpackung** bzw. auf einem Etikett einzuhalten. Die Vorschriften können sich u.a. beziehen auf:

- Angabe der Produktherkunft (Erzeugerland)
- Zusatzstoffe
- Haltbarkeitsdatum
- Einheitspreis (Preis bezogen auf Kilogramm, Liter)
- Güteklasse
- Veränderung natürlicher Produkte (Genbehandlung)

Im letzten Jahrzehnt haben die Verpackungsstandardisierungen (z.B. Euro-Flasche, Euro-Palette) zu **Kostensenkungen in der Warenwirtschaft** geführt, da Lagerkosten und Handlingkosten reduziert wurden.

Marketing Gesichtspunkte, die eine Differenzierung der Verpackung und Gesichtspunkte der Warenwirtschaft, die eine Vereinheitlichung der Verpackung anstreben stehen im Gegensatz zueinander. So haben z.B. einige Brauereien auf die warenwirtschaftlichen Vorteile verzichtet und sind von der Euro-Flasche zur individuellen Flaschenform zurückgegangen.

5.8 Service

Ein Produkt, eine Leistung, die angeboten wird bietet der Zielperson einen Grundnutzen und einen Zusatznutzen. Zu diesen Hauptleistungen eines Produktes tritt der Service als eine Nebenleistung (auch: Sekundär- oder Zusatzleistung) des Produktes. Die Serviceleistungen lassen sich wie folgt gliedern:

	Zusatzleistungen vor dem Kauf	Zusatzleistungen nach dem Kauf
produktverbundene Zusatzleistungen		
technische Zusatzleistungen	Projektbearbeitung, technische Beratung, Bau eines Modells, Lieferung zur Probe	Montage, technische Einweisung, Inbetriebnahme, Ersatzteilversorgung, Wartung
kaufmännische Zusatzleistungen	Information, kaufmännische Beratung, Kundenbesuch, Zustellung, Finanzierung	Produktbeschreibung, Rücknahme von Altgeräten, Umtauschrecht, Garantie
produktunabhängige Zusatzleistungen		
Zur Verfügungstellung von z.B. Parkplätzen Kinderhort Kundenrestaurant Kundenabholung Ausstellungen Werksbesichtigungen		

Abb. 77: Serviceleistungen

Die Serviceleistungen können unterschieden werden

❑ nach der Beziehung zum Produkt (zur Hauptleistung) in
  • produkt-verbundene Leistungen
  • produkt-unabhängige (-unverbundene) Leistungen

❑ nach der Beziehung zum Kaufakt in
  • Leistungen vor dem Kauf (pre-sales service)
  • Leistungen nach dem Kauf (after-sales service)

❑ nach der Funktion der Leistung in
  • technische Leistungen
  • kaufmännische Leistungen

Die Serviceleistungen sind oft eng mit dem Produkt verknüpft. Das gilt insbesondere für technische Zusatzleistungen, wie eine technische Beschreibung, Installation, Einweisung, Wartung oder Bereitstellung von Ersatzteilen, die erst auf diese Weise eine Benutzung oder Anwendung des Produktes ermöglichen. Die kaufmännischen Zusatzleistungen zielen vor allem darauf ab, den Kauf zu erleichtern und die Kaufbereitschaft zu erhöhen. Das gilt insbesondere für die produktunabhängigen Zusatzleistungen, die oftmals nur dazu dienen, einen potenziellen Käufer zum Betreten der Geschäftsräume oder Verkaufsräume zu veranlassen.

Ziel des Services ist es,

• Kundenwünsche individueller zu befriedigen,
• sich dem Preiswettbewerb durch Unvergleichbarkeit der angebotenen Leistung zu entziehen.

Die erste Maßnahme soll Präferenzen schaffen und die Kundenzufriedenheit und Kundenbindung erhöhen. Bei Produktangeboten, die vielfach nahezu gleichartig sind (me-too-Produkte), stellt der Service oftmals das entscheidende Kriterium für eine Produktauswahl dar.

Fernsehgeräte, Kühlschränke oder Computer sind heute in einer Preisklasse qualitativ nahezu gleichwertig, oft sogar baugleich. **Produktgestaltung** (vgl. E 4.1) **und Service stellen die entscheidenden Parameter dar, in denen sich Anbieter voneinander unterscheiden.** So wird der Kauf eines Fernsehgeräts z.B. von der Reparaturmöglichkeit und -schnelligkeit oder von der Möglichkeit das alte Gerät in Zahlung zu geben oder zumindest entsorgen zu lassen entscheidend mitbestimmt. Der Anbieter kann sich auf diese Weise ein Image als ein servicefreundliches Unternehmen aufbauen. Ein Image, das insbesondere im Dienstleistungssektor eine wichtige Rolle spielt.

Eine Unvergleichbarkeit der Preise wird durch die Art der Berechnung des Service erreicht. Der Service kann „kostenlos" erfolgen (also im Produktangebotspreis enthalten sein) oder er wird gesondert in Rechnung gestellt. Das hat gleichzeitig den Vorteil, dass Unternehmen ihr Angebot einem unmittelbaren Preisvergleich entziehen.

Drei Händler bieten z.B. dieselbe Marke eines Fernsehgeräts zum Preis von 650, 700 und 750 Euro an. Beim ersten Händler handelt es sich um einen Abholpreis, der zweite Händler bietet drei Jahre Garantie und Zustellung, der dritte Händler zusätzlich Entsorgung des alten Gerätes an. Drei technisch vollkommen gleiche Produkte sind damit dem unmittelbaren Preisvergleich entzogen. Der Kunde muss jetzt nach seinen persönlichen Präferenzen entscheiden, welches für ihn das günstigste Angebot ist

Der Service hat in den letzten Jahren ständig an Bedeutung gewonnen. Die Gründe liegen

- in dem sich verschärfenden Wettbewerb auf stagnierenden Märkten oder auf Märkten, auf denen der internationale Wettbewerb zugenommen hat,
- in der technischen Angleichung von Produkten,
- in der zunehmenden Komplexität von Produkten, die eine Beratung und Wartung erforderlich machen,
- in dem Wunsch von Verbrauchern nach einer Kauf- oder Gebrauchserleichterung (Problemlösung aus einer Hand).

Es kann angenommen werden, dass sich diese Tendenzen in der Zukunft noch verstärken werden. Das hängt zum einen mit dem wachsenden Anteil des Dienstleistungsgewerbes zusammen, in dessen Mittelpunkt der Service steht. Zum anderen schreitet die Internationalisierung und die Sättigung der Märkte und damit eine Verschärfung des Wettbewerbes fort.

Im Investitionsgüterbereich hat die zunehmende Einführung des „Just-in-time" Prinzips zu einer noch schneller wachsenden Bedeutung des Servicegedankens geführt. Die Verringerung der Lagerhaltung macht Unternehmen abhängiger von ihren Lieferanten. Schnelle Auftragsbearbeitung, pünktliche Lieferung, kompetente fachliche Beratung oder zügige Reklamationsabwicklung sind - bei gleichartigen Produkten - oftmals vor dem Preis entscheidende Kriterien für die Wahl eines Lieferanten.

6. Produkt- und Markenpiraterie

Unter **Produktpiraterie** versteht man das verbotene Nachahmen und Vervielfältigen von Waren für die rechtmäßige Hersteller Erfindungs-, Verfahrens- oder Designrechte besitzen (vgl. E 4.5). Bei der **Markenpiraterie** handelt es sich um die unberechtigte Verwendung von geschützten Markennamen, Markenzeichen, Logos und geschäftlichen Bezeichnungen, die von Markenartikelherstellern zur Kennzeichnung ihrer Produkte im Handel eingesetzt werden (vgl. E 5.6).

Beide Arten von Verstößen werden rechtlich gemeinsam unter dem Begriff **Produkt-piraterie** behandelt. Allgemein kann gesagt werden, dass **Produktpiraterie jede denkbare Art der Verletzung gewerblicher Schutzrechte** ist.

Durch Produktfälschungen entsteht weltweit ein jährlicher Schaden von geschätzt rd. 250 Mrd. Euro, davon rd. 10 % in Deutschland (IWD, 1999, S.6). Mehr als 50.000 Arbeitsplätze gehen allein in Deutschland (300.000 Arbeitsplätze in Europa) hierdurch verloren (Absatzwirtschaft 4/2002).

Produktfälschungen treten in fast allen Warenbereichen auf von PC Hard- und Software über CDs, Textilien, Uhren, Elektronikerzeugnissen, Antibabypillen, Röntgenkontrastmittel, Medikamente, Auto- und Flugzeugersatzteile, Geldscheine bis zum vollständig gefälschten Ferrari. So wurden in Deutschland und den USA 10 Werkstätten entdeckt, die den Ferrari 355 GTS komplett nachgebaut haben (www.avd.de, 2001). Das dänische Spielwaren-Unternehmen Lego beschäftigt 14 Rechtsanwälte, die zu jedem Zeitpunkt 30 bis 40 Fälle von Produktpiraterie in 10 bis 15 Ländern verfolgen. Das Problem ist, dass diese Fälle in jedem Land (in den USA sogar in jedem Bundesstaat) nach einem unterschiedlichen Gesetz behandelt werden. Levi Strauss, die in jedem wichtigem Land Europas ein Markenschutzbüro unterhalten, hat seit Anfang der 90er Jahre rd. 12 Millionen Fälschungen sichergestellt.

Der internationale Charakter der Produktpiraterie führte zu einer Einigung zwischen der USA und der EG noch im Rahmen des GATT auf den Text eines „Übereinkommens über Maßnahmen gegen die Einfuhr von nachgeahmten Waren". Auch im Rahmen der WIPO (World Intellectual Property Organization) wird das Thema behandelt. Praktische internationale Bedeutung hat lediglich die **Anti-Piraterieverordnung** der EG von 1988, die eine „Grenzbeschlagnahme" an den Außengrenzen der EU vorsieht, erlangt. Das deutsche „Gesetz zur Stärkung des Schutzes des geistigen Eigentums und zur Bekämpfung der Produktpiraterie" von 1990 geht darüber hinaus. Das Gesetz gibt dem Berechtigten vier Ansprüche:

- Unterlassungs- und Schadensersatzanspruch
- Anspruch der Vernichtung der Piratenware
- Auskunftsanspruch über Herkunft und Vertriebswege
- Anspruch auf Festhalten der Ware am Zoll (Grenzbeschlagnahmeverfahren)

Das Gesetz schützt Patente, Gebrauchsmuster, Geschmacksmuster, Urheberrechte, Halbleiter- und Sortenschutzrechte sowie die Markenrechte. Vor sklavischer Nachahmung schützt der § 1 UWG. Bei der **Nachahmung** (imitating) wird ein „Produkt durch eigene Leistung nachschaffend wiederholt" (BGH), bei der **sklavischen Nachahmung** (counterfeiting) wird ein Produkt identisch zum Original mit allen Merkmalen kopiert.

Das deutsche Produktpirateriegesetz gibt dem Schutzrechtsinhaber die Möglichkeit durch einstweilige Verfügung den Weitervertrieb der gefälschten Ware sofort zu verbieten und die Waren sicherzustellen. Er hat ferner einen Anspruch auf Nennung des Lieferanten, Vorbesitzers und Abnehmers der gefälschten Waren zur Aufdeckung der Vertriebswege (Drittauskunft). Weitergehende gesetzliche Möglichkeiten wie die Vorlage von Belegen – wie z.B. in Frankreich und Großbritannien – zur Dokumentation der Richtigkeit der Aussagen des Händlers gibt es in Deutschland noch nicht.

Die Zollbehörden sind ferner verpflichtet, vermutete Piraterieware an den Außengrenzen anzuhalten, zu überprüfen und bei Bestätigung zu vernichten. Diese inzwischen EU-weite Regelung wird jedoch in der Praxis von den einzelnen Ländern mit unterschiedlicher Intensität gehandhabt.

Bei den **Folgen der Produktpiraterie** ist zu unterschieden, ob sich der Verbraucher bewusst oder nicht bewusst ist, ein nachgeahmtes Produkt zu kaufen.

Kauft er bewusst ein nachgeahmtes Produkt (oftmals Luxusgüter wie z.B. eine Rolex Uhr oder ein Chanel Parfum) zu einem niedrigen Preis, weil er sich das teure Original nicht leisten kann, so wird er bei Unzufriedenheit dies nicht dem Hersteller des Originalprodukts anlasten. Der Markenwert kann jedoch indirekt beeinträchtigt werden, wenn durch eine hohe Anzahl von Nachahmungen die Exklusivität des Originals verloren geht und damit die Käufer in diesem Segment ihr Produktinteresse verlieren.

Wird der Käufer jedoch beim Kauf getäuscht, so kann sich Unzufriedenheit z.B. durch Qualität- und Sicherheitsmängel auf das Vertrauen in die Marke und den Markenwert auswirken.

Unternehmen versuchen sich durch folgende Maßnahmen gegen Produktpiraterie zu schützen:

Kanalpflege	Information der Vertriebspartner über Fälscheraktivitäten und Abwehrmaßnahmen des Unternehmens. Selektive Auswahl neuer Absatzmittler. Regelmäßige Kontrolle der Vertriebswege, auch bei zweistufiger Distribution.
Produktkennzeichnung	Ausstattung der Produkte mit (temporär) fälschungssicheren Produktmerkmalen: Hologramme, Mikrochips u.a. Zum Teil häufigere Anpassung an den Stand der Technik erforderlich, weil Fälscherorganisationen, diese Produktausstattungen adaptieren.
Erfahrungsaustausch	(Branchenübergreifender) Informationstransfer zu allen Aspekten der Produkt- und Markenpiraterie. Foren sind häufig Verbandsausschüsse, Vereine. Diese bieten darüber hinaus Dienstleistungen wie Rechtsrat, Öffentlichkeitsarbeit, Lobbying.
Recherche	Zusammenarbeit mit in- und ausländischen Fahndungsbehörden - Unterweisung in Produktsicherungs- und Fälschungsmerkmalen; Einsatz eigener und/oder privater Ermittler; Kundenbeteiligung (Incentives) zur Identifikation von Fälschungen; Rückverfolgung der Vertriebswege von sichergestellten Falsifikaten.
Strafverfolgung	Strafanzeige; Nebenklage; einstweilige Verfügung auf Auskunft über Herkunft und Vertriebswege der Falsifikate. Voraussetzung: Schutzrechtsanmeldung.
Öffentlichkeitsarbeit	Aufklärung über den volkswirtschaftlichen und verbraucherbezogenen Schaden; Hinweise auf Sicherheits- und Gesundheitsgefährdungen; Beteiligung an Informations-Veranstaltungen und Ausstellungen; Kooperation mit betroffenen Herstellern innerhalb und außerhalb der Branche; aktive Zusammenarbeit mit Medien.
Lobbying	Vorrangige Zielsetzungen: Vereinheitlichung der gesetzlichen EU Rahmenbedingungen; Optimierung der gewerblichen Schutzrechte; Verbesserung der Zollkontrollen an den EU-Grenzen. Unternehmensbeitrag: Mitgliedschaft und Mitarbeit in den entsprechenden Verbänden, Arbeitskreisen.

Abb. 78: Maßnahmenkatalog gegen Produktpiraterie
Quelle: Bunk, 4/2002, S. 28

Unternehmenskooperationen, die sich mit **internationaler Produktpiraterie** befassen sind:

- Aktionskreis Deutsche Wirtschaft gegen Produkt- und Markenpiraterie (APM)
- Business Software Alliance (BSA)
- Gesellschaft zur Verfolgung von Urheberrechtsverletzungen (GVU)

Kontrollfragen

(1) Nennen Sie die einzelnen Elemente, die eines Produktes bzw. einer Leistung, die zur Befriedigung der Verbraucherbedürfnisse gestaltet werden müssen.

(2) Erläutern Sie das Konzept des Produktlebenszyklus als Instrument der produktpolitischen Analyse.

(3) Wodurch unterscheiden sich das BCG-Portfolio und das McKinsey/General Electric Portfolio?

(4) Welche Stufen durchläuft der Innovationsprozess? Erläutern Sie die einzelnen Stufen.

(5) Was versteht man unter Produktvariation und unter Produktdifferenzierung?

(6) Welche quantitativ und qualitativ messbaren Gründe können für eine Produktelimination sprechen?

(7) Was versteht man unter Produktbündelung und was sind ihre Ziele?

(8) Was sind die Vor- und Nachteile der Standardisierung von Produkten auf verschiedenen Auslandsmärkten?

(9) Was sind die Vor- und Nachteile der Differenzierung von Produkten auf verschiedenen Auslandsmärkten?

(10) Erläutern Sie den Begriff der vertikalen und der horizontalen Diversifikation am Beispiel eines Süßwarenherstellers.

(11) Nennen Sie fünf Aufgaben, die das Produktdesign erfüllen sollte.

(12) Nennen Sie fünf externe Bedingungen, die beim Produktdesign unter Umständen zu berücksichtigen sind.

(13) Geben Sie zwei Beispiele für Schutz- oder Prüfzeichen, die die Produktsicherheit garantieren sollen.

(14) Grenzen Sie die Begriffe „Gewährleistung" und „Produkthaftung" voneinander ab.

(15) Aus welchen Gesetzen können sich in Deutschland Gewährleistungsansprüche ergeben?

(16) Welche Fehlertypen unterscheidet das deutsche Produkthaftungsgesetz?

(17) Welche – noch heute gültigen – Merkmale berücksichtigt die ökonomische Definition einer Marke nach Mellerowicz von 1963?

(18) Welche Aufgaben hat aus Sicht des Konsumenten und aus Sicht des Anbieters eine Marke zu erfüllen, um in der Psyche des Konsumenten ein unverwechselbares Vorstellungsbild zu schaffen?

(19) Nennen Sie drei Kriterien, die ein Markenname erfüllen sollte, um international erfolgreich werden zu können.

(20) Was versteht man unter assoziativen und was unter artifiziellen (virtuellen) Namen? Welche eignen sich besser für eine internationale Verwendung?

(21) Was versteht man unter einer vertikalen Markenstrategie?

(22) Was versteht man unter einer horizontalen Markenstrategie?

(23) Grenzen Sie die Dachmarkenstrategie und die Markenfamilienstrategie voneinander ab.

(24) Was versteht man unter einer Markenführung? Unterscheiden Sie dabei die strategische und die operative Markenführung.

(25) Welches sind die Ziele und die Vorgehensweisen beim Relaunch?

(26) Welche praktische Bedeutung kommt der Ermittlung eines Markenwertes zu?

(27) Welche Voraussetzungen muss eine Marke mitbringen, um geschützt werden zu können?

(28) Welchen Markenschutz gewährt die Eintragung als EU Gemeinschaftsmarke und als IR Marke?

(29) Welche Aufgaben kommen der Verpackung - außer der Schutzfunktion - unter den Gesichtspunkten des Marketing zu?

(30) Machen Sie einen Vorschlag für die Systematisierung von Serviceleistungen.

(31) Inwiefern wird der Service von Unternehmen genutzt, sich dem Preiswettbewerb durch Unvergleichbarkeit der Preise zu entziehen?

(32) Nennen Sie drei Gründe für die wachsende Bedeutung des Service.

(33) Was versteht man bei der Produktpiraterie und „Nachahmung" und unter „sklavischer Nachahmung"?

Lösungshinweise

Frage	Seite	Frage	Seite	Frage	Seite
(1)	141	(12)	159	(23)	175
(2)	142 f.	(13)	161	(24)	177
(3)	143 ff.	(14)	162	(25)	179
(4)	148	(15)	162	(26)	180
(5)	150	(16)	163	(27)	182
(6)	150 f.	(17)	168	(28)	183
(7)	152	(18)	168	(29)	185
(8)	154	(19)	169	(30)	187
(9)	155	(20)	170	(31)	188
(10)	156	(21)	172	(32)	189
(11)	158	(22)	174	(33)	190

Literatur

Becker, Jochen, Marketing Konzeption, Verlag Franz Vahlen, 7. Aufl. München 2001, S. 427 und 6. Aufl. 1998, S. 137

Bruhn, Manfred (Hrsg.), Begriffsabgrenzung und Entscheidungsformen von Marken, in: Handbuch Markenartikel, Stuttgart 1994, S. 3 ff.

Bruns, Jürgen, Die Grundlagen der Marketing-Denkhaltung, in: Marketing Management (Hrsg. Pepels, Werner), Fortis Verlag, Köln 2000, S. 14

Buck, Alex/Hermann Christoph, Marketing von Innovationen, Teil 1: Die Marke, www.innovation-aktuell.de

Bunk, Burkhardt, Produktfälschung, Marketing als Brand-Schützer, in: Absatzwirtschaft, Zeitschrift für Marketing, 4/2002, S. 26 ff.

Buse, Uwe, Onkel Dittmeyers Traum, in: Der Spiegel, Nr. 32, 6.8.2001 S. 63

Fischer, Oliver/Ronko, Christiane, Financial Times Deutschland, 26.2.2001

Grillo, Michael, Bilder-Skript zum Workshop Design Management WS 00/01, www.tbw.mfh-iserlohn.de, Bild 12

Hermann, Andreas, Produktmanagement, Verlag Franz Vahlen, München 1998, S. 470, 550 ff.

Hermann, Arnold/Riedmüller, Florian, Erfolgreiche Marken können die Offline- und Online Welt vereinen, in: Absatzwirtschaft, 9/2001, S. 66 ff.

Hessler, Andrea, Champions ohne Design-Kompetenz, in: Absatzwirtschaft, Sondernummer 1998, S. 166 ff.

Hilgenstock, Jens/Schupach, Stefan, Corporate Identity, Teil 3: Industrie-Design, www.innovation-aktuell.de

Hüttel, Klaus, Produktpolitik, Kiehl Verlag, 3. Aufl. Ludwigshafen 1998, S. 276, 408

Kircher, Sybille, Gestaltung von Markennamen, in: Moderne Markenführung, Hrsg. Esch, Franz-Rudolf, Gabler Verlag, 2. Aufl. Wiesbaden 2000, S. 447 ff.

Kotler, Philip/Bliemel, Friedhelm, Marketing-Management, Schaeffer-Poeschel Verlag, 8. Aufl. Stuttgart 1995, S. 679, 700

Kraft, Manfred, WHU, Einführung in das Marketing, 2002, www.whu-koblenz.de

Kranz, Marcel, Markenbewertung – Bestandsaufnahme und kritische Würdigung, in: Markenmanagement, Hrsg. Meffert, Heribert; Burmann, Christoph; Koers, Martin, Gabler Verlag, Wiesbaden 2002, S. 450 ff.

Meffert, Heribert, Marketing, Gabler Verlag, Wiesbaden, 8. Aufl. 1998, S. 438, 784 und 9. Aufl. 2000, S. 378 f., S. 784 ff.

Meffert, Heribert/Bolz, Joachim, Internationales Marketing-Management, Kohlhammer Verlag, 2. Aufl. Stuttgart 1994, S. 166, 440

Podratz, Harald, Produkthaftung: Haftung bei Sachmängeln, Verlag VDE, Berlin 1992, S. 24,

Popiolek, Marc, Inventor pays £ 46 m for Nivea, in: Financial Times, 2.12. 1992

Schütz, Peter, Durchbruchinnovation, Wie eine geniale Idee den Markt erobert, in: Absatzwirtschaft 8/2001, S. 40 ff.

Weinknecht, Jürgen, Informationen zur Markenanmeldung, www.weinknecht.de, S. 1 ff.

Weis, Hans Christian, Marketing, Kiehl Verlag, 11.Aufl., Ludwigshafen 1999, S. 246

Zimmermann, Rainer/Sander, Björn (BBDO), Brand Equitiy, Vortrag an der WHU Koblenz, März 2001, S. 33 f.

o.V. Financial Times, 30.12. 1992,
o.V. IWD, Informationsdienst des Instituts der Deutschen Wirtschaft, 2.9.1999, S. 6

www.avd.de , Wo Ferrari drauf steht, ist nicht immer Ferrari drin, 24.7.2001
www.european-patent-office.org
www.produkthaftung ihk hannover.de
www.ruesmann.jura.uni-sb.de

F. Internationale Kontrahierungs- politik

Die Kontrahierungspolitik befasst sich mit der Gestaltung aller Vertragselemente eines Kaufvertrages, Werkvertrages und Werklieferungsvertrages, die über die Produkt- oder Leistungsbeschreibung hinausgehen. Man unterscheidet deshalb die

- Preispolitik i.e.S.,
- Konditionenpolitik (Rabatte, Skonti, Boni, Gewährleistungen),
- Lieferungs- und Zahlungsbedingungen,
- Absatzkreditpolitik.

Die Bedeutung der „reinen" Preispolitik führt dazu, dass die Kontrahierungspolitik oft verkürzt nur als „Preispolitik" oder „price policy" bezeichnet wird.

1. Kontrahierungspolitische Ziele

Die kontrahierungspolitischen Zielen sollen als Subziele die Erreichung der **Unternehmensziele** unterstützen. Letztere Ziele sind in privatwirtschaftlichen Unternehmen der Marktwirtschaft in erster Linie

❑ unternehmenspolitische Ziele wie z.B.
  - Gewinn- und Renditeziele (Umsatzrendite, Kapitalrendite, Eigenkapitalrendite),
❑ marktmachtpolitische Ziele wie z.B.
  - das Erreichen einer bestimmten Marktposition,
  - die Verhinderung des Eindringens von Konkurrenten,
  - die Verdrängung von Wettbewerbern.

In öffentlichen Betrieben findet sich oft das Streben nach Kostendeckung.

Die **kontrahierungspolitischen Ziele** wie z.B.

- Preiserhöhungen,
- Veränderung der Preisstruktur,
- Abbau von Rabatten,
- Verkürzung der Zahlungsziele,
- Verringerung der Teilzahlungskredite

fördern das Erreichen der Unternehmensziele, ohne dass ihr Beitrag hierzu gemessen werden kann (Zurechnungsproblem).

2. Preispolitik

Der Preis zeichnet sich als Marketing Instrument dadurch aus, dass

- Preise eine „starke" Wirkung auf den Absatz haben, insbesondere dann, wenn Produkte als gleichartig empfunden werden (commodities),
- Preisveränderungen bei Kunden (bis zu zwanzigmal) wirksamer zu Verhaltensänderungen führen als die Veränderung anderer Instrumente (Meffert, 2000, S. 482),
- Preise kurzfristig - mit nur geringen zusätzlichen Kosten - geändert werden können.

Dies macht den Preis zu einem wirksamen Marketing Instrument, das kurzfristig taktisch vor allem vom Handel eingesetzt wird. Für Hersteller stehen dagegen langfristig strategische Überlegungen im Vordergrund. Sie betreffen im internationalen Geschäft Fragen nach

- der Preisstrategie auf verschiedenen Märkten,
- der Bildung von Preiskorridoren,
- der Festlegung des jeweils nationalen Preisniveaus,
- der Gestaltung einer detaillierten Preisforderung in verschiedenen Ländern,
- der Präsentation des Preises,
- dem Preisbildungsprozess.

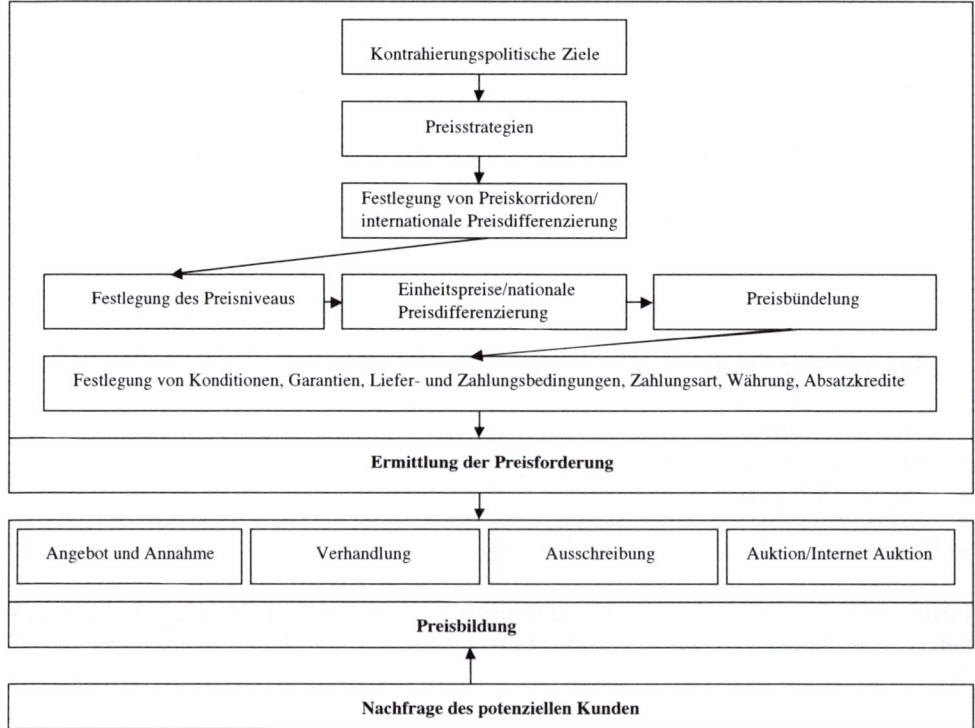

Abb. 79: Einflussfaktoren internationaler Preisbildung

Die langfristig strategischen Fragen sind in den letzten Jahren in den Vordergrund gerückt, da

- die zunehmende Standardisierung international vertriebener Produkte, zwar zu einer Senkung der Stückkosten geführt hat, gleichzeitig aber die Preisvergleichbarkeit und damit den Preiswettbewerb erhöht hat,
- die Einführung des Euro zusätzlich die Preisvergleichbarkeit erleichtert hat,
- der Abbau der Handelsschranken und der Fortfall von Wechselkursrisiken bzw. Kurssicherungskosten im Euro-Gebiet die Durchsetzung international unterschiedlicher Preisniveaus verringert hat,
- das Internet die Möglichkeiten internationaler Preisvergleiche erhöht hat,
- die zunehmend global operierenden Unternehmen international einheitliche Beschaffungspreise durchzusetzen versuchen.

Alle Einflussfaktoren haben somit die Preistransparenz erhöht und den Preiswettbewerb verschärft.

2.1 Preisstrategien

Die Preisstrategien legen die langfristige Preispolitik eines Anbieters auf einem Markt fest. Traditionellerweise unterscheidet man zwischen

- ❑ der Preisstrategie bei Markteintritt oder bei der Einführung von neuen Produkten mittels der
  - Skimming-Preisstrategie (Abschöpfungsstrategie),
  - Penetrations-Preisstrategie,
- ❑ der dauerhaften Preisstrategie auf bereits bearbeiteten Märkten mittels der
  - Prämien-Preisstrategie,
  - Promotions-Preisstrategie.

	Neue Produkte Neue Märkte	Eingeführte Produkte Bearbeitete Märkte
Hochpreisstrategie	Skimmingstrategie	Prämienstrategie
Niedrigpreisstrategie	Penetrationsstrategie	Promotionsstrategie

	Neue Produkte Neue Märkte	Eingeführte Produkte Bearbeitete Märkte
Hochpreisstrategie	Elektronische Gebrauchsgüter (Videorecorder, PC, DVD)	Marken wie Apollinaris, Mercedes
Niedrigpreisstrategie	Fernöstliche Anbieter von Computerchips, PKW, Kugellagern	Discounter im Handel

Abb. 80: Strategien und Beispiele in der Preispolitik

2.1.1 Hochpreisstrategien

Bei der **Skimmingstrategie** wird ein Produkt zu einem hohen Preis eingeführt, der im Zeitablauf – nach Ausschöpfung des Nachfragepotenzials einer Zielgruppe und nach dem verstärkten Auftreten von Wettbewerbern - sukzessive gesenkt wird. Diese Strategie, die sich entlang der Nachfragekurve bewegt, sucht die unterschiedliche Preisbereitschaft einzelner Verbrauchergruppen auszunutzen. Hohe Stückdeckungsbeiträge ziehen zwar Konkurrenten an, führen aber gleichzeitig zu einer frühen Wiedergewinnung des investierten Kapitals.

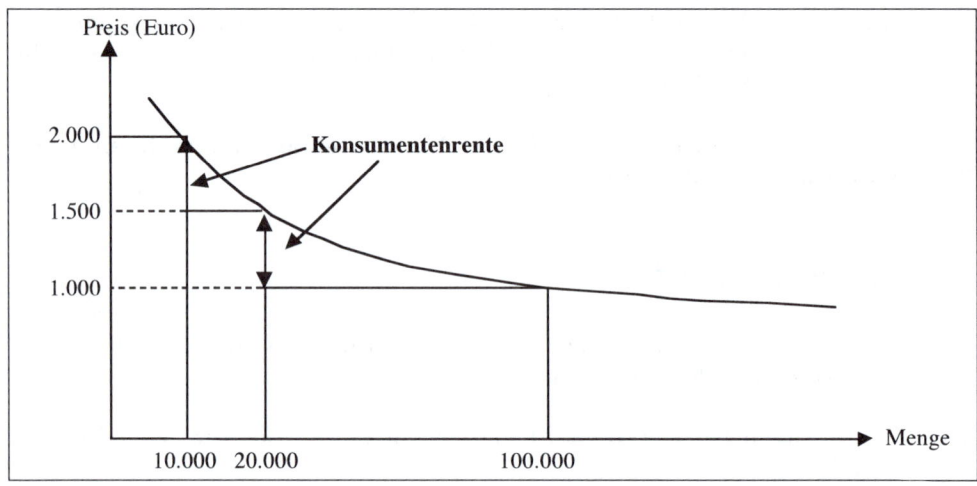

Abb. 81: Skimming-Strategie

Ein Produkt, das zum Preis von 2.000 Euro eingeführt wird, findet z.B. einen Absatz von 10.000 Stück. Eine Preissenkung auf 1.500 Euro findet weitere 10.000 Käufer und ein Preis von 1.000 Euro erschließt ein Segment von 100.000 Nachfragern. Bei einer Einführung des Produktes zum Preis von 1.000 Euro hätte die erste Gruppe 1.000 Euro und die zweite Gruppe von Verbrauchern 500 Euro weniger zahlen müssen, als sie zu zahlen bereit gewesen wäre. Diese sog. **Konsumentenrente** versucht der Anbieter für sich abzuschöpfen.

Voraussetzung dieser Strategie ist das Vorhandensein von Verbrauchern mit unterschiedlicher Preisbereitschaft (Preiselastizität), das Fehlen von Konkurrenzprodukten und die Möglichkeit, Produktionskapazitäten schrittweise aufzubauen. Sie ist insbesondere für differenzierte Produkte mit unterschiedlichen Produktvarianten geeignet.

Bei der **Prämienstrategie** wird versucht, das hohe Eintrittspreisniveau dauerhaft zu halten. Dies wird nur dann gelingen, wenn

- nationalen oder internationalen Konkurrenten der Marktzugang durch Eintrittsbarrieren erschwert oder verwehrt wird,
- ein patentgeschützter Qualitätsvorsprung erzielt wird,
- eine Alleinstellung des Produktes durch den Aufbau eines Markenimages erreicht wird (Quasi- oder Meinungsmonopol).

2.1.2 Niedrigpreisstrategien

Bei der **Penetrationsstrategie** versucht ein Anbieter durch eine Markterschließung zu niedrigen Preisen das Marktpotenzial weitgehend auszuschöpfen, Erstkunden an sich zu binden, oftmals industrielle Standards zu setzen und mögliche Konkurrenten abzuschrecken und vom Markt fernzuhalten. Niedrigen Stückdeckungsbeiträgen sollen hohe Absatzmengen gegenüberstehen. Langfristig kann nach Sicherung der Marktposition eine Preiserhöhung, Preisbeibehaltung oder eine weitere Preissenkung ins Auge gefasst werden.

Voraussetzung dieser Strategie ist der Aufbau großer Kapazitäten, die zu Kostendegressions- und Lerneffekten führen und das Vorhandensein eines Vertriebssystems, das weltweit große Produktmengen absetzen kann. Der Erfolg vieler fernöstlicher Unternehmen ist weniger auf eine überlegene Produktionstechnologie zurückzuführen, als vielmehr auf ein gut ausgebautes und funktionierendes Massenvertriebssystem.

Diese Strategie bietet sich insbesondere für standardisierte Massenprodukte an (vgl. F 2.3.2.2).

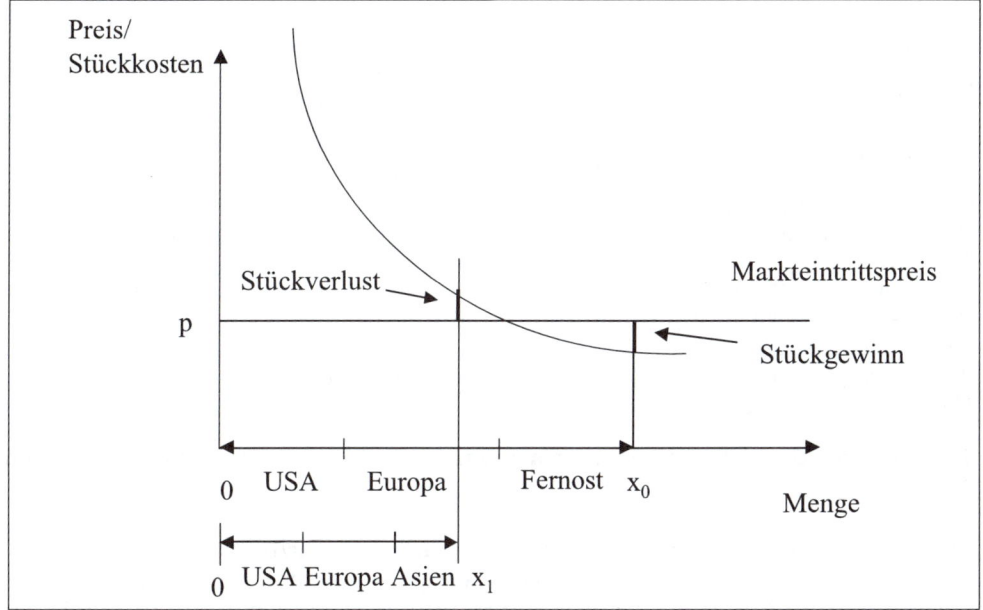

Abb. 82: Penetrationsstrategie

Im Bild versucht ein Anbieter weltweit einen Absatz im Umfang x_0 zu realisieren, indem er bestimmte Mengen in den USA, Europa und Fernost zu einem Preis p absetzt. Er erzielt dabei den eingezeichneten Stückgewinn. Will jetzt ein Konkurrent in diesen Markt eintreten, der zwar über die gleiche Technologie und damit über die gleiche Kostenstruktur verfügt, aber aufgrund seines Vertriebssystems nur die

Menge x_1 absetzen kann, so wird er beim Preis p einen Stückverlust erleiden. Er wird also auf einen Markteintritt verzichten.

Die **Promotionspreisstrategie** ist als dauerhafte Niedrigpreisstrategie sowohl im Handel, als auch in der Industrie und im Dienstleistungsbereich zu finden.

2.1.3 Vor- und Nachteile der Preisstrategien

Die Vorteile von Skimming- und Penetrationsstrategie stellt Simon wie folgt dar:

Skimming-Strategie	Penetrations-Strategie
Realisierung hoher kurzfristiger Gewinne, die von Diskontierung wenig getroffen werden	Durch schnelles Absatzwachstum trotz niedriger Stückdeckungsbeiträge hohe Gesamtdeckungs- beiträge
Bei echten Innovationen Gewinnrealisierungen im Zeitraum mit monopolistischer Marktposition, Reduktion des langfristigen Konkurrenzrisikos, schnelle Amortisation des F& E-Aufwandes Gewinnrealisation	Aufgrund von positiven intrapersonellen (Verbrauchsgüter) oder interpersonellen (Gebrauchsgüter) Carry-over-Effekten Aufbau einer langfristig starken und überlegenen Markt- position (höhere Preise und/oder höhere
Gewinnrealisation in frühen Lebenszyklusphasen, Reduktion des Obsoleszenzrisikos	Absatzmengen in der Zukunft)
Schaffung eines Preisspielraumes nach unten, Ausnutzung positiver Preisänderungswirkung wird möglich	Ausnutzung von statischen Economies of Scale, kurzfristige Kostensenkung
Graduelles Abschöpfen der Preisbereitschaft (Konsumentenrente) wird möglich (zeitliche Preisdifferenzierung)	Schnelle Erhöhung der kumulierten Menge, als Konsequenz schnelles „Herunterfahren" auf der Erfahrungskurve. Erreichen eines von den Konkurrenten nur schwer einholbaren Kosten-
Vermeidung der Notwendigkeit von Preiser- höhungen (Kalkulation nach der sicheren Seite)	vorsprunges
Positive Prestige- und Qualitätsindikation des hohen Preises	Reduzierung des Fehlschlagrisikos, da niedriger Einführungspreis mit geringer Flopwahrschein- lichkeit verbunden
Vermeidung des Aufbaus hoher Kapazitäten, damit geringere Ansprüche an finanzielle Ressourcen	Abschrecken potenzieller Konkurrenten vom Markteintritt

Abb. 83: Argumente für Skimming- und Penetrations-Strategie
Quelle: Simon, 1992, S. 295

Die **Risiken der Einführungsstrategien** liegen in der Fehleinschätzung von Nachfrage und Wettbewerb.

Die **Skimmingstrategie** kann fehlschlagen, wenn nicht genügend „Elitever- braucher" in den zeitlich früh zu erschließenden Segmenten erreicht werden oder wenn Wettbewerber früher als erwartet zu Preisen unter denen des Erstanbieters in den Markt eintreten.

Das Risiko der **Penetrationsstrategie** liegt darin, dass der Absatz und die Stückkostendegression hinter den Planwerten zurückbleiben und damit eventuell negative Deckungsbeiträge eintreten, die eine nachträgliche Preiserhöhung erfor- derlich machen. Falls der Wettbewerb sich nicht vom Markteintritt abschrecken lässt, kann eine weitere Preissenkung erforderlich sein, die ebenfalls zu negativen Deckungsbeiträgen führen könnte.

2.1.4 Kriterien für die Wahl der Preisstrategie

Die Preisstrategie ist eingebettet in die langfristige Unternehmensstrategie. Sie wird auf den einzelnen Ländermärkten bestimmt von

- der Nachfrage,
- den Kosten,
- der Wettbewerbssituation.

2.1.4.1 Nachfrageorientierte Preisstrategie

Das **Nachfrageverhalten** wird dann der entscheidende Parameter für die Wahl der Strategie sein, wenn auf den einzelnen Ländermärkten unterschiedliche Preiselastizitäten, d.h. unterschiedliche Nachfragereaktionen auf verschieden hohe Preisniveaus zu erwarten sind. Die Gründe können in nationalen Unterschieden in Einkommens- und Vermögenshöhe und -verteilung sowie in unterschiedlichen Präferenzen liegen.

Die an der Nachfrage orientierte Preisforderung wird dabei vom Preis in Landeswährung unter Berücksichtigung von Steuern, Zöllen, Wechselkursen usw. zurückgerechnet.

2.1.4.2 Wettbewerbsorientierte Preisstrategie

Eine Ausrichtung der **Preisstrategie am Wettbewerb** liegt dann nahe, wenn erwartet wird, dass die Nachfrager die eigenen Produkte mit denen des Wettbewerbs vergleichen werden, also keine Alleinstellung der eigenen Leistung vorliegt. Ein **Markeintritt zu Preisen unter denen des Wettbewerbs**, wird immer dann erfolgen, wenn

- ein schneller Markteintritt, durch den „Kauf von Marktanteilen" erfolgen soll,
- eine Preisreaktion des Wettbewerbs wenig wahrscheinlich ist,
- die Kostensituation, bei Preisreaktionen des Wettbewerbs, weitere Preissenkungen erlaubt (Gefahr des Preiskrieges), wenn man sich also in der Position des langfristig stärkeren Anbieters fühlt,
- auf ein nicht konformes Verhalten eines Wettbewerbers auf dem eigenen Binnenmarkt reagiert werden soll, um diesen Wettbewerber zur Forderung eines marktüblichen Binnenpreisniveau (oderly marketing) zu veranlassen.

Letzteres Verhalten ist z.B. zu beobachten, wenn ein ausländischer Wettbewerber seine Produkte z.B. etwa 20% unter dem in Deutschland üblichen Marktpreisniveau anbietet. Bei austauschbaren Produkten gefährdet er damit das gesamte Binnenpreisniveau. Bietet er zunächst eine Menge x dem Kunden A an, so wird dieser Kunde üblicherweise seinen deutschen Lieferanten informieren und ihm die Gelegenheit geben, in diesen niedrigen Preis „einzusteigen". Erfolgt dies, so wird die

Menge den Kunden B, C usw. angeboten. Auf diese Weise können geringe Angebots-mengen das gesamte Marktpreisniveau zerstören.

Deutsche Wettbewerber können nun als Reaktion (nach Absprache) gewisse Men-gen auf den Heimatmarkt dieses Konkurrenten - zu 20% oder 30% unter dem dortigen Preisniveau - liefern, um ihn auf diese Weise zu veranlassen, das Preisni-veau in Deutschland anzuheben. Diese wettbewerbsrechtlich nicht erlaubte Reak-tion, erweist sich in der Praxis jedoch als sehr wirksam.

Ein **Markeintritt zu Preisen über denen des Wettbewerbs**, wird immer dann erfolgen, wenn

- ein Produkt bereits international bekannte Qualitätseigenschaften (Marke, Pa-tent) aufweist, die kurzfristig vom Wettbewerb nicht ausgeglichen werden kön-nen,
- Marktnischen mit kleinen Zielgruppen besetzt werden sollen,
- ein langfristiger, sukzessiver Markteintritt im Rahmen einer Prämienstrategie geplant ist, um Rückwirkungen auf die im Heimatmarkt verfolgte Strategie zu vermeiden.

2.1.4.3 Kostenorientierte Preisstrategie

Eine ausschließlich an den **Kosten orientierte Preisstrategie** ist die Penetrations-strategie. Ausgehend von den angestrebten niedrigen Stückkosten ergibt sich die Preisforderung durch einen „Gewinnzuschlag".

Eine Orientierung an den Kosten kann aber auch dann erfolgen, wenn der Anbieter wenig Informationen über das Marktgeschehen, d.h. über das Nachfrageverhalten seiner potenziellen Kunden oder über die Wettbewerbssituation hat. Das kann bei Ausschreibungen der Fall sein, aber auch dann, wenn erstmals neue bisher wenig zugängliche Märkte bearbeitet werden sollen.

So kann ein Anbieter, der auf dem heimischen Markt eine Prämienpreisstrategie verfolgt, diese auf einem ausländischen Markt umzusetzen versuchen, indem er (bei Vollkostenkalkulation) den Angebotspreis ausgehend von seinen Selbstkosten un-ter Berücksichtigung eines Gewinnzuschlages und der typischen Kosten des Aus-landsgeschäftes „kalkuliert" (cost plus pricing). Eine solche **progressive Export-kalkulation** könnte in Anlehnung an Jahrmann wie folgt aussehen (Jahrmann, 1998, S. 215):

Exportkalkulation – (Seeweg)	
	Verkaufspreis des Herstellers
−	erhaltener Mengenrabatt/Exportrabatt
=	Zieleinstandspreis des Exporteurs
−	Skonto
=	Bareinstandspreis
+	Selbstkosten des Exporteurs, unverpackt
+	Exportverpackungskosten gemäß Beförderungsmittel
=	Selbstkosten ab Lager, exportverpackt
+/−	Außenhandelszuschlag bzw. -abschlag wegen ländermarkt- oder abnehmerbezogener Preisdifferenzierung
+	Gewinnzuschlag des Exporteurs
=	Verkaufspreis ab Lager (EXW)
+	Transportkosten ab Lager bis zum Ladeplatz Bahn/LKW
=	Verkaufspreis frei Frachtführer (FCA)
+	Transportkosten ab Ladeplatz bis Verschiffungshafen
+	Abladekosten am Kaischuppen/Längsseite Seeschiff
+	Transportversicherung bis Verschiffungshafen
=	Verkaufspreis frei Längsseite Schiff (FAS)
+	Lagergeld, Hafengebühren und Umschlagkosten auf das Schiff
+	Kosten der Ausfuhrabfertigung
+	Provision des Seehafenspediteurs
=	Verkaufspreis frei an Bord (FOB)
+	Seefracht bis Bestimmungshafen
=	Verkaufspreis Kosten und Fracht (CFR)
+	Seeversicherung mit mindestens C-Deckung der Institute Cargo Clauses
=	Verkaufspreis Kosten, Versicherung, Fracht (CIF)
+	Differenzbetrag zur Transportvollversicherung
=	Verkaufspreis geliefert ab Schiff (DES)
+	Kosten der Einfuhrabfertigung
+	Kai-Umschlagkosten, Hafengebühren
+	Kosten für erforderliche Dokumente (z.B. D/O)
=	Verkaufspreis geliefert ab Kai verzollt (DEQ)
+	Kosten der Kurssicherung
+	Kosten der Finanzierung
+	Kosten der Kreditversicherung
=	Zielverkaufspreis des Exporteurs

Abb. 84: Exportkalkulation (Seeweg)
Quelle: Jahrmann, 1998, S. 215

Da der Gewinnzuschlag auch spezielle Auslandsrisiken abdecken sollte, muss er somit höher sein als der Gewinnzuschlag im Inland. Hieraus können sich sog. **Preiseskalationseffekte** ergeben, die zu nicht mehr realisierbaren Preisforderungen im Ausland führen. Eine nachträgliche Anpassung der Preisforderung auf einzelnen Auslandsmärkten, kann je nach Beschäftigungslage und Kostenstruktur des Unternehmens die Folge sein.

Kommt einem Auslandsmarkt eine „Ventilfunktion" zu, bietet sich die Kalkulation auf der Grundlage von Deckungsbeiträgen an. Der gesamte Block der Gemeinkosten wird vom Inland oder von sonstigen Auslandsmärkten getragen. Dies kann letztlich dazu führen, dass die Auslandspreise auf diesem Markt unter dem Inlandspreisniveau liegen (Hünerberg, 1994, S. 192). Hier wird ein besonderes Augenmerk auf die Gefahr möglichen **Dumpings** zu richten sein (vgl. 2.2.3.2.2)

Einem Auslandsmarkt kommt dann eine **Ventilfunktion** zu, wenn er nur temporär bearbeitet wird, sei es weil „Überschussmengen" im Inland nicht ohne Gefahr der Störung des Binnenpreisniveaus abgesetzt werden können oder sei es, weil aktuell hohe Preise oder günstige Wechselkurse, den Absatz auf diesem Auslandsmarkt attraktiv machen. Ein Anbieter kann sich allerdings nur dann so verhalten, wenn austauschbare Produkte (commodities) wie Stahl, NE Metalle, Kunststoffe usw. an Händler oder Service Center und nicht an Endverbraucher (OEM) geliefert werden. In letzteren Fällen, ist eine dauerhafte Marktbeziehung (Markentreue, Kundenbindung) aufzubauen. Bei einer vom Preisniveau und Wechselkurs abhängigen temporären Marktpräsenz ist dies nicht möglich.

2.1.4.4 Strategie des Outpacing

Wird eine - an den Kosten orientierte - Strategie der niedrigen Preise mit qualitativ überlegenen Produkten durchgeführt, so spricht man von der Strategie des **Outpacing** (Hünerberg, 1994, S. 195 f.). Es wird hier gleichzeitig Qualitäts- und Preisdominanz angestrebt. Bei diesem internationalen Verdrängungswettbewerb werden die Wettbewerber wie bei einer Zangenbewegung gleichzeitig von zwei Seiten angegriffen. Bei dieser Strategie ist die Gefahr besonders groß, in eine Dumpingposition zu geraten.

	Penetrations-, Promotionsstrategie	Skimming-, Prämienstrategie
einfache Produktqualität	Kostenführerschaft	–
hohe Produktqualität	Outpacing	Leistungsführerschaft

Abb. 85: Konzept des Outpacing

2.2 Festlegung von Preiskorridoren zur Durchsetzung von Preisunterschieden

2.2.1 Internationale Tendenz zur Preisnivellierung

Unterschiedliche Preisstrategien, wie die Hochpreis- und die Niedrigpreisstrategie können, dann **auf verschiedenen Ländermärkten** verfolgt werden, wenn

- national unterschiedlich gestaltete Produkte (national adapted products) aufgrund differierender Konsumentenwünsche oder staatlicher Vorschriften (z.B. lebensmittelrechtliche Vorschriften) angeboten werden,
- standardisierte Produkte angeboten werden, aber
  - Handelshemmnisse oder die Höhe der Transportkosten einen Reimport verhindern oder nicht lohnend machen und
  - ein (negativer) Imagetransfer – der durch unterschiedliche Preisniveaus ausgelöst werden kann – nicht zu befürchten ist.

In den letzten Jahren sind jedoch folgende Entwicklungen zu beobachten:

- eine Angleichung des Konsumentenverhaltens und eine Tendenz zur Standardisierung von Produkten
- bessere Informiertheit des Konsumenten durch
  - Preisvergleiche im Internet
  - Einführung des Euro
- Fortfall des Wechselkursrisikos
- Abbau von Handelshemmnissen
- rückläufige Transportkosten
- Erleichterung des internationalen Einkaufs durch E-commerce

Diese **Entwicklungen fördern tendenziell eine internationale Preisangleichung** und zwar in Richtung des niedrigsten Preisniveaus. Die Entwicklung vollzieht sich dabei noch schneller im B2B Bereich als im B2C Bereich, in dem private Endverbraucher als Nachfrager auftreten. Im B2B Bereich tritt zusätzlich verstärkt die Möglichkeit der **Bestellmengenbündelung** und der Kauf über **Internetplattformen** sowie die Ausübung von Einkaufsmacht hinzu (vgl. F 4.3).

So zeigt Simon wie sich beispielsweise die Preisdifferenzen für industrielle Batterien zwischen 1992 und 1996 in den Ländern Deutschland, Frankreich und Italien verringert haben (Simon, 2000, S. 24).

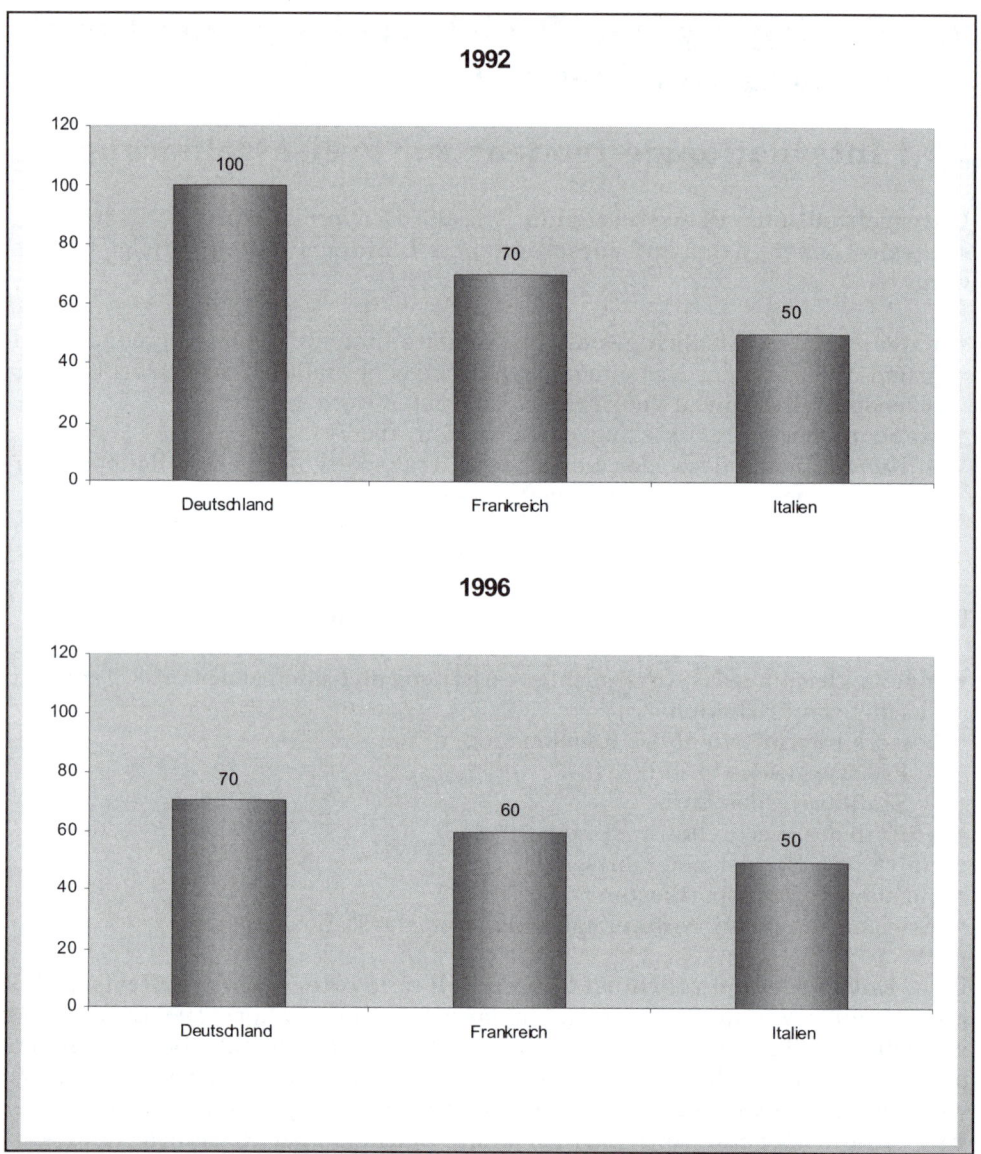

Abb. 86: Preisentwicklung für Batterien für industrielle Anwendungen
Quelle: Simon, 2001

Nach Sebastian hat bereits Mitte der 90er Jahre die Handelskette Metro vom Filmhersteller Kodak einheitliche Konditionen für alle europaweit bedienten Märkte gefordert. Kodak musste daraufhin aufgrund der Marktmacht des Handelskonzerns seine Preise dem niedrigen portugiesischen Niveau anpassen und um durchschnittlich 20 % senken.

Die Preisangleichung kann also im Extremfall bis zu einem Einheitspreis führen. Die vom Verbraucher erwünschte Entwicklung (Sir Leon Brittan: Any convergence of prices across the EU towards those in low-price member states would be a good thing) würde zu erheblichen Gewinneinbußen bei Anbietern führen.

Ziel eines Anbieters muss es deshalb sein, bestehende internationale Preisdifferenzen soweit wie möglich aufrechtzuerhalten. Solche Preisdifferenzen bestehen zzt. noch bei vielen Konsumgütern.

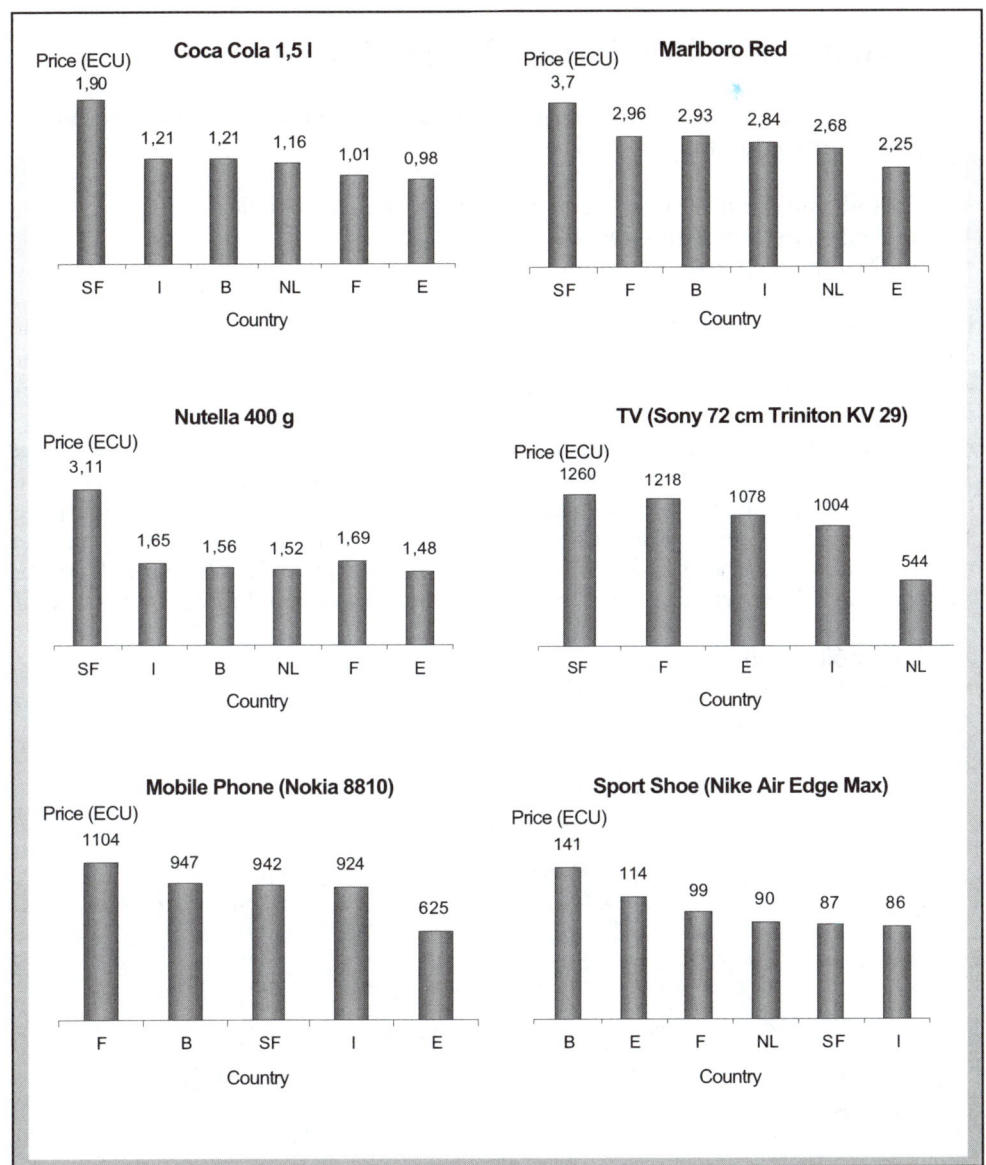

Abb. 87: Europäische Endverbraucherpreise 1999
Quelle: Simon, 2000 (L'express 1999)

Zur **Durchsetzung unterschiedlicher Preisniveaus** bieten sich dabei zwei
Strategien an:

- die Bildung von Preiskorridoren
- Maßnahmen zur Abgrenzung von Märkten (fencing), in dem Preise unvergleichbar
  gemacht werden

2.2.2 Graue Märkte, Parallelimporte, Reimporte

Der Tendenz zu einer Preisnivellierung – insbesondere in Europa – kann theoretisch
begegnet werden durch

- Beibehaltung der bestehenden nationalen Preisunterschiede,
- einen europäischen Einheitspreis,
- Einführung eines Preiskorridors.

Die **Beibehaltung der Preisunterschiede** wird nach Einführung des Euro und
dem damit verbundenen Fortfall des Wechselkursrisikos sowie mit dem Abbau von
sonstigen Handelshemmnissen verstärkt zum Entstehen von **grauen Märkten** führen.

Es soll angenommen werden, dass im Lande A produziert wird und der Marktpreis
100 RE (Rechnungseinheiten) beträgt. Es soll ferner angenommen werden, dass das
Produkt vom Produzenten in die Länder B (Marktpreis 85 RE) und C (Marktpreis
115 RE) exportiert wird. (Ein mögliches Dumping beim Export nach B soll hier
unberücksichtigt bleiben). Es können sich jetzt folgende „graue" Außenhandelsströme
– ausgelöst von Exporteuren oder Importeuren der jeweiligen Länder – entwickeln:

- ein Reimport von B nach A
- ein Parallelimport von A nach C
- ein grauer Import von B nach C

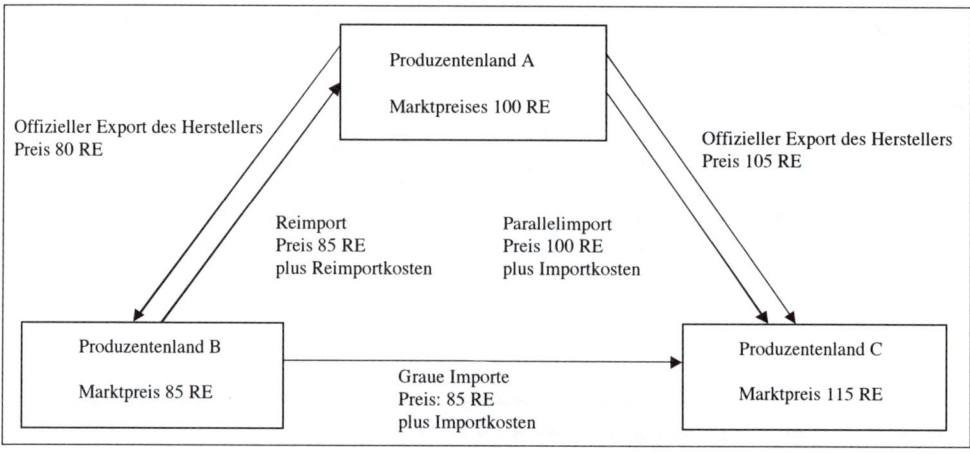

Abb. 88: Handelsströme aufgrund internationaler Preisdifferenzen

Die „grauen" Handelsströme werden zu einer Nivellierung der einzelnen Preisniveaus beitragen, die sich im Extremfall auf dem Preisniveau des Niedrigstpreislandes (hier: B) plus Arbitragekosten (Transportkosten, Versicherungen, Lagerkosten und sonstige Kosten der beteiligten Handelshäuser) einstellen werden.

Simon empfiehlt u.a. folgende **Strategien gegen graue Märkte** (Simon, 2000, S. 18):

❑ aggressive Reaktion
  • Aufkauf von Produkten des grauen Marktes
  • Händlerverträge mit Vertragsstrafen im Falle des Exports
❑ vorausschauende Verteidigung
  • länderspezifische Preisdifferenzierung
  • Bindung der nationalen Vertriebskanäle durch ein System der Sanktionierung
❑ Tolerierung
  • Akquisition der Importeure
  • graue Märkte helfen durch Preisdifferenzierung neue Marktsegmente zu erschließen

Graue Importe können – wie im letzten Fall – auch positiv beurteilt werden, wenn sie zusätzliche **preissensitive Marktsegmente** erschließen – die der offizielle Export nicht erreicht – und sich damit der Absatz eines Produktes in einem Land insgesamt erhöht.

Die einfachste Art graue Handelsströme, also Parallelimporte, Reimporte oder laterale graue Importe, zu verhindern, wären **Einheitspreise** auf den unterschiedlichsten nationalen Märkten. Hierbei würden allerdings Optionen für länderspezifische Preisdifferenzierungsmöglichkeiten und Gewinnpotenziale verschenkt. Chancen für unterschiedliche Deckungsbeiträge würden ausgelassen.(Sebastian, 2001, S.4)

2.2.3 Bildung von Preiskorridoren

Die Einführung eines **Preiskorridors** stellt damit auf zusammenwachsenden Märkten die Alternative zur Erzielung eines optimalen Deckungsbeitrages dar. Ein Preiskorridor gibt die Grenzen an, zwischen denen ein Preis auf verschiedenen Ländermärkten schwanken darf.

Der Zusammenhang zwischen Preiskorridor und Gewinnhöhe ergibt sich aus folgendem Beispiel. Danach ergeben sich bei einem europäischen Einheitspreis von 8 EUR 76 % des Gewinns, der bei völliger Abschottung der Länder und national unterschiedlichen Preisen zu erzielen gewesen wäre. Hier hätten die Preise bei 4,5 und 9,5 EUR gelegen. Die Gewinnmöglichkeit wäre zu 100 % ausgeschöpft worden. Wird eine Korridorbreite von 30 % des höchsten Landespreises angestrebt, erzielt man einen Gewinn, der um 11 %-Punkte über dem Gewinn bei einem Einheitspreis liegt. Man realisiert 87 % der maximalen Gewinnmöglichkeit.

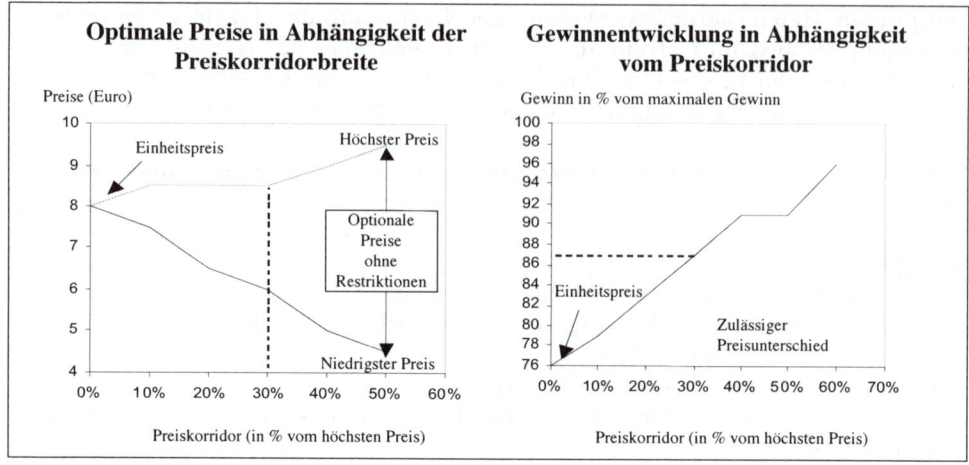

Abb. 89: Einschwenken in den Preiskorridor
Quelle: Sebastian u.a., 2001, S. 8

Entscheidend für die Korridorbreite ist die Sensitivität, mit der das Parallelimportvolumen auf landesspezifische Preisdifferenzen reagiert. Je höher die Sensitivität, desto schmaler ist der Korridor zu wählen. Im Idealfall wird der Korridor so breit gewählt, dass Preisdifferenzen z.B. in Abhängigkeit von Konsumgewohnheiten so genutzt werden können, dass der maximale Gewinn verwirklicht werden kann.

Die Einführung eines Preiskorridors erfolgt in den Schritten (Sebastian, 2001, S. 5 ff.):

- Analyse der Rahmenbedingungen
- Festlegung des Preiskorridors
- Implementierung des Preiskorridors
- Kontrolle der Maßnahmen

Die **Analyse der Rahmenbedingungen** (Marktvolumen, wert- und mengenmäßiger Marktanteil, individuelle Wettbewerbssituation, Preissensibilität, Kostenstruktur der Vertriebswege usw.) wird nur in den Ländern mit dem höchsten absoluten Gewinnbeitrag erfolgen – in Europa also meistens in den Ländern Deutschland, Frankreich, Italien, Großbritannien oder Spanien.

2.2.3.1 Bestimmung des Niveaus und der Bandbreite des Preis-korridors

Auf dieser Datenbasis erfolgt die „Berechnung" länderindividueller Mindestpreise, die den Gesamtdeckungsbeitrag vor dem Hintergrund verschiedener Parallel-importszenarien, maximieren sollen. Die Analyseergebnisse bilden die Entschei-dungsgrundlage für die Bestimmung **des Niveaus und der Breite des Preis-korridors**.

Liegt der Schwerpunkt des Gesamtgewinns aufgrund hoher Deckungsbeiträge in den Hochpreisländern, sollten Preiserhöhungen in den Niedrigpreisländern angestrebt werden, um die Risiken eines Preisverfalls in den Hochpreisländern zu vermeiden. Leisten aber die Niedrigpreisländer aufgrund des hohen Absatzvolumens den wesentlichen Beitrag zum Gesamtgewinn, tritt die Gefahr des Preisverfalls in den Hochpreisländern in den Hintergrund. Die Problematik liegt im Ausmaß der Absatzmengeneinbußen aufgrund der Preiserhöhung in den Niedrigpreisländern.

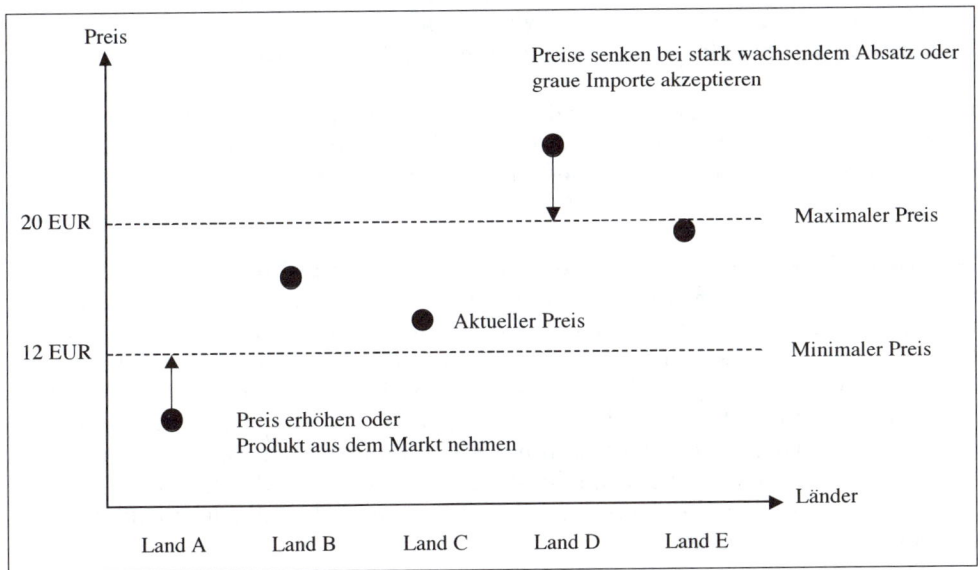

Abb. 90: Preiskorridor
Quelle: in Anlehnung an Simon, 2000, S. 43

Bei der **Durchsetzung des Preiskorridors** muss das Vertriebsmanagement in den Hochpreisländern auf Preissenkungen und Margenverluste vorbereitet werden. Dies bedingt oftmals die **Forderung nach einer Reduzierung der Vertriebs-kosten**. Weit problematischer gestaltet sich die angestrebte Preiserhöhung in Niedrigpreisländern. Hier werden die „Vertriebsunterstützung durch relevante Kundeninformationen (Deckungsbeiträge je Kunde, Kauffrequenz usw.)" oder die „Umstellung der umsatzbezogenen Provision auf eine Preisdurchsetzungsprovision, die sich am Erreichen von Zielpreisen orientiert" als wesentliche Unterstützungs-maßnahmen genannt.

2.2.3.2 Grenzen der Durchsetzbarkeit des Korridors

2.2.3.2.1 Verrechnungspreise

Dort wo Preissenkungen in einem Ausmaß erforderlich sind, dass die Zieldeckungs-beiträge nicht mehr zu erreichen sind, kann durch Veränderung der **internen Verrechnungspreise (intercompany prices, transfer prices)** das lokale Preismanagement unterstützt werden. Voraussetzung ist, dass zwischen der Muttergesellschaft und der Tochtergesellschaft Lieferbeziehungen bestehen. Da dieses Instrument vorwiegend von international tätigen Unternehmen angewendet wird, um Gewinnverlagerungen zur Verringerung der Steuerschuld vorzunehmen, unterliegt die Festlegung der Verrechnungspreise steuerrechtlichen Bestimmungen.

2.2.3.2.2 Dumping

Bei einer Strategieauswahl, der Festlegung von Preiskorridoren und der Festlegung des Niveaus des Preises innerhalb einer Strategie ist zu beachten, dass es ein Unternehmen vermeiden muss, in eine Dumping-Position zu kommen.

Dumping liegt vor, wenn ein Produkt in einem Land produziert wird und der „Verkauf dieses Produktes auf einem Auslandsmarkt zu einem Preis unter Selbstkosten oder zu einem Preis, der unter dem Inlandspreis liegt" (US Definition), erfolgt.

Der **Kostenbezug hat in der Praxis bei der Überprüfung eines Dumping-vorwurfs nur wenig Relevanz,** da die Höhe der Selbstkosten durch Spielräume bei der Bewertung der Kosten stark beeinflusst werden kann. Des Weiteren sind die Informationen über Kostenstrukturen der Konkurrenten, einem Unternehmen das klagen will, kaum zugänglich. In der Praxis dient deshalb der von einem Unternehmen auf dem Heimatmarkt erzielte Preis in der Regel als Referenzpreis zur Feststellung, ob Dumping vorliegt. (Das so genannte Sozialdumping – also die Erlangung eines Wettbewerbsvorteils aufgrund niedriger Löhne z.B. durch Kinderarbeit – erfüllt nicht den Tatbestand des Dumping, da keine Preisunterschiede im Inland und Ausland auftreten müssen).

Nach US amerikanischem Recht, können amerikanische Konkurrenten dann eine Dumping-Klage einreichen, wenn Dumping festgestellt wurde und die amerikanische Industrie aufgrund des Dumpings geschädigt wurde. Die Untersuchungen werden im Rahmen des Antidumping and Countervailing Duty Programs von den Zollbehörden, dem Departement of Commerce und der U.S. International Trade Commission (ITC) geführt.

Bei erfolgreicher Klage können **Zusatzzölle** (countervailing duties) auf den Wert der importierten Güter erhoben werden, die diese auf das amerikanische Preisniveau (fair market price oder normal value) anheben.

Diese Dumping Definition kann dazu führen, dass Unternehmen, die ursprünglich kein Dumping betrieben haben, allein aufgrund einer Veränderung der Wechselkurse – also bei unveränderten Preisen auf dem Heimatmarkt und dem US-Markt – in eine Dumping-Position geraten. Dies bezeichnen die Amerikaner als „**technical dumping**". Auch in diesem Fall werden die Unternehmen wegen Dumpings verurteilt.

Im Beispiel führt eine Senkung des Euro-Wechselkurses um rd. 18% dazu, dass der Preis auf dem amerikanischen Markt um rd. 21 % erhöht werden müsste (oder der Preis auf dem deutschen Markt um rd. 9 % gesenkt werden müsste), um dem Vorwurf des Dumping zu entgehen. Maßnahmen, die auf dem US-Markt nicht durchsetzbar und auf dem deutschen Markt wirtschaftlich nicht sinnvoll wären.

	Ein dt. Hersteller verkauft ein Gut A auf dem deutschen Markt zu ...	Wechselkurs	Der dt. Hersteller verkauft das gleiche Gut auf dem amerikanischen Markt zu ...	Konsequenz	Kein Dumping liegt vor bei einem Preis über...
t_0	100 EUR	1 $ = 0,85 EUR	130 $	kein Dumping	117,65 $
t_1	100 EUR	1 $ = 0,70 EUR	130 $	Dumping	142,86 $

Abb. 91: Technical Dumping

Nach dem **Recht der EU** von 1995 und 1996 liegt **Dumping von Anbietern aus Nicht-EU-Ländern** dann vor, wenn

- der Exportpreis zu dem ein Produkt auf Märkten der Gemeinschaft verkauft wird, unter dem Preis auf dem Inlandsmarkt des Anbieters liegt,
- die Importe bei den europäischen Anbietern zu erheblichen Schäden geführt haben oder zu führen drohen wie zum Verlust von Marktanteilen, Preisreduzierungen, Absatz- und Gewinnrückgängen usw.,
- die Kosten der Gemeinschaft zur Unterbindung dieser Praktiken nicht in einem Missverhältnis zu den erwarteten Vorteilen stehen.

Die Dumping-Untersuchung, muss von betroffenen Wettbewerbern veranlasst werden, die zusammen mindestens 25% der EU Produktion repräsentieren. Sie wird von der Europäischen Kommission durchgeführt. Zum Schutz der europäischen Industrien können vorläufige Ausgleichszölle (Strafzölle) eingeführt werden, die das Anbieterpreisniveau auf das Binnenpreisniveau anheben (§ 21 ZG).

Bestätigt sich der Dumpingvorwurf können vom Ministerrat für 5 Jahre endgültige **Ausgleichszölle** verhängt werden. Klagen gegen die Entscheidungen werden vom Europäischen Gerichtshof behandelt.

Damit befinden sich die Dumping Regelungen im Einklang mit den WTO Vereinbarungen von 1994. Auf der Grundlage dieser Vereinbarungen haben 54 Staaten (bis 1998) eigene Dumping Regelungen verabschiedet.

Die stark juristisch geprägten Definitionen des Dumping nehmen auf ein wirtschaftlich sinnvolles Verhalten der Anbieter keine Rücksicht. So können Gründe für niedrigere Preisforderungen eines Anbieters auf einem ausländischen Markt sein:

- Unterschiedliche Nachfrageelastizitäten, die in einem unterschiedlichen Kaufverhalten im Inland und Ausland zum Ausdruck kommen. Eine Gewinnoptimierung kann deshalb nur durch eine Preisdifferenzierung erfolgen.
- Kostenvorteile durch staatliche Ausfuhrprämien wie Zollrückvergütungen, Exportsubventionen (Steuervorteile), günstige Transporttarife, niedrige Lohn- oder Energiekosten u.Ä.
- Günstige Wechselkurse.

2.2.3.3. Beurteilung des Preiskorridors

Die **Kontrolle der Maßnahmen** soll das Einschwenken in den Preiskorridor kontrollieren und Basis für weitere Anpassungsmaßnahmen bieten.

Die Idee des Preiskorridors stellt sicher eine wirksame Möglichkeit, Preisnivellierungen entgegenzuwirken, dar. Auf eine exakte Berechnung muss in der Praxis allerdings verzichtet werden, da – abgesehen von der ungeklärten Frage welche Ausgangspreise zugrunde gelegt werden sollen (Durchschnittspreise, Listenpreise, Preise mit Rabatten, Höchst- oder Niedrigstpreise auf einem Markt) – die Kenntnis von Preissensibilitäten (Preiselastizitäten) fehlt und mögliche Reaktionen der Wettbewerber nicht bekannt sind. Auch dürfte sich die angestrebte Preiserhöhung auf vielen Märkten nicht im angestrebten Umfang realisieren lassen.

In vielen Fällen wird man deshalb durch Gestaltung der Produkte und durch Detailgestaltung des Preises (Festlegung der Konditionen und Liefer- und Zahlungsbedingungen) ergänzend versuchen, Preise unvergleichbar zu machen, indem man sie gleichsam mit einem Schutzzaun umgibt (fencing).

2.3 Festlegung des Niveaus der Preisforderung

In der Volkswirtschaftslehre steht der Gleichgewichtspreis als Ergebnis eines Preisbildungsprozesses oder der Weg zu diesem Preis (Cob-Web-Theorem) im Mittelpunkt der Betrachtungen.

Im Marketing ergibt sich nach der detaillierten Preisgestaltung zunächst eine Preisforderung. Sie soll den potenziellen Kunden zum Kauf veranlassen (Erhöhung der Kaufbereitschaft). Die Kaufentscheidung kann dabei spontan erfolgen, nach Abwägung der Vor- und Nachteile der angebotenen Leistung und/oder nach einem objektiven Vergleich mit den Wettbewerbsangeboten. Sie kann das Ergebnis der Akzeptanz des geforderten Preises oder das Ergebnis von Verhandlungen über die Preisforderung sein.

Nach Festlegung von Preiszielen und Preisstrategie wird die **Preisforderung** auf internationalen Märkten folgende Einflussfaktoren berücksichtigen:

❑ unternehmensexterne Faktoren
- Nachfragefaktoren
  - die Preiselastizität der Nachfrage
  - die Preiswahrnehmung (Preiskenntnis) und Preisbeurteilung
  - die Höhe des verfügbaren Einkommens
  - den Umfang des Bedarfs
  - die Dringlichkeit des Bedarfs
  - die Möglichkeit des Leistungs- und Preisvergleichs
  - die aktuelle Liquidität
  - die Zahlungsbereitschaft
  - die Zahlungsmittel
  - die zeitliche Dauer eines Geschäfts (Wiederholungsgeschäfte)
❑ sonstige externe Faktoren
  - die Einflussnahme externer Stellen auf die Preisforderung
  - die Gestaltung von Wettbewerbspreisen
❑ unternehmensinterne Faktoren
  - die Kosten
  - die Beschäftigung bzw. die Kapazitätsauslastung

2.3.1 Der Einfluss unternehmensexterner Faktoren auf das Preisniveau

2.3.1.1 Preiselastizität der Nachfrage

Das Nachfrageverhalten der Verbraucher kommt in der **Elastizität der Nachfrage in Bezug auf Preisänderungen** (oft abgekürzt als: Preiselastizität) zum Ausdruck. Sie ist definiert als

$$E = \frac{\text{relative Mengenänderung}}{\text{relative Preisänderung}}$$

oder:

$$E = \frac{\dfrac{\text{Mengenänderung}}{\text{Ausgangsmenge}}}{\dfrac{\text{Preisänderung}}{\text{Ausgangspreis}}} = \frac{\dfrac{\Delta x}{x_0}}{\dfrac{\Delta p}{p_0}}$$

Die Preisänderung ist dabei strenggenommen unendlich (infinitesimal) klein. Dabei lassen sich folgende Elastizitäten unterscheiden:

$E = -\infty$	oder:	$|E| =$	∞	Nachfrage vollkommen elastisch
$E = < -1$	oder:	$|E| =$	> 1	Nachfrage elastisch
$E = -1$	oder:	$|E| =$	1	Nachfrage neutral
$E = > -1$	oder:	$|E| =$	< 1	Nachfrage unelastisch
$E = -0$	oder:	$|E| =$	0	Nachfrage vollkommen unelastisch

Ist die Nachfrage elastisch in Bezug auf Preisänderungen, so führt eine Preissenkung (Preiserhöhung) von rund 1 % zu einer Steigerung (Verringerung) der mengenmäßigen Nachfrage von mehr als 1 %, d.h. der Umsatz steigt (sinkt). Ist die Nachfrage unelastisch in Bezug auf Preisänderungen, so führt eine Preissenkung (Preiserhöhung) von rund 1 % zu einer Steigerung (Verringerung) der mengenmäßigen Nachfrage von weniger als 1 %, d.h. der Umsatz sinkt (steigt).

	Elastische Nachfrage	Unelastische Nachfrage
Preis- erhöhung	Umsatz sinkt	Umsatz steigt
Preis- senkung	Umsatz steigt	Umsatz sinkt

Abb. 92: Reaktionen des Umsatzes auf Preisveränderungen

2.3.1.2 Preiswahrnehmung und Preisbeurteilung

Die **Preiswahrnehmung** ist das objektive Erkennen eines Preises. Das Erkennen ist im Wesentlichen abhängig von der **Preisauszeichnung**, der **absoluten** Preishöhe, **der Höhe des Einkommens, des Umfangs** und der **Dringlichkeit des Bedarfs**. In Deutschland besteht eine **Preisauszeichnungspflicht**, die nach den Bestimmungen der Preisangabenverordnung (PangVO) als Endpreis in der Währung des gesetzlichen Zahlungsmittels – also Euro – und im Ausweis von Einheitspreisen (z.B. je Kg oder je Liter) zu erfolgen hat. Bei geringem absoluten Preis, hohem Einkommen, geringen Umfang oder wenig dringendem Bedarf wird das Bemühen um eine objektive Preiswahrnehmung in den Hintergrund treten.

Es werden ferner **Preiserhöhungen vom Verbraucher eher wahrgenommen**, als Preissenkungen. Dieses ist ein für den Anbieter unerwünschtes Verhalten, das er oft zu verschleiern versucht, indem er die Preise unverändert lässt und die angebotene Menge reduziert. Weiteres Ziel dieses Vorgehens kann es sein, dass vermieden werden soll, Preisschwellen (z.B. 9,99 EUR, 499,00 EUR) durch eine Preiserhöhung zu überschreiten.

Die Preiswahrnehmung ist Grundlage der **Preisbeurteilung**, nämlich das subjektive Empfinden etwas als „teuer" oder „preiswert" zu beurteilen. Das Preisurteil kann erfolgen

❏ ohne Preisvergleich
  • aufgrund des Markennamens oder Images eines Herstellers,
❏ nach Preisvergleich
  • aufgrund eines objektiven Preis-/Leistungsvergleichs,
  • aufgrund einer subjektiven Qualitätseinschätzung.

Anbieter hochwertiger Luxusgüter (z.B. Rolex, Lacoste) sind oftmals in der Position eines Quasi-Monopolisten, d.h. die Nachfrager orientieren sich ausschließlich am Markennamen bzw. am **Image des Anbieters**. Die Preishöhe spielt für die Kaufentscheidung eine untergeordnete Rolle. Preiserhöhungen führen hier vielfach sogar zu Nachfragesteigerungen (Snob Effekt). Es ist wichtig, eine positive Preisbeurteilung, die ein Anbieter in einem Land erfährt, in anderen Länder sicherzustellen, um negative Rückwirkungen zu vermeiden. Diese Produkte bilden auch bevorzugte Angriffspunkte für **Produkt-und Markenpiraterie** (vgl. E 6).

Verbraucher sind im Allgemeinen nicht in der Lage **objektive Preis-/Leistungsvergleiche** durchzuführen. Sie müssten Computer-, Fahrzeug-, Textil- oder Nahrungsmittelexperten sein und über die notwendigen Prüfgeräte verfügen. Hilfestellung versuchen allerdings in Deutschland die **Stiftung Warentest**, der **TÜV** oder andere Institute zu geben.

Die fehlende Möglichkeit eines Preis-/Leistungsvergleichs führt dazu, dass der Verbraucher sich oftmals an der absoluten Preishöhe – als Qualitätsindikator – orientiert und so zu einer **subjektiven Preiseinschätzung** kommt. Insbesondere im Dienstleistungsbereich, wo keine physischen Waren angeboten werden, kann ein höherer Preis eine überlegenere Leistung suggerieren.

2.3.1.3 Administrierte Preise

Auf vielen Märkten unterliegt die Preisforderung staatlichen Einflüssen. Man spricht in diesem Fall von **administrierten Preisen**. Bei **direkt administrierten Preisen** handelt es sich um vom Staat festgesetzte Gebühren und Abgaben für Leistungen, die vom Staat oder staatlichen Unternehmen erbracht werden. **Teiladministrierte Preise** sind Preise, die vom Staat genehmigt werden müssen. Bewegt sich ein Anbieter auf einem solchen Markt, ist er in der Preisforderung nicht frei, sondern muss sich an staatlichen Vorgaben ausrichten.

Direkt administrierte Preise	
Kraftfahrzeugbereich	Gebühren für die Führerscheinzulassung, ASU, Kfz-Prüfung, Parkuhren, Kfz-Steuer
Rundfunk, Fernsehen	Rundfunk- und Fernsehgebühren
Andere Dienstleistungen	Gebühren für Friedhofbenutzung, Wetteinsatz, Reisepass, Kurtaxe o.Ä.
Kultur, Sport, Bildung	Preise für Oper, Theater, Hallenbad, Gebühren für Volkshochschule, Kindergartenbeiträge, Fischereischein
Wohnung	Gebühren für Wasserversorgung, Müllabfuhr,
Personenbeförderung	Preise für Straßenbahn, Omnibus, Verbundverkehr
Teiladministrierte Preise	
Gesundheitswesen	Beiträge zur Krankenversicherung, Preise für Medikamente, ambulante und stationäre Gesundheitsleistungen
Rechtswesen	Gebühren für Rechtsanwälte, Notare, Gerichte
Wohnungswesen	Wohnungsmieten im öffentlichen Wohnungsbau
Energieversorgung	Preise für Strom, Kohle, Fernwärme
Nachrichtenübermittlung	Preise für Telekommunikation, Briefdienst, Paketdienst

Abb. 93: Beispiele für administrierte Preise in Deutschland
Quelle: Statistisches Bundesamt

Innerhalb einer am Wettbewerb ausgerichteten Strategie kann die detaillierte Preisforderung (z.B. Festpreise, Listenpreise mit Rabatt, Listenpreise mit Rabatt und Skonto) ebenfalls den Wettbewerbern oder den Handelsusancen auf einem bestimmten Markt folgen.

2.3.2 Der Einfluss unternehmensinterner Faktoren auf das Preisniveau

2.3.2.1 Einfluss der Kosten

Die **Kosten haben keinen unmittelbaren Einfluss auf die Preisforderung**. Diese richtet sich allein nach der Nachfragesituation, der Wettbewerbssituation und einer möglichen staatlichen Einflussnahme. Die Kosten dienen allein dazu die Preisuntergrenze festzustellen, d.h. festzustellen, wann ein Anbieter einen vom Kunden geforderten Preis nicht mehr akzeptieren kann.

Die in der Praxis vorkommenden „**Kalkulationen**", nach denen sich die Preisforderung als Selbstkosten plus Gewinnzuschlag (Zuschlagskalkulation oder cost-plus-pricing) oder als Einstandspreis mal 2 (Spannenkalkulation oder mark-up-pricing) ergibt, müssen als wissenschaftlich nicht begründbare Handlungsweisen bezeichnet werden. Sie erscheinen jedoch verständlich, da in der Praxis vielfach Informationen über die Nachfrage- oder die Wettbewerbssituation fehlen, insbesondere dann, wenn es sich um Auftrags- oder Einzelfertigung handelt.

Zur Ermittlung der Kosten je Produkteinheit stehen die Vollkostenrechnung und die Teilkostenrechnung zur Verfügung.

Bei der **Vollkostenrechnung** werden die **Einzelkosten** den Kostenträgern (hier: Produkten) unmittelbar zugerechnet, denn für jedes Produkt ist feststellbar in welcher Höhe es Einzelkosten (z.B. Materialverbrauch, Fertigungslöhne) verursacht hat. Von den **Gemeinkosten** (z.B. Mieten, Gehälter der Geschäftsführung) weiß man nicht in welcher Höhe sie von einem bestimmten Produkt verursacht worden sind. Sie werden deshalb zunächst Kostenstellen im **Betriebsabrechnungsbogen** (BAB) zugeordnet und dann mittels Schlüsselgrößen den Kostenträgern zugeschlagen.

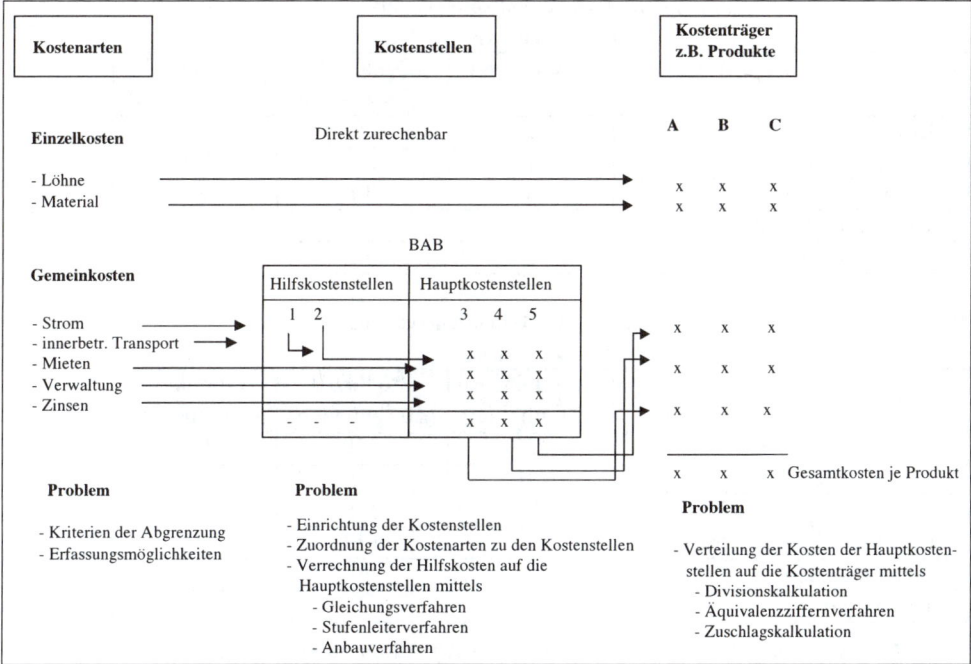

Abb. 94: Vollkostenrechnung zur Ermittlung der Kosten je Produkteinheit

Die Schwächen der Vollkostenrechnung liegen in der

- Zuordnung der Kostenarten zu den Kostenstellen,
- Kostenstellenbildung,
- Verrechnung der Werte der Hilfskostenstellen auf die Hauptkostenstellen,
- Bildung von Kennzahlen wie Äquivalenzziffern oder Zuschlagssätzen zur Verteilung der Werte der Hauptkostenstellen auf die Kostenträger.

Diese Schwächen versucht die **Teilkostenrechnung** zu vermeiden, in dem sie nur die Einzelkosten Kostenträgern zuordnet und auf die Zuordnung der Gemeinkosten über Schlüsselgrößen verzichtet. Als Differenz zwischen Erlös und Einzelkosten errechnet sie den Deckungsbeitrag je Produkt, d.h. es wird ausgewiesen welchen Beitrag die einzelnen Produktgruppen bzw. Produkte zur Deckung der noch verbleibenden Gemeinkosten beitragen.

Das Ergebnis einer Vollkostenrechnung und einer Teilkostenrechnung könnte wie folgt aussehen:

Gewinnermittlung bei Vollkostenrechnung

(in Geldeinheiten)

	Produkt A (5 Einheiten)	Produkt B (10 Einheiten)	Produkt C (6 Einheiten)
Erlöse	120	250	190
- Einzelkosten	110	160	150
- Gemeinkosten	20	40	30
= Gewinn je Produkt	-10	50	10
Gesamtgewinn	50		

Gewinnermittlung bei Teilkostenrechnung

(in Geldeinheiten)

	Produkt A (5 Einheiten)	Produkt B (10 Einheiten)	Produkt C (6 Einheiten)
Erlöse	120	250	190
- Einzelkosten	110	160	150
= Deckungsbeitrag je Produkt	10	90	40
Gesamtdeckungsbeitrag	140		
- Gemeinkosten	90		
= Gesamtgewinn	50		

Abb. 95: Gewinnermittlung bei Vollkosten- und Teilkostenrechnung

Man erhält jetzt nicht mehr den Gewinn pro Produkt (was für die Bestimmung der kurzfristigen Preisuntergrenze auch nicht erforderlich ist), sondern den Deckungs-beitrag pro Produkt (DB/Produkt). Im Beispiel hilft der Gesamtbetrag von insgesamt 140 RE die Gemeinkosten von 90 „abzudecken". Der Gesamtgewinn von 50 bleibt unverändert. (Da hier nur die Grundprinzipien beider Kalkulationsansätze gezeigt werden sollen, wird auf die Darstellung der mehrstufigen Deckungsbeitrags-rechnung sowie auf die Ansätze der Plankostenrechnung, Prozesskostenrechnung usw. verzichtet).

Die **kurzfristige Preisuntergrenze lässt sich nur mittels der Teilkosten-rechnung** bestimmen. Sie liegt dort wo alle Einzelkosten gerade gedeckt sind bzw. dort wo das Produkt keinen Beitrag mehr zur Deckung der Gemeinkosten erbringt (DB = 0). Dies wäre z.B. beim Produkt A (B, C) bei einem Erlös von 22 RE/Produkt (B: 16 und C 25 RE/Produkt) der Fall.

Das bedeutet, ein Preis ist kurzfristig dann noch zu akzeptieren, wenn die unmittel-bar mit der Fertigung und dem Vertrieb verbundenen Kosten wie Rohstoffeinsatz-kosten, Fertigungslöhne oder Transportkosten im Preis abgegolten werden. **Lang-fristig müssen jedoch Deckungsbeiträge in einer solchen Höhe erzielt werden, dass alle Kosten zumindest gedeckt werden**.

Dieser ökonomisch sinnvolle Schluss kann dazu führen, dass Zusatzgeschäfte zu einem Preis akzeptiert werden, der knapp oberhalb der Einzelkosten liegt. Im internationalen Geschäft besteht damit die Gefahr in eine **Dumping Position** zu kommen. Hier sind also neben der Kostensituation als Preisuntergrenze auch die Dumpingbestimmungen eines Landes zu berücksichtigen (vgl. F 2.2.3.2.2).

2.3.2.2 Einfluss der Beschäftigung

Will ein Unternehmen ermitteln, bei welcher Preisforderung und bei welchem zu erwartenden Absatz und damit Umsatz die Gewinnzone erreicht werden kann, so ist das die Fragestellung nach der Erreichung des **Break-Even-Punktes**. Die Kosten werden jetzt unter dem Gesichtspunkt der Abhängigkeit von der Beschäftigung (Ausbringung bzw. **Kapazitätsauslastung**) betrachtet.

Hier unterschiedet man **fixe und variable Kosten**. Fixe Kosten sind Kosten, die von der Beschäftigung unabhängig sind. Man spricht deshalb auch von beschäftigungsfixen Kosten. Variable Kosten sind hingegen Kosten, die in ihrer Höhe von der Kosteneinflussgröße abhängen. Ist diese Kosteneinflussgröße die Beschäftigung so spricht man von beschäftigungsvariablen Kosten.

Typische Beispiele für fixe Kosten sind Gehälter, Mieten oder Zinsen, für variable Kosten der Material- und Energieverbrauch, stückzahlenabhängige Provisionen oder Lizenzgebühren oder an die Mengenausbringung oder die geleisteten Arbeitsstunden gebundene Fertigungslöhne.

Zur Charakterisierung des Einflusses der Beschäftigungsänderung auf die variablen Kosten bestimmt man den so genannten **Reagibilitätsgrad** (R) der Kosten.

$$R = \frac{\text{prozentuale Kostenänderung}}{\text{prozentuale Beschäftigungsänderung}}$$

Hinsichtlich dieses Reagibilitätsgrades unterscheidet man:

- proportionale Kosten
- überproportionale (progressive) Kosten
- unterproportionale (degressive) Kosten

Die **proportionalen Kosten** reagieren im gleichen Verhältnis wie die Beschäftigungsschwankungen. Wenn für die Fertigstellung eines Autos vier Reifen (ohne Ersatzreifen) benötigt werden, so werden für 1.000 Fahrzeuge 4.000 Reifen verbraucht. Das bedeutet auch gleichzeitig, dass die Stückkosten konstant bleiben.

Die **beschäftigungsfixen Kosten** oder Bereitschaftskosten sind leistungs- bzw. beschäftigungsunabhängig. Ihre Höhe wird von Schwankungen der Beschäftigung nicht beeinflusst. Sie entstehen durch den Aufbau einer Kapazität oder Betriebsbereitschaft und verharren auf ihrem ursprünglichen Niveau, selbst wenn nichts produziert wird, aber die Betriebsbereitschaft unverändert aufrechterhalten wird. Beschäftigungsfixe Kosten sind nicht absolut unveränderlich oder fix, denn sie können aufgrund unternehmerischer Entscheidungen (mit einer Zeitverzögerung) verändert werden z.B. durch Kapazitätsstilllegung oder Kapazitätserweiterung, Personalabbau im Rahmen der Kündigungsfristen oder Aufgabe von gemieteten Räumen durch Kündigung. „Fix" bedeutet also nicht unveränderlich, sondern unabhängig von Schwankungen der Beschäftigung.

Die **Break-even-Analyse** kann als **Gesamtbetrachtung** und **Stückbetrachtung** durchgeführt werden. Bei der Gesamtbetrachtung wird der Schnittpunkt der Umsatzkurve ($U = p\,x$) mit der Gesamtkostenkurve ($K = a + b\,x$) und bei der Stückbetrachtung der Schnittpunkt der Stückerlöskurve ($\frac{U}{x} = p\;const$) und der Stückkostenkurve ($k = \frac{K}{x} = \frac{a}{x} + b$) ermittelt.

Definiert man wie folgt:

U = Umsatz	K = Gesamtkosten
p = Preis je Stück	a = fixe Kosten
x = Menge	b = variable Kosten

errechnet sich der **Break-even-Absatz** als:

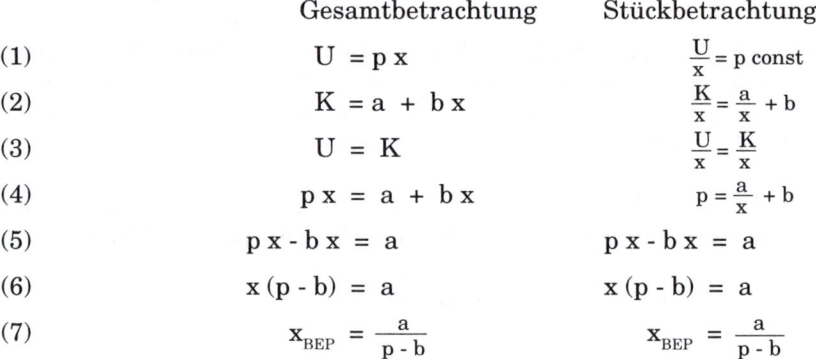

	Gesamtbetrachtung	Stückbetrachtung
(1)	$U = p\,x$	$\frac{U}{x} = p\;const$
(2)	$K = a + b\,x$	$\frac{K}{x} = \frac{a}{x} + b$
(3)	$U = K$	$\frac{U}{x} = \frac{K}{x}$
(4)	$p\,x = a + b\,x$	$p = \frac{a}{x} + b$
(5)	$p\,x - b\,x = a$	$p\,x - b\,x = a$
(6)	$x\,(p - b) = a$	$x\,(p - b) = a$
(7)	$x_{BEP} = \dfrac{a}{p - b}$	$x_{BEP} = \dfrac{a}{p - b}$

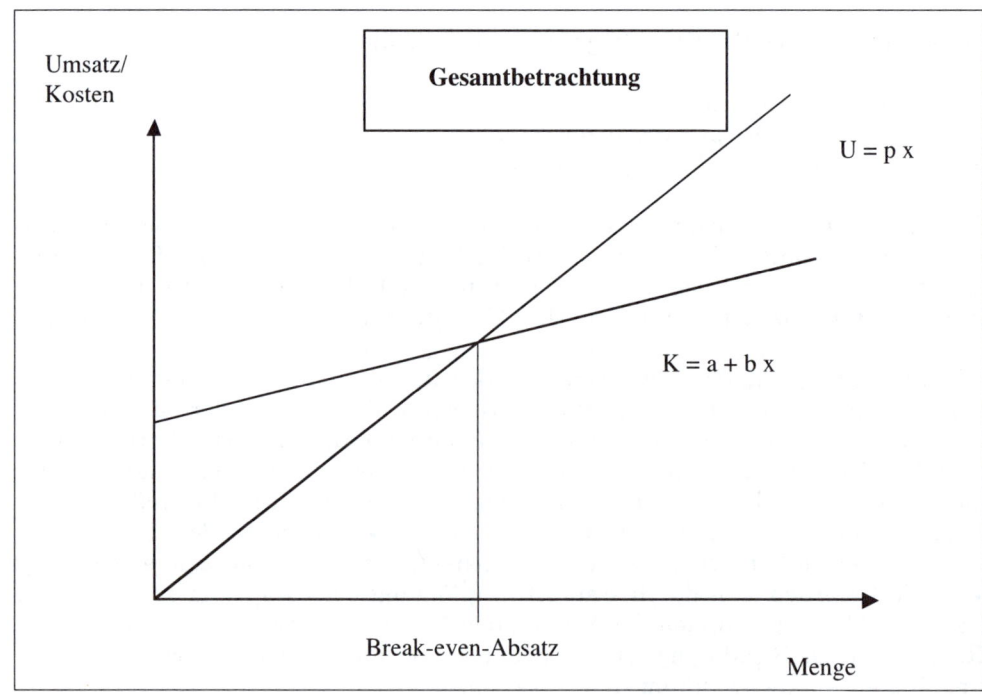

Umsatz/ Kosten

Gesamtbetrachtung

$U = p\,x$

$K = a + b\,x$

Break-even-Absatz

Menge

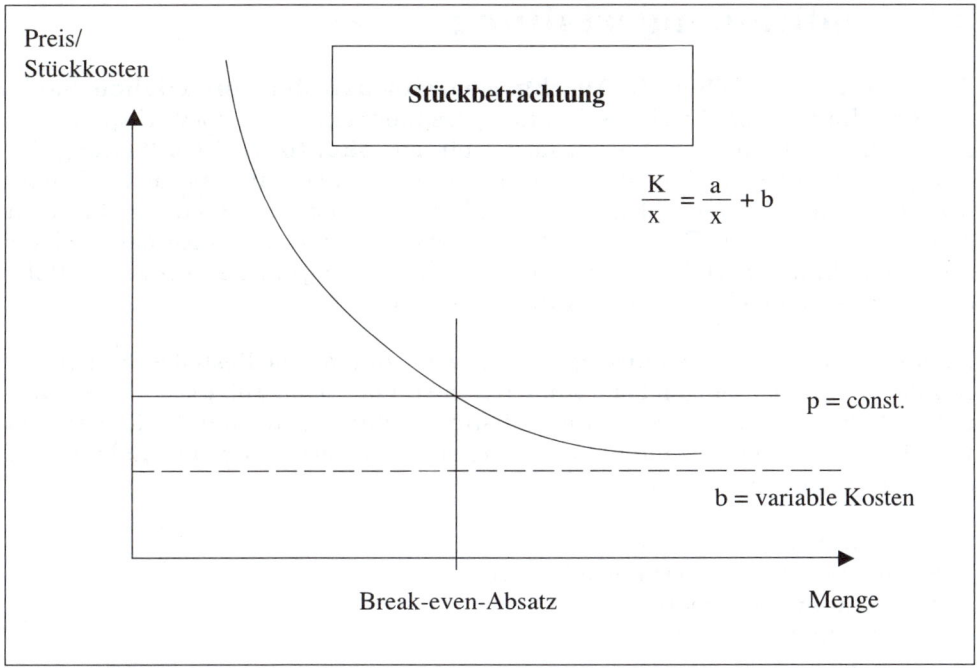

Preis/
Stückkosten

Stückbetrachtung

$$\frac{K}{x} = \frac{a}{x} + b$$

p = const.

b = variable Kosten

Break-even-Absatz   Menge

Abb. 96: Ermittlung des Break-even-Punktes (Gesamt- und Stückbetrachtung)

Hierbei wird unterstellt, dass

- es sich um ein Ein-Produktunternehmen handelt (die fixen Kosten also eindeutig zugeordnet werden können),
- Absatz gleich Produktion ist (keine Fertigung auf Lager),
- die variablen Kosten proportional verlaufen,
- die erzielbaren Absatzpreise konstant bleiben, also von der abgesetzten Menge unabhängig sind,
- Erlöse und Kosten bekannt sind und im Zeitablauf unverändert bleiben.

3. Detaillierte Preisforderung

Nach der Entscheidung für eine Preisstrategie und des zu fordernden Preisniveaus werden bei der **detaillierten Preisforderung**

- die Konditionen (Skonti, Rabatte, Boni, Gewährleistungen usw.),
- die Liefer- und Zahlungsbedingungen,
- der Bezugszeitpunkt des Preises (Tag des Vertragsabschlusses, Tag der Lieferung usw.),
- die Absatzkreditpolitik (d.h. die Zahlungsweise wie Ratenzahlung, Leasing usw.)

auf den einzelnen Märkten festgelegt.

3.1 Konditionengestaltung

Die **Konditionen sollen die Abschlussbereitschaft der potenziellen Nachfrager erhöhen** und die eigene Position gegenüber einem Wettbewerbspreis, der auf einem vergleichbaren Niveau liegt, stärken. **Skonto** wird bei Zahlung des Kaufpreises vor dem Fälligkeitstermin eingeräumt. Die Gewährung von 2 % Skonto bei Zahlung innerhalb von 8 Tagen bzw. Zahlung in 30 Tagen netto, entspricht einem Jahreszins von 32,7 %. Der Preisnachlass liegt darin begründet, dass der Anbieter seine Liquidität sichert, indem er früher über die Zahlungsmittel verfügt. Die Höhe des Skontos ist eine Frage der **Handelsusancen**.

Rabatte wurden ursprünglich gewährt, wenn durch das Bestellverhalten des Kunden, Kostensenkungen beim Anbieter auftraten. Einen Teil dieser Kostenvorteile gab der Anbieter in Form von Rabatten weiter. Heute sind die Rabatte ein wichtiges Instrument zur individuellen Preisdifferenzierung. Häufige Rabattarten sind z.B. (Weis, 1999, S.304 ff.):

❑ Mengenrabatte/Umsatzrabatte
  • stückzahlenbezogener Bestellrabatt
  • Auftragsgrößenrabatt
  • Jahresumsatzrabatt (Bonus)
❑ Funktionsrabatte
  • Leistungsstaffelrabatt
  • Musterrabatt
  • Selbstabholrabatt
❑ Zeitrabatte
  • Vordispositionsrabatte (Frühbucher im Touristikbereich, Subskriptionspreis im Buchhandel)
  • Saisonrabatte
  • Einführungs- und Auslaufrabatte

Ein **Bonus** wird rückwirkend nach dem Erreichen eines vorher festgelegten **Jahresmindestumsatzes** für den insgesamt getätigten Jahresumsatz gezahlt. Der Bonus, der zusätzlich zu Mengenrabatten oder anderen Rabatten gezahlt wird, soll das einkaufende Unternehmen veranlassen, die Anteile der bezogenen Mengen anders zwischen den Lieferanten aufzuteilen (Steigerung des eigenen Lieferanteiles). Der Bonus gewinnt besonders dann an Bedeutung, wenn das gesamte Einkaufsvolumen stagniert.

Da Bonusregelungen oftmals in den Jahresabschlüssen auf Wunsch des Einkäufers schriftlich nicht festgehalten werden, werden sie im internationalen Geschäft oft für **Schmiergeldforderungen** und **Schmiergeldzahlungen** genutzt. Der Empfänger der Zahlung entzieht sich dabei dem jeweiligen nationalen Fiskus und das schmiergeldzahlende Unternehmen kann unter bestimmten Voraussetzungen, die Schmiergeldzahlungen steuerlich absetzen.

Die gesetzlichen **Gewährleistungen** beim Kauf von Gebrauchsgütern sind nach den EU Richtlinien ab 2002 auf zwei Jahre erweitert worden. Innerhalb der ersten sechs Monate muss der Verkäufer den Nachweis führen, dass sein Produkt mängelfrei war. Außerdem hat der Verbraucher ein weitergehendes Recht bei der Art der Mängelbeseitigung. Im B2B Bereich kann von der gesetzlichen Gewährleistung abgewichen werden. Eine freiwillige weitergehende Garantie seitens des Anbieters kann dann eine absatzfördernde Wirkung auslösen, wenn nur ein Anbieter diesen Vorteil einräumt.

3.2 Liefer- und Zahlungsbedingungen

3.2.1 Lieferbedingungen

Die Liefer- und Zahlungsbedingungen regeln die Modalitäten der Übergabe, die des Gefahren- und Eigentumsüberganges der Produkte vom Lieferanten auf den Käufer sowie die Art und Weise der Entrichtung des vereinbarten Kaufpreises durch den Käufer (Weis, 1999, S.309 ff.).

Die Lieferbedingungen regeln im Einzelnen:

- Lieferzeit/Liefertermin
- Lieferart
- Lieferbereitschaft
- Umtausch- und Rücktrittsmöglichkeiten
- Konventionalstrafen
- Berechnung der Verpackungs-, Fracht-, Versicherungskosten

Die **Lieferbedingungen** für internationale Geschäfte sind in den **Incoterms** der Internationalen Handelskammer, Paris, (International Chamber of Commerce, ICC) seit 1936 geregelt. Eine letzte Anpassung erfolgte im Jahr 2000. Die Incoterms haben keine Gesetzeskraft. Sie werden nur rechtskräftig wenn sie von beiden Parteien im Kaufvertrag vereinbart wurden. Es können deshalb auch alte Inco-Klauseln verwandt werden. Sondervereinbarungen beider Parteien gehen den Incoterms vor. Die Incoterms beziehen sich auf Warenlieferungen, die physisch transportiert werden. Sie finden keine Anwendung bei Dienstleistungen, Lizenzen oder Software.

Die **Hauptfunktionen der Incoterms** regeln:

- die Verteilung der Kosten auf Verkäufer und Käufer und den Gefahrenübergang
- die Beschaffung der Dokumente
- den Übergang der Sorgepflicht (Dispositionspflicht)

Die **Nebenfunktionen der Incoterms** regeln:

❏ Warendokumente
  - Wer muss die erforderlichen Warendokumente beschaffen? Wer trägt hierfür die Kosten?

❏ Transportdokumente
- Wer muss welche Transportdokumente beschaffen? Wer trägt hierfür die Kosten?

❏ Versicherung
- Wer muss die Ware für welche Teilprozesse versichern? Wer trägt hierfür die Kosten?

❏ Information
- Wer muss den anderen Partner wann mit welchen Informationen versorgen? (z.B. darüber welches Hafenbecken im Übergabeort angefahren wurde)

❏ Warenprüfung
- Wer muss die Warenprüfung durchführen und wer muss die Prüfung bezahlen?

❏ Verpackung
- Wie muss die Ware verpackt werden? Wer bezahlt den Verpackungsprozess und die Verpackungsmaterialien?

Die **Incoterms regeln nicht**:

- die Zahlungsbedingungen
- den Gerichtsstand
- den Eigentumsübergang (nur den Besitzübergang)
- Haftungsausschlüsse
- die Ersatzansprüche

Gruppeneinteilung der Incoterms		Transportart
Gruppe E (Abholklausel)		
EXW	Ex Works (ab Werk)	jede Transportart einschließlich multimodaler Transport (..benannter Ort)
Gruppe F (Haupttransport wird vom Verkäufer nicht bezahlt)		
FCA	free carrier (freie Frachtführer)	jede Transportart (..benannter Ort)
FAS	free alongside ship (frei Längsseite Schiff)	See- und Binnenschiffstransport (..benannter Verschiffungshafen)
FOB	free on board (frei an Bord)	See- und Binnenschiffstransport (..benannter Verschiffungshafen)
Gruppe C (Haupttransportart wird vom Verkäufer bezahlt)		
CFR	cost and freight (Kosten und Fracht)	See- und Binnenschiffstransport (..benannter Bestimmungshafen)
CIF	cost, insurance and freight (Kosten, Versicherungen, Fracht)	See- und Binnenschiffstransport (..benannter Bestimmungshafen)
CPT	carriage paid to (frachtfrei)	jede Transportart (..benannter Bestimmungsort)
CIP	carriage and insurance paid to (frachtfrei versichert)	jede Transportart (..benannter Bestimmungsort)

Gruppe D (Ankunftsklauseln)		
DAF	delivered at frontier (geliefert Grenze)	jede Transportart (..benannter Ort)
DES	delivered ex ship (geliefert ab Schiff)	See- und Binnenschiffstransport (..benannter Bestimmungshafen)
DEQ	delivered ex quay (geliefert verzollt ab Kai)	See- und Binnenschiffstransport (..benannter Bestimmungshafen)
DDU	delivered duty unpaid (geliefert unverzollt)	jede Transportart (..benannter Ort)
DDP	delivered duty paid (geliefert verzollt)	jede Transportart (..benannter Ort)

Abb. 97: Übersicht Incoterms 2000
Quelle: Weis, 2001, S. 336, International Chamber of Commerce

Die vier Inco-Klauseln E, F, C und D können nicht für alle Transportarten eingesetzt werden. FAS, FOB, CFR, CIF, DES und DEQ sind reine Transportklauseln für die Schifffahrt. DAF wird vorwiegend im Eisenbahn- und Straßentransport eingesetzt und FCA im Eisenbahn- und Lufttransport.

Für **Preisverhandlungen** ist es unbedingt erforderlich, sich vorher eine Übersicht über die mit den unterschiedlichen Lieferbedingungen verbunden Kosten zu verschaffen. Ein Kunde kann z.B bereit sein einen geforderten Preis zu akzeptieren, wenn anstelle des Angebots FOB, die Lieferbedingung CIF tritt. Ein Verkäufer muss jetzt den Preisunterschied kennen, um entscheiden zu können, ob er die Forderung annimmt.

3.2.2 Zahlungsbedingungen

Die **Zahlungsbedingungen** regeln:

- Zahlungsziel
- Zahlungsweise
- Zahlungswährung

Die **Zahlungsziele** ergeben sich weitgehend aufgrund internationaler Handelsbräuche. So sind z.B. in einigen Branchen folgende Zahlungsziele üblich (vgl. F 5.1):

Deutschland, Skandinavien, Niederlande	30 Tage
Großbritannien, Belgien, USA	60 Tage
Frankreich, Italien, Spanien	90 Tage
Iran	120 Tage

Die **Zahlungsweise** kann bar oder gegen Rechnung mittels Scheck oder Überweisung (SWIFT) erfolgen.

Die Frage in welcher **Währung** ein Geschäft abgewickelt wird, hängt ab

- von Handelsbräuchen,
- von der Stärke der angebotenen Währung (Konvertierbarkeit, Vertrauen in eine Währung),
- von der Macht beider Handelspartner.

So werden bis heute zahlreiche Rohstoffe, insbesondere Erdöllieferungen, in US \$ oder börsennotierte Metalle in englischen Pfund bezahlt. Die Erwartung , dass mit der Einführung des Euro, die europäische Währung den US Dollar in vielen internationalen Geschäften ablösen würde, hat sich bis heute nicht erfüllt.

3.3 Zahlungssicherung

Ein Lieferant wird bemüht sein, die Zahlung seines Kunden sicherzustellen. Die wichtigsten Formen der **Zahlungssicherung** sind:

- Vorauszahlung
- Zahlung bei Empfang der Ware
- Wechsel
- Akkreditiv
- Bankbürgschaft
- Exportkreditversicherung (Private Versicherung, Hermes Kreditversicherung)
- Factoring
- Forfaitierung

Die sicherste Form der Zahlung ist die **Vorauszahlung** oder die **Zahlung bei Erhalt der Ware**. Es ist eine Frage der Machtposition beider Partner und der Wettbewerbssituation, ob eine solche Zahlungsvereinbarung durchzusetzen ist.

Der **Wechsel** sichert zwar keine Zahlung, aber er erlaubt im Falle eines Wechselprotests den unmittelbaren Zugriff auf die gelieferte Ware, denn der Gläubiger erhält einen sofort vollstreckbaren Titel. Das abstrakte Zahlungsversprechen gilt losgelöst vom Schuldverhältnis. Der Schuldner muss also auch dann zahlen, wenn die Ware fehlerhaft ist. Außerdem kann der Gläubiger durch Diskontierung des Wechsels bereits vor der Fälligkeit über Liquidität verfügen. (Anders als beim Factoring bleibt das Zahlungsrisiko beim Gläubiger und geht nicht auf die Bank, der er den Wechsel zum Diskont gegeben hat, über).

Ein vollkommene Zahlungssicherung besteht beim unwiderruflichen bestätigten **Akkreditiv** (irrevocable, confirmed letter of credit). Liefert z.B. ein deutsches Unternehmen eine Maschine nach Indien, so eröffnet der indische Kunde bei einer Bank in seinem Land ein Akkreditiv. Diese Bank gibt einer deutschen Korrespondenzbank ein Zahlungsversprechen. Die wiederum gibt dem Lieferanten das Versprechen gegen Vorlage der Dokumente, die den ordnungsgemäßen Versand der Ware bescheinigen, den Kaufpreis zu zahlen.

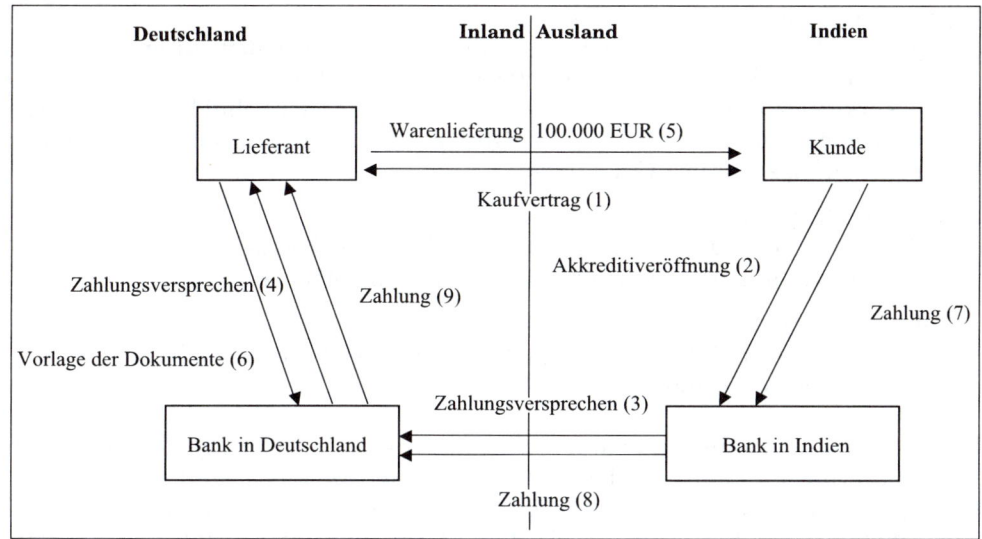

Abb. 98: Abwicklung eines Akkreditivs

Bei einem unwiderruflichen bestätigten Akkreditiv tritt zu dem abstrakten Schuldversprechen der Akkreditivbank ein weiteres abstraktes Schuldversprechen der Akkreditivstelle hinzu, d.h. der Exporteur erhält die Zahlung für die einzulösenden Dokumente ohne Rücksicht darauf, ob sie von der Akkreditivbank eingelöst werden und seine Bank den Gegenwert erhält oder nicht. Die Akkreditivstelle haftet dabei selbstschuldnerisch im Rahmen der Akkreditivbedingungen.

Eine **Bankbürgschaft** ist das Versprechen einer Bank, anstelle des Schuldners zu zahlen, falls dieser nicht zahlungsfähig oder zahlungswillig ist. Auch eine Bankbürgschaft von einer Bank mit guter Bonität kann als vollkommene Zahlungssicherung betrachtet werden.

Private Versicherungsunternehmen versichern einzelne Kunden, einzelne Geschäfte oder Länderrisiken im Rahmen von **Exportkreditversicherungen**. Es werden nur wirtschaftliche Risiken abgesichert. Zu beachten ist, dass im Allgemeinen ein gewisser Eigenanteil (20 bis 30 %) im Falle eines Forderungsausfalls vom Gläubiger selbst zu tragen ist.

Geschäfte in Ländern mit großem politischen oder wirtschaftlichen Risiko werden von Privatversicherungen nicht abgedeckt, da das Risiko zu hoch erscheint oder die Möglichkeit auf gerichtlichem Wege die Forderung einzutreiben als zu gering angesehen wird. Solche Länder werden von der **Hermes Kreditversicherungs-AG**, Hamburg, einer staatlichen Versicherung, abgedeckt. Hermes versichert in sieben Risikoklassen:

❏ politische Risiken
  • gesetzgeberische oder behördliche Maßnahmen, Kriege, Revolutionen und der darauf folgenden Unmöglichkeit der Vertragserfüllung
  • Nichtkonvertierung und Nichttransferierung der vom Schuldner in Landeswährung eingezahlten Beträge infolge der zwischenstaatlichen Beschränkung des Zahlungsverkehrs (KT Risiko)

❏ wirtschaftliche Risiken
  • Zahlungsunfähigkeit des Schuldners bei Konkurs, Zwangsvollstreckung
  • Nichtbezahlung innerhalb einer Frist von sechs Monaten

❏ Fabrikationsrisiko
  • während der Produktion treten politische oder wirtschaftliche Ereignisse ein, die den Export verhindern

Das (**Export**)-**Factoring** ist ein kurzfristiges Instrument der Finanzierung und Risikosicherung für Laufzeiten bis maximal 180 Tage. Dabei verkauft ein Gläubiger seine Forderungen aus Lieferungen und Leistungen an ausländische Schuldner einer inländischen Factoring Gesellschaft. Diese übernimmt unter Abzug von Provisionen mit der Forderungsübernahme gleichzeitig das Delkredererisiko (Gefahr der Uneinbringlichkeit der Forderungen). Ein politisches Risiko wird jedoch nicht abgedeckt (vgl. F 5.2).

Die **Forfaitierung** ist ein mittel- und langfristiges Instrument der Finanzierung und Risikoabsicherung für Geschäfte mit einer Laufzeit von 6 Monaten bis 6 Jahren. Eine Bank oder Finanzierungsgesellschaft (Forfaiteur) kauft Exportforderungen (in der Regel Wechselforderungen) in konvertiblen Währungen. Die Bank übernimmt wirtschaftliche und politische Risiken, d.h. Risiken der Konvertierbarkeit und Transfermöglichkeit (KT/ZM Risiken), das Delkredererisiko sowie das Wechselkursrisiko.

3.4 Sicherung von Währungsrisiken

Erhält ein Lieferant eine Zahlung in einer anderen als der eigenen Währung bzw. muss ein Kunde in einer anderen als der eigenen Währung eine Zahlung leisten, stellt sich für ihn das Problem der Sicherung des **Wechselkursrisikos**. Wechselkurs- oder **Währungsrisiken** entstehen durch Wechselkursschwankungen bei frei schwankenden Kursen oder infolge währungspolitischer staatlicher Eingriffe (Auf- und Abwertungen).

Absicherungsinstrumente sind:

• Kursklauseln
• Devisentermingeschäfte
• Devisenoptionsgeschäfte
• Wechselkursversicherungen

Kursklauseln geben vor, dass der Abrechnung des Geschäfts ein fest vereinbarter Kurs zugrunde gelegt wird, unabhängig davon wie der tatsächliche Kurs zum Zeitpunkt der Zahlung ist. Dies bewirkt ebenso wie die Festlegung der Währung für ein Geschäft - durch einen Partner -, dass das Risiko allein beim anderen Partner bleibt. Eine solche Vereinbarung lässt sich nur aus der Machtposition eines Partners erklären.

Devisentermingeschäfte schaffen eine verlässliche Kalkulationsgrundlage, in dem z.B. ein Exporteur bei Kontrahierung einer Bank einen Fremdwährungsbetrag zu einem festen Abrechnungskurs per Termin verkauft. Bei Fälligkeit erhält er ohne Rücksicht auf Kursveränderungen, den zum festgelegten Umrechnungskurs ermittelten Betrag in seiner Währung. Die Differenz zwischen Kassa- und Terminkurs wird als Deport (Abschlag) oder als Report (Zuschlag) zum Kassakurs der gleichen Währung zu einem bestimmten Zeitpunkt bezeichnet. Devisentermingeschäfte, die den Charakter einer Versicherung haben, dienen der Abwehr von Verlusten, die durch Wechselkursveränderungen auftreten können. Sie werden als **kurzfristige Wechselkurssicherung** in der Regel für einen Zeitraum bis zu zwei Jahren abgeschlossen.

Die **Devisenoption** gibt dem Exporteur im Rahmen seiner Kurssicherungsbemühungen das Recht, Devisen zu einem vorher festgelegten Kurs zu einem festen Termin zu verkaufen. Er muss aber nicht von dieser Möglichkeit Gebrauch machen. Für dieses Recht zahlt er als Erwerber der Option, dem Verkäufer der Option einen bestimmten Geldbetrag, die so genannte **Optionsprämie**.

Der Vorteil gegenüber Devisentermingeschäften besteht darin, dass Optionsgeschäfte über die Absicherung des Wechselkursrisikos hinaus, Gewinnmöglichkeiten aus einer günstigeren Kursentwicklung bieten.

Die Hermes Kreditversicherungs-AG bietet **langfristige Wechselkursversicherungen** für förderungswürdige Ausfuhrgeschäfte mit einer Laufzeit von mehr als zwei Jahren an. Abgesichert werden Forderungen in Euro, US Dollar, Pfund Sterling, Schweizer Franken und anderen frei konvertierbaren Währungen. Verluste bis zu 3% hat der Deckungsnehmer selbst zu tragen, darüber hinaus wird er voll entschädigt. Kursgewinne bis zu 3% bleiben beim Exporteur, höhere Gewinne müssen an den Bund abgeführt werden.

3.5 Sicherung von Preis- und Kostenrisiken

Neben den Währungsrisiken können im Außenhandel auch **Preis- und Kostenrisiken** auftreten. Sie entstehen dadurch, dass insbesondere bei langfristigen Geschäften, bei einem Exporteur Kostenerhöhungen (z.B. bei Löhnen, Rohstoffen, Energie, Steuern, Transportkosten) auftreten können, die zum Zeitpunkt des Vertragsabschlusses noch nicht erkennbar waren. Ein Festpreis über einen Zeitraum von fünf Jahren könnte somit ein Geschäft nach einigen Jahren zum Verlustgeschäft werden lassen. Gleiches gilt für den Importeur, wenn z.B. die Rohstoffpreise oder Transportpreise fallen. Ein Festpreis würde dazu führen, dass der Importeur bei Vertragserfüllung in späteren Jahren einen Preis zahlen müsste, der über dem dann gültigen Marktpreis liegt.

Ein Absicherung dieses Risikos ist durch folgende Instrumente möglich:

❏ Preisgleitklauseln
  • Allgemeiner Preisvorbehalt
  • Preisformel
  • Festpreiszuschlag/-abschlag
❏ Hedge-Geschäfte

Eine große Rolle spielen **Preisgleitklauseln** (adjustment to the contract price) in solchen Bereichen, in denen die Leistungserstellung und entsprechend der Kaufvertrag einen längeren Zeitraum abdeckt. So vergehen im Allgemeinen mehrere Jahre von der Projektierung bis zur Fertigstellung eines Staudamms, eines Kernkraftwerks oder einer Chemiefabrik. Aber auch dort wo Lieferverträge für standardisierte Güter (z.B. Rohstoffe, Energie oder sonstige commodities) eine mehrjährige Laufzeit haben, bestehen erhebliche Unsicherheiten, die sich aus der zwischenzeitlichen Entwicklung von Löhnen, Rohstoffkosten oder Energiepreisen ergeben.

Hier ist man bestrebt, durch Vereinbarung einer Preisgleitklausel, die Auswirkungen von Veränderungen einzelner Kostenbestandteile auf den Endpreis einvernehmlich zu vereinbaren.

Beim **Allgemeinen Preisvorbehalt** wird die Möglichkeit der Preisverhandlung beim Über- oder Unterschreiten bestimmter vorher festgelegter Preisgrenzen für einzelne Kostenbestandteile gegeben (z.B. Preisnachverhandlungen können verlangt werden, wenn die Preise für Nickel um mehr als 10 % steigen).

Eine **Preisformel** (price fluctuation factor) erübrigt Preisnachverhandlungen. Bei Vertragsabschluss wird eine Formel ausgehandelt, in die die wichtigsten kostenbeeinflussenden Größen (z.B. Löhne, Material) mit ihren Anteilen an den Gesamtkosten eingehen. Der jeweilige Preis zu einem späteren Lieferzeitpunkt errechnet sich durch Einsetzen der Kostenveränderungen in die Formel.

Eine solche **Preisgleitklausel** könnte in ihrer einfachsten Form z.B. wie folgt aussehen:

$$P = \frac{P_0}{100} \left(z + x\,\frac{M_1}{M_0} + y\,\frac{L_1}{L_0} \right)$$

wobei: P = Preis am Tag der Lieferung
          P_0 = Preis am Tag des Vertragsabschlusses
          M_1 = Materialpreis, Energiepreis usw. am Tag der Lieferung
          M_0 = Materialpreis am Tag des Vertragsabschlusses
          L_0 = Ecklohn am Tag des Vertragsabschlusses
          L_1 = Ecklohn am Tag der Lieferung

z   = unveränderlicher Festanteil in Prozent

z, x, y = Anteile der Kostenbestandteile wobei (z + x + y) = 100 %

Der Ausgangspreis (heutiger Preis) eines Produktes betrage 160 EUR. Der fixe Anteil betrage 20%, der Materialkostenanteil 50 % und der Lohnkostenanteil 30 %. Der Materialpreis liege zzt. bei 5.000 EUR/t und die Löhne (einschl. Nebenkosten) bei 23 EUR/Std. Nach drei Jahren liege der Materialpreis bei 5.500 EUR/t und der Lohn bei 26 EUR/Std. Damit ergibt sich folgender Preis (EUR):

$$P = \frac{160}{100} \left(20 + 50\,\frac{5.500}{5.000} + 30\,\frac{26}{23}\right) = 174{,}24$$

Wichtig ist, dass alle Größen, die in die Klausel einfließen, durch Indizes oder veröffentlichte Preise (z.B. börsennotierte Rohstoffpreise) so definiert sind, dass jederzeit vom Partner des Geschäfts eine **Nachprüfung** erfolgen kann.

Die einfachste Form Preisveränderungen im Endpreis aufzufangen, ist der **Festpreiszuschlag**. Bei kleinem Geschäftsvolumen und kurzer Lieferzeit sollen sie die Möglichkeit bieten außergewöhnliche Kostenentwicklungen („Preisexplosionen" bei Rohstoffknappheit) weitergeben zu können.

Beim **Hedge-Geschäft** versucht z.B. ein Exporteur Verluste, die sich aus dem Abschluss von Festpreisgeschäften infolge steigender Kosten ergeben könnten, durch Gegengeschäfte zu vermeiden.

3.6 Nationale Preisdifferenzierung

Neben der internationalen Preisdifferenzierung – wie sie in der Festlegung eines Preiskorridors zum Ausdruck kommt – kann im Rahmen einer detaillierten Preisforderung eine **nationale Preisdifferenzierung** erfolgen. Bei diesem Vorgehen wird für **das gleiche Produkt** bzw. für die **gleiche Leistung** von unterschiedlichen Verbrauchergruppen in einem **Land ein unterschiedlicher Preis** verlangt. Ein Produkt oder eine Leistung ist dann als „gleich" zu beurteilen, wenn sie im Urteil der Verbraucher als gleiche Leistung angesehen wird. Eine gleiche Leistung liegt z.B. nicht vor, wenn ein Produkt zwar aus derselben Fertigung stammt aber einmal als Markenartikel, ein anderes Mal als Handelsmarke oder als Zweitmarke unter einem anderen Namen verkauft wird.

Ziel der Preisdifferenzierung ist die optimale Ausschöpfung des Marktes (Ausnutzung unterschiedlicher Preiselastizitäten der Nachfrager) und damit eine Gewinnerhöhung gegenüber einem national einheitlichem Preis.

Bei der Preisdifferenzierung lassen sich folgende wesentliche **Formen** unterscheiden:

• personelle Preisdifferenzierung
• zeitliche Preisdifferenzierung

- regionale Preisdifferenzierung
- verwendungsorientierte Preisdifferenzierung
- mengenmäßige Preisdifferenzierung
- branchenmäßige Preisdifferenzierung

Die ersten vier Arten der Preisdifferenzierung finden sich vor allem auf den Konsumgüter- und Dienstleistungsmärkten.

Personelle Preisdifferenzierung nimmt die Bahn vor, wenn Studenten, Geschäftsreisende und Senioren für eine Bahnfahrt 2. Klasse an demselben Tag und zur selben Zeit von Düsseldorf nach München jeweils einen unterschiedlichen Preis zahlen. Bei der **zeitlichen Preisdifferenzierung** variiert der Preis in Abhängigkeit von der Zeit, wann ein Gut gekauft oder die Leistung in Anspruch genommen wird, z.B. Happy-hour Preise, Messepreise im Hotel oder zeitlich unterschiedliche Telefontarife. Wenn für dasselbe Markenbenzin unterschiedliche Preise auf der Autobahn und in der Stadt oder in Norddeutschland und Süddeutschland verlangt werden, liegt **regionale Preisdifferenzierung** vor. Eine **verwendungsorientierte Preisdifferenzierung** erfolgt z.B. beim Diesel und Heizöl, wo (abgesehen von unterschiedlicher Steuerbelastung) verschiedene Preise verlangt werden.

Im B2B Bereich kommt eine **mengenmäßige Preisdifferenzierung** oft in Form von unterschiedlicher Rabattgewährung zum Ausdruck. Viele industrielle Anbieter verlangen oft für dasselbe Produkt unterschiedliche Preise je nachdem, ob sie den Maschinenbau, die Elektrotechnik oder die Medizintechnik beliefern, denn hier haben sich gewisse Branchenpreisniveaus herausgebildet. Man spricht dann von **branchenmäßiger Preisdifferenzierung**.

Voraussetzung für ein solches Vorgehen ist, dass

- es Verbraucher mit unterschiedlicher Preisbereitschaft (mit unterschiedlichen Preiselastizitäten) gibt,
- die Gruppen von Nachfragern eindeutig abgegrenzt werden können,
- verhindert werden kann, dass die Käufergruppen nicht in ein anderes Segment mit einem niedrigeren Preisniveau wechseln können (z.B. Ausweispflicht bei personeller Preisdifferenzierung oder ein Produkt wird für andere Verwendungen unbrauchbar gemacht (Einfärbung von Heizöl)).

3.7 Preisbündelung

Oft bieten Unternehmen eine Reihe komplementärer Produkte an, die von einem Käufer in einem Kaufakt als „System" gekauft werden, so. z.B. PC, Monitor und Drucker; Flug, Hotel und Verpflegung als Pauschalreise; Architektenleistung, Grundstück und Haus als schlüsselfertiges Objekt oder im industriellen Bereich wird eine Anlage einschließlich Aufbau, Inbetriebnahme, Schulung der Mitarbeiter und Wartung gekauft. Dabei kann es sich um Leistungen eines oder verschiedener Unternehmen handeln.

Ein Verbraucher wird im Allgemeinen dann ein System kaufen, wenn der **System-preis** niedriger ist, als die **Summe der Einzelpreise**. Es gibt aber auch Fälle, bei denen der Systempreis höher ist als die Summe der Einzelpreise, nämlich dann wenn das Gesamtsystem wertvoller ist, als die einzelnen Teile. So besitzt ein fünfzig Jahre altes zwanzigbändiges Lexikon oder eine vollständige Briefmarkenreihe einen höheren Wert als die Einzelbände oder die einzelnen Briefmarken insgesamt. Auch für ein Aktienpaket ist ein Paketaufschlag zu zahlen.

Diesen Systempreis bezeichnet man als **Preisbündelung** (price bundling).

3.7.1 Formen der Preisbündelung

Man kann fünf **Formen der Preisbündelung** unterscheiden (Simon, BdW, 1997; Brandtweiner, www.symposion.de, 2001):

* reine Preisbündelung
* gemischte Preisbündelung
* Koppelgeschäfte
* Kreuzcoupons
* Preisbaukasten

Bei der **reinen Preisbündelung** können Produkte nur als Bündel, nicht einzeln gekauft werden. So werden in der Filmindustrie attraktive und weniger attraktive Filme nur als Paket verkauft. Fahrzeughersteller bieten oft Sondermodelle mit spezieller Ausstattung an. Der Käufer kann nur das Modell ohne Veränderung kaufen.

Können die einzelnen Teile oder das gesamte System gekauft werden, so spricht man von der **gemischten Preisbündelung**. Ein Reiseveranstalter bietet an, zwischen Nur-Flug, Flug und Übernachtung und Flug, Übernachtung und Vollpension zu wählen. Microsoft bietet einen Preis für sein Office-Paket an. Daneben bestehen noch Individualpreise für Word, Excel, PowerPoint und MS Access.

Bei **Koppelgeschäften** muss der Käufer eines Produktes (z.B einer starken Marke) weitere Produkte des Anbieters kaufen oder der Anbieter bietet **komplementäre Produkte** - Produkte für die ein Nachfrageverbund besteht - so preisgünstig an, dass der Käufer sich für die Nutzung des Preisvorteils entscheidet (z.B. Mobilfunk-vertrag und subventionierte Handys). Ein Koppelgeschäft liegt auch vor, wenn **keine komplementären Produkte** angeboten werden. Dies ist jedoch nur dann erlaubt, wenn der Käufer den Preis der Einzelprodukte zu Vergleichszwecken in Erfahrung bringen kann. (Edeka Fall: das Angebot eines Fiat Punto, eines Motor-rollers, einer Digitalkamera und eines Druckers und einer Berlin-Reise als Koppel-preis wurde erlaubt).

Kreuzcoupons werden eingesetzt, um den Verkauf eines absatzschwachen oder neu eingeführten Produktes zu unterstützen. So hat Coca Cola auf seinen Cola-

Light-Flaschen einen Coupon geklebt, mit dem die Limonade Minute Maid günstiger erworben werden konnte. Gleiches gilt, wenn auf den Umschlägen von Flugscheinen Gutscheine für Autoverleihfirmen geklebt sind.

Der Käufer kann sich bei **Preisbaukästen** ein individuelles **Leistungsbündel aus standardisierten Komponenten** selbst zusammenstellen. So bietet ein Hersteller oder Händler z.B. verschiedene Komponenten wie Festplatte und Arbeitsspeicher mit verschiedenen Kapazitäten, Monitor, Scanner, Drucker, Tastatur und Maus an und der Kunde wählt sich eine Kombination aus. Der Gesamtpreis wird dabei niedriger sein als die Summe der Einzelpreise. Bei dieser **Modulbauweise** geht es darum, die Produkte zu individualisieren, ohne die Kostenvorteile der Massenproduktion (economies of scale und scope) aufzugeben.

An einem Beispiel zeigt Simon wann die reine und wann die gemischte Preisbündelung vorteilhafter ist (Simon, BdW,1997). Ein Unternehmen wollte seinen Mobilfunk-Standardservice um Dienstleistungen wie Voice Mail und Kunden-Servicetelefon erweitern. Die Services verursachten im Wesentlichen Fixkosten, die variablen Kosten konnten vernachlässigt werden. In vier Segmenten (mit einer etwa gleichen Anzahl von potenziellen Kunden) wurde die Preisbereitschaft (maximal zu zahlende Preise) für die einzelnen Dienste erfasst.

Kundensegment	Voice Mail	Servicetelefon	Voice Mail und Servicetelefon
1	4,50	0,75	5,25
2	4,00	2,50	6,50
3	2,25	4,25	6,50
4	1,25	4,50	5,75

Abb. 99: Monatliche Maximalpreise für Voice Mail und Servicetelefon (in EUR)
Quelle: Simon, Hermann, BDW, 1997

Die optimalen Einzelpreise lägen bei einer monatlichen Gebühr von 4 € für Voice Mail bzw. 4,25 € für das Servicetelefon. Es würden jeweils Kunden in zwei Segmenten kaufen. Der monatliche Umsatz bzw. der Gewinn (bei vernachlässigbaren Kosten) läge bei 16,50 €. Will man die Leistung ausschließlich als Bündel (reine Preisbündelung) verkaufen, so wäre der optimale Preis 5,25 €. Umsatz bzw. Gewinn betrügen jetzt 21 €, da Verbraucher in allen vier Segmenten kaufen würden.

Durch die Preisbündelung wird die ungenutzte Preisbereitschaft - wie sie bei einer Einzelpreisforderung besteht - genutzt. Die Abschöpfungsrate der Preisbereitschaft ist höher. Ferner ist der Bündelpreis von 5,25 € niedriger als die Summe der Einzelpreise mit 8,25 € was zur Absatzsteigerung führt.

Die reine Preisbündelung führt dann zu Gewinnsteigerungen, wenn die Kundenkreise eine ausgeprägte Präferenz für eine Teilleistung aufweisen.
Bei einer monopolartigen Stellung ist jedoch zu prüfen, ob die Preisbündelung nicht gegen die jeweils nationalen Wettbewerbsgesetze verstößt (so durfte Microsoft seine Kunden nicht zwingen, mit seinem System auch seinen Internetzugang zu kaufen).

3.7.2 Auflösung der Preisbündelung

Vielfach ist jedoch eine Auflösung von Systemverkäufen und damit auch von Preisbündeln (unbundling) zu beobachten. Dies ist dann sinnvoll, wenn

- durch den getrennten Verkauf von Einzelteilen neue Märkte erschlossen werden können.
- bei starker Präferenz für eine Einzelkomponente (z.B einen speziellen Drucker) auf einen Systemkauf verzichtet wird, nur um diese Komponente zu erwerben.
- sich die Wertschöpfungsanteile in einem System verschieben (es wird auf den Erwerb kostengünstiger Hardware verzichtet, weil eine leistungsfähigere oder preisgünstigere Software von einem Konkurrenten angeboten wird).

4. Preisbildung

Die in Einzelschritten entwickelte detaillierte Preisforderung wird dem potenziellen Kunden unterbreitet. Die Initiative kann sowohl vom Anbieter ausgehen, der ein Produkt bzw. Leistung mit seiner Preisvorstellung präsentiert, als auch vom Nachfrager, der konkret einen Preis für eine bestimmte Leistung nachfragt oder sich – für den Anbieter anonym – Preisinformationen beschafft.

Die **Preisbildung** kann auf folgende Weise erfolgen (vgl. F 2):

- der Angebotspreis wird präsentiert und angenommen oder abgelehnt
- der Angebotspreis ist Grundlage für Verhandlungen zwischen den Parteien
  - der Verkäufer nennt eine Preisforderung für sein Angebot
  - der Käufer erfragt einen Preis für eine Leistung
- der Preis wird in einer Ausschreibung ermittelt
- der Preis wird in einer Auktion ermittelt

4.1 Preisbildung mit und ohne Verhandlungen

Die Preisbildung im Einzelhandel geschieht bei Verbrauchsgütern **durch Angebot und Annahme ohne Verhandlungen**. Preise im Supermarkt werden vom Kunden akzeptiert oder die Ware wird nicht gekauft. Preisverhandlungen über Salz, Brot oder Tomaten würden zum Zusammenbruch eines geordneten Geschäftsablaufs führen. Gleiches gilt für standardisierte Dienstleistungen wie den Eintrittspreis für ein Schwimmbad, den Preis für einen Haarschnitt oder das Busticket.

Aber schon bei Gebrauchsgütern z.B. Autos, Kühlschränken oder Herrenjacken werden ebenso **Preisverhandlungen** geführt wie beim Preis für den Zahnersatz, die Renovierung eines Hauses oder eine weite Taxifahrt.

Bei standardisierten Produkten oder Leistungen nennt der Anbieter in der Regel zuerst seine Preisforderung. So nennt ein Autoverkäufer zuerst den Preis, den er erzielen möchte. Bei nicht-standardisierten Produkten insbesondere Dienstleistungen erfragt ein Käufer zuerst den Preis, den der Anbieter dann erst „kalkulieren" muss. So kann ein Handwerker erst dann eine Preisforderung für die Renovierung eines Hauses nennen, wenn er das Objekt besichtigt und ausgemessen hat.

Auch im B2B Bereich kann die Initiative vom Verkäufer oder dem Käufer ausgehen. Bei Standardprodukten (z.B Stahlblechen oder Messingdrähten) kann dem Käufer eine Preisliste zugeschickt werden und man verhandelt anschließend über Rabattnachlässe, um den Endpreis zu bilden. Bei Spezialmaschinen, Anlagen, bestimmten Metalllegierungen oder zeichnungsgebundenen Teilen werden dem Verkäufer Zeichnungen oder eine Spezifikationen als Grundlage der Angebotsabgabe zugeschickt.

4.2 Ausschreibung

Eine Besonderheit der Aufforderung zur Preisabgabe stellt im internationalen Geschäft die **Ausschreibung (Tender)** dar. Eine Ausschreibung ist die Veröffentlichung eines detaillierten Beschaffungsbedarfs von Sachgütern oder Dienstleistungen mit der Aufforderung an interessierte bzw. zugelassene Unternehmen ein vollständiges Liefer- und Preisangebot zu machen. Ausschreibende Stellen sind in der Regel öffentliche Unternehmen, die EU, Regierungen, Ministerien, Kommunen, Finanzinstitutionen (z.B. die Weltbank) und andere Organisationen (z.B. das Rote Kreuz).

Der Grund weshalb private Unternehmen (praktisch) keine Ausschreibungen durchführen, liegt darin, dass bei Ausschreibungen einzelne Kostenbestandteile im Angebot getrennt ausgewiesen werden müssen (z.B. Rohstoffkosten, Lohnkosten, Herstellkosten, Verwaltungskosten oder Transportkosten). Von der ausschreibenden Stelle wird dann dem bietenden Unternehmen ein bestimmter Gewinnzuschlag zugestanden. Das würde z.B. bedeuten, dass ein Automobilhersteller von seinem Reifenlieferanten eine Aufschlüsselung des Angebots in obige Kostenbestandteile verlangen würde. Eine Forderung, der ein Lieferant wahrscheinlich nicht nachkommen würde.

Man unterscheidet

- nationale Ausschreibungen,
- beschränkte, internationale Ausschreibungen und
- offene, internationale Ausschreibungen.

Nationale Ausschreibungen wenden sich bei geringem Auftragsvolumen an lokale Anbieter und werden auch nur in der lokalen Presse veröffentlicht.

Das **beschränkte, internationale Ausschreibungsverfahren** besteht aus zwei Schritten. Im ersten Schritt erfolgt eine Vorauswahl (pre-qualification). Es werden aus einer Liste von Unternehmen, die sich im Allgemeinen auf Ausschreibungen bewerben, nur bestimmte, geeignet erscheinende Unternehmen ausgewählt und zu einer detaillierten Bewerbung aufgefordert (short list). Für Unternehmen, die an diesem Geschäften interessiert sind, ist es deshalb wichtig, bei möglichst vielen Organisationen gelistet zu sein bzw. sich durch Zertifizierung und Registrierung für die **Listung** zu qualifizieren.

Bei einer **offenen, internationalen Ausschreibung** wird das Vorhaben einer möglichst breiten Öffentlichkeit bekannt gegeben (Veröffentlichung in internationalen Zeitschriften wie z.B. der United Nations Development Business (UNDB) oder der Courier der EU oder im Internet).

In der **Angebotsabgabe**, der die Ausschreibungsunterlagen zugrunde liegen, sind neben dem Preis und den geforderten Preisbestandteilen, regelmäßig auch die Registriernummer der Liste, Details über die technische Leistungsfähigkeit (z.B. Analysezertifikate), über Kapazitäten, Liefertermine, Ursprungsland der Ware bzw. Herstellungsort, Liefertermine, eventuell Muster und eine Proforma-Rechnung beizufügen. Vielfach sind die Angebote in versiegelten Umschlägen mit der Adresse des Käufers, dem Projekttitel, der Nummer der Ausschreibung und den Worten („nicht vor (Datum und Uhrzeit) öffnen") zu beschriften.

Die **Preisbildung** bzw. die Ermittlung des Unternehmens, das den **Zuschlag** (Auftrag) erhält, kann wie folgt ablaufen:

* Vergabe nach Angebotsvergleich ohne Beteiligung und Information der Bieter
* Vergabe nach Angebotsvergleich mit Beteiligung der Bieter
  – schriftliche Nachbesserungsmöglichkeit
  – mündliche Nachbesserungsmöglichkeit

Bei vielen internationalen Tendern (z.B. Weltbank, EU) werden die Angebote zum festgelegten Termin geöffnet und **ohne Beteiligung und Information der Bieter** daraufhin überprüft, ob die qualitativen und terminlichen Anforderungen erfüllt sind. Ist dies der Fall, bekommt der Bieter mit dem niedrigsten Preis – bei sonst gleichen Leistungen – den Zuschlag.

Bei der **schriftlichen Nachbesserungsmöglichkeit** werden die Firmen, die alle Ausschreibungsvoraussetzungen erfüllt haben, angeschrieben und aufgefordert ein neues Angebot abzugeben, das das alte Angebot um einen bestimmten Mindestprozentsatz unterschreiten muss (schriftliches price breaking). Das anbietende Unternehmen erhält keine weiteren Informationen zur Nachbesserung. Es erfährt nicht die Preise der Konkurrenten, auch weiß es nicht wie viele Wettbewerber angeschrieben wurden. Angebote werden wieder in einem versiegelten Brief eingereicht und von der ausschreibenden Stelle verglichen. Dieses Verfahren kann so lange durchgeführt werden, bis die Behörde den niedrigsten Preis akzeptiert oder bis kein Unternehmen mehr bereit ist seinen Preis weiter zu senken.

Bei der **mündlichen Nachbesserungsmöglichkeit** (price breaking session) sind die Bieter oder deren Vertreter persönlich anwesend. In ihrer **Anwesenheit** werden alle Angebote geöffnet und vorgelesen. Dann müssen sich die Bieter in getrennte Räume zurückziehen und ein neues Angebot ausarbeiten, das das alte Angebot um einen Mindestprozentsatz unterschreitet. Nach Abgabe werden wiederum alle neuen Preise und die erfolgte Preisreduzierung öffentlich vorgelesen. Ist das neue Angebot eines Unternehmens um mindestens 20 % niedriger als das aller Übrigen, so erhält dieses den Zuschlag. Falls nicht werden alle Unternehmen gefragt, ob sie an einer neuen Price-Breaking-Runde teilnehmen wollen.

In der Regel erfahren die Wettbewerber nicht wer und zu welchem Preis der Tender schließlich vergeben wurde.

Nachteil der Ausschreibungen für die bietenden Unternehmen ist, dass sie einen erheblich höheren Arbeits- und Zeitaufwand erfordern als die Auftragsgewinnung im Rahmen des laufenden Geschäftes. In großen Unternehmen, in denen Ausschreibungen nicht nur als Zusatzgeschäft betrachtet werden, findet man deshalb für diese Aufgaben oft spezielle Abteilungen.

Vorteile können sein

- Verbesserung der Kapazitätsauslastung in auftragsschwachen Zeiten
- höhere Deckungsbeiträge als bei laufenden Geschäften.

4.3 Preisbildung im Internet

Die Preisbildung im Internet ist durch eine höhere Komplexität als die Preisbildung auf traditionellen Märkten gekennzeichnet. Dies ergibt sich aus den Besonderheiten des Internets wie hohe Transparenz, globale Vernetzung, zweiseitige Kommunikation, einfaches Web-Page-Management und der unmittelbare Online-Kontakt (Pohl, Kluge, www.competence-site.de, 2001).

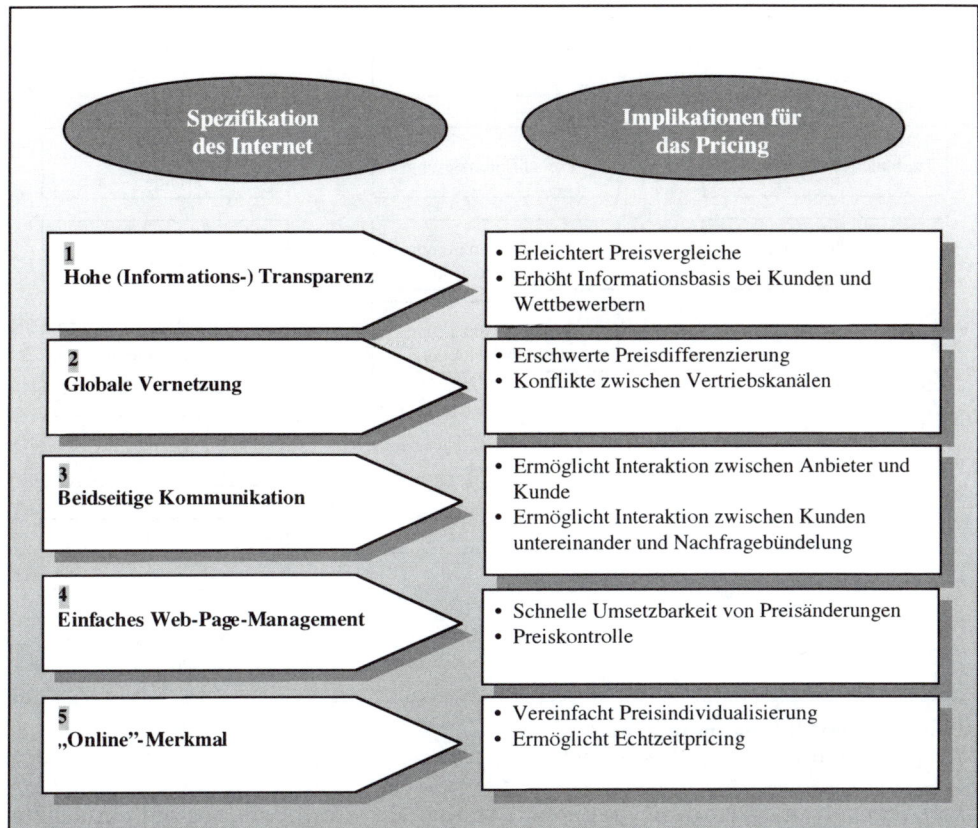

Abb. 100: Schlüsselfaktoren der Komplexität des Pricing im Internet
Quelle: Pohl, Kluge, 2001

Diese Einflussfaktoren haben neben der traditionellen Preisangebotsgestaltung zu neuen Möglichkeiten der Preisbildung im Internet geführt.

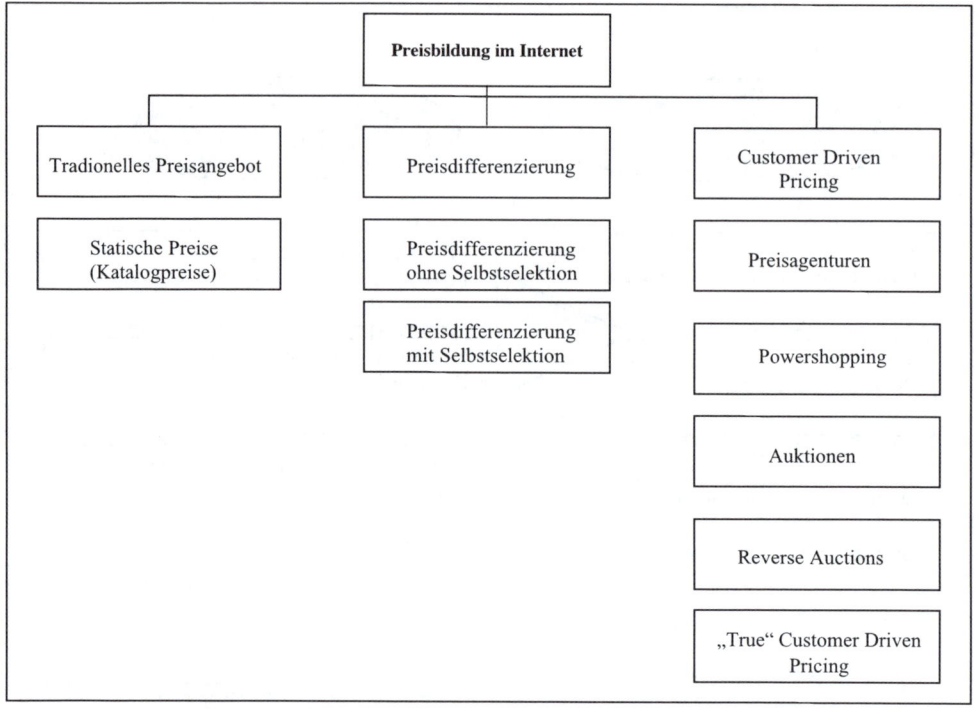

Abb. 101: Preisbildung im Internet
In Anlehnung an Pohl, Kluge, Pricing im Internet, 2001

Das Angebot eines **Einheitspreises**, der sog. **Katalogpreis**, ist die einfachste Form des Interneteinstieges. Undifferenzierte Preise aus traditionellen Märkten werden auf das Internet übertragen, um Konflikte in den Absatzkanälen zu vermeiden.

Bei der **Preisdifferenzierung ohne Selbstselektion** segmentiert der Anbieter seine Zielgruppen in traditioneller Weise (z.B. Student ja oder nein). Diesen Segmenten wird das gleiche Produkt zu unterschiedlichen Preisen angeboten. (Preisdifferenzierung) (vgl. F 3.6)

Wird eine **Preisdifferenzierung mit Selbstselektion** vorgenommen, werden den Zielgruppen verschiedene Produktvarianten zu unterschiedlichen Preisen angeboten. Wie auf traditionellen Märkten herrscht auch im Internet die mengen- und zeitbezogene Preisdifferenzierung vor.

Bei der Preisfindung, bei der Verbraucher die aktive Rolle spielt (**customer driven pricing**), gibt es eine Reihe von Ansätzen.

Da im Internet einem Verbraucher mehr Anbieter zugänglich sind, als auf dem realen Markt, ist er nie sicher, ob er das preisgünstigste Angebot gefunden hat. **Preisagenten** oder **Price Robots** übernehmen als Kaufagenten auf Provisionsbasis die Unterstützung bei der Suche nach dem preisgünstigsten Produkt. Der

Benutzer gibt als Rahmenbedingungen u.a. das Produkt, die Marke, Mindest-, Höchst- oder Idealpreis sowie das Datum an dem die Aktion abgeschlossen sein soll, an.

Bei **Gruppenkäufen** oder **Powershopping** richtet sich der Verkaufspreis nach der Anzahl, der sich virtuell in einer Einkaufsgemeinschaft zusammenschließenden Käufer. Je mehr Käufer sich zusammen finden und je größer die gekaufte Menge ist (Kaufkraftbündelung), desto niedriger ist der Preis (z.B. www.Powershopping.de oder www.Letsbuyit.com).

Unter einer **Auktion** ist ein **Bietungsprozess** zu verstehen, bei dem Anbieter und Nachfrager dem Auktionator ihre Gebote (Preisvorstellungen) mitteilen. Auf diese Weise soll sicher gestellt werden, dass der Nachfrager, dem ein Gut „am meisten Wert" ist - was darin zum Ausdruck kommt, dass er bereit ist den höchsten Preis zu zahlen - auch dieses Gut erhält (z.B. www.Qxl.com oder www.Ebay.com). Es gibt verschiedene Auktionsformen, die das gewährleisten (Brandtweiner, 2001, S. 32 ff.):

- Englische Auktion
- Japanische Auktion
- Holländische Auktion (Dutch auction)
- Höchstpreis-Auktion (First Price Sealed Bid)
- Zweitpreis – oder Vickrey Auktion

Bei der **Englischen Auktion**, der bekanntesten Form, geben die Bieter – beginnend mit einem Ausrufungspreis – ihre steigenden Angebotspreise so lange ab, bis ein Bieter übrig bleibt. Dieser erhält zu seinem Reservationspreis den Zuschlag. Die Englische Auktion ist auch die am häufigsten vorkommende **Online Auktionsform**.

Bei der **Japanischen Auktion** steigt der Preis kontinuierlich so lange bis nur ein Bieter übrig bleibt. Es erfolgt also bei dieser aufsteigenden Auktion keine gegenseitige Überbietung.

Bei der absteigenden **Holländischen Auktion** senkt der Auktionator den hohen Anfangspreis langsam und kontinuierlich ab. Der Nachfrager, der zuerst den Preissenkungsprozess unterbricht erhält den Zuschlag.

Bei der **Höchstpreisauktion** werden Preisangebote in einem versiegelten Umschlag abgegeben. Nach einer festgelegten Frist werden die Umschläge geöffnet und der Bieter mit dem höchsten Preisangebot erhält den Zuschlag. (vgl. F 4.2).

Die **Zweitpreisauktion** funktioniert wie die Höchstpreisauktion, nur das der Bieter nicht den von ihm genannten höchsten Preis, sondern nur den zweithöchsten Preis zahlen muss. Man möchte auf diese Weise die Bieter veranlassen, ihre wahren Höchstpreis (Reservationspreis) zu nennen, da sie wissen im Falle des Zuschlages nur den zweithöchsten Preis zahlen zu müssen.

Bei den verschiedenen Formen der **Reverse Auctions** nennt der Kunde eine mengenmäßige Nachfrage. Der Anbieter muss den Preis nennen, zu welchem er die Nachfrage befriedigen würde (z.B. www.Preiswerte-shops.de oder www.Yellout.de).

Beim **„True" Customer Driven Pricing** gibt der Verbraucher ein Preisangebot ab, zu dem er ein bestimmtes Gut kaufen würde. Hier kann der Anbieter entscheiden, ob er dies akzeptieren will. Eine Interaktion zur Preisfindung zwischen einem Kunden und einem Anbieter findet in den letzten beiden Fällen nicht statt (z.B. www.Priceline.com oder www.IhrPreis.de).

Die Frage, ob die Preisbildung im Internet tendenziell zu einem **Preisverfall** führen wird, kann einheitlich nicht beantwortet werden.

Globale virtuelle Marktplätze, die eine weltweite Transparenz und damit den Zugang zu internationalen Märkten garantieren, und gleichzeitig sinkende Transaktionskosten, könnten dazu führen, dass automatisierte intelligente **Agenten bilaterale Preisverhandlungen durchführen und der objektiv niedrigste Preis** erzielt wird. Hierbei bleiben aber Bedürfnis- und Nutzenstrukturen der Auftraggeber sowie Qualitäts- und Serviceleistungen der Anbieter unberücksichtigt. Ein solcher Modellansatz erscheint nur bei homogenen Gütern (z.B Rohstoffen) denkbar, wobei auch hier noch Fragen wie Liefertermin oder Liefersicherheit zu beantworten sind.

Viele Beispiele zeigen aber auch , dass im Internet höhere Preise als auf traditionellen Märkten erzielt wurden. Die geringen Kosten einer **Preisanpassung** (online menu costs) und ihre schnelle Umsetzungsmöglichkeit nach oben und nach unten verhindern eine Preisstarrheit. Bequemlichkeit und Termindruck der Nachfrager sowie Knappheit der Güter können von Anbietern durch höhere Preise genutzt werden. (z.B. die letzten Plätze für einen Flug in drei Stunden nach New York oder die letzten Plätze für ein Popkonzert).

Ein wichtige Rolle spielt auch die **Kundenbindung**. Gerade das **Internet ermöglicht eine Intensivierung der Kundenbeziehungen**. Nicht nur das Unternehmen kommuniziert mit dem Kunden, sondern der Kunde hat die Möglichkeit dem Unternehmen seine Vorstellungen, Interessen und Präferenzen mitzuteilen. Der Aufbau solcher stabiler Beziehungen erhöht die **Kundenloyalität** und kann sich auch positiv auf die zu erzielenden Preise auswirken, insbesondere wenn ein Produkt individualisiert werden kann.

5. Absatzkreditpolitik

Die Absatzkreditpolitik dient dazu, den Käufer durch finanzielle Leistungen zu einem Kauf oder zu einem zeitlich früheren Kauf – als ohne Kredit – zu veranlassen. Die wichtigsten Finanzierungsinstrumente sind:

- der Lieferantenkredit
- die Ratenzahlung
- das Factoring
- das Leasing

5.1 Lieferantenkredit

Der **Lieferantenkredit** ist ein vom Verkäufer gewährter zinsloser Kredit, dessen Laufzeit dem Zahlungsziel und dessen Höhe dem Rechnungsbetrag entspricht. Das Zahlungsziel richtet sich im internationalen Handel nach den Handelsbräuchen (vgl. F 3.2.2).

5.2 Ratenzahlung

Bei der **Ratenzahlung** (installment credit) erfolgt die Zahlung der Gesamtsumme in Teilbeträgen. Im nationalen Geschäft treten Ratenzahlungen häufig beim Kauf von Gebrauchsgütern auf (z.B. Autos, Möbeln). Um einen Kaufanreiz auszuüben, liegen die von den Unternehmen gewährten Zinsbedingungen unter den von Banken eingeräumten Zinsen für Konsumentenkredite. Teilzahlung ist ferner im internationalen Projekt- und Anlagengeschäft üblich.

5.3 Factoring

Factoring bedeutet den Verkauf von Forderungen an einen Factor, wobei der Factor das Ausfallrisiko bis zur vollen Höhe übernehmen kann. Das Factoringentgelt liegt in Deutschland zwischen 0,8% und 2,5 % vom angekauften Forderungsbestand (Bruttoumsatz).

Vorteile des Factoring sind:

- verbesserte Liquidität durch Abbau der Außenstände
- Einsparung beim Einkauf durch Ausnutzung von Skonti und Rabatten
- bis zu 100 %ige Sicherheit gegen Forderungsausfälle
- Kostenersparnis für das Debitorenmanagement aufgrund der Übernahme durch den Factor
- laufende Bonitätskontrolle der Debitoren durch den Factor
- Wegfall der Kosten für eine Kreditversicherung
- Verbesserung der Bilanzstruktur
- Verbesserung des Standings bei Banken und Lieferanten

Nachteile des Factoring sind:

- der Sicherheitsbehalt zum Ausgleich von eventuellen Mängeleinreden durch die Debitoren
- der Abschlag für die Übernahme des Ausfallrisikos, der von der Höhe des zu übernehmenden Risikos und der Bonität des Kunden abhängt

Bei internationalen Geschäften eröffnet Factoring die Möglichkeit, ohne Liquiditätsengpässe die international längeren Zahlungsziele einräumen zu können und gleichzeitig das Ausfallrisiko abzusichern. Weltweit operieren die internationalen

Factoringkooperationen Chain International (FCI), International Factors Group (IFG) und Heller Group Export-, Importfactoring.

Ende 1998 ist die **Ottawa Konvention über internationales Factoring** in Deutschland in Kraft getreten. Sie hat die Abtretung von Forderungen im grenzüberschreitenden Waren- und Dienstleistungsverkehr vereinheitlicht und die Finanzierung des Exports erleichtert.

5.4 Leasing

Leasing bedeutet die mittel- bis langfristige Vermietung (Gebrauchsüberlassung) von beweglichen und unbeweglichen Wirtschaftsgütern auf der Basis eines Leasing-Vertrages zwischen dem Leasing-Nehmer (Mieter) und Leasing-Geber (Vermieter). Dabei erfolgt die Umwandlung des Kaufpreises in – monatlich über die Laufzeit konstante – Leasing-Raten.

Leasingarten sind:

❑ bei mobilen Wirtschaftsgütern
- Vollamortisationsverträge (full pay out Verträge)
  - hier decken die Leasing-Raten den Kaufpreis, die Finanzierungs- und Nebenkosten während der Laufzeit ab

- Kündbare Verträge
  - der Leasing Vertrag wird auf unbestimmte Zeit abgeschlossen und kann vom Leasing-Nehmer zu im voraus vereinbarten Terminen gekündigt werden. Die dann zu leistende Abschlusszahlung wird ebenfalls im voraus festgelegt (Vorteil bei schnell veralternden Gütern)

- Teilamortisationsverträge (non full pay out Verträge)
  - die Leasing-Raten decken während der Leasingzeit nur einen Teil des Kaufpreises und der übrigen Kosten ab. Nach Ablauf der Leasingzeit erfolgt ein Verkauf oder eine Weitervermietung des Wirtschaftsgutes

- Sonderformen
  - z.B. Verträge mit degressiv fallenden Leasing-Raten oder mit einer Möglichkeit des Austausches eines Wirtschaftsgutes

❑ bei Immobilien
- Vollamortisationsverträge
- Teilamortisationsverträge

Vorteile des Leasing sind:

- Leasing-Raten können aus dem Ertrag des Leasing-Gegenstandes bezahlt werden (Pay as you earn)
- steuerliche Absetzbarkeit der Leasing-Raten, da volle Fremdfinanzierung

- alternative Verwendbarkeit der nicht verwendeten Investitionsmittel
- keine Liquiditätsbelastung im Investitionszeitpunkt
- Verringerung des Überalterungsrisikos, da die Bindung bei geleasten Wirtschaftsgütern in der Regel kürzer als bei gekauften ist

Nachteile des Leasing sind:

- zu hohe Zinsbelastung und Finanzierungskosten bei fester Leasing-Rate und fallenden Marktzinsen
- keine Kündigungsmöglichkeit bei technischer Veralterung (bei voll- und Teilarmortisationsverträgen)

Nach Schätzungen des Bundesverbandes Deutscher Leasinggesellschaften werden in USA rd. 20 % aller Investitionen durch Leasing finanziert, in Deutschland sind es rd. 15 %.

6. Kompensationsgeschäfte

Kompensationsgeschäfte d.h. Tauschgeschäfte in Form von Ware gegen Ware wurden im Handel mit den früheren Zentralverwaltungswirtschaften Osteuropas (Ostblock) und werden seit einer Reihe von Jahren wieder mit den GUS Staaten und vorwiegend mit anderen osteuropäischen Ländern abgeschlossen. Die Geschäfte spielen auch im Wirtschaftsleben innerhalb dieser Länder eine große Rolle.

Hinter dieser im Wesentlichen vom Devisenmangel geprägten Handelsform verbergen sich verschiedene Absatz- und Beschaffungsvarianten sowohl von langfristiger als auch kurzfristiger Natur, die neben dem reinen Warentausch auch Zahlungen in Geld beinhalten können.

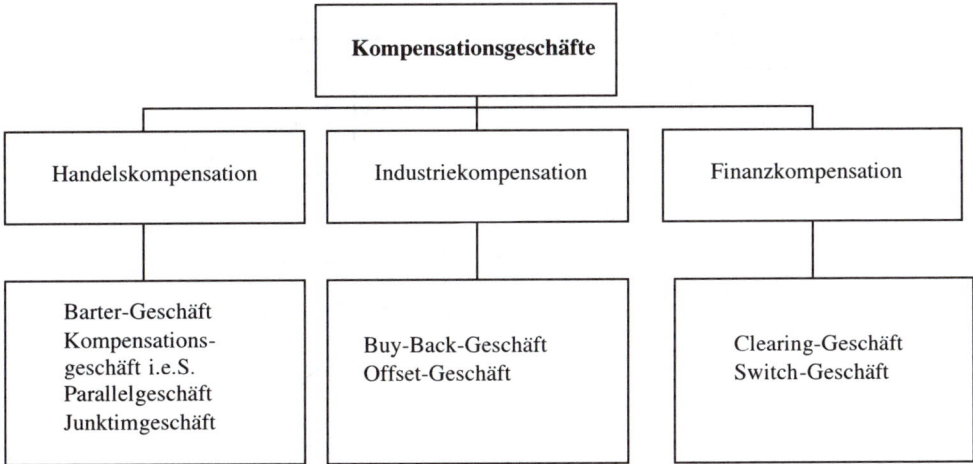

Abb. 102: Kompensationsgeschäfte
Quelle: Altobelli, 1994, S. 9

6.1 Klassisches Barter

Das klassische **Bartergeschäft** als Handelskompensationsgeschäft ist durch einen zahlungslosen und wechselseitigen Warenaustausch gekennzeichnet. Dabei ist die Eigen- und Fremdkompensation zu unterscheiden.

Bei der (absatzorientierten) **Eigenkompensation** erhält das exportierende Unternehmen für die eigene Warenlieferung wiederum Waren, die es selbst verwenden kann (z.B. Rohstoffe). Bei dieser Vollkompensation (die Güterströme entsprechen einander wertmäßig) erfolgt die Lieferung fast gleichzeitig, sodass keine Partei in Vorleistung treten muss.

Bei der häufiger auftretenden (absatzorientierten) **Fremdkompensation** stellt der Kunde Waren zur Verfügung, die das liefernde Unternehmen selbst nicht verwenden kann (einem Maschinenlieferanten werden Damenstrümpfe angeboten). Es werden jetzt Handelshäuser eingeschaltet, die die Waren des Kunden vermarkten und den Lieferanten in Geld bezahlen. Bei Unterbewertung der eigenen Lieferung hat der Exporteur zum Beispiel die Möglichkeit, Märkte zu erschließen ohne gegen Dumping Vorschriften zu verstoßen.

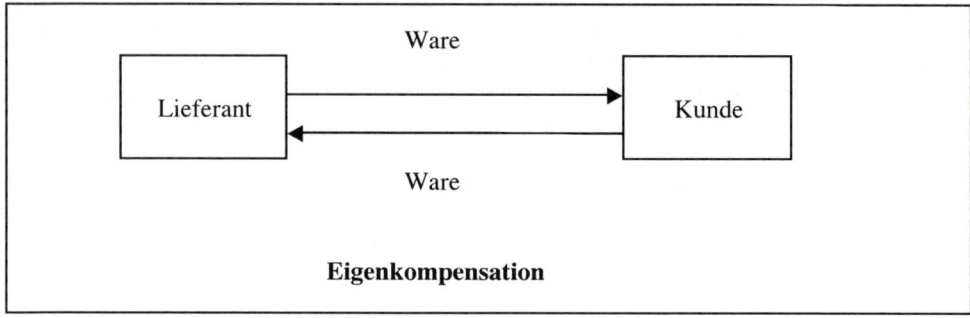

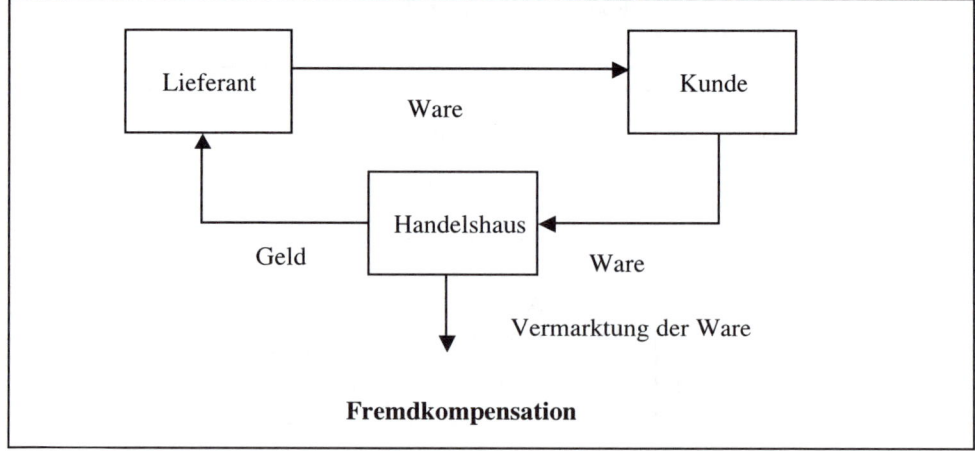

Abb. 103: Eigen- und Fremdkompensation

6.2 Modernes Barter

Beim Kompensationsgeschäft i.e.S. oder beim „**modernen Barter**" erfolgt zunächst auch eine Exportlieferung in ein Land, dessen Importeure die Ware nicht mit Devisen bezahlen können, sondern durch Warenlieferungen ausgleichen. Dieser **Bartervertrag** enthält jedoch die Verbindung eines Export- mit einem Importgeschäft unter Einbeziehung von zwei Zahlungsströmen.

Ein ausländischer Distributeur kauft beispielsweise Pflanzenschutzmittel aus Deutschland, die er auf dem heimischen Markt gegen nationale Währung weiter verkauft. Er kauft gleichzeitig von einem nationalen Hersteller Textilien ein, die er nach Deutschland verkauft. Er bezahlt den Textilhersteller in nationaler Währung. Das deutsche importierende Bekleidungsunternehmen bezahlt jetzt den deutschen Hersteller von Pflanzenschutzmitteln in Euro.

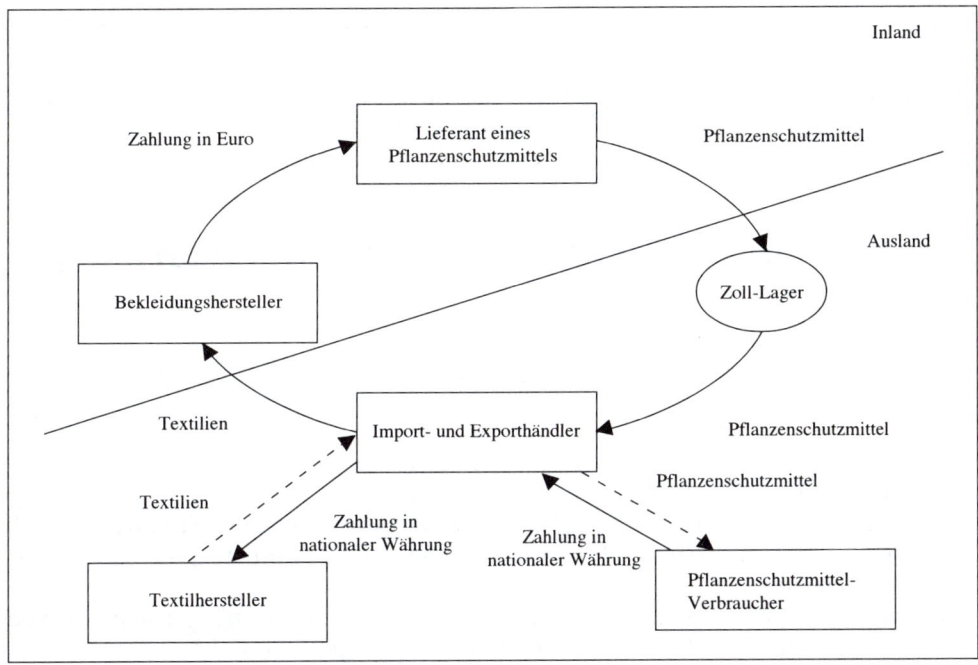

Abb. 104: Modernes Bartergeschäft

6.3 Junktim- und Parallelgeschäft

Beim **Parallelgeschäft** werden zwei separate Verträge, der Basis-Exportvertrag und der Gegenlieferungsvertrag unabhängig voneinander abgewickelt. Beide Verträge sind jedoch, mittels eines Protokolls miteinander verbunden.

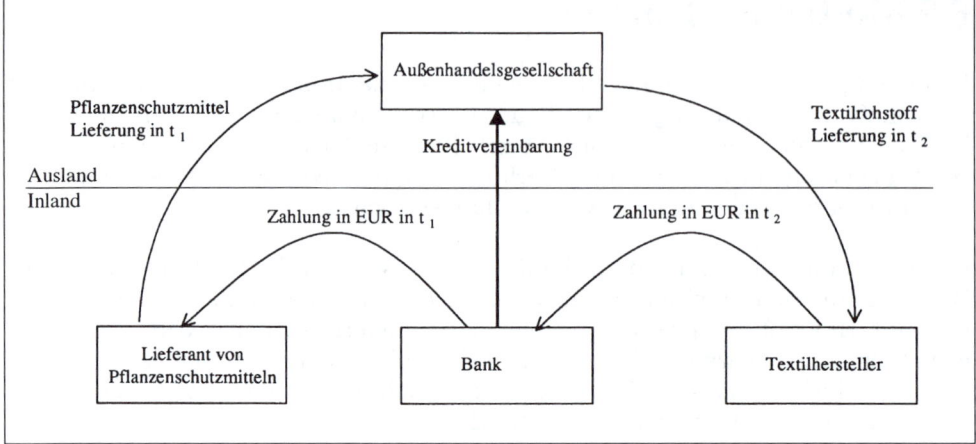

Abb. 105: Fremdkompensation beim Parallelgeschäft und Einschaltung einer Bank

Das **Junktimgeschäft** unterscheidet sich nur geringfügig vom Parallelgeschäft. Hier erfolgt eine Verrechnung der Bezüge Dritter auf die eigenen Exporte. Die Verrechnung bedarf der Zustimmung der Außenhandelsbehörde.

6.4 Vor- und Nachteile der Kompensationsgeschäfte

Die verschiedenen Arten von **Handels-Kompensationsgeschäften** bieten folgende **Vorteile**:

- geringerer Wettbewerb auf der Angebotsseite, da viele Konkurrenten vor der Kompliziertheit der Geschäfte zurückschrecken
- im Allgemeinen höhere Preise und höhere Gewinne als bei einem Preiswettbewerb
- durch Handelsbarrieren erschwerter oder unmöglicher Marktzugang kann überwunden werden
- beim Absatz von Überschussmengen zu niedrigen „Preisen" Vermeidung von Dumping Klagen, da kein Marktpreis als Referenzpreis besteht

Probleme oder Nachteile sind,

- keine Versicherung durch Hermes, deshalb kein Ausschluss von politischen Risiken möglich
- unter Umständen langwierige und umständliche Partnersuche und Geschäftsverhandlungen bei bestimmten Kompensationsformen
- Probleme bei der Ermittlung der Verrechnungswerte (Ware A zu Ware B)
- zeitliche Finanzierungslücke zwischen Produktion und Zahlungsstrom

Kontrollfragen

(1) Welches sind die einzelnen Elemente der Kontrahierungspolitik?

(2) Durch welche Entwicklungen wurden international die Preistransparenz und der Preiswettbewerb verschärft?

(3) Welche Preisstrategien unterscheidet man bei der Einführung von neuen Produkten und bei der dauerhaften Bearbeitung von Märkten?

(4) Was bedeutet die Konsumentenrente bei der Skimmingpreisstrategie?

(5) Nennen Sie drei Vorteile und drei Nachteile der Penetrationspreisstrategie.

(6) Wann empfiehlt sich bei der wettbewerbsorientierten Preisstrategie der Markteintritt zu Preisen unter denen des Wettbewerbs und wann zu Preisen über denen des Wettbewerbs?

(7) Wie beurteilen Sie die „Kalkulation" des Angebotspreises auf der Basis der Selbstkosten zuzüglich eines Gewinnzuschlages (cost plus pricing)?

(8) Wann kann ein Anbieter einem Auslandsmarkt die Rolle einer „Ventilfunktion" zukommen lassen?

(9) Was besagt die Strategie des Outpacing?

(10) Welche Entwicklungen fördern die Tendenz zu einer internationalen Preisangleichung? Nennen Sie fünf Entwicklungen.

(11) Grenzen Sie die Begriffe Parallelimporte und Reimporte ab.

(12) Erläutern Sie den Begriff des Preiskorridors. Welche Aufgabe kommt ihm – aus der Sicht des Anbieters – in der internationalen Preispolitik zu?

(13) Was sind Verrechnungspreise (inter-company prices) und wozu dienen sie?

(14) Was versteht man nach US Definition unter „Dumping" und unter „Technical dumping"?

(15) Warum kann es ökonomisch sinnvoll sein auf einem Auslandsmarkt niedrigere Preise zu fordern als auf dem Heimatmarkt?

(16) Nennen Sie sechs unternehmensexterne Faktoren, die bei der Preisforderung eines Anbieters berücksichtigt werden.

(17) Wie ist die Preiselastizität der Nachfrage definiert? Wird bei einer unelastischen Nachfrage eine Preissenkung zu einer Umsatzerhöhung oder zu einem Umsatzrückgang führen? Begründen Sie.

(18) Erklären Sie was unter Preiswahrnehmung und Preisbeurteilung zu verstehen ist. Wie hängen die Begriffe zusammen?

(19) Geben Sie je zwei Beispiele für administrierte und teiladministrierte Preise in Deutschland.

(20) Nennen Sie drei Schwächen der Vollkostenrechnung als Instrument der Erfolgsrechnung.

(21) Welche Aufgabe kommt den Rabatten bei der Detailgestaltung der Preisforderung zu? Nennen Sie fünf Rabattarten.

(22) Nennen Sie je drei Tatbestände, die in den Lieferbedingungen und den Zahlungsbedingungen geregelt sind.

(23) Nennen Sie fünf Instrumente zur Zahlungssicherung im internationalen Geschäft.

(24) Stellen Sie zeichnerisch eine Akkreditivabwicklung dar.

(25) Nennen Sie drei Instrumente zur Währungssicherung.

(26) Was versteht man unter einer Preisgleitklausel und wann wird sie angewandt?

(27) Geben Sie je ein Beispiel für vier Arten der Preisdifferenzierung.

(28) Erläutern Sie drei Formen der Preisbündelung.

(29) Wie kann die Preisbildung in der Praxis erfolgen?

(30) Welche Arten von Ausschreibungen unterscheidet man im internationalen Geschäft?

(31) Was versteht man unter einer beschränkten internationalen Ausschreibung?

(32) Die Preisbildung im Internet erfolgt oft mittels Auktionen. Erläutern Sie drei Arten von Auktionen.

(33) Was versteht man unter einer „reverse auction"?

(34) Erläutern Sie den Begriff des Factoring und nennen Sie drei Vorteile.

(35) Nennen Sie je drei Vorteile und drei Nachteile des Leasing.

(36) Erklären Sie die Begriffe des klassischen Barter und des modernen Barter.

(37) Nennen Sie je drei Vorteile und drei Nachteile von Kompensationsgeschäften.

Lösungshinweise

Frage	Seite	Frage	Seite
(1)	197	(20)	221
(2)	199	(21)	226
(3)	199	(22)	227
(4)	200	(23)	230
(5)	202	(24)	231
(6)	203 f.	(25)	232
(7)	204	(26)	234
(8)	206	(27)	235 f.
(9)	206	(28)	237
(10)	207	(29)	239
(11)	210	(30)	240
(12)	211 ff.	(31)	240
(13)	214	(32)	244 f.
(14)	214	(33)	245
(15)	215 f.	(34)	247
(16)	217	(35)	248
(17)	217 f.	(36)	250 f.
(18)	218	(37)	252
(19)	219		

Literatur

Altobelli, C.F., Kompensationsgeschäfte im Internationalen Marketing, Physica Verlag, Hamburg/Heidelberg 1994, S. 9, S. 23

Brandtweiner, Roman, Methoden der Preisfindung in elektronischen Märkten, www.symposion.de, Juli 2001

Hünerberg, Reinhard, Internationales Marketing, Verlag Moderne Industrie, Landsberg/Lech 1994, S. 192

Jahrmann, F.-Ulrich, Außenhandel, Kiehl Verlag, 9. Aufl. 1998, S. 215

Meffert, Heribert, Grundlagen marktorientierter Unternehmensführung, 9. Aufl. Gabler Verlag, Wiesbaden 2000, S. 482

Pohl, Alexander/Kluge, Ben, Pricing im Internet: Gewinnoptimale Preisgestaltung ist kein Zufall, www.competence-site.de, August 2001

Simon, Hermann, Preismanagement, 2. Aufl., Verlag Gabler 1992, S. 295

Simon, Hermann, Euro and Pricing: Development of a European Price Corridor, Vortrag vor der ICM Conference, Eurpean and Global Pricing, Januar 2000 (www.simon-kucher.com , Juli 2001)

Simon, Hermann, Mit Preisbündelung die Preisbereitschaft der Kunden abernten, Blick durch die Wirtschaft 1997 (ohne Datumsangabe) in: www.simon-kucher.com, Juli 2001

Sebastian, Karl-Heinz/Niederdrenk, Ralph/Wörner, Alexander, Internationales Pricing - Einschwenken in den Preiskorridor. (www.competence-site.de, Juli 2001), S. 8

Weis, Marketing, 12. Aufl. Kiehl Verlag 2001, S. 336

G. Internationale Distributionspolitik

Die internationale Distributionspolitik befasst sich mit allen Entscheidungen eines Unternehmens, die es ermöglichen, ein Produkt oder eine Leistung nach der Erschließung eines Ländermarktes den Käufern auf diesem Markt zur Verfügung zu stellen.

Entscheidungen zur Distributionspolitik auf den jeweiligen nationalen Märkten sind nur dort zu treffen, wo zur eigenen **Markterschließung** auch die eigene **Markbearbeitung** kommt. Dort wo die Marktbearbeitung durch Fremde erfolgt, gestaltet ein Unternehmen nur die Markterschließungsstrategie (vgl. D 1.3, Abb. 30).

1. Ziele und Aufgaben der Distributionspolitik

Die Distributionspolitik soll sicher stellen, dass die Produkte bzw. Leistungen eines Unternehmens

- zur richtigen Zeit,
- am richtigen Ort,
- im richtigen qualitativen Zustand,
- in der erforderlichen Menge

dem Abnehmer zur Verfügung gestellt werden. Hieraus ergeben sich als Aufgabe der Distributionspolitik die Gestaltung der akquisitorischen Distribution und der physischen Distribution bzw. Logistik (Hermann, 2001, S. 2 f.).

Die **akquisitorische Distribution** umfasst die Gestaltung von Absatzwegen. Hinzu kommen Entscheidungen über den Einsatz von Absatzorganen (Absatzhelfern) und über die Gestaltung der Vertriebsorganisation.

Die **physische Distribution bzw. die Marketing-Logistik** soll die Infrastruktur für die Umsetzung der akquisitorischen Entscheidungen liefern. Sie umfasst im Wesentlichen

- die Planung der Größe, Produktzusammensetzung und Standorte von Lagern.
- die Planung der Transportmittel.
- die Planung von Verpackungseinheiten (Lager-, Lade-,Transporteinheiten).
- die Information der an der physischen Distribution beteiligten Partner.

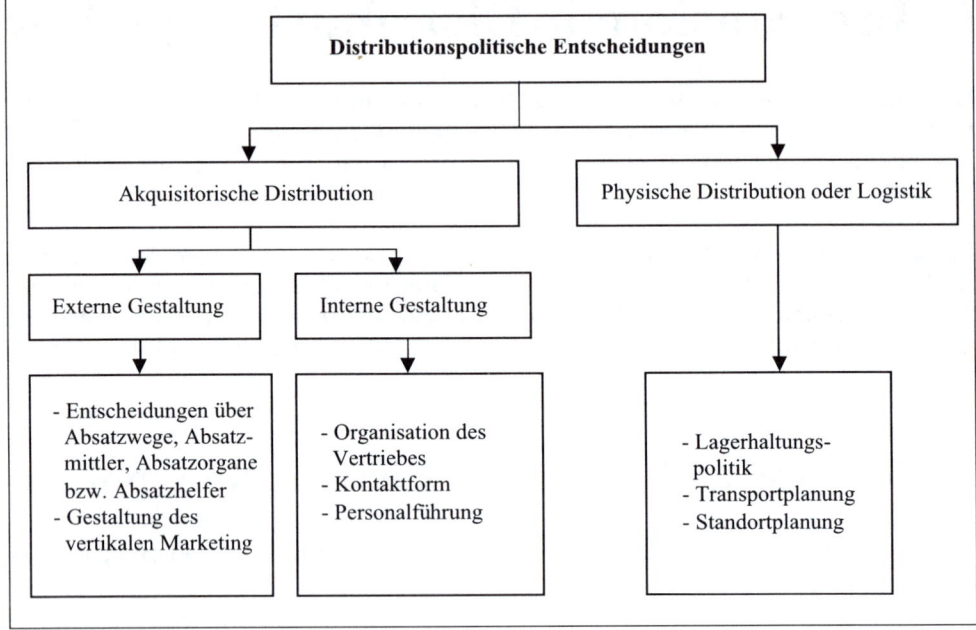

Abb. 106: Distributionspolitische Entscheidungen
Quelle: In Anlehnung an Hermann, 2001

2. Absatzwege

2.1 Funktionen der Absatzwege

Aufgabe der Absatzwege ist es, die Zeit und den Raum zwischen Herstellung eines Produktes und möglicher Verwendung bzw. Nutzung durch den Weiterverarbeiter oder Endverbraucher zu überbrücken.

Die einzelnen Mitglieder eines Distributionssystems haben folgende Aufgaben sicherzustellen (Kotler, Bliemel, 1999, S. 820 f.):

- Informationsfluss
  – Sammlung und Weitergabe von Informationen über den Markt und die Markt-
    teilnehmer, wie gegenwärtige und potenzielle Kunden, Konkurrenten und
    andere Akteure und Gestaltungskräfte im Marketingumfeld

- Absatzförderungsfluss
  – Erstellung und Verbreitung überzeugender Marktkommunikation über das
    Angebot, für das man Kundeninteresse gewinnen will

- Verhandlungsfluss
  - Versuch, eine endgültige Einigung über Preis und andere Konditionen herbei-
    zuführen, sodass die Einigungsübertragung bzw. Besitzübergabe eingeleitet
    und durchgeführt werden kann

- Bestellfluss
  - Rückmeldung der Mitglieder des Distributionskanals an den Hersteller über
    die konkrete Kaufabsicht eines Kunden

- Finanzierungsfluss
  - Beschaffung und Zuordnung von Geldmitteln auf die Finanzierung der Vor-
    ratshaltung bei einzelnen Verweilstellen der Güter im Distributionssystem

- Risikofluss
  - Übernahme von Risiken, die mit der Wahrnehmung von Distributionsaufgaben
    verbunden sind

- Materieller Güterfluss
  - Inbesitznahme, Lagerung und Bewegung materieller Produkte auf ihrem Weg
    vom Rohstoff bis hin zum Endabnehmer

- Zahlungsfluss
  - Zahlung von Rechnungen durch die Käufer an die Verkäufer über Banken und
    andere Finanzierungsinstitute als Gegenleistung für die gelieferten Waren
    und erbrachten Dienstleistungen

- Eigentumsfluss
  - Eigentumsübergang von einem Mitglied des Marketingsystems auf ein ande-
    res

Diese Funktionsflüsse laufen vorwärts (materieller Güterfluss, Eigentums- und
Absatzförderungsfluss), rückwärts (Bestell- und Zahlungsfluss) und bidirektional
(Informations-, Finanzierungs- und Risikofluss).

2.2 Absatzorgane

Die **Aufgaben** von Absatzorganen liegen vor allem in

- der Neukundengewinnung (Kundenakquisition),
- der Kundenpflege (Information der Kunden, Verbesserung der Kundenbeziehung
  zur Kundenbindung),
- der Wiedergewinnung verlorener Kunden,
- der Information des Anbieters über die Markt- und Wettbewerbssituation.

Zur Wahrnehmung dieser Aufgaben können **unternehmensinterne** oder **unternehmensexterne** Absatzorgane eingesetzt werden. Die unternehmensinternen
Mitarbeiter können dabei vorwiegend vom Standort des Unternehmens aus operie-

ren (betriebsinterne Mitarbeiter) oder sie haben den Schwerpunkt ihrer Tätigkeit außerhalb des Standorts des Unternehmens (betriebsexterne Mitarbeiter).

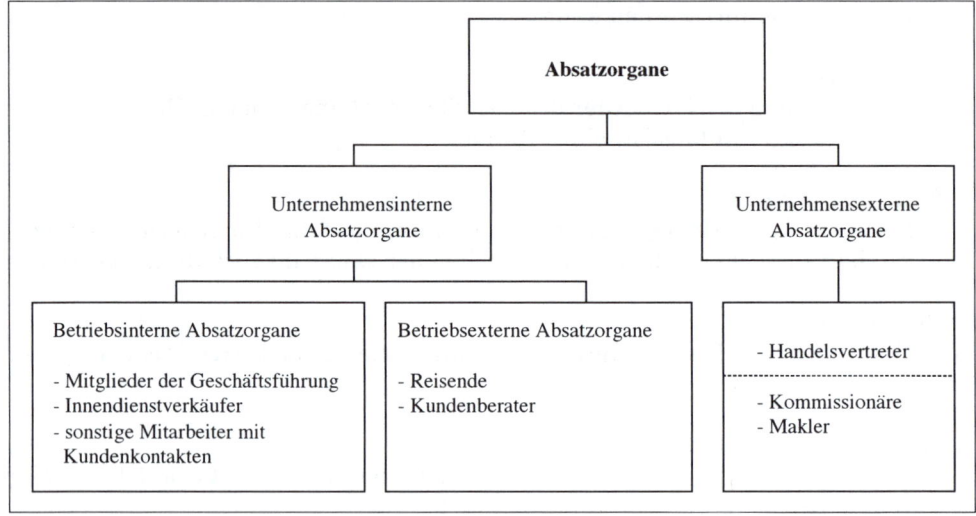

Abb. 107: Absatzorgane

2.2.1 Unternehmensinterne Absatzorgane

2.2.1.1 Betriebsinterne Absatzorgane

Unternehmensinterne Mitarbeiter sind von einem Unternehmen angestellte Mitarbeiter. **Betriebsinterne Absatzorgane** sind Mitarbeiter eines Unternehmens, die zeitlich überwiegend im Unternehmen tätig sind. Hierzu gehören beispielsweise Mitglieder der Geschäftsleitung, Mitarbeiter mit Kundenkontakten oder Innendienstverkäufer.

Mitglieder der Geschäftsleitung nehmen oftmals in kleinen Unternehmen direkte Absatzaufgaben wahr, da diese Unternehmen vielfach über nur wenige Außendienstmitarbeiter oder sogar über keinen Außendienst verfügen. In größeren Unternehmen haben sie die Aufgabe, Geschäfte durch Kontakte auf der gleichen Ebene zu Mitgliedern der Geschäftsleitung potenzieller Kunden anzubahnen. Dies geschieht oft auf informellem Wege auf Veranstaltungen, Tagungen oder im internationalen Geschäft als Mitglied von Wirtschaftsdelegationen unter Leitung hochrangiger Politiker. Sie können sich auch in Verhandlungen – insbesondere bei Großaufträgen – einschalten und diese Verträge abschließen.

Mitarbeiter mit Kundenkontakten können ebenfalls **Produktionsleiter, Leiter des Qualitätswesens** oder **Kundendienst- (Service-) ingenieure** sein. Ihre Kontakte sollten genutzt werden, um die Kundenorientierung eines Unternehmens und seine Leistungsfähigkeit zu demonstrieren und somit ein positives Image beim

Kunden aufbauen. Sie sollten damit den Boden für Neugeschäfte bereiten, ohne direkt in den Verkauf einzugreifen.

Die **Aufgabe von Innendienstverkäufern** liegt im Wesentlichen in der Unterstützung betriebs- und unternehmensexterner Absatzorgane (z.B. der Reisenden oder Vertreter). Ihre Aufgaben sind u.a.:

- die Auftragsannahme
- die Auftrags- und Terminbestätigung
- die interne Auftragsverfolgung
- die Veranlassung des Versandes
- die Rechnungsstellung und Überwachung des Zahlungseinganges
- der Korrespondenz mit den Kunden, die Beantwortung von Kundenanfragen
- die Reklamationsabwicklung
- die Führung und Überwachung des Außendienstes

Die **betriebsinternen Mitarbeiter haben im internationalen Marketing einen geringeren Einfluss** auf die Distribution auf den jeweiligen Märkten als dies auf dem heimischen Markt der Fall ist. Das ist auf die größere Entfernung zum Kunden, auf oftmals fehlende Kenntnisse der Landessprache oder auf das Fehlen intimer Marktkenntnisse zurückzuführen.

Ihr Einfluss ist am stärksten beim direkten Export im B2B Bereich, wo es oft darum geht, Kundenanforderungen im eigenen nationalen Unternehmen durchzusetzen und am schwächsten, wo in den jeweiligen Ländern Produkte erzeugt und vermarktet werden.

Der **Einfluss hängt ferner von der grundsätzlichen Managementausrichtung** hinsichtlich der Führung und Bearbeitung ausländischer Märkte ab (vgl. D 1.2). Der Einfluss betriebsinterner Mitarbeiter ist relativ groß in **ethnozentrisch ausgerichteten Unternehmen**, die vom Mutterhaus aus geführt werden. Er ist vergleichsweise gering in **polyzentrisch und regiozentrisch ausgerichteten Unternehmen**, wo die ausländischen Tochtergesellschaften über eine weitgehende Autonomie verfügen.

2.2.1.2 Betriebsexterne Absatzorgane (Reisende)

Bei den **betriebsexternen Absatzorganen** handelt es sich um Mitarbeiter, die vom Unternehmen angestellt sind, aber ihre Tätigkeit vorwiegend außerhalb des Unternehmens ausführen.

Reisende sind unternehmenseigene **rechtlich unselbstständige** d.h. angestellte Absatzorgane eines Unternehmens. Sie sind nach den §§ 59 ff. HGB Handlungsgehilfen, die Geschäfte für das Unternehmen, bei dem sie angestellt sind, vermitteln oder Bestellungen entgegennehmen. Sie können auch mit Abschlussvollmacht ausgestattet sein, d. h. sie können rechtsverbindlich Geschäfte abschließen. Reisende sind weisungsgebunden.

Zu ihren wesentlichen **Aufgaben** gehören (Weis, 2001, S. 359):

- Kunden und potenzielle Käufer aufzusuchen
- Kundengespräche führen
- Waren und Dienstleistungen anbieten
- Abschlüsse anbahnen und tätigen
- Neuprodukte vorstelle,
- Reklamationen entgegennehmen
- Informationen über Marktentwicklungen, Abnehmerbedarfe, Wettbewerber beschaffen

Da **Reisende** bei einem Unternehmen fest angestellt sind, sind sie auch nur für dieses Unternehmen tätig. Ihre Vergütung besteht in einem Gehalt. Teilweise wird ergänzend eine umsatz- oder absatzbezogene Provision und/oder eine Prämie gezahlt.

Für Reisende in Deutschland gelten alle arbeitsrechtlichen Bestimmungen soweit sie sich aus dem HGB, den Tarifverträgen oder dem Betriebsverfassungsgesetz ergeben. In den einzelnen Ländern gelten entsprechend die jeweiligen nationalen Regelungen.

2.2.2 Unternehmensexterne Absatzorgane

Unternehmensexterne Absatzorgane sind rechtlich selbstständige Organe, die zur Erfüllung gleicher Aufgaben wie die unternehmensinternen Absatzorgane vertraglich an das Unternehmen gebunden werden.

2.2.2.1 Handelsvertreter

Handelsvertreter sind selbstständige Gewerbetreibende, die ständig damit betraut sind, für mindestens einen anderen Unternehmer Geschäfte zu vermitteln oder in dessen Namen abzuschließen (§§ 84 – 92c HGB).

Die **Pflichten** des Handelsvertreters sind u.a. (Weis, 2001, S. 365 ff.):

- die Vermittlung oder der Abschluss von Geschäften, wobei das Unternehmen dem Geschäftsabschluss vorher zustimmt oder das Geschäft erst mit der Zustimmung des Unternehmens wirksam wird
- die Wahrung und Beachtung von Geschäftsgeheimnissen (§ 90 HGB) sowie weiterer sich aus dem Vertretungsvertrag ergebender Verpflichtungen

Die **Vergütung** erfolgt in Form einer an den Umsatz oder die Absatzmenge gebundenen Provision. Es kann zusätzlich ein Fixum (Festbetrag) gezahlt werden oder die Übernahme bestimmter Aufwendungen (z.B. Aufwendungen für die Vorstellung von neuen Produkten) vereinbart werden.

Handelsvertreter können ausschließlich **für ein Unternehmen** oder für mehrere Unternehmen (Mehrfirmenvertreter) tätig sein. In Deutschland dominiert der **Mehrfirmenvertreter**.

Der Handelsvertreter vertritt dabei im Allgemeinen Unternehmen, die komplementäre Produkte anbieten (z.B. ein Unternehmen, das elektrische Schalter, ein Unternehmen, das Kupferdrähte und ein Unternehmen, das Leiterplatten für die Elektroindustrie herstellt). Er verbreitet somit sein Sortiment, verringert seine Vertriebsstückkosten und erhöht seine Absatzchancen bei dem gleichen Kundenkreis.

Der Vertrieb des gleichen Produktes oder einer gleichen Produktgruppe von verschiedenen Wettbewerbern ist im Allgemeinen vertraglich ausgeschlossen. Dem Handelsvertreter würde damit die Vorauswahl darüber zufallen, ob er seinem Kunden die Produkte des Herstellers A, B oder C präsentieren möchte.

Die **Selbstständigkeit** des Handelsvertreters kommt darin zum Ausdruck, dass er seine Tätigkeit (z.B. Besuchsplanung, Besuchshäufigkeit, zeitlicher Einsatz) weitgehend frei gestalten kann. Bei einem Einfirmenvertreter kann dennoch de facto eine Abhängigkeit wie bei einem Reisenden bestehen.

Für die Wahl zwischen Reisendem und Vertreter sind folgende Kriterien von Bedeutung:

Kriterien	Reisender	Handelsvertreter
Marktkenntnisse	x	xx
Kundenkontakte	x	xx
Verhandlungsstärke	xx	xx
Produktkenntnisse	xx	x
Motivation	x	xx
Unternehmensidentifikation	xx	x
Kosten	x	x
Steuerbarkeit	xx	x
Übernahme zusätzlicher Aufgaben	xx	x

x = gut, xx = besser

Abb. 108: Ausgewählte Kriterien für die Wahl zwischen Reisenden und Vertreter

2.2.2.2 Kommissionäre

Der Kommissionär unterscheidet sich vom Handelsvertreter dadurch, dass er als selbstständiger Gewerbetreibender im eigenen Namen für Rechnung seines Auftraggebers (des Kommittenten) handelt (§ 383 HGB).

Er kauft (Einkaufskommission) und verkauft (Verkaufskommission) für seinen Auftraggeber Waren und Wertpapiere, die i.d.R. in seinen Besitz, aber nicht in sein Eigentum übergehen. Er erhält für seine Tätigkeit eine Kommission.

Kommissionsgeschäfte haben mit der Aufhebung der vertikalen Preisbindung (Preisbindung der zweiten Hand 1973) an Bedeutung gewonnen. Da der Hersteller dem Kommissionär vorschreiben kann, zu welchem Preis er ein Produkt verkaufen darf, bietet dieser Vertrieb nach wie vor dem Hersteller die Möglichkeit auf den Endverbraucherpreis Einfluss zu nehmen. Einen Kommissionsvertrieb findet man z.B. bei Fernsehgeräten, Parfums, Antiquitäten, Zeitungen und Zeitschriften oder Bekleidung, aber auch im Wertpapiergeschäft.

2.2.2.3 Makler

Die Tätigkeit des Maklers besteht darin, als selbstständig Gewerbetreibender zwei oder mehreren Parteien Gelegenheiten zum Geschäftsabschluss nachzuweisen. Man findet Makler z.B. bei Versteigerungen (z.B. Obst, Blumen), im Immobiliengeschäft, Versicherungsgeschäft oder als Heiratsmakler.

Er vertritt die **Interessen aller Parteien** für die er tätig ist und zwischen denen er vermittelt (§§ 93 und 98 HGB). Er wird auch von allen Parteien mit einer Courtage entlohnt. Dem steht nicht die Tatsache entgegen, dass z.B. bei der Vermietung von Wohnungen oder beim Verkauf von Häusern in der Praxis allein der Mieter oder der Käufer die Courtage zahlt. Hierin spiegelt sich lediglich die Marktmacht der Anbieter wider, die auch ohne Makler leicht einen Nachfrager finden würden.

2.3 Gestaltung der Absatzwege

Die Entscheidungen über die **Absatzwege** befassen sich damit auf welchen **Absatzwegen** bzw. auf welchen **Absatzkanälen (distribution channels)** ein Produkt bzw. eine Leistung dem Weiterverarbeiter oder Endverbraucher zur Verfügung gestellt wird. Ein Distributionskanal repräsentiert somit die Gesamtheit aller ineinandergreifender Organisationen, die am Prozess beteiligt sind, um ein Produkt oder eine Dienstleistung zur Verwendung oder zum Verbrauch verfügbar zu machen (Kotler, Bliemel, 1999, S. 818).

International gelten zunächst die gleichen Bestimmungsfaktoren zur Wahl des Absatzweges wie im Inland. **Länderspezifische Besonderheiten** wie die Art der vorhandenen Vertriebskanäle oder Handelsusancen oder gesetzliche Bestimmungen erfordern, dass der Wahl eines Vertriebsweges eine detaillierte Untersuchung der jeweiligen vorhandenen Absatzwege vorausgeht (Schoppe, 1998, S. 533). So ist z.B.

- bei Devisenbeschränkungen oder in einer staatlich gelenkten Wirtschaftsordnung die Einschaltung staatlicher Stellen in den Vertrieb erforderlich,
- in Japan für viele Unternehmen nur eine Markterschließung über die „Sogo Shoshas", Universalhandelsunternehmen wie Mitsubishi Corp., Mitsui & Co. Ltd., Itochu Corp. oder Sumitomo Corp. möglich (an Stelle der Handelsfunktion ist in den letzten Jahren zunehmend die Finanzierung- und Informationsfunktion der Sogo Shoshas getreten),

- in Saudi-Arabien der nationale Vertrieb auf Gesellschaften (Sponsoren) beschränkt, die in einheimischem Besitz sind,
- in Deutschland der Vertrieb von Arzneimitteln nur über Apotheken möglich.

Grundsätzlich hat ein Hersteller zum einen die Möglichkeit die Produkte seinen Kunden, den Endverbrauchern oder Weiterverarbeitern, **unmittelbar über ein firmeneignes Vertriebsnetz** d.h. mithilfe von Absatzorganen (Absatzhelfern) zur Verfügung zu stellen. Auf diese Weise ist eine hohe Markttransparenz und die vollständige Einflussnahme auf Preisgestaltung und Kommunikationspolitik und sowie eine umfassende Kontrolle der Vertriebswege gewährleistet.

Der Hersteller hat ferner die Möglichkeit neben den Absatzorganen **Distributionspartner** oder **Absatzmittler** in den Vertrieb einzuschalten. Hauptgrund für einen **mittelbaren Absatz** ist für viele Hersteller die größere Effizienz von Handelsbetrieben bei der Warenverteilung aufgrund des Angebots bedarfsgerechter Warensortimente, bestehender Kontakte und Erfahrungen.

Die Distributionsfunktionen können also

- vom Hersteller unter Einschaltung von standortabhängigen Handelsbetrieben im Vertriebskanal,
- von standortunabhängigen Handelsbetrieben,
- unter ausschließlichem Einfluss des Herstellers bzw. Anbieters einer Dienstleistung

wahrgenommen werden.

Die Frage, wann ein **direkter oder indirekter Vertrieb** vorliegt, ist unterschiedlich zu beantworten, je nachdem ob eine **Beurteilung aus Anbietersicht oder Nachfragersicht** (Endverbraucher- oder Verwendersicht) erfolgt.

Aus Verbrauchersicht / Aus Herstellersicht	Direkter Vertrieb	Indirekter Vertrieb
Direkter Vertrieb	Hersteller | Verbraucher	Hersteller | Filiale Franchisebetrieb | Verbraucher
Indirekter Vertrieb	Hersteller | Standortunabhängiger Handel (z.B Versandhandel) | Verbraucher	Hersteller | Standortabhängiger Handel | Verbraucher

Abb. 109: Direkter und indirekter Vertrieb aus Hersteller- und Verbrauchersicht
Quelle: Bruns, 1998, S. 231

Beim **unmittelbaren Absatz** eines Produktes vom Hersteller zum Endverbraucher z.b. **ohne Einschaltung von Absatzmittlern** handelt es sich sowohl aus **Herstellersicht als auch aus Verbrauchersicht um einen direkten Vertrieb.**

Auch beim Vertrieb des Produktes eines Herstellers über den **standortabhängigen Handel** liegt übereinstimmend aus Hersteller- und Verbrauchersicht ein **indirekter Absatz** oder **indirekter Vertrieb** vor.

Der Vertrieb über **standortunabhängige Handelsbetriebe** (z.B. Versandhandel) ist aus **Herstellersicht ein indirekter Vertrieb**, denn der Handel erwirbt das Produkt und gestaltet sein eigenes an den Endverbraucher gerichtetes Marketing-Konzept. Alle Instrumente der Marktbeeinflussung von der kommunikativen Ansprache bis zur Preisgestaltung sind dem Hersteller entzogen. Aus **Verbrauchersicht** liegt aber ein **direkter Vertrieb** vor, denn er wird mit den Instrumenten des direkten Marketing (z.B. Werbebriefe, Kataloge) angesprochen. Dem Verbraucher ist es oft nicht bewusst und für ihn auch nicht von Interesse, ob der Anbieter gleichzeitig der Hersteller ist. Er wird gleichartig reagieren, ob er Erzeugnisse per Post von einem Hersteller oder von einem Versandhändler kauft.

Diese unterschiedliche Sichtweise führt dazu, dass einmal der Versandhandel dem indirektem Absatz (Weis, 2001, S. 391 ff.), bzw. ein anderes Mal dem direkten Vertrieb zugeordnet wird (Kotler, Bliemel, 1999, S. 822).

Auch der **Vertrieb über Filialsysteme** oder **Niederlassungen** oder über **Franchise Partner** muss aus Hersteller- und Verbrauchersicht unterschiedlich beurteilt werden. Aus **Herstellersicht** handelt es sich um einen **direkten Vertrieb**, denn der Hersteller kann alle absatzfördernden Einflussfaktoren bis zum Endverbraucher beeinflussen und kontrollieren. Für den **Verbraucher** dagegen liegt ein **indirekter Vertrieb** vor. Dem Verbraucher ist es in der Regel nicht bewusst, dass es sich bei einem „Tante Emma Laden" um einen unabhängigen Händler, bei Kaiser´s Kaffee dagegen um ein von der Zentrale geführtes Filialgeschäft handelt. Er wird auch hier auf die Marketing Aktivitäten gleich reagieren.

Die Frage des indirekten oder direkten Absatzes stellt sich aus **Anbietersicht** sowohl im Konsumgüterbereich, als auch im Investitionsgüterbereich.

Die je Kunde abgesetzte Warenmenge, der (bei Verbrauchsgütern) geringe Warenwert, die im Allgemeinen geringe Erklärungsbedürftigkeit und die große Anzahl der potenziellen Kunden haben dazu geführt, dass im **Konsumgüterbereich**, der indirekte Absatz vorherrscht. Im **Investitionsgütersektor** dominiert aus gegensätzlichen Gründen der Direktvertrieb.

Im **Dienstleistungsbereich**, wo Leistungen nicht auf Vorrat produziert werden können, entfallen die Überlegungen über die physischen Absatzwege, denn die Leistung wird zum Zeitpunkt ihres Erbringens auch konsumiert (Uno-actu-Prinzip). Es können jedoch Leistungsversprechen distribuiert werden, d.h. das Versprechen des Anbieters gegenüber einem Nachfrager, zu einem späteren Zeitpunkt bestimmte Dienstleistungen zu erbringen (Eintrittskarten, Fahrkarten, Hotel-gutscheine) (Bieberstein, 2001, S. 270 ff.)

Die Distribution des Leistungsversprechens kann wiederum durch **direkten Absatz** (z.B. eigene Verkaufsstellen von Versicherungsunternehmen) oder **indirekten Absatz** (z.B. Verkauf von Konzertkarten durch Ticketbüros oder Agenturen) erfolgen.

Die Entscheidung für den indirekten oder direkten Absatz wird aus Sicht des Anbieters durch folgende Faktoren beeinflusst (Meffert, 2000, S. 623):

1. Produktbezogene Faktoren
   - Erklärungsbedürftigkeit
   - Bedarfshäufigkeit/Kauffrequenz
   - Lagerfähigkeit
   - Transportfähigkeit (Größe, Gewicht, Empfindlichkeit)

2. Unternehmensbezogene Faktoren
   - Unternehmensgröße
   - Finanzkraft
   - Produkt-/Leistungsprogramm
   - Vertriebskompetenz/Erfahrungen mit Vertriebswegen
   - Gegenwärtige Marketingpolitik und deren langfristige Ausrichtung/Veränderung

3. Endabnehmerbezogene Faktoren
   - Anzahl der potenziellen Verbraucher, Weiterverarbeiter
   - Geographische Verteilung/Streuung
   - Einkaufsgewohnheiten
   - Aufgeschlossenheit gegenüber Vertriebsmethoden

4. Konkurrenzbezogene Faktoren
   - Anzahl
   - Art der Konkurrenzprodukte
   - Vertriebswege der Konkurrenten
   - Wettbewerbsdruck im bisherigen Vertriebsweg
   - Wettbewerbsdruck durch neue Vertriebswege

5. Absatzmittlerbezogene Faktoren
   - Art und Anzahl der Absatzmittler
   - Standort und Verfügbarkeit der Handelsbetriebe
   - Art und Struktur vertraglicher Bindungen von Absatzmittlern
   - Art und Umfang des durch die Handelsbetriebe erreichten Marktes
   - Fähigkeit zur Übernahme der erforderlichen Handelsfunktionen
   - Beeinflussbarkeit und Kontrolle der Absatzmittler/Konfliktanfälligkeit
   - Vertriebskosten

6. Soziale und rechtliche Faktoren
- öffentliche Meinung, Wertvorstellungen
- Missbrauchsaufsicht über Vertriebsbindungen
- Vertriebsvorbehalte bestimmter Geschäftsformen
- Sanktionspotenziale von Absatzmittlern (Macht- und Vergeltungspotenziale)
- Konsequenzen bei Vertragskündigungen (Ausgleichsanspruch der Handelsvertreter)
- Verbot der Diskriminierung und des Boykotts (GWB Regelung in Deutschland)

Die **Wahl der Absatzwege auf den einzelnen Märkten ist somit eine strategische Entscheidung** des Unternehmens, die das Unternehmen zumindest mittelfristig bindet.

2.3.1 Direkter Absatz aus Herstellersicht (Direktvertrieb)

Aus **Herstellersicht** liegt ein **direkter Vertrieb** dann vor, wenn der **Hersteller seine Marketingkonzeption bis zum Weiterverarbeiter oder Endverbraucher durchsetzen kann**.

Aus **Sicht des Herstellers** handelt sich also dann um einen Direktvertrieb, wenn

- ein Hersteller seine Produkte über standortgebundene, rechtlich selbstständige, aber vertraglich beeinflussbare Absatzmittler verkauft (z.B. Vertragshändler, Franchiseunternehmen),
- ein Hersteller seine Produkte über eigene standortgebundene Betriebe an Endverbraucher oder Weiterverarbeiter verkauft (z.B. Filialen, Fabrikverkauf, Factory Outlet Center),
- ein Hersteller seine Produkte unmittelbar im direkten Kontakt an den Endverbraucher oder Weiterverarbeiter verkauft (Telefonverkauf, Heimdienst, MLM Vertrieb (Multi-Level-Marketing)).

2.3.1.1 Vertragshändler, Franchiseunternehmen

Der **Vertragshändler** ist durch einen Vertrag gebunden, in der Regel ausschließlich Produkte eines Herstellers zu verkaufen. So darf z.B. ein Automobilhändler nach der Gruppenfreistellungsverordnung (GVO) nur Neuwagen und Originalersatzteile eines Herstellers verkaufen. Diese Regelung läuft Anfang 2003 aus. Händler dürfen dann mehrere Automarken verkaufen und freie Werkstätten müssen mit Originalersatzteilen beliefert werden.

Ein Hersteller muss sich zwischen einem selektiven Vertrieb (kein Gebietsschutz für Händler, aber Schutz vor Internethändlern und Supermärkten) und einem exklusiven Vertrieb (eingeschränkter Gebietsschutz) entscheiden. Händler dürfen dann auch überall in der EU weiterverkaufen.

Ein Vertragshändler ist zwar rechtlich selbstständig, die vertragliche Bindung ist jedoch oft so eng, dass nicht nur in der Öffentlichkeit der Eindruck einer Filiale (Verkaufsniederlassung) des Herstellers entsteht, sondern die interne Beziehung de facto einem Filialbetrieb nahe kommt.

Bei dieser Form der Bindung handelt es sich um eine **Ausschließlichkeitsbindung**, die ein Unternehmen (z.B. ein Handelsunternehmen) darin beschränkt, Waren oder gewerbliche Leistungen von Dritten zu beziehen. Der Missbrauch der Ausschließlichkeitsbindung ist in § 18 des Gesetzes gegen Wettbewerbsbeschränkung (GWB) und in EU Gesetzen geregelt.

Wird ein Unternehmen (z.B. Großhändler) gebunden, in einer Region nur bestimmte Kunden (z.B. Einzelhändler) zu beliefern, liegt eine **Vertriebsbindung** vor. Die häufig vorkommende gegenseitige Bindung, also Ausschließlichkeitsbindung und Vertriebsbindung bezeichnet man als **Alleinvertriebsabkommen**.

Der vermutete Verstoß gegen diese Bestimmungen hat dazu geführt, dass die Gruppenfreistellungsverordnung in der Automobilindustrie nicht verlängert wurde. Händler sollen künftig mehrere Automarken verkaufen dürfen und dies auch außerhalb ihres jetzigen Vertriebsgebietes (z.B. über Händlerfilialen im Ausland).

Vertragsvertriebssysteme spielen ebenfalls eine wichtige Rolle im industriellen Bereich, dort wo der Vertragshändler die Produkte des Herstellers an andere Industriebetriebe oder gewerbliche Abnehmer weiterverkauft. Das Interesse des Herstellers kann darin liegen Vertriebspartner zu finden, die über **Konfektionierungs-, Service- und/oder Lagereinrichtungen** verfügen. Damit kann der Hersteller sich auf **Streckengeschäfte** mit Großabnehmern konzentrieren. Die Kooperationsbereitschaft dieser Servicepartner kann jedoch dadurch beschränkt sein, dass sie für mehrere Partner tätig sein möchten und eine exklusive Bindung verweigern.

Vertragsvertriebssysteme bieten dem Hersteller Kostenvorteile, da insbesondere die Fixkostenbelastung durch Lagerkapazität, Maschinen und Anlagen entfällt. Gleichzeitig bleibt gewährleistet, dass der Hersteller als Lieferant des Vertragshändlers in Erscheinung tritt, da der Vertragshändler sich durch sein Auftreten am Markt zum Vertriebssystem des Herstellers bekennt (Backhaus, 2000, S. 30).

Die Ausschließlichkeitsbindung, die es einem **Franchisenehmer** untersagt, Konkurrenzprodukte zu vertreiben und das einheitliche Erscheinungsbild in der Öffentlichkeit, das durch die Werbekonzeption des **Franchisegebers** sicher gestellt wird, lassen beim Verbraucher den Eindruck eines indirekten Vertriebssystems entstehen (D.2.3).

2.3.1.2 Werksverbundene Verkaufsgesellschaft

Hierunter wird eine Gesellschaft verstanden, die rechtlich selbstständig, jedoch kapitalmäßig so eng an eine oder mehrere Produktionsunternehmungen – deren

Erzeugnisse sie vertreibt – gebunden ist, dass sie als wirtschaftlich unselbstständiges
Subsystem zu betrachten ist. Vertreibt sie ausschließlich Produkte der Muttergesellschaft, dann bezeichnet man diese Verkaufsgesellschaft als **Werkvertriebsgesellschaft**. Vertreibt sie außerdem noch Erzeugnisse anderer Hersteller spricht
man von einer **Werkshandelsgesellschaft** (Backhaus, 1992, Investitionsgütermarketing, S. 264 f.)

2.3.1.3 Verkaufsniederlassungen

Verkaufsniederlassungen (Verkaufsstellen, Verkaufsbüros) sind rechtlich
und wirtschaftlich unselbstständige Absatzorgane. Sie sind personell, finanziell
und organisatorisch Teil des Unternehmens, ihnen können jedoch bezogen auf den
Absatzbereich weitgehende Kompetenzen übertragen werden. Da sie oftmals gleiche Aufgaben wie die werksgebundenen Verkaufsgesellschaften übernehmen, unterscheiden sie sich von diesen nur hinsichtlich der rechtlichen Selbstständigkeit.

Diese an Weisungen des Herstellers oder Mutterhauses gebundenen Verkaufsstellen sollen für eine **kundennahe Präsenz des Herstellers**, meistens ohne physische Warenverfügbarkeit (abgesehen von Schauräumen und Musterkollektionen),
sorgen. Von den Verkaufsstellen erfolgt die Steuerung des Einsatzes der Reisenden
und des Kundendienstes in einer Region.

Man findet Verkaufsniederlassungen überwiegend im industriellen Bereich. Die
Standorte werden dabei unter regionalen Gesichtspunkten nach der Kundenverteilung in einem Gebiet gewählt.

2.3.1.4 Filialbetriebe

Ein Filialunternehmen ist ein Einzelbetrieb, der mehrere räumlich getrennte
Verkaufsstellen (Filialen) unter einheitlicher Leitung betreibt. Die Arbeitsgemeinschaft für Lebensmittelbetriebe e.V. (ALF) bezeichnet erst Unternehmen mit mehr
als 10 Filialen als Filialunternehmen.

2.3.1.5 Telefonverkauf

Die Art des Direktvertriebs, bei der der Verbraucher ohne Zwischenschaltung des
standortgebundenen Handels angesprochen wird, hat aufgrund folgender Entwicklungen in den letzten Jahren stark an Bedeutung gewonnen:

- gezieltere individuellere Ansprachemöglichkeiten
- individuellere Produktpräsentation
- Wandel im Einkaufsverhalten durch Nutzung neuer Medien
- Tendenz zum bequemeren Einkauf
- zunehmender Wettbewerb mit dem Zwang Vertriebskosten einzusparen

Der Telefonverkauf als eine Form der Direktansprache ohne standortgebundenen Vertrieb stützt sich allein auf das Telefon als Instrument

- der Informationsbeschaffung,
- der Kontaktanbahnung,
- der Angebotsunterbreitung,
- der Beratung,
- des Kaufabschlusses,
- des After-Sales-Services.

Beim Telefonverkauf treten

- unternehmenseigene Mitarbeiter (u.a. Geschäftsführung, Innendienstverkäufer, Kundendienstberater),
- unternehmensexterne Mitarbeiter (z.B. Mitarbeiter einer Telefonmarketing-Agentur)

in direkten Kontakt mit privaten oder geschäftlichen potenziellen Kunden.

Beim Telefonverkauf sind der **aktive** und **passive** Telefonverkauf sowie der Telefonverkauf an **Privatpersonen** und an **Geschäftspersonen** (Business-to-Business Bereich), die unterschiedlichen rechtlichen Bedingungen unterliegen, zu unterscheiden.

2.3.1.6 Katalog, Werbebrief, Fax

Beim Katalog, Werbebrief und Fax können die Instrumente der Kommunikation und Distribution verschmelzen.

Ein Katalog, der ein Warenangebot vorstellt, repräsentiert gleichzeitig einen Absatzweg, gleiches gilt für ein Mailing mit Prospektbeilage oder ein Fax. Diese Instrument haben nicht nur zum Ziel, Informationen zu vermitteln, sondern sie wollen einen Kauf auslösen.

Der Vorteil für den Anbieter **eine Zielperson in einer Zielgruppe** - und nicht nur die Zielgruppe insgesamt - ansprechen zu können, sowie der Vorteil des Verbrauchers eine Kaufentscheidung gut überlegt, in Ruhe zu Hause treffen zu können, lassen ein weiteres Anwachsen dieser Vertriebsform erwarten.

2.3.1.7 Heimdienst

Der **Heimdienst (Haustürverkauf)** durch unternehmenseigene (z.B. Reisende) oder unternehmensfremde Absatzorgane (z.B. Vertreter) an Privatpersonen unterliegt **nicht den strengen rechtlichen Beschränkungen des Telefonverkaufs**. Insbesondere ist eine vorherige Anmeldung oder das Einverständnis der aufgesuchten Privatperson in Deutschland nicht erforderlich.

2.3.1.8 MLM Vertrieb (Multi-Level Marketing)

Beim **MLM-Vertriebssystem (Netzwerkvertrieb oder Strukturvertrieb)** verkaufen ausschließlich selbstständig arbeitende Mitarbeiter die Produkte eines Unternehmens an andere Privatpersonen. Diese Mitarbeiter suchen ihrerseits weitere Mitarbeiter zu gewinnen, die diese Produkte ebenfalls vertreiben und an deren Umsätzen sie beteiligt werden. Auf diese Weise entsteht ein hierarchisch aufgebautes Netzwerk von Vertriebspartnern.

Dieser Direktvertrieb hat heute gerade im internationalen Geschäft eine große Bedeutung erlangt. So erzielte das Unternehmen Amway mit mehr als 3 Millionen Vertriebspartnern in 80 Ländern einen Umsatz von 5 Mrd. US Dollar (1999) (www.amway.com). Seit 2000 gehört Amway zur Alticor-Gruppe (www.alticor.com) und weist keine getrennten Umsatzzahlen mehr aus. Auch Avon Cosmetics erreichte mit 5 Millionen Vertriebspartnern im Jahr 2000 einen Umsatz von etwa 5 Mrd. US Dollar (www.avoncompany.com) und die Tupperware Corp., ein weiteres führendes Direktvertriebsunternehmen erzielte mit knapp 1 Million Repräsentanten in mehr als 100 Ländern im Jahr 2000 rd. 1,1 Mrd. US Dollar Umsatz (www.tupperware.com).

Die **internationalen Erfolge des MLM Vertriebssystems** werden darauf zurückgeführt, dass an die Stelle des Groß- und Einzelhandels motivierte, leistungsorientierte selbstständige Vertriebspartner treten, die sich mit den jeweiligen nationalen Besonderheiten des Konsumverhaltens auskennen.

2.3.1.9 Factory Outlet Center (FOC)

Der Fabrikverkauf entstammt der Idee Ware mit kleinen Fehlern oder zuviel produzierte Ware, die der Handel nicht abnahm in kleinen Läden meistens auf dem Fabrikgelände oder neben der Fabrik an Werksangehörige später auch an Kunden in der Öffentlichkeit zu verkaufen. Diese Idee findet auch heute noch ihre Verwirklichung in vielen Geschäften des Fabrikverkaufs am Produktionsstandort.

Die immer kürzeren Lieferzeiten und die immer geringer werdenden Bestellmengen auf Messen haben in der Bekleidungsindustrie dazu geführt, dass sich das Lagerrisiko auf die Hersteller verlagerte. Dies führte dazu, dass die Hersteller nach neuen Vertriebswegen für wachsende Überschussmengen suchten. So wurde der Fabrikverkauf von einem Absatzventil zu einem geplanten Vertriebsweg. Gleichzeitig wurde die enge Standortbindung aufgegeben.

Mitte der 80er Jahre entstanden in den USA die ersten **Outlet Malls** (Fabrikläden) oder **Factory Outlet Center**. Die FOC befinden sich in der Regel 25 bis 75 Meilen vor großen Städten. Die räumliche Distanz zum traditionellen Einzelhandel hat sich in den letzten Jahren deutlich verringert. Die durchschnittlich Verkaufsfläche liegt heute bei rd. 300.000 qm.

Der **International Council of Shopping Centers (ICSC)** definiert wie folgt:

„Ein Factory Outlet Center ist eine Agglomeration von Verkaufsniederlassungen in einem Gebäudekomplex, die von einer Betreibergesellschaft geplant, entwickelt und gemanagt wird. Diese Angebotsform ist ferner durch die folgenden Merkmale gekennzeichnet:

- die Gesamt-Verkaufsfläche umfasst mehrere tausend Quadratmeter
- die Ladeneinheiten des FOC werden überwiegend von Herstellern betrieben
- das Sortiment ist durch einen hohen Anteil von Markenware gekennzeichnet
- die Preissetzung liegt deutlich unter der des traditionellen Einzelhandels (off-price)".

Da die Lagermenge und die fehlerhafte Ware nicht ausreicht, den Bedarf der Outlet Malls zu befriedigen, wird auch immer mehr einwandfreie Ware geliefert. Rabatte von oft bis zu 70 %, die auf nicht mehr aktuelle Ware, eingeräumt werden, ziehen die Kunden in die Malls. Zunehmend findet man aber auch einwandfreie, aktuelle Ware.

Damit entsteht für die Hersteller das Problem, gleichzeitig die Absatzwege zum traditionellen Einzelhandel zu sichern (Konfliktvermeidung) und einen allgemeinen Preisverfall zu verhindern. Die meisten Hersteller glauben, dass das Problem durch die Standortwahl der Outlets gelöst ist. Dies mag für viele Länder zutreffen. Die dichte Besiedelung Deutschlands erlaubt jedoch nicht die Errichtung von FOC in Entfernungen von 50 oder 100 km vor einer Stadt, denn dann liegt das FOC bereits im Einzugsgebiet der nächsten Stadt. In Deutschland bestehende FOC verfügen über vergleichsweise geringe Verkaufsflächen von unter 10.000 qm und haben deshalb in der Regel nur regionale Bedeutung.

2.3.2 Vor- und Nachteile eines internationalen Direktvertriebes

Die Entscheidung auf verschiedenen ausländischen Märkten einen direkten Vertrieb aufzubauen, hängt im Wesentlichen von folgenden externen Faktoren ab:

- ausreichende Verfügbarkeit entsprechend ausgebildeter Absatzorgane (z.B. Reisende, Vertreter)
- Vertrautheit der nationalen Kunden mit einem direkten Vertrieb
- Wertschätzung bzw. Ansehen des direkten Vertriebes als Absatzweg
- rechtliche Zulässigkeit in dem jeweiligen Land und für die jeweilige Produktgruppe
- infrastrukturelle Voraussetzungen für den logistischen Aufbau eines Direktvertriebes

Liegen diese Voraussetzungen vor, so bietet der direkte Vertrieb folgende **Vorteile**:

- höhere Erlöse als beim indirekten Vertrieb
- freie Gestaltung aller Marketing Instrumente
- Durchsetzung der eigenen Marketing Konzeption bis zum Letztverbraucher.
- enger Kundenkontakt und damit vollkommene Information über das Marktgeschehen
- schnelle Reaktionsmöglichkeit auf Veränderungen des Nachfrage- oder Konkurrenzverhaltens

Nachteile sind:

- höhere Kosten als beim indirekten Vertrieb
- höherer personeller und materieller Aufwand für die Führung und Kontrolle einer größeren Vertriebsorganisation
- höherer Aufwand für die Informationsbeschaffung über Marktveränderungen

Die Wahl des Absatzkanals kann deshalb unter Abwägung aller Einflussfaktoren in einzelnen Ländern durchaus unterschiedlich entschieden werden.

2.3.3 Indirekter Absatz aus Herstellersicht

Der indirekte Absatz ist nach klassischer Definition (sowohl aus Hersteller-, als auch aus Verbrauchersicht) der Vertrieb eines Produktes über den Groß- und/oder über den Einzelhandel zum Endverbraucher. Zur Unterstützung des Absatzes können betriebseigene oder betriebsfremde Absatzorgane eingesetzt werden.

Der indirekte Vertrieb ist die vorherrschende Vertriebsform beim Vertrieb von Verbrauchs- und Gebrauchsgütern im Konsumgüterbereich.

Als **Gründe** dafür werden genannt (Weis, 2001, S. 374 f.):

- Produkte von zum Teil spezialisierten Herstellern bedürfen der Einordnung in das Sortiment des Groß- und Einzelhandels
- Hersteller sind oft nicht in der Lage, die weit verstreuten Endverbraucher aus Kostengründen oder sonstigen Gründen zu beliefern
- manche Erzeuger sind überhaupt nicht in der Lage effizientes Marketing zu betreiben (z. B. bei Agrarprodukten)
- einzelne Produkte werden durch den Sortimentsverbund, d.h. dadurch, dass sie in einem Sortiment mit anderen Produkten angeboten werden, erst verkäuflich
- durch den Einsatz des Handels lassen sich für einen Hersteller die Anzahl der Kontakte zu den Abnehmern verringern

Die **Funktionen des Handels** können dabei wie folgt gegliedert werden (Berekhoven, 1990, S. 2 f.):

❏ **Funktionen im Verteilungsprozess**

- Raumüberbrückungsfunktion
  - der Handel verkürzt den Weg des Herstellers zum Verbraucher
- Zeitüberbrückungsfunktion
  - die Verantwortung für Lagerung, Transport und Verkauf an den Verbraucher geht oftmals zeitlich lange vor dem Absatz an den Endverbraucher an den Handel über
- Quantitätsfunktion
  - der Handel bestellt in großen Mengen und vertreibt – teilweise nach Umfüllung oder Abpackung (Konfektionierung) – in kleinen Mengen. Er passt somit den Verbrauch an die Produktion an
- Qualitätsfunktion
  - der Handel übernimmt Aufgaben der Qualitätsprüfung und Qualitätssicherung
- Sortimentsfunktion
  - der Handel stellt aus den Produkten zahlreicher Hersteller ein den Bedürfnissen der Verbraucher entsprechendes Sortiment zusammen

❏ **Funktionen der Marktdurchsetzung**

- Beratungsfunktion
  - sofern Produkte erklärungsbedürftig sind, hat der Handel Beratungsleistungen als Voraussetzung für den Absatz zu erbringen
- Werbefunktion
  - neben der Herstellerwerbung, die sich direkt an den Endverbraucher wendet (Sprungwerbung), betreibt auch der Handel Werbung zur Unterstützung des Absatzes und vor allem zur Schaffung von Präferenzen für seine Einkaufsstätte
- Kreditfunktion
  - die Kreditfunktion des Handels liegt oftmals in der „Vorfinanzierung". Waren, die der Handel gekauft hat, die aber noch nicht verkauft sind, sind bereits dem Hersteller zu bezahlen oder der Handel räumt dem Kunden einen Absatzkredit ein (Teilzahlungsgeschäfte), muss aber seinerseits den Hersteller bezahlen
- Markterschließungsfunktion
  - der Handel erschließt z.B. für neue Produkte neue Kundenkreise durch verschiedene Akquisitionsbemühungen (z.B. Produktvorstellungen, Proben)

2.3.3.1 Traditionelle Handelsstrukturen

2.3.3.1.1 Großhandelsbetriebe als Absatzmittler

Großhandelsbetriebe, sind Handelsbetriebe, die Waren beschaffen und sie unverändert oder nach nicht nennenswerter Be- und Verarbeitung an Wiederverkäufer (z.B. Einzelhändler), an Weiterverarbeiter (z.B. Stahlbleche an Stahlbauer), sonstige Verarbeiter (z.B. Gaststätten, Kantinen) oder andere Großabnehmer oder Großverbraucher (z.B. staatliche Institutionen, Krankenhäuser, Altenheime) in der Regel in großen Mengen pro Verkaufsakt absetzen (Weis, 2001, S. 381).

Die **Betriebsformen** von Großhandelsbetrieben können wie folgt gegliedert werden:

❑ nach dem Bezugs- und Absatzgebiet
  • Binnengroßhandlungen
  • Außengroßhandlungen

❑ nach dem Sortiment
  • Spezialgroßhandlungen (enges und tiefes Sortiment)
  • Fachgroßhandlungen (mittlere Sortimentsbreite und -tiefe)
  • Sortimentsgroßhandlungen (breites und flaches Sortiment)

❑ nach der Sortimentsausrichtung
  • Großhandlungen mit Beschaffungs- oder produktionsorientierten Sortimenten
    (z.B. Stahlgroßhandel, Baustoffgroßhandel)
  • Großhandlungen mit absatz- oder verbraucherorientiertem Sortiment
    (z.B. Großhandlung für Möbel, Gartenbedarf)

❑ nach dem Träger des Großhandelsbetriebes
  • einzelwirtschaftlicher Großhandel
  • gemeinwirtschaftlicher Großhandel
    (z.B. Zusammenschlüsse von Einzelhändlern oder Kleinunternehmen zur Ausübung von Großhandelsfunktionen zu freiwilligen Ketten, Einkaufsgenossenschaften)

❑ nach dem Bedienungsprinzip
  • Zustellgroßhandel
    (z.B. Lebensmittelsortimentsgroßhandel, Getränkespezialgroßhandel)
  • Abholgroßhandel (Cash-and-Carry-Betriebe)

2.3.3.1.2 Einzelhandel als Absatzmittler

Standortgebundene Einzelhandelsbetriebe sind Betriebe, die

• Waren anschaffen, um sie unverändert nach üblicher Be- oder Verarbeitung in einer oder mehreren offenen Verkaufsstellen jedermann zum Verkauf anzubieten,
• Muster oder Proben zeigen, um Bestellungen entgegenzunehmen,
• Waren versenden, die nach Katalog, Mustern, Proben oder aufgrund eines sonstigen Angebotes bestellt wurden (Versandhandel).

Die **Betriebsformen** des Einzelhandels können nach den Kriterien

• Sortiment,
• Betriebsgröße,
• Bedienungsprinzip und
• Standort

gegliedert werden. Danach finden sich in Deutschland folgende Betriebsformen:

- Gemischtwarengeschäfte
- Fach- und Spezialgeschäfte
- Kaufhäuser
- Warenhäuser
- Kleinpreisgeschäfte
- Supermärkte
- Fachmärkte
- SB-Warenhäuser
- Einkaufszentren (Shopping Center)

Zu den Betriebsformen des Einzelhandels sind ferner zu zählen:

- Versandhandel
- Automatenverkauf
- Marktveranstaltungen (z.B. Messen, Ausstellungen, Börsen, Auktionen sowie Wochenmärkte oder Großmärkte)
- Roadshows
- Teleshopping
- Online Shopping

2.3.3.2 Entwicklungstendenzen im internationalen Handel

2.3.3.2.1 Internationale Konzentrationen

In den letzten Jahren haben sich Marktmacht und Konzentration des Handels verstärkt. Gründe hierfür sind:

❑ **Änderungen im Einkaufs- und Konsumverhalten der Verbraucher**
- Wunsch nach wachsender Produktvielfalt aufgrund der Zunahme des verfügbaren Einkommens
- Einsparung von Zeit-, Transport- und Suchkosten beim Kauf (One-stop-Shopping)
- zunehmende Mobilität der Verbraucher

❑ **Standortpolitik des Handels** mit einer Vergrößerung der Verkaufsflächen in Stadtrandlagen, Ausweitung des Sortiments und Einführung neuer Handelskonzepte (Cash und Carry, Discountketten, Hypermärkte und Einkaufszentren). Dies alles führte zu
- zunehmenden Skalenerträgen (Fixkostendegression im Lagerbereich und sinkende Stückkosten im Einkauf),
- Verbundvorteilen (Fixkosten bei Personal, im Lager oder in der Werbung werden auf mehr Produktlinien verteilt),
- höheren Markteintrittsbarrieren für neue Konkurrenten (hohe Investitionskosten, bestehende Reputation und Kundenloyalität).

❏ **zunehmende Bedeutung der Handelsmarken** mit einer höheren Umsatzrendite als bei Herstellermarke

- Handelsmarken erhöhen die Nachfragemacht gegenüber Herstellern
- Handelsmarken bieten neuen Händlern einen leichteren Marktzugang
- Handelsmarken tragen zur Geschäftstypendifferenzierung bei, da ein markeninterner Wettbewerb entfällt

❏ **Preisstrategien in Form vertikaler und horizontaler Bindungen**

- zu den horizontalen Bindungen, die Markteintritte erschweren können, gehören Absprachen, Kampfpreise und Preisdiskriminierung
- zu den vertikalen Bindungen gehören Alleinvertrieb, Markenzwang, Marktaufteilung

❏ **fortschreitende Internationalisierung** bedingt durch niedriges Wachstum auf den Heimatmärkten. Die Internationalisierung, die sich durch eigenes Wachstum oder durch Übernahmen und Fusionen (mergers & aquisitions) vollzieht, wird erleichtert durch

- ausgereifte Vertriebskonzepte, die auf andere internationale Märkte übertragbar sind,
- ein Angleichen des Konsumentenverhaltens in den verschiedenen Ländern,
- die Öffnung von Märkten mit wenig entwickelten Handelsstrukturen.

❏ **Entwicklung der Informationstechnologie**

- Änderungen im – zunehmend individuelleren – Konsumentenverhalten werden frühzeitig erkannt
- warenwirtschaftliche Kennzahlen erlauben eine streng erfolgsorientierte Führung der Handelsunternehmen
- Online-Shopping, d.h. Waren- und Leistungsangebot über das Internet (vgl. G 2.4)

Im Geschäftsjahr 2000 verfügten die fünf führenden Unternehmen des europäischen Lebensmittelhandels mit einem Gesamtumsatz von 226 Mrd. EUR über einen Marktanteil von 26 %. Dieser Anteil lag 1995 (1990) erst bei 17,3 % (13,8 %). Die Spitzengruppe der „Top 5" hat damit ihren Marktanteil in zehn Jahren in etwa verdoppelt (www.eurodata.de).

	1990	**1995**	**2000**
Carrefour	13,9	19,7	70,4
Metro	28,8	38,1	51,8
Tesco	9,9	17,6	35,1
Rewe	15,3	23,6	34,9
Intermarché	13,9	28,1	33,3

Abb. 110: Umsätze der Top 5 im Lebensmitteleinzelhandel in Europa (in Mrd. Euro)
Quelle: mm.eurodata.de

Dies war möglich, weil alle Unternehmen ihre Filialnetze durch organisches Wachstum ausgebaut, osteuropäische Märkte (z.B. Polen, Tschechien, Ungarn) erschlossen, südeuropäische Stützpunkte (z.B Italien, Spanien, Portugal) ausgebaut und Umsatzsprünge durch Übernahmen (Carrefour/Promodès, Metro/Makro, Rewe/Billa) erzielt haben.

Nach einer Studie von M + M EuroTrade 2001 wird in den kommenden Jahren mit einem Oligopol weltweit operierender Handelsunternehmen gerechnet, mit Jahresumsätzen in der Größenordnung von 150 oder 200 Mrd. EUR (www.eurodata.de).

2.3.3.2.2 Efficient Consumer Response (ECR)

Die Veränderungen im Handel haben seit Mitte der 90er Jahre zu Bemühungen um eine gemeinsame Kooperation von Absatz- und Beschaffungsprozessen zwischen Industrie und Handel geführt. Ziel ist es, den Waren- und Informationsfluss zum beiderseitigen Vorteil (win-win-Situation) zu optimieren, um auf diese Weise gleichzeitig die Verbraucherwünsche bestmöglich zu befriedigen. Wichtig ist dabei der Aufbau einer lückenlosen Informations- und Versorgungskette zwischen Hersteller und Handel. Diese Verbesserung des Wertschöpfungsprozesses wird als **Efficient Consumer Response (ECR)** oder als effiziente Reaktion auf die Kundennachfrage bezeichnet.

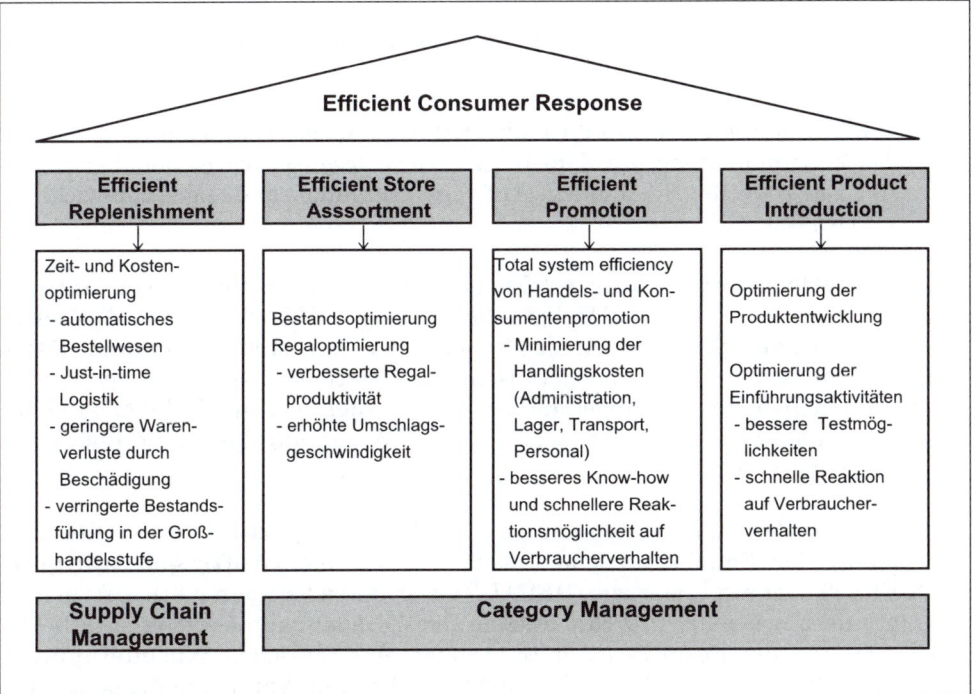

Abb. 111: Efficient Consumer Response
Quelle: Weis, 2001, S. 400; Schröder, 2000, S. 2

Hierbei lassen sich das **Supply Chain Management** bzw. das **Logistik-Management** und das **Demand Side Management**, häufiger **Category Management** genannt, unterscheiden.

Das **Supply Chain Management** bezieht den Hersteller in die Auftrags- und Lieferplanung des Handels auf der Grundlage zeitnaher Absatzdaten mit ein. Die wichtigsten **Ziele** im Supply Chain Management sind:

- die Verkürzung der Lieferzeiten der Hersteller
- die Verringerung der Lagerbestände beim Handel
- die Senkung der Logistikkosten
- die Vermeidung von leeren Lagern (Out of Stocks) im Handel

Instrumente zur Erreichung dieser Ziele sind:

- der Electronic Data Interchange (EDI)
- das Vendor Managed Inventory (VMI)
- weitere Enabling Technologies (z.B. EAN, Sinfos, Cross Docking)

Dabei werden nach einer Untersuchung der Universität Essen sowohl EDI, der elektronische Datenaustausch; VMI, das in den USA weit verbreitete Konzept des herstellergesteuerten Bestandsmanagements; Sinfos, der Stammdatenpool oder Cross Docking, der Vertrieb der vom Hersteller angelieferten Ware ohne Zwischenlager beim Handel (Just-in-time), bisher nur unzureichend genutzt. (Schröder, 2000, S. 2 ff.). Lediglich der Einsatz von **EAN** und **EAN 128** erfolgt in größerem Umfang.

Der **elektronische Datenaustausch (EDI)** zwischen Hersteller und Handel bietet im Zusammenhang mit dem Internet ein wesentliches Rationalisierungspotenzial. Dabei werden die Bereiche Auftrags-, Zahlungs- und Logistikabwicklung (vgl. G. 3) erfasst.

Bei der **Auftragsabwicklung** erfolgt ein bilateraler Austausch von **Artikelstammdaten** über den EDIFACT-Nachrichtentyp PRICAT oder ein Austausch über den nationalen Sinfos-Stammdatenpool der CCG. Im ersten Fall werden Daten mit jeweils nur einem Partner ausgetauscht. Im letzteren Fall stellen Hersteller ihre Stammdaten allen am Pool angeschlossenen Unternehmen zur Verfügung und die Poolteilnehmer wie z.B. die Handelskonzerne können auf die für sie relevanten Daten zurückgreifen.

Auf der Basis der Stammdaten kann der EDI-Partner jetzt Aufträge (ORDERS) generieren. Der Empfänger sendet nach Prüfung eine **Auftragsbestätigung** (ORDERSP) oder ein Lieferavis (DESADV). Der Besteller kann diese Information zur Optimierung eigener Prozesse nutzen. Die Warenannahme erfolgt mithilfe der EAN 128 und die Bestätigung mittels einer elektronischen **Wareneingangsmeldung** (RECADV). Nachdem der Lieferant über den Wareneingang beim Kunden informiert ist, generiert er auf der Basis der Wareneingangsmeldung eine **elektronische Rechnung** (INVOIC).

Die **elektronische Abwicklung des Zahlungsverkehrs** zwischen Industrie und Handel erfordert die Einschaltung einer Bank. Der Zahler gibt seiner Bank einen Zahlungsauftrag per PAMUL. Nach Verbuchung kann die Bank die Zahlung im EDIFACT-Format an die Bank des Zahlungsempfängers weiterleiten. Dem Zahler und dem Empfänger werden die Termine der Belastung bzw. des Eingangs der Zahlung vorher mitgeteilt. Sie können somit ihre kurzfristige Finanzplanung daran ausrichten.

Die **Vorteile des EDIFACT-Einsatzes** liegen besonders im internationalen Zahlungsverkehr in

- dem international einheitlichen Format,
- der Eignung für Inlands- und Auslandszahlungen sowie für Verrechnungen,
- der SWIFT-Fähigkeit,
- der hohen Flexibilität (Substandards),
- der automatischen Übernahme der Zahlungsdaten aus der EDIFACT-Rechnung.

Sicherheitsaspekten wie der **Verschlüsselung von Daten** und der **elektronischen Unterschrift** versuchen EDI-Systemhersteller durch das Angebot spezieller Module Rechnung zu tragen.

Die **Logistikabwicklung** kann ebenfalls vollständig EDI gestützt erfolgen. Nach der Kommissionierung beim Lieferanten, kann dem Spediteur der Speditionsauftrag (IFTMIN) mittels EDI übergeben werden. Der Spediteur kann mit dieser Information kurzfristig und genau planen. Mithilfe von IFTSTA erhält der Auftraggeber die Information an welcher Stelle sich seine Ware befindet.

Im Idealfall werden Daten nur noch einmal in Form von Artikelstammdaten erfasst. Bis auf den LKW Fahrer, der einen Lieferschein erhält, verläuft der gesamte Prozess papierlos (Gesellschaft für Kommunikationskonzepte, 1999).

Die Optimierung des Warenflusses und damit der Wertschöpfungskette (Supply Chain) sind eine wesentliche Voraussetzung für die optimale Gestaltung der ECR Instrumente.

Die **European Article Number (EAN)** ermöglicht auf internationaler Basis die Identifikation eines einzelnen Artikels. Die EAN wird vom Hersteller, Importeur oder Vertreiber auf der Basis der ihm (von der nationalen EAN Gesellschaft, in Deutschland der CCG) zugeteilten Internationalen Locations Nummer ILN vergeben. Alle Produktvarianten, Verpackungseinheiten eines Artikels und Handelseinheiten eines Artikels erhalten eine eigene EAN.

EAN 128 ist ein alphanumerischer Barcode mit einem Datensatz von 105 Zeichen, der ein Transportgebinde mithilfe der Nummer der Versandeinheit (NVE) eindeutig auf der ganzen Welt identifiziert. Dieser Code gewinnt zunehmend an Bedeutung durch die darin enthaltenen wichtigen Logistik-Informationen wie z.B. die zeitgemäße Codierung der Handelseinheiten mit variablen und festem Gewicht, die Darstellung von Zusatzinformationen wie z.B. Mindesthaltbarkeit, Chargennummer,

Produktionsdaten sowie die Gestaltung und Codierung eines strichcodierten Transportetiketts (www.ecr-schneider.de).

Bei dem **Category Management** des Efficient Consumer Response (ECR) geht es um

- die Entwicklung von Techniken und Technologien zur Standardisierung von Abläufen sowie zur Effizienzsteigerung,
- die Veränderungen der Organisationsform,
- die Optimierung der Sortimentsgestaltung und -führung.

Alle Maßnahmen dienen dem Ziel, einen erhöhten Nutzen für den Endverbraucher zu schaffen (Wolters, 2000, S. 19).

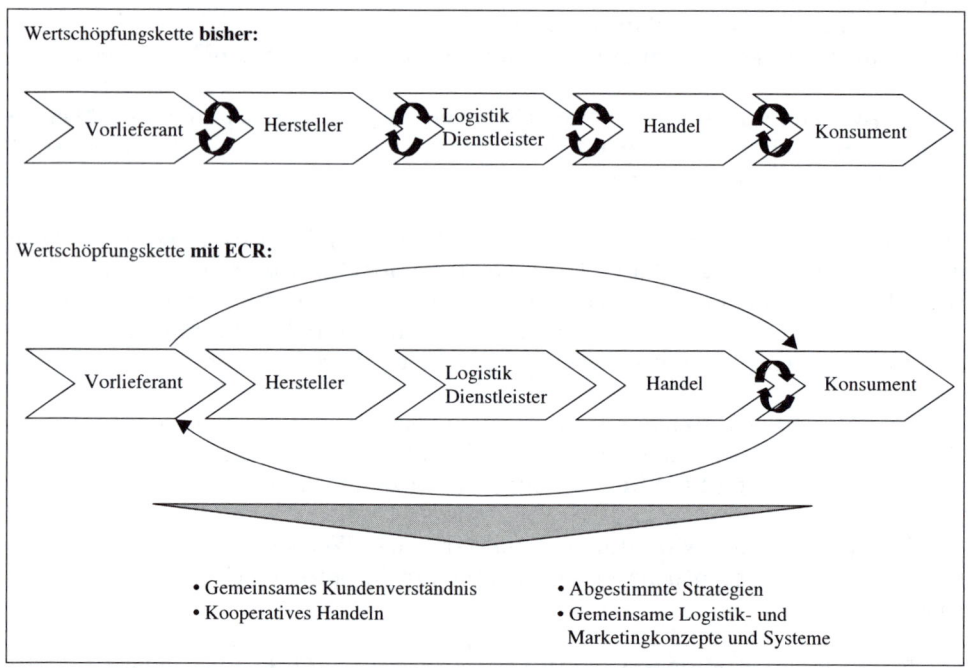

Abb. 112: Category Management als zentraler Bestandteil von Efficient Consumer Response (ECR) Konzepten
Quelle: Wolters, 2000, S. 19

Erst die Information darüber welche Bedürfnisse, welches Kunden, mit welchen Waren (Artikeln) befriedigt werden können – also die Verknüpfung von Waren- und Kundeninformationen –, erlaubt die gezielte Steuerung, Positionierung und Profilierung des Sortiments.

Grundlage sind **kundenorientierte Kennzahlen** wie (Schröder, Status quo, 2000, S. 17):

- Kundenzufriedenheit und Stammkundenanteil
- ABC-Analysen nach Umsatz, Käuferreichweiten und Bedarfsdeckungsquoten, die Kunden- und Warendaten kombinieren
- die Verknüpfung von Kunden- und Ertragsinformationen in ABC-Analysen nach Spannen und im Customer Lifetime Value, um zu prüfen, ob die richtigen Kunden gebunden werden

Auf der Basis dieser Kennzahlen erfolgt:

- die Bestands- und Regaloptimierung (Efficient Store Assortment)
- die Minimierung der Handlingkosten (Efficient Promotion)
- die Optimierung von Produktentwicklung und -einführung

Das Category Management fordert somit, dass Hersteller ihre Produkte nicht nur als **Problemlösung für den Verbraucher** entwickeln, sondern ihr Angebot so gestalten, dass gleichzeitig auch eine **Problemlösung für den Handel** entsteht.

Hersteller und Handel stehen damit vor folgenden Herausforderungen:

	Händler	**Hersteller**
Supply Chain Management	Breite Einführung erfolgreich pilotierter Supply Chain Konzepte	Problemlösungsorientierter Dialog mit Händlern
	Intensivierung des Datenaustausches	Anpassung eigener Systeme an Händleranforderungen
	Einführung adäquater (Prozess-) Kostenrechnungssysteme	Verbesserung auch bei internen Systemen, z.B. Lagerwirtschaft, Produktionssteuerung
		Einführung adäquater (Prozess-) Kostenrechnungssysteme
Category Management	Stärkere Orientierung an Kundenbedürfnissen	Nutzung des Category Management für die Markenführung
	Einnahme einer warengruppenübergreifenden Perspektive bei - Definition von Categories - Zuordnung von Category-rollen	Entwicklung von vertriebslinienorientierten Absatzkonzeptionen
	Schaffung einer auf diese Anforderungen ausgerichteten Informations- und Managementstruktur	Überprüfung des eigenen Leistungsprogramms hinsichtlich des Nutzens für Handel und Konsumenten
	Förderung des Informationsaustausches mit Herstellern	Förderung des Informationsaustausches mit Händlern

Abb. 113: ECR Herausforderungen aus der Sicht der Praxis
Quelle: Schröder, 2000, S. 5

2.4 E-Commerce

2.4.1 Geschäftsmodelle des E-Commerce

Der Begriff „Electronic Commerce (E-Commerce)" wird nicht einheitlich verwendet. Synonym verwandte Begriffe sind u.a. „Electronic Business", virtueller Handel, „Internet Commerce" oder „Web-Commerce". Teilweise werden die Begriffe auch unterschiedlich abgegrenzt. So wird z.B. der „Electronic Commerce" oft als Teil des „Electronic Business" verstanden.

Nach den an **Transaktionsprozessen beteiligten Marktpartnern** lassen sich folgende Teilbereiche des E-Commerce unterscheiden:

		Nachfrager der Leistung		
		Consumer	Business	Administration
Anbieter der Leistung	Consumer	**Consumer-to-Consumer** z.B. Internet-Kleinanzeigenmarkt	**Consumer-to-Business** z.B. Jobbörsen mit Anzeigen von Arbeits-suchenden	**Consumer-to-Administration**
	Business	**Business-to-Consumer** z.B. Bestellung eines Kunden in einer Internet Shopping-Mall	**Business-to-Business** z.B. Bestellung eines Unternehmens bei einem Zulieferer per EDI	**Business-to-Administration** z.B. Steuerabwicklung von Unternehmen (Umsatzsteuer, Körperschaftssteuer usw.)
	Adminis-tration	**Administration-to-Consumer** z.B. Abwicklung von Unterstützungsleistungen (Sozialhilfe, Arbeitslosenhilfe)	**Administration-to-Business** z.B. Beschaffungsmaßnahmen öffentlicher Institutionen im Internet	**Administration-to-Administration** z.B. Transaktionen zwischen öffentlichen Institutionen im In- und Ausland

Abb. 114: Teilbereiche des E-Commerce
Quelle: Diller, 2001, S. 346

Die größte Bedeutung kommt heute im E-Commerce den Teilbereichen Business-to-Business (B2B) und Business-to-Consumer (B2C) zu. Hier erfolgt der Verkauf von Waren und Dienstleistungen **weltweit** über das Internet mit der **elektronischen Unterstützung der Geschäftsprozesse** (z.B. Anbahnung, Abwicklung, Liefer-anzeige, After Sales Service, Werbung, Kundenbindungsaktionen, Reklamations-bearbeitung, Zahlungsabwicklung) zwischen Personen und/oder Unternehmen.

Von **E-Commerce im engeren Sinne** kann man nur dann sprechen, wenn zu der elektronischen Unterstützung der Geschäftsprozesses auch die **„Lieferung" über das Internet** gehört. Von **E-Commerce im weiteren Sinne** spricht man auch dann, wenn **nur Teile der Geschäftsprozesse** über das Internet erfolgen.

Die Möglichkeit der „Lieferung" über das Internet in **Form von Downloads** hat zu völlig neuen Geschäftsmodellen geführt. So sind Anbieter entstanden, die Informationen bzw. Inhalte (Content) zur Verfügung stellen, die die Nutzung von Informationen des Internets erleichtern (Context) und die einen Informations-austausch ermöglichen (Connection).

	Content	Commerce	Context	Connection
Definition	Sammlung, Selektion, Systematisierung, Kompilierung und Bereitstellung von Inhalten	Anbahnung, Aushand-lung und/oder Abwicklung von Geschäftsaktionen	Klassifikation und Systematisierung von im Internet verfüg-baren Informationen	Herstellung der Möglichkeit eines Informationsaus-tausches in Netzwerken
Ziel	Online-Bereitstellung von konsumenten-zentrierten, personali-sierten Inhalten	Ergänzung bzw. Substitution traditio-neller Transaktions-prozesse durch das Internet	Komplexitätsreduktion Navigation	Schaffung von tech-nologischen, kommer-ziellen oder rein kommunikativen Konnektionen in Netzen
Erlösmodell	Indirekte Erlösmodelle	Transaktionsabhän-gige und direkte und indirekte Erlös-modelle	Indirekte Erlösmodelle	Direkte und indirekte Erlösmodelle
Beispiele	Financial Times Deutschland Spiegel Online MP3.com	Amazon Dell eBay	Yahoo Lycos MySimon	AOL Outpost.com GMX

Abb. 115: Geschäftsmodelltypen und ihre Charakteristika
Quelle: Wirtz, Kleineicken, 2000, S. 629

Der Schwerpunkt liegt dabei jedoch bei der Unternehmenspräsentation, dem Herstellen von Kontakten, der Informationsbeschaffung zur Wettbewerbs-beobachtung und der Bestelltätigkeit per E-Mail, also bei Produkten oder Leistungen, die **nicht im Download** zu beziehen sind.

Im Wesentlichen ergänzt und ersetzt der E-Commerce somit

- kontrahierungspolitische Instrumente (Preisangebot, Preisverhandlung, Zah-lungsabwicklung),
- kommunikationspolitische Instrumente (Werbung, Verkaufsförderung, persön-licher Verkauf, Kundenbindung, Customer Relationship Management (CRM)),
- distributionspolitische Instrumente (insbesondere Efficient Consumer Response (ECR)),
- produktpolitische Instrumente (Service, Reklamationsbearbeitung, Beratung).

Der Einsatz von E-Commerce erlaubt es, dass Prozesse und Teilfunktionen im Absatzkanal (z.B Groß- und Einzelhandel) entfallen können. Ein Wechsel vom indirekten zum direkten Vertrieb wird erleichtert und Vertriebskosten können so gespart werden.

2.4.2 E-Commerce im B2C Bereich

Im **B2C Bereich** – also im Wesentlichen beim Online Shopping - sind die **Vorteile** des **E-Commerce** aus der **Sicht der Anbieter** (Bruns, 1998, S. 271 ff.):

- zusätzliche Umsätze
- Fortfall der Kosten für „physische" Einkaufsmärkte (Personalkosten, Mieten, Abschreibungen usw.)
- Kostensenkung durch Vereinfachung der Bestellvorgänge und Abwicklungs-verfahren
- Standortunabhängigkeit
- schnelle, fehlerfreie Datenerfassung
- ständige Erfolgskontrolle (Zahl der Besuche, Zahl der betrachteten und gekauften Waren)
- elektronisch optimierte Warenpräsentation und Sortimentsanpassung
- problemlose und kostengünstige Tests neuer Produkte, des Käuferverhaltens, der virtuellen Ladengestaltung und der Regalplatzierung
- Ausweitung der geographischen Präsenz des Warenangebots, das weltweit präsentiert wird
- direkte Kommunikation mit dem Kunden durch E-Mail Anbindung

Nachteile des **E-Commerce** aus der **Sicht der Anbieter** sind im **B2C Bereich**:

- Investitionen für die Gestaltung des Online Auftritts (Erbauung des Ladens, Bereithalten der eingebrachten Produkte auf einem Webserver für die Kundschaft)
- laufende Kosten der Aktualisierung von Sortiment, Warenpräsentation usw.
- Kosten der Abwicklung der Bestellung (Warenwirtschaft, Rechnungswesen)
- Organisation der Logistik von Warenlagerzentren, des Versandes, der Zustellung, der Sicherstellung des Empfanges und eventueller Rücknahme
- Organisation der Zahlungsabwicklung

Vorteile des **E-Commerce** aus der **Sicht des Verbrauchers** sind:

- bequemer Einkauf ohne Kassenschlangen
- keine zeitliche Begrenzung (24 Stunden mal 7 Tage Einkaufsmöglichkeit)
- Waren sind (oft) preisgünstiger als im Geschäft
- weltweite Warenauswahl
- Warenvergleich innerhalb kurzer Zeit ohne Standortwechsel und ohne Währungsumrechnung im Eurogebiet möglich
- ausführliche Informationen und zeitlich unbegrenzte Beschäftigung mit einem Produkt durch Zugriff auf eine Produktdatenbank

Nachteile des **E-Commerce** aus der **Sicht des Verbrauchers** sind:

- keine Kaufmöglichkeit bei fehlendem Internetzugang oder fehlende Kenntnis in der Handhabung des Internets
- Kosten der Warensuche (Zeit, Telefonkosten des Internetzugangs)

- eine detaillierte Betrachtung der Ware ist (aufgrund der Bildschirmauflösung) nur begrenzt möglich
- die Ware kann nicht angefasst, angefühlt, ausprobiert oder anprobiert werden
- es ist nur eine begrenzte Beratung möglich
- komplizierte Zahlungsabwicklung
- fehlendes Einkaufserlebnis (Atmosphäre, visuelle Gesamteindrücke, Kontakt zu anderen Personen, Bummeln, Café aufsuchen)

Diese Einwände führen dazu, dass **vor allem folgende Produkte gekauft werden**:

- Produkte, die man kennt, d.h. Produkte, die man bereits in Geschäften gekauft hat
- Produkte, die keine Qualitätsunterschiede aufweisen (z.B. Bücher)
- Produkte, die kein Versenden erforderlich machen (z.B. Download von Software aus dem Netz)
- Produkte, die keine Beratung erforderlich machen
- Produkte, deren Kauf große Preisvorteile versprechen

Ständig an Bedeutung gewinnt der E-Commerce auch im Dienstleistungsbereich, so z.B. beim Buchen von Reisen, bei der Bestellung von Theaterkarten, beim Vergleichen und beim Abschluss von Versicherungen oder beim Homebanking.

Ein Studie der Deutschen Bundespost zeigt die Wichtigkeit der Argumente für oder gegen das Online-Shopping.

Warum Internet-Nutzer Online kaufen:			Warum Internet-Nutzer nicht Online einkaufen:
meistgenannte Argumente	in %	in %	meistgenannte Argumente
Unkomplizierte Bestellmöglichkeit	91	73	Unsicherheit beim Zahlungsverkehr
Unabhängig von Öffnungszeiten	90	70	Unsicherheit beim Datenschutz
Einkaufsmöglichkeit von zu Hause aus	89	51	Mangelndes Vertrauen in Anbieter
Ortsunabhängiges Einkaufen	84	48	Keine Preisvorteile
Schnelle Lieferung	67	45	Unzureichende Produkt- und Serviceinfo
Unkomplizierte Zahlungsabwicklung	67	44	Probleme beim Bestellverfahren

Abb. 116: Online-Shopping: pro und contra
Quelle: Bundespost, RP 2000

2.4.3 E-Commerce im B2B Bereich

Im B2B Bereich können die beteiligten Partner internationale Wettbewerbsvorteile u.a. wie folgt erlangen:

- durch effektivere Gestaltung der kaufmännischen Abwicklungs- und Produktionsprozesse durch Anbindung an das Warenwirtschaftssystem
- durch Abfrage der Produktverfügbarkeit durch den Kunden

- durch Terminüberprüfung durch Verfolgung des Produktionsprozesses und der Warenposition nach Versand (order tracking)
- durch Kostensenkungen im Vertrieb durch Verringerung der Prozessschritte im Vertrieb
- durch Kostensenkung im Einkauf durch E-Procurement (Verbreiterung der Information über Lieferanten, Einkauf durch virtuelle Marktplätze) (vgl. F. 4.3)
- durch schnellere Marktdurchdringung, einfachere Neukundengewinnung, durch Verbesserung der Kundenzufriedenheit und der Kundenbindung auf der Grundlage qualitativ besserer Informationen

Im B2B Bereich lassen sich außerdem in Unternehmen, deren Funktionen weltweit an den günstigsten Standorten angesiedelt sind (vgl. A.3.2), die internen Prozesse (Material- und Informationsflüsse) durch den Einsatz von Produktions- und Logistiknetzwerken optimal steuern (Baumgarten, 1999, S.1).

2.4.4 Kundenbindung durch Virtual Communities

Sowohl im B2C als auch im B2B Bereich bietet das Internet die Chance die **Kundenzufriedenheit** und damit **Kundenbindung** zu verbessern.

Die Fülle von Informationen, die über einen Kunden gewonnen, strukturiert und in einer Datenbank (Data Warehouse) gespeichert werden können, erlauben es, diesen Kunden zu analysieren, nach bestimmten Kriterien zu selektieren und damit individuell zu behandeln und zu binden. Dies geschieht zunehmend durch eine individuelle Ansprache, durch das Angebot individueller Produkte (mass customization) und durch das Customer Relationship Management (CRM) oder – da üblicherweise elektronische Medien verwandt werden – das eCRM.

Das eCMR will dauerhafte und gewinnbringende Kundenbeziehungen aufbauen. Dabei gewinnen die Virtual Communities (Online- Gemeinschaften) zunehmend an Bedeutung. Dies sind Gruppen von Kunden, die aufgrund ähnlicher Bedürfnisse und Interessen und einem daraus erwachsenden Gemeinschaftsgefühl in elektronischer Form zusammenkommen. Dem thematischen Schwerpunkt der Community entsprechend tauschen sie Informationen untereinander, mit den Organisatoren oder Sponsoren der Community aus, rufen Informationen von Inhalteanbietern ab und führen Transaktionen durch.

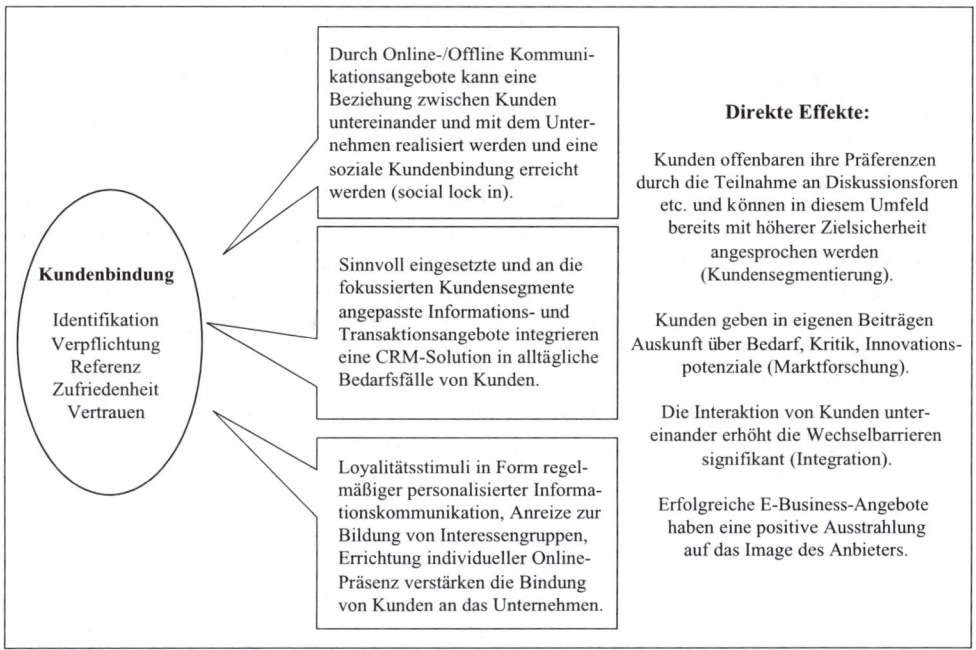

Durch Online-/Offline Kommunikationsangebote kann eine Beziehung zwischen Kunden untereinander und mit dem Unternehmen realisiert werden und eine soziale Kundenbindung erreicht werden (social lock in).

Direkte Effekte:

Kunden offenbaren ihre Präferenzen durch die Teilnahme an Diskussionsforen etc. und können in diesem Umfeld bereits mit höherer Zielsicherheit angesprochen werden (Kundensegmentierung).

Kundenbindung

Identifikation
Verpflichtung
Referenz
Zufriedenheit
Vertrauen

Sinnvoll eingesetzte und an die fokussierten Kundensegmente angepasste Informations- und Transaktionsangebote integrieren eine CRM-Solution in alltägliche Bedarfsfälle von Kunden.

Kunden geben in eigenen Beiträgen Auskunft über Bedarf, Kritik, Innovationspotenziale (Marktforschung).

Die Interaktion von Kunden untereinander erhöht die Wechselbarrieren signifikant (Integration).

Loyalitätsstimuli in Form regelmäßiger personalisierter Informationskommunikation, Anreize zur Bildung von Interessengruppen, Errichtung individueller Online-Präsenz verstärken die Bindung von Kunden an das Unternehmen.

Erfolgreiche E-Business-Angebote haben eine positive Ausstrahlung auf das Image des Anbieters.

Abb. 117: Bedeutung von Virtual Communities im Rahmen von Kundenbindungsstrategien
Quelle: Heil, 1999, S. 21

2.4.5 Probleme des internationalen E-Commerce

Der **internationale E-Commerce kann u.a. folgende Probleme** mit sich bringen:

- Sprachenvielfalt
- Konflikte im traditionellen Vertriebskanal
- Unterschiede in den Rechtsvorschriften
- Zertifizierung
- steuerliche Fragen
- Sicherheit im Zahlungsverkehr (Verschlüsselung, Kryptographie)

Es ist unabdingbar, dass beim E-Commerce ein Kunde Kontakt zu einem Unternehmen in der **Sprache des Landes, in dem das Unternehmen seinen Sitz hat und in Englisch** aufnehmen kann. Eine Internationalität ist aber erst gewährleistet, wenn zumindest auch ein Kontakt in französischer und spanischer Sprache möglich ist. Das stellt oft kleinere und mittlere Unternehmen (KMU) vor die Notwendigkeit zusätzlich sprachkundiges Personal einzustellen.

Der E-Commerce ermöglicht es, den **Handel als Absatzmittler auszuschalten**, oder die Ware zusätzlich zum Handel als Absatzmittler direkt anzubieten. Dies führt durch den Fortfall der Handelspanne zu höheren Gewinnen beim Anbieter und zu Preisvorteilen für den Verbraucher. Diese **Disintermediation**, beschreibt den

Vorgang der Ausschaltung traditioneller Absatzmittler, der zu einer Verkürzung herkömmlicher Absatzkanäle führt. Die Einsparung der Transaktionskosten zweier Handelsstufen kann sich dabei bis auf 45 % belaufen (Fritz, 2000, S. 137). Dabei ist allerdings zu berücksichtigen, dass dem Anbieter durch Übernahme der Handelsfunktion neue Transaktionskosten entstehen.

Dennoch bietet nur ein Teil der Unternehmen bei Direktbestellungen niedrigere Preise an, als sie der stationäre Handel anbietet. Dies geschieht vor allem, um **Konflikte mit den Vertriebspartnern** zu vermeiden. Händler werden drohen, die Produkte des Anbieters aus dem Sortiment bzw. aus der Leistungspalette zu nehmen, falls dieser die gleichen Produkte preisgünstiger anbietet.

Sofern Anbieter nicht auf den Handel verzichten wollen, werden sie deshalb Preisvorteile nur dort einräumen, wo Produkte unvergleichbar sind. Reiseveranstalter z.B. bieten deshalb Katalogreisen zu gleichen Preisen an wie ein Reisebüro. Bei Last-Minute-Reisen kann man dagegen vermuten, dass sie preisgünstiger über das Internet zu buchen sind.

Beim länderüberschreitenden E-Commerce ist bei **Rechtsstreitigkeiten** der Gerichtsstand im Land des Käufers und es kommt das landesspezifische Recht zur Anwendung. Da der Anbieter nicht immer die einzelnen Landesgesetze kennen kann, bietet sich die Möglichkeit mit weltweit tätigen Anwaltskanzleien zu kooperieren (was wiederum für KMU kaum durchführbar ist). Auch wenn es nicht zu Rechtsstreitigkeiten kommt, sollte geprüft werden, ob z.B. die Formvorschriften und Verjährungsfristen hinsichtlich der Gewährleistungsansprüche des jeweiligen Landes eingehalten werden.

Nach deutschem Recht können jedoch einige Regelungen vorab in den Allgemeinen Geschäftsbedingungen (AGB) getroffen werden und so Konflikte vermieden werden. Zur Gültigkeit muss der Kunde diese jedoch zur Kenntnis erhalten. Sie sollten deshalb vor Vertragsabschluss auf der Homepage des Anbieters angezeigt bzw. generell hinterlegt werden.

Ziel einer **Zertifizierung** ist es, den potenziellen Kunden Seriosität und Sicherheit zu vermitteln. So gibt es im B2C Bereich z.B. die Zertifizierungsmöglichkeit u.a. zum Trusted Shop (www.trustedshops.de), Online Shop (www.shopinfo.net), Web-Trust (www.ey.com) und IDW EPS 890 (www.idw.de). Beim letzteren wird das Zertifikat vom Institut der Deutschen Wirtschaftsprüfer (IDW) vergeben. Hierzu werden überprüft:

- Geschäftspraktiken und Verfahren zur Wahrung der Vertraulichkeit z.B. von Kundeninformationen
- Geschäftspraktiken im Hinblick auf Bestellvorgänge, Rücklieferungen oder Gewährleistungen
- das Kontrollsystem zur Überprüfung der Geschäftsabwicklung, des Datenschutzes und Datensicherheit
- die Konditionen der Fakturierung, die Zahlungsabwicklung, die Allgemeinen Geschäftsbedingungen, die Kennzeichnung und die zeitgerechte Durchführung der Transaktionen

Das internationale Online Geschäft kann **umsatzsteuerliche, ertragsteuerliche und körperschaftsteuerliche Konsequenzen** haben, die bisher in vielen Fällen noch nicht voll abgeschätzt werden können (Bernütz, 1999, S. 14 ff).

Produkte, die online bestellt werden und traditionell (offline) geliefert werden, werden **umsatzsteuerlich** wie konventionell gekaufte Produkte behandelt. Bei Lieferung über das Internet an deutsche Kunden (z.B. elektronische Zeitung) fallen aber 16 % MWSt. statt 7 % MWSt. an. Elektronisch erbrachte Texte werden derzeit noch nicht durch § 12 Abs.2 Nr.1 i.V. mit Anlage 49 UStG erfasst. Der Grund für die Umsatzbesteuerung von Texten in Höhe von 16 % liegt darin, dass sie als „Gegenstände" qualifiziert werden und sich der ermäßigte Umsatzsteuersatz ausschließlich auf Druckwerke anwenden lässt.

Erfolgt eine Lieferung ins Ausland so müssen folgende Punkte geprüft werden, die zu einer unterschiedlichen umsatzsteuerlichen Behandlung führen können:

- Befindet sich der Kunde in einem EU Staat oder Nicht-EU-Staat ?
- Handelt es sich um einen Privat- oder Geschäftskunden ?
- Wie kann das deutsche leistende Unternehmen – im Falle dass der ausländische Kunde die MWSt. trägt – dies dem Fiskus nachweisen, wenn es nicht die Identität des Kunden kennt ?

Qualifiziert das Ausland die deutsche Leistung steuerlich anders, so kann es zu Doppelbesteuerungen oder Nichtbesteuerungen kommen.

Bietet ein Unternehmen Leistungen im Internet ausschließlich aus Deutschland an, so unterliegen die Einkünfte in vollem Umfang der **deutschen Gewerbeertrags- und Körperschaftssteuer**. Es kann ferner sein, dass die online erbrachte Leistung (z.B. das Recht auf Download von Software oder Musik) beim Auslandskunden eine Quellensteuer auslöst. Das deutsche Unternehmen erhält dann nur den um die Steuer gekürzten Rechnungsbetrag. Die Frage ist dann besonders schwierig zu beantworten, wenn von vornherein nicht bestimmbar ist, in welchem Land der Kunde seinen Sitz hat.

Erfolgt die E-Business-Transaktion statt von Deutschland – aus Gründen der Kundennähe oder aufgrund technischer Vorteile – von einer **Auslandsnieder-lassung**, so ist zu prüfen ob es sich dabei steuerlich um eine „Zweigniederlassung" oder eine „Betriebsstätte" handelt. Eine **Betriebsstätte** unterliegt der Besteuerung des jeweiligen Landes. Da das Unternehmen aber mit seinen gesamten Einkünften der deutschen Steuer unterliegt, kann es zu Doppelbeteuerungen bei der **Körper-schaftssteuer** kommen. Auf der anderen Seite fällt aber keine **Gewerbeertrags-steuer** an, die nur auf inländische Betriebsstätten erhoben wird.

Wird die Leistung von einer ausländischen **Tochtergesellschaft**, als Kapital-gesellschaft mit eigener Rechtspersönlichkeit erbracht, so unterliegt die Gesellschaft mit allen Einkünften den Steuergesetzen des jeweiligen Landes. Problematischer wird die steuerliche Behandlung, wenn das Produkt, das im Ausland vertrieben wird, von der deutschen Muttergesellschaft produziert wurde und der Tochtergesellschaft zum Vertrieb zur Verfügung gestellt wurde. Hier stellt sich die Frage der internen Verrechnungspreise (vgl. F 2.2.3.2.1).

Zahlungen im Internet können über **Transfer der Kreditkartennummer** oder mittels Electronic Cash (E-Cash) erfolgen. Zahlreiche Verfahren zur Verschlüsselung der Daten sollen einen unbefugten Zugriff verhindern. Die **digitale Signatur** soll es ermöglichen Daten eindeutig einem Urheber zuzuordnen. Die Zahlung mittels **Electronic Cash** soll die Bezahlung kleinerer Beträge mit virtuellem Bargeld ermöglichen.

Die Systeme leiden bis heute darunter, dass **sie oft sehr kompliziert sind und dass sich vor allem kein internationaler Standard durchgesetzt** hat, sodass mehrere Systeme nebeneinander bestehen.

3. Marketing-Logistik

Die Marketinglogistik (physische Distribution, physical distribution) befasst sich mit der Gestaltung, Steuerung, Überwachung und Optimierung aller Transport- und Lagervorgänge, denen ein Produkt vom Hersteller zum Verbraucher unterliegt.

Ehrmann unterscheidet marketinglogistische Aufgaben auf der **strategischen Ebene** und auf der **operativen Ebene** (Ehrmann, 1997, S. 428).

Zu den logistischen Funktionen auf der **strategischen Ebene** gehören:

- Bestimmung der Distributionskanäle
- Entscheidung für Vertreter oder Reisende
- Bestimmung der Lagerstandorte
- Entscheidung Eigentransport/Fremdtransport
- Make-or-buy Überlegungen
- Mindestauftragsgrößen

Der **operativen Ebene** zuzurechnen sind:

- Auftragsabwicklung
- Warentransport einschl. Tourenplanung
- Ersatzteillogistik

Ziel der Logistik ist es, das Funktionieren der Versorgungskette sicherzustellen, d.h. die technischen Voraussetzungen zu schaffen, damit ein Produkt dem Kunden

- zum gewünschten Zeitpunkt,
- in richtiger Menge,
- in gewünschter Qualität,
- am vom Kunden festgelegten Ort,
- zu niedrigsten Distributionskosten

zur Verfügung gestellt werden kann. (Ehrmann, 1997, S. 425 f.). Bei dieser klassischen Auffassung von Logistik steht das „Verbringen" der Ware vom Produzenten zum Kunden im Mittelpunkt. Heute geht es vor allem um **Organisation und Management der gesamten Logistikkette, d.h. um effiziente Steuerung der Logistikprozesse**.

Dabei wird oft nicht direkt betrieblich notwendiges Kapital (z.B. Lagerhäuser, Fuhrpark) aus dem Unternehmen ausgegliedert und die Logistik externen Unternehmen übertragen (Outsourcing). Der Logistikbereich wird deshalb heute in die Segmente

- Spedition (Forwarding),
- Express Logistik,
- Supply Chain Management (vgl. G 2.3.3.2.2)

untergliedert.

Dabei verliert die isolierte Betrachtungsweise der einzelnen Logistikbereiche gegenüber integrierten, ganzheitlichen Modellen an Bedeutung. Kunden wollen zunehmend eine Verknüpfung der Logistikkompetenzen in den Bereichen **Kontraktlogistik** (3 Pl Party logistics) und **Supply Chain Management** (4 Pl).

Der Arbeitskreis Electronic Logistics zeigt an welchen Stellen des Logistikprozesses das Electronic Business Einfluss nehmen kann.

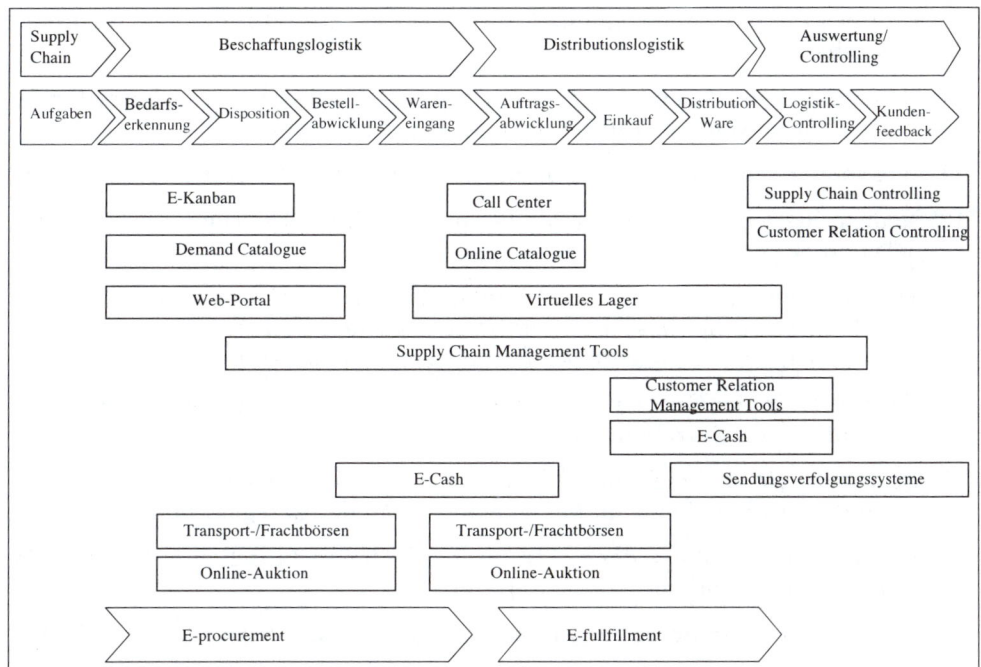

Abb. 118: Electronic Business in verschiedenen Phasen des Logistikprozesses
Quelle: Arbeitskreis Electronic Logistics, Prof. Wildemann, Lehman Brothers 2002

Kontrollfragen

(1) Welche Aufgaben gehören zur akquisitorischen Distribution und welche zur physischen Distribution?

(2) Erläutern Sie vier Funktionen der Absatzwege.

(3) Bei den unternehmensinternen Absatzorganen sind betriebsinterne und betriebsexterne Absatzorgane zu unterscheiden. Charakterisieren Sie den Unterschied und nennen Sie je ein Beispiel.

(4) Erläutern Sie drei Kriterien, die für die Wahl zwischen Vertreter und Reisendem eine Rolle spielen.

(5) Geben Sie ein Beispiel für einen Vertriebsweg, der aus Herstellersicht einen direkten, aber aus Verbrauchersicht einen indirekten Vertrieb darstellt.

(6) Erläutern Sie anhand von fünf Kriterien welche Einflussfaktoren, die Entscheidung eines Anbieters bei der Wahl des Vertriebsweges beeinflussen.

(7) Inwiefern unterscheidet sich ein Vertragshändler von einem „normalen" Handelsunternehmen wie z.B. von Kaufhäusern?

(8) Nennen Sie fünf Gründe für den Bedeutungszuwachs des Telefonverkaufs in den letzten Jahren.

(9) Erörtern Sie je vier Vorteile und vier Nachteile des internationalen Direktvertriebes.

(10) Nennen Sie vier Gründe warum der indirekte Vertrieb die vorherrschende Vertriebsform von Verbrauchs- und Gebrauchsgütern ist.

(11) Was versteht man unter der Qualitäts- und der Quantitätsfunktion des Handels?

(12) Nennen Sie je drei Einteilungskriterien für die Betriebsformen des Großhandels und des Einzelhandels.

(13) Was versteht man unter einem Warenhaus und was unter einem SB Warenhaus? Grenzen Sie diese Betriebsformen mit den Kriterien Sortiment, Betriebsgröße, Bedienungsform und Standort voneinander ab.

(14) Erläutern Sie vier Gründe für die zunehmenden Konzentrationstendenzen im internationalen Einzelhandel.

(15) Erläutern Sie die Ziele des Efficient Consumer Response (ECR) und die Aufgaben des Supply Chain Managements und des Category Managements.

(16) Erklären Sie den Ablauf des elektronischen Datenaustausches (EDI) zwischen Hersteller und Handel.

(17) Was versteht man unter der Europäischen Artikelnorm EAN und EAN 128?

(18) Nennen Sie drei kundenorientierte Kennzahlen, die für eine gezielte Steuerung des Sortiments im Rahmen des Category Managements benötigt werden.

(19) Geben Sie zwei Beispiele für Herausforderungen, die auf Hersteller und Handel zukommen, wenn sie ein wirksames ECR einführen wollen.

(20) Wann kann man von E-Commerce im engeren Sinne sprechen?

(21) Geben Sie zwei Beispiele für neue Geschäftsmodelle, die durch das Internet entstanden sind.

(22) Nennen Sie vier Vorteile und vier Nachteile (Probleme), die der E-Commerce im B2C Bereich für anbietende Unternehmen bringt.

(23) Nennen Sie vier Vorteile und vier Nachteile (Probleme), die der E-Commerce im B2C dem privaten Verbraucher bringt.

(24) Geben Sie fünf Beispiele dafür, wie durch E-Commerce im B2B Bereich internationale Wettbewerbsvorteile erlangt werden können.

(25) Begründen Sie die Behauptung, dass Virtual Communities zur Kundenbindung beitragen können.

(26) Der internationale E-Commerce kann zusätzlich zu den nationalen Problemen weitere Probleme mit sich bringen. Nennen Sie vier solcher Problembereiche.

(27) Was versteht man unter Disintermediation?

(28) Wozu dient eine Zertifizierung von Internet Anbietern?

(29) Welche steuerlichen Aspekte sind beim E-Commerce zu berücksichtigen?

(30) Zu welcher Schwerpunktverlagerung hat der E-Commerce in der Logistik geführt?

Lösungshinweise

Literatur

Altschul, Kurt, Ubiquität über Factory Outlets, Freilichtshopping mit Global Brands, in: Absatzwirtschaft, Sondernummer, Oktober 1997, S. 114 ff.

Backhaus, Klaus, Investitionsgütermarketing, Verlag Vahlen, 3. Aufl. München 1992, S. 264 f.

Baumgarten, Helmut/Darkow, Lena, Gestaltung und Optimierung von Logistiknetzwerken, in: Jahrbuch der Logistik 1999, S. 1

Berekhoven, Ludwig, Erfolgreiches Einzelhandelsmarketing, C.H. Beck'sche Verlagsbuchhandlung, München 1990, S. 2 ff.

Bernütz, Stefan, Internet als steuerrechtsfreier Raum?, Grundzüge der Besteuerung von E-Business –Transaktionen aus Sicht deutscher Unternehmen, Leitfaden E-Business, Heft 14, Price Waterhouse Coopers, Frankfurt 1999, S. 14 ff.

Bieberstein, Ingo, Dienstleistungsmarketing, Friedrich Kiehl Verlag, 3.Aufl. 2001, S. 274, 370 ff.

Bruns, Jürgen, Direktmarketing, Friedrich Kiehl Verlag 1998, S. 271 ff.

Diller, Hermann (Hrsg.), Vahlens Großes Marketing Lexikon, Verlag C.H. Beck und Verlag Vahlen, 2. Aufl., München 2001, S. 346

Ehrmann, Harald, Logistik, Kiehl Verlag, Ludwigshafen 1997, S. 425, 428

Fritz, Wolfgang, Internet-Marketing und Electronic Commerce, Gabler Verlag, Wiesbaden 2000, S. 137

Heil, Berthold, Wettbewerb auf elektronischen Märkten, PricewaterhouseCoopers Int., Frankfurt 1999, S. 21

Hermann, Andreas, Absatzwirtschaft, Skript 2001, http://service.wiwi.uni-Mainz.de

Hünerberg, Reinhard, Internationales Marketing, Verlag Moderne Industrie, Landsberg 1994, S. 114

ICSC, International Council of Shopping Centers (Hrsg): Shopping Center Definitions, o.J., www.icsc.org

Kotler, Philip/Bliemel, Friedhelm, Marketing Management: Analyse, Planung, Umsetzung und Steuerung, 9. Aufl., Verlag Schäffer-Poeschel, Stuttgart 1999, S. 818

Meffert, Heribert, Marketing, Grundlagen marktorientierter Unternehmensführung, 9. Aufl. Verlag Gabler, Wiesbaden 2000, S. 623

Schneider, Anton, ECR-Glossar, zusammengestellt von der ECR-Process-Coaching GmbH, 1999, www.ecr-schneider.de

Schoppe, Siegfried, Kompendium der internationalen Betriebswirtschaftslehre, 4. Aufl., Oldenbourg Verlag, München, Wien 1998, S. 533

Schröder, Hendrik, Die Beziehungen zwischen Handel und Industrie auf dem Prüfstand, Arbeitspapiere des Lehrstuhls für Marketing und Handel an der Universität Essen, Nr. 6, 2000, S. 2 ff.

Schröder, Hendrik u.a., Zum Status quo von Category Managment und Supply Chain Management, Arbeitspapiere des Lehrstuhls für Marketing und Handel an der Universität Essen, Nr. 6, 2000, S. 17

Weis, Hans Christian, Marketing, 12. Aufl., Verlag Kiehl, Ludwigshafen 2001, S. 359, 365 ff.

Wirtz, Bern/ Kleineicken, A., Geschäftsmodelltypen im Internet, in: Wirtschaftswissenschaftliches Studium (WiSt), Jg. 29, 2000, S. 628 ff.

Wolters, Ingo, Kooperation im Category Management aus Handelssicht, in: Schröder, Hendrik, Die Beziehungen zwischen Handel und Industrie auf dem Prüfstand, Arbeitspapiere des Lehrstuhls für Marketing und Handel an der Universität Essen, Nr. 7,

o.V. Status quo in Deutschland, Gesellschaft für Kommunikationskonzepte 1999, www.ecin.de

H. Internationale Kommunikationspolitik

1. Aufgaben der Kommunikationspolitik

Die Aufgabe der Kommunikationspolitik ist es, durch den effizienten Einsatz verschiedener Kommunikationsinstrumente Zielpersonen oder Zielgruppen mittels Botschaften, direkt oder indirekt (über Medien) so zu beeinflussen, dass die Ziele des Kommunikators erreicht werden.

Beschränkt man sich auf die Kommunikationspolitik als betriebswirtschaftliches Marketing Instrument, so ist der **Kommunikator** (Sender) einer Botschaft z.B. ein Unternehmen, ein Verband oder eine Institution (z.B. die Weltbank). **Zielpersonen oder Zielgruppen** können Käufer, potenzielle Käufer, Entscheider oder Meinungsbeeinflusser (opinion leader) sein. Die **Botschaft** z.B. über Produkte, Leistungen oder über ein Unternehmen kann u.a. persönlich im Verkaufsgespräch, über Printmedien, über Plakate, über Film, Funk und Fernsehen, über die Website des Internets, über Bandenwerbung, über Formel 1 Boliden oder über die Produktverwendung in Spielfilmen transportiert werden. Die **Instrumente** der Kommunikationspolitik sind:

- Werbung
- Verkaufsförderung (Sales Promotion)
- Persönlicher Verkauf
- Öffentlichkeitsarbeit (Public Relations)
- Product Placement
- Direktwerbung

In der Praxis findet sich oft der **gleichzeitige Einsatz** verschiedener Instrumente, so z.B. bei

- Messen und
- Events.

Ziele der Kommunikationspolitik sind die Beeinflussung von Einstellungen (z.B. zu einer Marke oder zu einem Unternehmen), die Vermittlung von Wissen (z.B. Produktkenntnissen) und die Einflussnahme auf das Verhalten (z.B. das Kaufverhalten), um direkt oder indirekt den Absatz von Produkten und Leistungen zu unterstützen.

Dies gilt gleichermaßen für die Kommunikationspolitik in Deutschland wie auf den ausländischen Märkten. Mit einer wachsenden Anzahl von Märkten, die in verschiedenen Ländern bearbeitet werden, wächst die Komplexität der Kommunikation. Dies ist auf mögliche Unterschiede

- in den einsetzbaren Instrumenten,
- in den verfügbaren Medien,
- bei sozio-kulturellen Faktoren,
- in den rechtlichen Rahmenbedingungen

zurückzuführen.

2. Werbung

2.1 Werbeplanung

Die Werbung ist eine zeitlich dauerhafte, mit unterschiedlicher Intensität ausgeübte Beeinflussung von Zielpersonen oder Zielgruppen zur Erreichung der Werbeziele. Der Ablauf der Werbung kann wie folgt dargestellt werden:

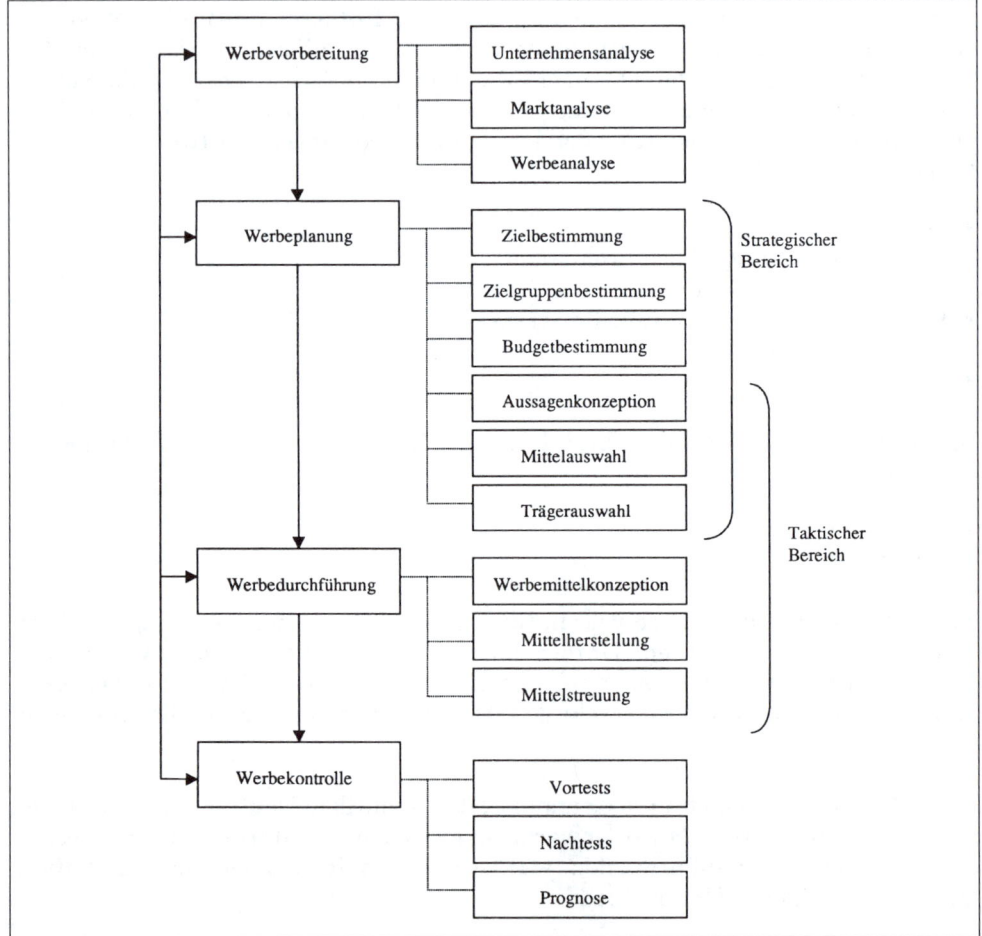

Abb. 119: Prozess der Werbeplanung
Quelle: In Anlehnung an Rogge, Hans-Jürgen, 2000, S. 42

Die **internationale Werbeplanung** eines Unternehmens wird dabei beeinflusst (Hünerberg, 1994, S. 237)

- von der Produktstrategie,
- von der Positionierung,
- vom Timing.

Bei **Produktstrategie** geht es um die Frage der **Standardisierung** oder **Differenzierung** von Produkten im internationalen Geschäft (E 3.3.).

Die **Positionierung** befasst sich mit der Gestaltung der **Copy-Strategie** der Werbebotschaft d.h. mit der Hervorhebung des Verbrauchernutzens (consumer benefit), dem Beweis des behaupteten Nutzens (reason-why) und dem Umfeld, dem Flair in dem die Werbung präsentiert werden soll (z.B. mit Humor oder Seriosität) (tonality).

Das **Timing** kann einen zeitlich abweichenden Einsatz der Werbung in verschiedenen Ländern erfordern (Weihnachten in Deutschland, Neujahr in Russland, Chinesisches Neujahrsfest in asiatischen Ländern).

2.1.1 Werbeziele und Zielgruppen

Werbeziele werden oftmals in ökonomische und außerökonomische (kommunikative) Ziele unterschieden. Wegen der fehlenden Zurechenbarkeit des Werbeeinflusses auf Umsatz, Gewinn, Deckungsbeitrag oder Rentabilität eines Produktes, **eignen sich nur die kommunikativen Größen als Zielvorgabe.**

Hierzu gehören z.B.

- die Information über den Namen oder die Eigenschaften eines Produktes, mit dem Ziel der Erhöhung des Bekanntheitsgrades oder des Wissensstandes über Produkteigenschaften (z.B. sollen die Zielpersonen wissen, dass bei einem neuen PC die Taktfrequenz des Prozessors erhöht wurde),

- die Erinnerung an einen Firmen- oder Produktnamen, der vielleicht längere Zeit nicht intensiv beworben wurde (die Marke xy ist wieder da),

- die Beeinflussung zur Veränderung oder Verfestigung einer Einstellung zu einem Produkt, einer Marke oder dem Unternehmen (z.B. „Unser Unternehmen hat den begehrten Preis xy für den Einsatz umweltfreundlicher Produktionsverfahren gewonnen"),

- die Beeinflussung zur Auslösung von Verhaltensänderungen (z.B. Markenwechsel oder Aufforderung zur Informationsbeschaffung) oder zur Bestätigung des bisherigen Verhaltens (z.B. „Sie sind einer von 1 Mio. klugen Käufern der Marke xy").

Diese Ziele müssen – um die **Zielerreichung** später nachprüfen zu können – nach Inhalt, Ausmaß und Zeitbezug abgegrenzt werden. Unternehmensintern wird man die für die Zielerreichung Verantwortlichen benennen.

Grundsätzlich gelten die gleichen Ziele auf dem nationalen Markt wie auf verschiedenen Ländermärkten. **Zeitlich können jedoch in der Zielverfolgung Abweichungen auftreten (Werbetiming).** Während ein Produkt in Deutschland namentlich bereits bekannt ist und es vor allem darum geht, die Eigenschaften eines neuen Produktes zu vermitteln, kann auf einem Auslandsmarkt erst die Bekanntmachung des Produktes im Vordergrund stehen.

So wie die Werbeziele aus den Marketingzielen abzuleiten sind, bilden auch die Marketingzielgruppen die Basis für die Auswahl der **Werbezielgruppen**. So könnte man aus einer Marketingzielgruppe für die Marke A Werbezielgruppen nach folgenden Kriterien herausfiltern:

❑ Käufer der Marke A
  • Stammkäufer (ausschließlich Marke A)
  • Stammkäufer (Mehrmarkenkäufer)
  • Wechselkäufer

❑ Nichtkäufer
  • Frühere Stammkäufer
  • Frühere Probierkäufer
  • Nichtkäufer (die Produkt A kennen)
  • Nichtkäufer (die Produkt A nicht kennen)

Da **Werbezielgruppen** mit einer unterschiedlichen Werbebotschaft angesprochen werden, bilden sie jeweils nur **ein Teilsegment der Marketingzielgruppe**.

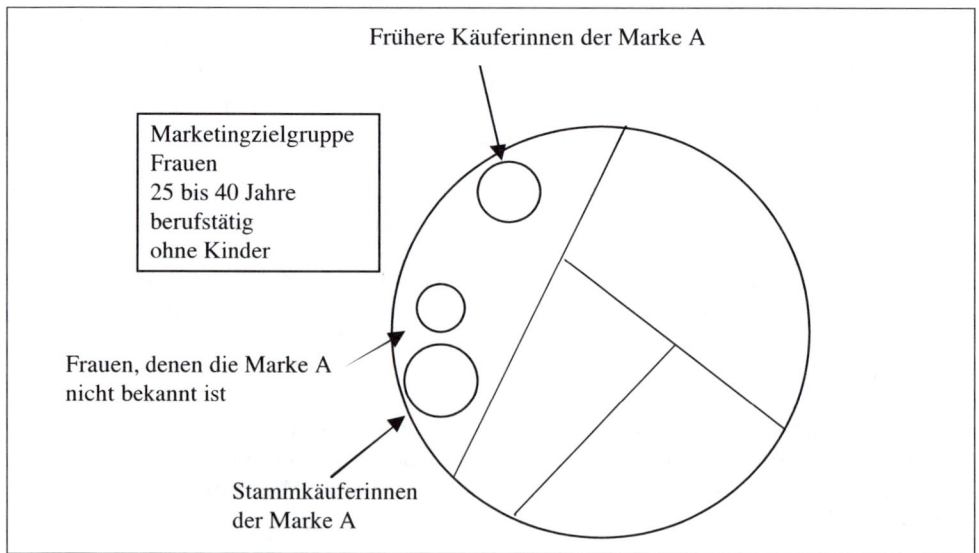

Abb. 120: Werbezielgruppen als Teil der Marketingzielgruppe

2.1.2 Budgetfestlegung

Bei der Festlegung des Werbebudgets geht es um (Diller, 2001, S. 1855 ff.)

- die Budgethöhe.
- sachliche Verteilung des Budgets.
- zeitliche Verteilung des Budgets.

Die Budgethöhe sollte sich an den zu erreichenden Zielen in den einzelnen Ländern orientieren. Diese theoretisch sinnvolle Forderung, stößt aber in der Praxis auf Schwierigkeiten, da – auch bei kommunikativen Zielen – die Wirkung der Budgethöhe auf die Zielerreichung nicht erfasst werden kann (z.B. Welche Erhöhung des Bekanntheitsgrades bringen zusätzliche Werbeausgaben von 100.000 Euro? oder: Wie hoch muss das Budget sein, wenn der Bekanntheitsgrad einer Marke in der Zielgruppe von 15 % auf 25 % erhöht werden soll?)

Bei der **Budgetfestlegung** hilft man sich deshalb mit **„Faustformeln"** wie

- Werbeausgaben in Prozent vom Umsatz (Planumsatz oder Umsatz der Vorperiode) oder vom Gewinn (Umsatzmethode oder Gewinnmethode) (percentage of sales or profit),
- Werbeausgaben orientieren sich an den Ausgaben der Konkurrenz (Konkurrenzmethode oder competitive parity),
- Werbeausgaben als kalkulatorisch tragbarer Zuschlag je Produkteinheit (Zuschlagsmethode),
- Werbeausgaben nach den gerade verfügbaren finanziellen Mitteln (All-we-can-afford Methode).

Zu **außerplanmäßigen Budgeterhöhungen** im Verlaufe eines Jahres kann es kommen, wenn Marktanteile verloren gehen, ein neuer Wettbewerber auftritt oder ein Konkurrent mit neuen Produkten auf den Markt kommt.

Die **sachliche Verteilung** des Budgets betrifft die Aufteilung auf

- Regionen (Ländermärkte),
- Werbeobjekte (Produkte, Leistungen),
- Werbeträger (Medien).

Die **zeitliche Verteilung** des Budgets in einzelnen Ländern hängt ab

- von nationalen Besonderheiten (Feiertage, Urlaub),
- von der Frage, ob es sich um Einführungs- oder Erinnerungswerbung handelt,
- von besonderen Marktsituationen (z.B. Abwehr des Angriffs eines Konkurrenten).

2.1.3 Werbebotschaft

2.1.3.1 Inhalte

Die Werbebotschaft soll die für die Zielpersonen relevanten Eigenschaften eines Produktes oder einer Leistung hervorheben und so zu einem Wettbewerbsvorteil gegenüber Konkurrenzprodukten, sogar möglichst zu einer **Alleinstellung, einem einzigartigen Verkaufsvorteil (USP oder Unique selling proposition),** führen. Die Gestaltung der Werbebotschaft erfordert deshalb

- Kenntnisse der Bedürfnisse der Zielpersonen,
- Kenntnisse ihres Wissens, ihres Verständnisses, ihrer Sprache (z.B. versteht unsere Zielgruppe technische Daten unserer Digitalkamera wie LCD Helligkeit oder Focus Lock ?),
- Kenntnisse des Kommunikationsverhaltens (z.B. Nutzung bestimmter Werbeträger),
- Kenntnisse der Nutzenerfüllung der Konkurrenzprodukte.

Ferner müssen bei der Gestaltung einer Werbebotschaft

- sozio-kulturelle Faktoren und
- rechtliche Rahmenbedingungen

berücksichtigt werden.

2.1.3.2 Einflussfaktoren auf Werbeinhalte

So wie **kulturelle Besonderheiten** (intercultural excellence) bereits bei der Auswahl von Ländermärkten eine Rolle spielen (vgl. C 1.2), haben sie auch erheblichen Einfluss auf Inhalt und Gestaltung der Werbebotschaft.

Vom **Bildungsniveau** einer Zielgruppe eines Landes hängt es ab, ob mehr mit Text oder mehr mit Bildern gearbeitet werden muss. In den „low context" Kulturen Europa und USA erwartet man, dass ein Text klar gestaltet wird und z.B. die Produkteigenschaften deutlich macht, in „high-context" Kulturen liest man wesentlich mehr zwischen den Zeilen.

Die herrschende **Religion** eines Landes bestimmt die Werbeinhalte, da eine Verletzung religiöser Gefühle vermieden werden muss.

Die **Rolle des Mannes und der Frau** bei Kaufentscheidungen kann zu einer unterschiedlichen Zielgruppenansprache in verschiedenen Ländern führen. Da in südlichen Ländern der Einfluss des Mannes bei Kaufentscheidungen größer ist, wird er häufiger werblich angesprochen, als in nördlichen Ländern.

Auch **Werte und Normen** beeinflussen die Gestaltung der Werbebotschaft. In China erregt bereits eine nackte Schulter Anstoß, wohingegen ein nackter Körper in den meisten Ländern Westeuropas positive Assoziationen von Schönheit auslöst. Ein dicker Mensch zeugt im arabischen Raum von Reichtum und Schönheit, im europäischen Raum dagegen eher von Faulheit und fehlender Selbstdisziplin.

Bei der **Gestaltung des Werbeinhalts (Werbeaussage)** sind bereits zu Beginn **rechtliche Rahmenbedingungen** zu beachten.

Es muss beachtet werden, ob Medien eingesetzt werden, die zu einer **grenzüberschreitenden Werbung** führen können. In diesem Fall ist zu beachten, dass das nationale Werberecht zunehmend Rahmenrichtlinien, Verordnungen und Empfehlungen der Europäischen Union unterliegt (ZAW; 2002, S. 125). So werden auf europäischer Ebene rechtliche Regulierungen zu erwarten sein, die die Werbung für alkoholische Getränke, Automobile, Datenschutz, E-Commerce, Fernabsatz, Fernsehen, Lebensmittel, Heilmittel, Tabakwaren und Umwelt betreffen. Ebenfalls sind Änderungen bezüglich vergleichender Werbung und der Werbung, die sich an Kinder richtet, zu erwarten. (Die in der Abbildung genannten möglichen Konsequenzen für die Werbewirtschaft sind dabei unter dem Gesichtspunkt zu beurteilen, dass es sich um Aussagen eines interessenvertretenden Verbandes handelt).

Sachgebiet	Bisherige Maßnahmen oder Entscheidungen	Aktueller Verfahrensstand in Deutschland	Erwarteter nächster Schritt	Mögliche Folgen für die Werbung
Alkohol	Ratsempfehlung „Alkoholkonsum von Kindern und Jugendlichen" -2001	Prüfung innerhalb der EU Mitgliedsstaaten	Umfassendere gemeinschaftsweite Regelung der Alkoholwerbung	Einstieg in ein generelles Verbot der Werbung für alkoholische Getränke
	Verbot unentgeltlicher Zugaben in Form alkoholischer Produkte	Beratungen des Entwurfs in Rat und Parlament	Verabschiedung der Verordnung	
Automobile	Verbraucherinformationen über Kraftstoffverbrauch und CO$_2$ Emission (seit 1994/99)	Schaffung einer Rechtsgrundlage für nationale Umsetzung	Erlass der nationalen Rechtsverordnung in 2002	Eingriff in die Werbehoheit der Firmen bei der Werbegestaltung
Datenschutz	Datenschutzrichtlinie seit 1995	Gesetz zur Änderung des Datenschutzgesetzes (2001) Gutachten zur Modernisierung des Datenschutzrechts	Umfassende Novellierung des BDSG nach 2003	Hinweise auf Datenquellen bei Direktwerbung
Elektronischer Geschäftsverkehr	In-Kraft-Treten der E-Commerce Richtlinie 2000	In-Kraft-Treten des (ersten) Gesetzes zum elektronischen Geschäftsverkehr (EGG) Neues Teledienstdatenschutzgesetz (TDDSG) (2002)	Änderung des Mediendienste Staatsvertrages	Regelung richtet sich überwiegend nach dem Land des Unternehmenssitzes
Tabak	Richtlinie zur Tabakwerbung (1998) vom EuGH für nichtig erklärt (2000)	Neuer Vorschlag der EU Kommission 2001	Beratung des Vorschlages im EU Parlament	Verbot der Werbung in grenzüberschreitenden Medien und von Sponsormaßnahmen
Vergleichende Werbung	Richtlinie von 1997	Änderung des UWG (2000)		Rechtsunsicherheit hinsichtlich auslegungsbedürftiger Gesetzesbegriffe

Abb. 121: EU Politik und Werbewirtschaft (Stand März 2002) (Auszüge)
Quelle: ZAW, 2002, S. 85 ff.

Neben den gesetzlichen Regelungen versucht die **„Europäische Allianz der Werbeselbstkontrolle" (EASA)**, ein System der Kontrolle der grenzüberschreitenden Werbung zu installieren. Auch in der weltweit tätigen **International Chamber of Commerce (ICC)** spielt die Stärkung der Selbstkontrolle der Werbung eine wichtige Rolle. Auf diese Weise sollen weitere staatlichen Restriktionen vermieden werden.

2.1.3.3 Standardisierte oder differenzierte Werbebotschaft

Eine Werbebotschaft kann international in Form eines

- Global Advertising,
- Glocal Advertsing,
- Local Advertising

transportiert werden.

International standardisierte Produkte, die gleichen (transkulturellen) Zielgruppen in den einzelnen Ländern zur Verfügung gestellt werden, werden möglichst weltweit mittels einer Werbebotschaft in Rahmen eines „**Global Advertising**" kommuniziert. In den einzelnen Ländern erfolgt höchstens eine Anpassung der Sprache, eventuell des Namens oder der Farbe (so steht in fernöstliche Ländern die Farbe weiß für Tod und Trauer, für westliche Länder bedeutet sie Glück und Unschuld).

Eine weltweit gleiche Botschaft vermitteln z.B. Coca Cola, Levi Strauss, Marlboro, IBM, Seiko oder Exxon. Der Exxon-Slogan „Pack den Tiger in den Tank" lautet in einzelnen Sprachräumen fast unverändert:

„Put a tiger in your tank", „Mettez un tigre dans votre moteur", „Metti un tigre nel motore", „Putt en tiger pa tanken", „Ponga un tigre en su tanque", „Kom en tiger i tanken" oder „Pankaa tiikeri tankum".

Das Global Advertsing bringt **Vorteile** in

- den Kosten,
- den organisatorischen Abläufen,
- der Verringerung des Risikos.

Die Kostenvorteile ergeben sich daraus, dass **Konzeptionen** nur einmal gestaltet werden müssen und nicht Agenturen verschiedener Länder eingeschaltet werden müssen. **Werbemittel** können in der Produktion mehrfach genutzt werden. Die Vereinheitlichung der Werbemittelgestaltung stellt – besonders bei aufwendigen Werbeformen wie Filmen – eine erhebliche Einsparungsquelle dar (Hünerberg, 1994, S. 249). Die **Schaltkosten** sinken relativ durch Internationalisierung von Medienunternehmen (Der Playboy erscheint in vielen Ländern).

Durch eine standardisierte Form der Werbung werden Planungs-, Koordinations- und Kontrollabläufe innerhalb und außerhalb des Unternehmens vereinfacht.

Eine schrittweise Erschließung einzelner Ländermärkte mit derselben – bereits in einigen Ländern erfolgreichen – Werbekampagne, verringert das Risiko.

Wird die Werbebotschaft in der Grundaussage beibehalten und erfolgt eine **Anpassung an die Wertenormen** eines Landes spricht man auch von „**Glocal Advertising**" (gebildet aus global und local).

In einem Werbespot für die Seife Camay wurde in den USA eine badende, schöne Frau gezeigt, in Venezuela zeigte der Spot zusätzlich einen Mann im Badezimmer, in Frankreich wurde nur die Hand eines Mannes und in Japan ein Mann, der vor dem Badezimmer wartet, gezeigt.

Dort wo man in der **Produktstrategie differenziert** vorgeht, also das Produkt jeweils den nationalen Besonderheiten anpasst, erfolgt auch eine lokale Gestaltung der Werbebotschaft. Man betreibt also ein „**Local Advertising**".

Eine national ausgerichtete Werbung kann aber auch betrieben werden, wenn bei standardisierten Produkten in einzelnen Ländern unterschiedliche Produkteigenschaften kaufrelevant sind. Die Wahl des USP (unique selling proposition), des entscheidenden Produktvorteils, ändert sich hier von Land zu Land.

So standen bei der Präsentation des Renault 5 in Frankreich der Spass auf den Straßen, in Deutschland Sicherheit, Modernität und Reichhaltigkeit der Innenausstattung, in Italien die Fahreigenschaften, in Finnland die solide Konstruktion und in Kanada die vielseitige Verwendbarkeit im Vordergrund.

Gründe, die für eine Standardisierung sprechen		Gründe, die gegen eine Standardisierung sprechen	
1.	Reduzierung der Planungs- und Entwicklungskosten	1.	Ungenügende Berücksichtigung länderspezifischer Besonderheiten, zu unterschiedliche Mentalitäten
2.	Schaffung eines einheitlichen Produkt- und Firmenimages auf allen bearbeiteten Märkten	2.	Zu große Unterschiede in der Medienlandschaft
3.	Erleichterung der Planung durch einheitliche Zielsetzung	3.	Ungenügende Berücksichtigung unterschiedlicher Produktgebrauchsbedingungen
4.	Vereinfachung von Koordination und Kontrolle	4.	Unterschiedliche Produktpositionierung bedingt differenzierte länderspezifische Werbung
5.	Ähnlichkeit der Zielgruppen		
6.	Ähnlichkeit der Produktpositionierung	5.	Unterschiedliche Phasen im Produktlebenszyklus
7.	Ausnutzung guter Ideen, Know-how-Transfer	6.	Notwendige zentrale Kontrolle und Koordination schwierig
8.	Zentralisierungstendenzen im Management internationaler Unternehmen	7.	„Not-invented-here"-Abwehrhaltung von Auslandsagentur und Kunde
9.	Sonstige Gründe (steigende Mobilität der Konsumenten, Internationalisierung des Wettbewerbs, Ausnutzung des Media-Overlapping (z.B. Satelliten TV)	8.	Gefahr als „Multi" gesehen zu werden
		9.	Sonstige Gründe (Chauvinismus, schlechte Honorare, unterschiedliche Distributionsformen, begrenzte Kenntnis regionaler Märkte seitens der Zentralagentur)
		10.	Kosteneinsparungen sind geringer als angenommen

Abb. 122: Gründe für und gegen die Standardisierung von Werbekampagnen auf internationaler Ebene
Quelle: Schoppe, 1998, S. 539 in Anlehnung an Althans

2.1.4 Werbemittel und Werbeträger (Medien)

Unter den **Werbemitteln** kann man die **realen, sinnlich wahrnehmbaren Erscheinungsformen** (Diller, 2001, S. 1865) **oder die personellen und sachlichen Ausdrucksformen** (Huth, Pflaum, 1991, S. 99) **der Werbung verstehen**.

Es gibt zahlreiche Möglichkeiten der Einteilung der Werbemittel (u.a. unisensorisch/multisensorisch, Einzelwerbemittel/Massenwerbemittel). Praktische Bedeutung hat insbesondere die Einteilung nach den **Einsatzbedingungen** (Huth, Pflaum, 1991, S. 100f.). Hier unterscheidet man:

- an Werbeträger gebundene Werbemittel
  (z.B. Anzeigen, Plakate, Verkehrsmittelwerbung, Film-, Funk-, Fernsehwerbung (FFF-Werbung))
- Werbemittel der Direktwerbung
  (z.B. Werbebrief, Katalog, Kundenzeitschrift, Preisliste, Handzettel, Internetwerbung)
- Werbemittel am Ort des Kundenkontakts (Point-of-Purchase- (POP-) Werbemittel)
  (z.B. Displays, Deckenhänger, Aufsteller, Gondeln, Schaufenster)

Die Frage der **Standardisierung des Werbeinhalts** führt oft zwangsläufig zur **Vereinheitlichung der Werbemittelgestaltung**. Gerade hier ergeben sich zahlreiche Einsparmöglichkeiten bei Verwendung einheitlicher Filme oder derselben Anzeigenvorlage.

Wegen Unterschieden im kulturellen Umfeld oder in rechtlichen Vorschriften, kann aber selbst hier eine Variierung der Werbevariablen und Werbekonstanten der Botschaft erforderlich sein.

Bei nationaler Ausrichtung der Werbung (local advertising) bietet die Werbemittelgestaltung zahlreiche Möglichkeiten sich nationalen Besonderheiten anzupassen. Dies kann geschehen durch Veränderungen in Sprache, Formulierungen, Bilder, Blickfang, Headline, Logo, Musik, Gesang, Geräusche, Formen, Farben, Typographie, Tonalität/Flair, Platzierung, Größe, Dauer oder Häufigkeit (Hünerberg, 1994, S. 246).

Medien oder Werbeträger haben die Aufgabe eine Werbebotschaft zu den Zielpersonen zu transportieren. Diese indirekte Kommunikation kann geschehen, in dem länderübergreifende Werbeträger (z.B. Satellitenfernsehen, Internet) eingesetzt werden, oder landesspezifische Medien in den einzelnen Ländern ausgewählt werden.

Wird ein Produkt international in unterschiedlichen Ausprägungen, mit unterschiedlichem Namen und vielleicht noch an unterschiedliche Zielgruppen abgesetzt, so sind bei dieser **Differenzierung** die Werbekonzepte unabhängig voneinander und sinnvollerweise in den jeweiligen Ländern getrennt zu gestalten und jeweils nationale Medien einzusetzen.

Wird ein Produkt oder eine Leistung hingegen ohne größere Veränderungen international vermarktet, so liegt es nahe, diese **Standardisierung** auch auf ein international einheitliches Werbekonzept zu übertragen. Beispiel hierfür sind die global brands wie Coca Cola oder Marlboro, aber auch technische Produkte wie Microsoft Software, Motorola Halbleiter oder Intel Prozessoren. **Der Einsatz länderübergreifender Medien** – der in diesem Falle bevorzugt würde – **scheitert aber oftmals an der Verfügbarkeit oder der Verbreitungsintensität** oder daran, dass andere Auswahlkriterien nicht erfüllt sind.

So sind bei der **Auswahl der Werbeträger** folgende Kriterien zu berücksichtigen:

- Verfügbarkeit des Werbeträgers
  - je geringer der Lebensstandard eines Landes um so geringer ist auch das Medienangebot

- Zielgenauigkeit
  - ein Werbeträger sollte sicherstellen, dass die Zielgruppe möglichst ohne Streuverluste erreicht wird (Auswahl anhand z.B einer Leserschaftsanalyse bei Printmedien)

- Reichweite
  - es sollen möglichst viele Personen einer Zielgruppe nach einer bestimmten Anzahl von Schaltungen (bei Printmedien) mit einer vorgegebenen Mindest-Kontaktzahl erreicht werden

- Kosten
  - die Kosten pro (Tausend) wirksame Kontakte sollen möglichst gering sein

- Darstellungsbedingungen
  - ein Medium sollte möglichst viele Darstellungsmöglichkeiten bieten (Bild, Text, Ton, Farbe, Bewegung)

- Funktion des Werbeträgers
  - es sollte eine Affinität der Werbebotschaft mit der Funktion des Werbeträgers bestehen (z.B. Werbung für Peripheriegeräte in einer Computerzeitschrift)

- Image des Werbeträgers
  - das angestrebte Image eines Produktes sollte durch das Image des Werbeträgers unterstützt werden

- Empfangssituation
  - die Zielperson sollte beim Empfang der Botschaft möglichst wenig abgelenkt sein (z.B. Kinowerbung gegenüber einer flüchtig wahrgenommenen Plakatwerbung in der Innenstadt)

- Wirkungsdauer der Werbeberührung
  - ein TV Spot wirkt vielleicht 30 Sek., eine Tageszeitung einen Tag und das deutsche Postleitzahlenbuch 10 Jahre

- Häufigkeit der Belegungsmöglichkeit
  - ein TV Spot, der mehrfach am Tag geschaltet wird, kann auch mehrfach belegt werden, ein Monatsmagazin nur alle vier Wochen

Für die Verteilung des Budgets stellen Reichweite in der Zielgruppe, Anerkennung des Mediums in der Zielgruppe und Kosten (Einzelschaltkosten, Kosten bei Kombination von Medien, Kosten bei zeitlicher Verteilung) die wichtigsten Auswahlkriterien dar.

2.1.5 Werbeerfolgskontrolle

Die Erfolgskontrolle in Form von Werbetests kann

- vor der Schaltung bzw. dem Einsatz der Werbung als Test (Pretest) eines einzelnen Motivs oder einer Kampagne,
- während der Schaltung einer Werbung (Werbetracking),
- nach der Schaltung der Werbung einschließlich der Beurteilung der Schaltungshäufigkeit und der Mediaauswahl (Posttest)

durchgeführt werden (Diller, 2001, S. 1875 ff.).

Pretests erfolgen mit fertigen oder teilweise ausgearbeiteten Werbemitteln (Scribbles, story-boards). Hier wird vor allem geprüft, was an der Werbung gefällt oder nicht gefällt (likes und dislikes). Oder es wird mittels apparativer Testverfahren (z.B. mit dem Blickaufzeichnungsgerät und dem Tachistoskop) überprüft, was von den Testpersonen beim Betrachten der Werbung (z.B. einer Anzeige, einem Plakat) wahrgenommen und behalten wird, wie prägnant die Werbung gestaltet ist und welche Reaktionen die Wahrnehmung auslöst (Hautwiderstandsmessung).

Pretests sollen also folgende **Wirkungen** messen:

- Aufmerksamkeit
- kognitive Wirkung
  - Informationsaufnahme, - verarbeitung, -speicherung
- emotionale Wirkung
  - Reizaufnahme, - verarbeitung, -speicherung
- mögliche Verhaltensbeeinflussungen

Beim **Posttest** und dem **Werbetracking** geht es um die Messung

- der Erinnerungswirkung,
- der Kommunikationswirkung,
- der Überzeugungswirkung,
- der Werbeakzeptanz.

Die **aktive Erinnerungswirkung** kann gestützt oder ungestützt (aided und unaided recall) erfolgen. Testpersonen sollen sich hier an Marken, Slogans, Werbeinhalte erinnern, entweder spontan oder mit Gedächtnishilfen.

Bei der **passiven Erinnerungswirkung** (recognition test) wird den Testpersonen die Anzeige, das Plakat, der TV Spot noch einmal gezeigt und sie werden gefragt, ob sie dies schon einmal gesehen haben (copy test).

Die Überprüfung der **Kommunikationswirkung** soll Auskunft darüber geben, ob die Zielpersonen die Botschaft verstehen bzw. verstanden haben (comprehension).

Die Messung der **Überzeugungswirkung** soll zeigen, ob sich die Zielpersonen durch die Botschaft haben beeinflussen lassen (z.B. Kauf, Markenwechsel, Einstellungsänderung).

Die Feststellung der **Werbeakzeptanz** soll Aufschluss geben, ob die Werbung glaubwürdig, informativ und sympathisch ist und ob sie Emotionen weckt.

Die letzten drei Wirkungen werden vielfach mittels Befragungen gewonnen.

Die Durchführung von **Werbeerfolgskontrollen auf internationaler Ebene** hängt davon ab, ob eine globale Werbung durchgeführt wird oder ob eine lokale Werbung erfolgt. Bei einem globalen Konzept erfolgt eine Kontrolle meist nur im Mutterland und die Ergebnisse werden auf andere Märkte übertragen. Bei lokaler Werbung hängt die Durchführung einer Kontrolle von der Höhe des ausgegebenen Werbebudgets (Frage der Verhältnismäßigkeit) und von den Möglichkeiten der Durchführung in dem jeweiligen Land ab (Infrastruktur).

2.2 Internationale Bedeutung der Werbung

Trotz zahlreicher rechtlicher Restriktionen haben sich die Werbeausgaben in den 20 werbestärksten Staaten der Welt (bis auf Japan) deutlich erhöht. Die Rangfolge der ersten sechs Staaten ist dabei unverändert geblieben. Der Zentralverband der deutschen Werbewirtschaft weist allerdings daraufhin, dass die Zahlen wegen unterschiedlicher Abgrenzungen im Länderquerschnitt nur begrenzt vergleichbar sind.

	Staaten	Werbung in Mrd. US $ in 1991	Werbung in Mrd. US $ in 2000	Veränderung in %
1.	USA	71,2	132,3	85,5
2.	Japan	35,8	37,5	4,8
3.	Deutschland	12,0	18,7	55,8
4.	Großbritannien	9,5	18,7	96,8
5.	Frankreich	6,9	9,2	33,3
6.	Italien	3,8	7,4	94,7
7.	Mexiko	0,4	6,7	1575,0
8.	Kanada	3,6	5,3	47,2
9.	Brasilien	-	5,2	-
10.	China	0,3	5,0	1566,7
11.	Spanien	3,0	5,0	66,7
12.	Australien	2,7	4,7	74,1
13.	Südkorea	1,7	4,1	141,2
14.	Niederlande	1,9	3,6	89,5
15.	Hongkong	0,9	3,5	288,9
16.	Taiwan	1,4	3,3	135,7
17.	Argentinien	0,8	3,1	287,5
18.	Schweiz	1,9	2,6	36,8
19.	Indien	0,4	2,0	400,0
20.	Schweden	1,1	1,9	72,7

Abb. 123: Die 20 werbestärksten Staaten der Welt
Quelle: ZAW, 2002, S. 23, World Advertising Trends 2002

Bedeutendste Werbeträger sind weltweit nach wie vor die Printmedien mit 47 % vor dem Fernsehen mit rd. 40 %.

Jahr	Zeitungen und Zeitschriften	Fernsehen	Hörfunk	Außenwer-bung	Kino
	Anteil am Werbemarkt in %				
1992	50,6	37,5	7,1	4,6	0,3
1993	51,2	35,8	7,9	4,7	0,2
1994	50,4	36,7	8,0	4,7	0,2
1995	50,5	36,8	7,7	4,7	0,2
1996	49,0	38,2	7,9	4,6	0,2
1997	49,0	38,2	8,2	4,4	0,2
1998	48,7	38,4	8,4	4,3	0,2
1999	48,3	38,4	8,9	4,2	0,2
2000	47,0	39,7	8,9	4,2	0,2

Abb. 124: Weltweite Anteile der Werbeträger
Quelle: ZAW, 2002, S. 21, World Advertising Trends 2002

2.3 Werbung im Internet

2.3.1 Besonderheiten der Internetwerbung

Das Internet wird mit zunehmender Verbreitung zu einem Medium, mit dem weite Bevölkerungsschichten erreicht werden können. Gegenüber den klassischen Massenmedien (Printmedien oder TV) zeichnet sich Werbung im Internet aus durch (Fritz, 2000, S. 120 ff.):

- die textbasierte und multimediabasierte Gestaltung des Werbeinhalts,
- die Möglichkeit der interaktiven Nutzung des Werbeinhalts,
- die Möglichkeit der Personalisierung der Werbebotschaft,
- die Unterstützung der Werbung durch E-Mails (in Deutschland nur nach Einverständnis der Zielperson erlaubt) und Newsgroups.

Internetwerbung ist weltweit 24 Stunden abrufbar und kostengünstig. Streuverluste können verringert werden, da durch Auswertung der Benutzerprotokolle, nachvollzogen werden kann, inwieweit die Zielgruppen auch erreicht wurden.

Die **Web-Site eines Unternehmens kann dabei als vielfältiges Kommunikationsinstrument** eingesetzt werden. So unterstützt sie die Öffentlichkeitsarbeit in der Darstellung des Gesamtunternehmens, die Werbung in der Darstellung des Produkt- und Leistungsprogramms (elektronischer Katalog) oder die Verkaufsförderung mit der Ankündigung von Sonderaktionen, Gewinnspielen, Probeanforderungen oder dem Download von Demoversionen.

Bei der **Gestaltung der Web-Site** sollte sich ein Unternehmen, Verband oder Institution auf die Bedürfnisse der Zielgruppe einstellen und insbesondere folgende Kriterien berücksichtigen:

- Design
  - Verhältnis von Text und Bild, Lesbarkeit des Textes, Animationen dort wo sie die Werbeaussagen unterstützen

- Werbeinhalt
  - Informationsinhalt ist an der Sprache, den Interessen und dem Verständnis der Zielgruppe auszurichten

- Dialogorientierung
  - Möglichkeit eines Dialoges ist zu schaffen und der Nutzer zu einem Dialog zu motivieren

- Benutzerfreundlichkeit
  - die Navigation auf den WWW-Seiten ist übersichtlich zu gestalten

Insbesondere Unterschiede in der Sprache, in den Interessen oder dem Verständnis sowie kulturelle Unterschiede können es erforderlich machen, verschiedene nationale Domain-Namen zu beantragen und die Werbeinhalte in einzelnen Ländern unterschiedlich zu gestalten.

Neben der Web-Site haben sich weitere **neue Werbemittel** wie Banner, Buttons oder Werbeframes herausgebildet.

Grundsätzlich gilt, dass mit der Internet-Werbung die Wende von einer Push- zu einer Pull-Kommunikation vollzogen wurde, denn der Nutzer entscheidet wann er welche Botschaft sehen will (Bruhn, 1997, S.9). Die Erreichbarkeit einer Zielgruppe verlangt deshalb oftmals die vorherige Information der Zielgruppe über andere Medien (z.B. Bekanntgabe einer Internet-Adresse über eine Anzeige oder einen Fernsehspot).

2.3.2 Rechtliche Fragen

Internetwerbung ist zwangsläufig grenzüberschreitende Werbung. Die sich daraus ergebenden rechtlichen Fragen der Internet Werbung können heute weitgehend nur mit höchstrichterlichen Entscheidungen beantwortet werden, da internationale gesetzliche Regelungen fast völlig fehlen. Hierzu folgende Beispiele (Gounalakis, 1999, S. 7 ff.):

Wirbt z.B. ein amerikanisches Pharmaunternehmen für eigene Produkte unter Herabsetzung der Konkurrenzprodukte in Amerika (Handlungsort), so ist dies nach US-amerikanischem Recht erlaubt. Kann die Internet-Werbung auch den Absatz der Produkte in Deutschland fördern (nach dem Marktortprinzip der Begehungsort), so ist auch das deutsche Recht (UWG) zu beachten. Die Werbung hat zu unterbleiben.

Das Problem ist, ob „die ausländische Internet-Werbung bei objektiver Betrachtung dazu bestimmt ist, den Absatz eines Produktes auf dem Inlandsmarkt zu fördern" (BGH). Hier hilft man sich in der Praxis mit Hilfskonstruktionen wie:

• Handelt sich um eine „.de"-domain spricht vieles für die Ausrichtung auf den deutschen Markt.
• Ist die Werbung nur in ausländischer Sprache (z.B. finnisch oder japanisch) gestaltet, spricht vieles gegen die Ausrichtung auf den deutschen Markt.
• Wichtige Hinweise können auch aufgrund einer zeitgleichen Werbung in anderen Medien gewonnen werden. Weist ein ausländisches Unternehmen in einem deutschen Printmedium auf seine Internet-Adresse hin, so macht es damit deutlich, dass die Internet-Werbung auch auf den deutschen Markt abzielt.
• Auch Währungsangaben können einen Hinweis geben. Die ausschließliche Angabe von Preisen in US-$ spricht eher gegen die Zielrichtung des deutschen Marktes.

Neben der rechtlichen Zulässigkeit der Internet-Werbung in einem Land bestehen ebenfalls Unklarheiten hinsichtlich der Frage welches Gericht zuständig ist und der Möglichkeit der Vollstreckung von Urteilen – die z.B. in Deutschland gefällt wurden – in anderen Ländern.

3. Verkaufsförderung

Verkaufsförderung ist der zeitlich begrenzte (punktuelle) Einsatz von Verkaufs-förderungsmaßnahmen zur Beeinflussung von Zielgruppen oder Zielpersonen zur Förderung des Absatzes von Produkten und Leistungen. Nach Angaben der EU arbeiten in den neun EU Staaten über eine Million Menschen in der Verkaufsförderung. Der Umsatz der Branche lag im Jahre 2001 bei 43 Milliarden Euro.

Verkaufsförderung richtet sich an die Zielgruppen Handel, interne und externe Verkaufsmitarbeiter und Verbraucher.

Abb. 125: Verkaufsförderungsmaßnahmen
Quelle: Weis, 2001, S. 500

Das Aufeinanderfolgen wechselnder Maßnahmen (z.B. zuerst Preisausschreiben, dann Preisaktion, dann Zugaben) führt zu kurz- und langfristigen Wirkungen der Verkaufsförderung.

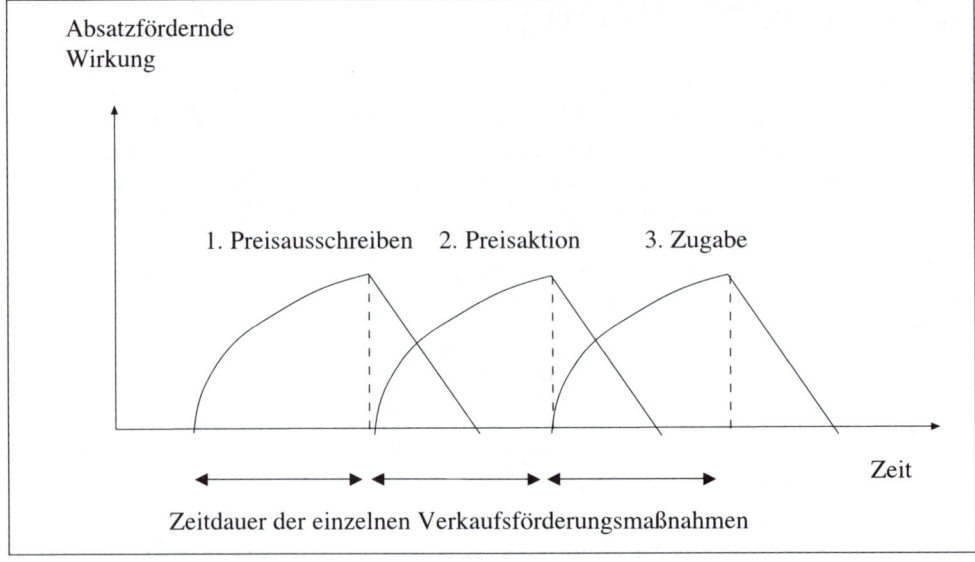

Abb. 126: Wirkung von Maßnahmen der Verkaufsförderung

Die **Bedeutung der Verkaufsförderung** variiert von Land zu Land (Schoppe, 1998, S. 539). Gründe hierfür sind:

- unterschiedliche Möglichkeit und Bereitschaft des Handels zur kooperativen Förderung des Abverkaufs
- unterschiedliche Beliebtheit der Verkaufsförderungsmaßnahmen bei Endverbrauchern
- der – im Vergleich zur Werbung und zu Public Relations – kurzfristige Charakter von Verkaufsförderungsmaßnahmen
- unterschiedliche rechtliche Bestimmungen auf den jeweiligen nationalen Märkten

Die Verkaufsförderung trifft international auf ähnliche **rechtliche Einschränkungen** wie die Werbung. Die Europäische Union versucht deshalb mit einer Verordnung die Unterschiede für grenzüberschreitende Sales-Promotion-Aktionen zu beseitigen und gleichzeitig die Transparenz zu erhöhen und die Position des Käufers zu stärken. Der EU Entwurf von 2002 stellt für folgende Bereiche spezielle Informations- und Kennzeichnungsregeln auf:

- Rabatte
- Unentgeltliche Zuwendungen
- Zugaben
- Gewinnspiele
- Preisausschreiben
- Kenntlichmachung eines Verkaufes unter Einstandspreis

So soll dem Verbraucher der frühere Preis, der vor einer Preisherabsetzung gegolten hat und die Dauer der Gültigkeit des alten Preises (mit Datumsangabe), mitgeteilt werden. Bei Gewinnspielen und Preisausschreiben sollen die Gewinnchancen angegeben werden. Jugendliche sollen durch Gewinnspiele nicht mehr veranlasst werden, persönliche Daten zur Verfügung zu stellen.

Einige der geplanten Verordnungen sind bereits in Deutschland geltendes Recht, wie die Aufhebung einer Begrenzung für Endverbraucher-Rabatte oder das Verbot Alkohol als Zugabe an Minderjährige zu geben.

4. Persönlicher Verkauf

Der **persönliche Verkauf** durch unternehmensinterne (z.B. Innendienstverkäufer, Reisende) oder unternehmensexterne Absatzorgane (z.B. Vertreter) stellt als **direkte Kommunikation** die intensivste, aber auch teuerste Form der Kommunikation dar. So liegen z.B. die Kosten für **1.000 Kontakte** bei Zeitschriften in der Größenordnung von 5 bis 10 Euro. Die Kosten für **einen Kontakt** liegen beim persönlichen Verkauf in einer Größenordnung von 100 bis 250 Euro.

Der persönliche Verkauf bietet sich immer dann als Kommunikationsinstrument an, wenn

- die Zahl der Zielpersonen begrenzt ist,
- das Produkt bzw. die Leistung stark erklärungsbedürftig ist,
- das Produkt die Leistung individuell gestaltet ist,
- der Gesamtkaufpreis hoch ist.

Deshalb werden Verbrauchsgüter wie Zahnpasta, Schokolade oder Haushaltsreiniger über Massenmedien wie Zeitschriften oder Fernsehen beworben. Chemieanlagen, Schiffe oder nummerisch gesteuerte Werkzeugmaschinen werden hingegen persönlich verkauft.

Die **Aufgaben eines Verkäufers** können wie folgt umrissen werden (in Anlehnung an Weis, 2001, S. 511):

Informationsbeschaffung

- Informationen über Absatzmöglichkeiten (Potenzialanalyse, Veränderungen beim Unternehmen des Kunden wie Ansprechpartner, neue Produkte oder Anlagen)
- Informationen über Konkurrenten (Konkurrenzanalyse)
- Informationen über die eigene Verkaufstätigkeit (Besuchsberichte)

Verkaufsplanung und –vorbereitung

- Information über die Kundensituation vor Kundenbesuch
- Ermittlung der kaufentscheidenden und kaufbeeinflussenden Faktoren

- Ermittlung der Informationssammler, Beeinflusser, Entscheider und Nutzer beim Kunden (Verflechtungen im Buying Center)
- individuelle Besuchsplanung (Anmeldung, Terminvereinbarung)
- Tourenplanung
- Vorbereitung des Verkaufsgesprächs (u.a. Gesprächstaktik, Verkaufsargumentation)

Kundenkontakte

- private Kontaktgespräche (u.a. private Situation, Familie, Hobbies)
- geschäftliche Kontaktgespräche (z.B. Informationen über das Unternehmen des Verkäufers (Umsätze, neue Anlagen, Kapazitätserweiterungen), neue Aktivitäten des Unternehmens, personelle Veränderungen, Marktveränderungen)
- Verkaufsgespräche und -verhandlungen (z.B. Produktvorstellung, Preiserwartung, Veränderung der Lieferzeiten, Zahlungsbedingungen, Rabattstaffeln, Zufriedenheit mit früheren Lieferungen, Reklamationsentgegennahme)
- Gespräche nach Verkaufsabschluss

Auftragsabwicklung

- Überwachung der Auftragsabwicklung
- Überwachung der Reklamationsbearbeitung

Bei der **Auswahl des Verkaufspersonals** ist zunächst die grundsätzliche Entscheidung zu treffen, ob Mitarbeiter aus dem Heimatland, dem Gastland oder multinationaler Herkunft eingesetzt werden sollen. Dies wird zum einen sehr stark von der Grundorientierung des Managements (ethnozentrisch, polyzentrisch, regiozentrisch oder geozentrisch) abhängen (vgl. D 1.2). Zum anderen spielen aber auch nationale Besonderheiten eine Rolle.

Vorteile eines Verkaufsmitarbeiters aus dem Heimatland:

- Kenntnis des Unternehmens, seiner Organisation, seiner Produkte und seiner Leistungsfähigkeit
- Kenntnis der Personen im Mutterhaus, ihrer Denkweise und ihres Verhaltens
- Kunde vermutet größeren Einfluss im Mutterhaus

Vorteile des Verkaufsmitarbeiters aus dem Gastland:

- Muttersprachler und damit weniger sprachliche Missverständnisse
- Kenntnis der kulturellen und sozialen Einflüsse des Landes
- Verständnis von Verhaltensweisen (Pünktlichkeit, Kleidung, Argumentationsstil, Gesichtsausdruck, Körperhaltung usw.)

Hünerberg weist auf weitere Besonderheiten bei der Rekrutierung und dem Einsatz von Verkaufspersonal hin:

Japan	Saudi-Arabien	Arabische Länder	Hongkong
Die individuelle Anerkennung der Verkaufsrepräsentanten verträgt sich nicht mit der teamorientierten Arbeitsauffassung der Japaner	Die Rekrutierung von qualifiziertem Verkaufspersonal erweist sich aufgrund von Arbeitskräftemangel sowie dem geringen Prestige des Verkaufens als schwierig	Die kulturelle Distanz erschwert die Entsendung von eigenen Mitarbeitern	Ein Großteil der qualifizierten Einheimischen verließ Hongkong aus Angst vor der 1997 bevorstehenden Übernahme durch China
Indien	**Zentralafrika**	**Russland/GUS**	**Brasilien**
Das Management der Verkaufsrepräsentanten erweist sich als schwierig in einem Markt, der durch Sprachenvielfalt und Kastensystem fragmentiert ist	Die wirtschaftliche Lage und kriegerische Ereignisse erschweren die Aufrechterhaltung eines Netzes von Verkaufsrepräsentanten	Die politisch-wirtschaftliche Instabilität erschwert den Einsatz von eigenen Mitarbeitern, besonders wenn auch eine Übersiedlung der Familie vorgesehen ist	Die Entlohnung der Verkaufsrepräsentanten wird durch eine starke Inflation kompliziert

Abb. 127: Länderspezifische Probleme bei der Rekrutierung von Verkaufspersonal
Quelle: Hünerberg, 1994, S. 272

5. Öffentlichkeitsarbeit

Die **Aufgabe der Öffentlichkeitsarbeit** (Public Relations) ist es, Informationen über ein Unternehmen (einen Verband, eine Institution) Interessengruppen zu kommunizieren, mit dem Ziel ein positives Image aufzubauen. Auf diese Weise soll eine unverwechselbare Unternehmensidentität (**Corporate Identity (CI)**) in der Öffentlichkeit verankert werden. **Corporate Identity** ist also das Selbstverständnis eines Unternehmens, das Zielgruppen vermittelt werden soll. **Image** hingegen ist das Bild eines Unternehmens wie es von der Öffentlichkeit wahrgenommen und verstanden wird. Das Unternehmensimage spiegelt die Vorstellungen wider, die Kunden, Wettbewerber oder Meinungsbildner von einem Unternehmen haben, die nicht notwendigerweise mit den Vorstellungen des Managements übereinstimmen müssen (Moeller, 2002, S. 1).

Eine erfolgreiche Öffentlichkeitsarbeit zeigt sich darin, dass das eigene Unternehmensbild, die Corporate Identity, mit dem Image des Unternehmens übereinstimmt.

Die auf eine Gesamtorganisation bezogene Öffentlichkeitsarbeit begleitet und unterstützt, die produkt- und leistungsbezogene Kommunikationsinstrumente (wie z.B die Werbung, die Verkaufsförderung oder den persönlichen Verkauf). Sie soll damit durch das Bemühen um Vertrauen, um einen „good will", ein absatzfördendes „Klima" schaffen.

Interessengruppen (Zielgruppen oder Bezugsgruppen) können dabei sein:

❑ **Gruppen mit unmittelbarem Bezug zum Unternehmen z.B.**
  * interne Gruppen
    – aktuelle und ehemalige Mitarbeiter
  * externe Gruppen
    – Kunden
    – Lieferanten
    – Aktionäre
    – Banken
    – Berater

❑ **Gruppen ohne unmittelbaren Bezug zum Unternehmen z.B.**
  * Gewerkschaften
  * Verbände
  * Staat (Kommunen, Städte, Land, Bund)
  * Medienvertreter
  * Hochschulen
  * Investoren

Nach der **Deutschen Public Relations-Gesellschaft (DPRG)** kann das Vorgehen der Öffentlichkeitsarbeit in der Formel AKTION zusammengefasst werden (www.pr-guide.de):

* **A**nalyse, Strategie, Konzeption (Sachstands- und Meinungs-Analysen, Ziel-/Strategieentwicklung, Programmplanung)
* **K**ontakt, Beratung, Verhandlung
* **T**ext und kreative Gestaltung (Informationsverarbeitung und -gestaltung, Aufbereitung in Informationsträgern)
* **I**mplementierung (Entscheidung, Ausplanung von Maßnahmen, Kosten und Zeitachse)
* **O**perative Umsetzung
* **N**acharbeit, Evaluation (Effektivitäts- und Effizienzanalysen, Korrekturen)

Die **Corporate Identity** beruht auf den Säulen:

* Corporate Design
* Corporate Communications
* Corporate Behavior

Das **Corporate Design** sucht durch ein einheitliches äußeres Erscheinungsbild, die Bekanntheit und die Wiedererkennung des Unternehmens zu erhöhen. Den Elementen des Corporate Design kommt eine Signalwirkung zu, die die Zielgruppen so zu konditionieren versucht, dass z.B. bei einer bestimmten Farbe oder bei einem bestimmten Logo sofort an dieses Unternehmen gedacht wird. Produkt- und Markenidentität sollen mit der in dem Leitbild definierten Unternehmensidentität verschmelzen.

Die PR-Maßnahmen erstrecken sich auf die Verwendung dieser Elemente in der externen und internen Kommunikation.

Die **Corporate Communications** sollen durch einen zielorientierten Informationsfluss zur externen Öffentlichkeit zum Aufbau von Vertrauen, Sympathie und Akzeptanz beitragen. Die Corporate Communications beruhen auf

- Meinungen, Berichten, Gerüchten, die aus der Öffentlichkeit aufgenommen, analysiert und eventuell korrigiert in die Öffentlichkeit zurückgegeben werden,
- erwarteten zukünftigen Entwicklungen in der Öffentlichkeit, die entweder unterstützt oder im Vorfeld abgemildert und richtig gelenkt werden sollen,
- gegenwärtigen und zukünftigen Unternehmensentwicklungen, die der Öffentlichkeit präsentiert und verständlich gemacht werden sollen.

Zur Kommunikation mit der externen Öffentlichkeit stehen dabei einem Unternehmen zahlreiche PR-Instrumente zur Verfügung.

Voraussetzung und Rahmenbedingung für die Glaubwürdigkeit einer Unternehmensidentität ist auch die **Corporate Behavior**, das Verhalten der Unternehmensmitarbeiter. Um die im Unternehmensverhalten geforderte Identifikation der Mitarbeiter mit dem Unternehmen zu verwirklichen, bedarf es der Vorgabe und der Umsetzung von Leitlinien des internen und externen Verhaltens. Um eine hohe Akzeptanz bei allen Mitarbeitern zu erhalten, sollten die verhaltensprägenden Unternehmensleitlinien vom Führungsmanagement vorgelebt und auf allen Ebenen verankert werden. Je konsequenter dies geschieht, um so deutlicher entsteht ein „Wir-Gefühl" der Mitarbeiter und der Kunden (Moeller, 2002, S. 4).

Corporate Design	Corporate Communications	Corporate Behavior
Beeinflussung des Erscheinungsbildes z.B. durch - Design - Architektur - Uniform - Farben - Briefpapier, Visitenkarten, - Schrift, Logo - Markengestaltung	Beeinflussung der Kommunikation in der Öffentlichkeit z.B. durch - Messen - Events - Einsatz von Unternehmenswerbung	Beeinflussung des Mitarbeiterverhaltens z.B. durch - Führungsstil - Vergütung - Personalentwicklung (Beurteilung, Schulung) - Motivation
PR-Maßnahmen	**PR-Maßnahmen**	**PR-Maßnahmen**
Verwendung dieser Elemente bei der internen und externen Kommunikation	Ausstellungen, Tag der offenen Tür, Betriebsbesichtigungen, PR-Anzeigen, Pressemeldungen, Redaktionelle Beiträge, Vorträge, Interviews, Info-Veranstaltungen, Firmenvideos, Jubiläumsveranstaltungen, Stiftungen, Firmenbroschüren, Geschäftsberichte, Kundenzeitschriften	Mitarbeiterbefragungen, Mitarbeiterauszeichnungen, Betriebsversammlungen, interne Vorträge, Stellen für Verbesserungsvorschläge, Beschwerdestellen, Werkzeitschriften, Mitarbeiterjubiläen, Tag der offenen Tür nur für Mitarbeiter und Angehörige

Abb. 128: PR-Maßnahmen zur Erreichung einer Corporate Identity

Die Bedeutung der Öffentlichkeitsarbeit nimmt international zu, wenn die **kulturelle Distanz zwischen Inlands- und Auslandsmarkt** wächst (Hünerberg, 1994, S. 281 ff.). Mögliche Problemfelder sind (Perlitz, 2000, S. 346):

- Identifikation mit den Interessen des Gastlandes
- Herstellung guter Kontakte zu den Regierungsstellen
- Respektierung kultureller und sozialer Eigenheiten
- Beitrag zur Entwicklung des Gastlandes
- Selbstdarstellung des Unternehmens
- Unterstreichen der Unabhängigkeit von der Zentrale

Zur Überprüfung des Konfliktpotenzials zwischen einem Unternehmen und seiner Umwelt bietet sich die **Societal Response Assessment Matrix** der Shell an, die die Konfliktarten den Interessengruppen gegenüberstellt, von denen die Konflikte ausgehen können. Nach der Identifikation möglicher Konfliktfelder sind diese gezielt abzubauen.

Anspruchsgruppen / Einflussfaktoren	Ökonomisch					Sozial				Andere		
	Steueraufkommen	Energiesicherheit	Beschäftigung	Regionale Entwicklung	usw.	Sicherheit	Regionalisierung	Umweltschutz	usw.	Informationspolitik	Kundenbeziehung	usw.
Interessengruppen												
- Wirtschaftspolitiker	□	□	□	□	□	□	□	□	□	□	□	□
- Anteilseigner	□	□	□	□	□	□	□	□	□	□	□	□
- Angestellte	□	□	□	□	□	□	□	□	□	□	□	□
- usw.	□	□	□	□	□	□	□	□	□	□	□	□
Direkt verbundene Gruppen												
- Banken	□	□	□	□	□	□	□	□	□	□	□	□
- Gewerkschaften	□	□	□	□	□	□	□	□	□	□	□	□
- Kunden	□	□	□	□	□	□	□	□	□	□	□	□
indirekt verbundene Gruppen												
- Umweltgruppen	□	□	□	□	□	□	□	□	□	□	□	□
- Verbraucherverbände	□	□	□	□	□	□	□	□	□	□	□	□
- usw.	□	□	□	□	□	□	□	□	□	□	□	□

Abb. 129: Societal Response Assessment Matrix
Quelle: Perlitz, 2000, S. 348

Die internationale Öffentlichkeitsarbeit wird – unabhängig davon, ob man mit einer standardisierten oder differenziertenProduktstrategie arbeitet – in einzelnen Ländern unterschiedliche Zielgruppen mit unterschiedlichen PR-Maßnahmen ansprechen.

6. Sponsoring

Beim Sponsoring bezahlt oder unterstützt ein Sponsor einen Gesponserten mit Geld-, Sach- oder Dienstleistungen dafür, dass der Gesponserte dem Firmen- oder Markennamen, einem Slogan oder einem Logo Öffentlichkeit und damit Bekanntheit verschafft.

Sponsoren können Unternehmen, Verbände, Parteien oder Institutionen sein. Nach den Gesponserten unterscheidet man Sport-, Kultur-, Sozial-, Umwelt- und Wissenschaftssponsoring (Diller, 2001, S. 1587 ff.).

Sportsponsoring	Kultursponsoring	Sozialsponsoring	Umweltsponsoring	Wissenschafts-sponsoring
- Einzelsportler - Mannschaften - Vereine - Verbände - Events (Veranstal- tungen Olymp. Spiele) - Einrichtungen (Stadien, Schwimm- hallen)	- Einrichtungen (Theater, Museen, Galerien) - Veranstaltungen (Konzerte, Opern, Ausstellungen usw.) - Künstler, Orchester, Schriftsteller, Maler	- Karitative Einrichtungen wie Krankenhäuser, Kindergärten, Altenheime - Karitative Organisa- tionen wie Rotes Kreuz, Müttergene- sungswerk usw.	- Umweltorganisa- tionen wie Greenpeace, BUND Öko 2000 - Umweltaktionen z.B. Müllsammelaktion	- Bildungsein- richtungen wie Hochschulen, Akademien - Einrichtung von Lehrstühlen - Wettbewerbe Jugend forscht u.a

Abb. 130: Sponsoringarten nach den Zielgruppen der Gesponserten

Der Betrag, den ein Sponsor auszugeben bereit ist, hängt unmittelbar davon ab welches Image die Gesponserten bei den Zielgruppen haben und wie viel Personen der Zielgruppe sie erreichen. Es reicht also beim Sportsponsoring nicht aus, ein erfolgreicher Sportler zu sein (z.B Ruderer, Gewichtheber), sondern der Sportler muss in einer Sportart erfolgreich sein, die viele Interessierte verfolgen (Fußball, Formel 1). Innerhalb einer Sportart werden dann die Preise, die ein Sponsor zu zahlen hat, wiederum davon abhängen wann, wie lange ein Gesponserter z.B. im Fernsehen (Reichweite und Kontaktzeit) zu sehen ist. So zeigt sich, dass z.B. in der Rennsaison 2000 zwei Teams (Ferrari und McLaren Mercedes) nahezu zwei Drittel der Übertragungszeiten im Fernsehen zu sehen waren.

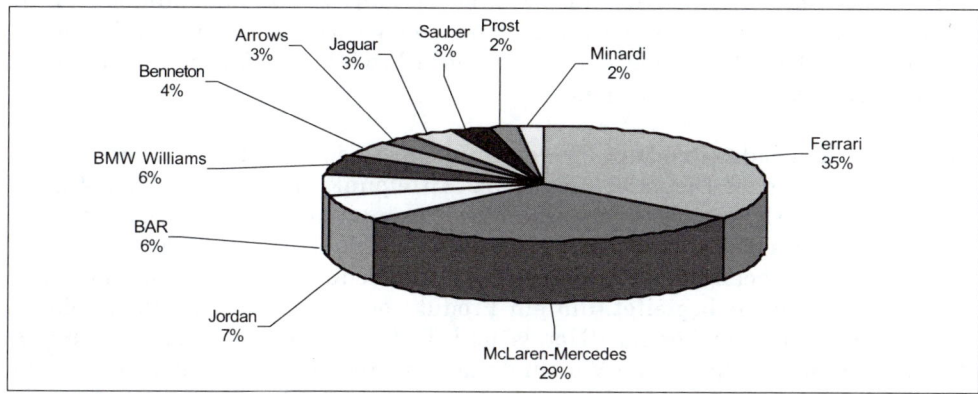

Abb. 131: Anteil der Teams an den Live Übertragungen Saison 2000
Quelle: Wirtschaftswoche 2001

Das Sponsoring zeichnet gegenüber den klassischen kommunikationspolitischen Instrumenten dadurch aus, dass

- der wachsende Werbewiderstand umgangen wird (Beim Fernsehspot wird oftmals auf einen anderen Kanal „gezappt". Bei einem Fußballspiel muss der Zuschauer den Trikotschriftzug während des gesamten Spiels sehen),
- bestimmte Zielperson zielgenau, d.h. mit wenig Streuverlusten, zu erreichen sind (Sponsoring für hochwertige Uhren und Schmuck bei einem Golfturnier),
- rechtliche Werbebarrieren (Werbung nur bis 20 Uhr im öffentlich rechtlichen Fernsehen) umgangen werden können,
- ein Imagetransfer des Gesponserten auf das Unternehmen stattfindet und das Sponsoring somit eine höhere Kontaktqualität bietet.

Anders als bei den anderen kommunikationspolitischen Instrumenten bietet Sponsoring den Vorteil, dass sofern das Sponsoring internationale Aufmerksamkeit findet, die gleichen Zielgruppen in verschiedenen Ländern angesprochen werden. Das Sponsoring eines Pop-Konzerts, der Formel 1 oder der Olympischen Spiele findet oft weltweite Aufmerksamkeit. Der Unternehmensauftritt muss – anders als bei der Öffentlichkeitsarbeit – nicht von Land zu Land neu gestaltet werden.

7. Product Placement

Unter Product Placement versteht man die Darstellung, Verwendung oder Erwähnung von Produkten in Spiel-, TV-Filmen und Videos in einer Art und Weise, die für den Zuschauer Namen, Marke oder Ort eindeutig erkennbar machen.

Die Produktplatzierung eines roten Alfa-Romeo Spiders in dem 1967 entstandenen Film „Die Reifeprüfung" mit Dustin Hoffmann gilt als erster Fall von Product Placement. Seitdem gibt es keine Grenzen für die Darstellung. Sie reicht von Bonbons, über Hotels bis zur Darstellung politischen Wirkens („Das ist mein Freund Maiwald vom Entwicklungsministerium" in „Klinik unter Palmen"). Der ursprüngliche Gedanke Produkte, die dramaturgisch im Film erforderlich sind, nicht namenlos zu präsentieren, ist inzwischen ausgeweitet. So fährt z.B. in Jan Guillou´s Buch „Unternehmen Vendetta" die Hauptperson einen Citroën, im Film „Vendetta" dagegen einen Saab. Außerdem wurden zahlreiche Produkte im Film neu eingebracht, die im Buch nicht erwähnt werden.

Man unterscheidet das **Product Placement** i.e.S. bei dem Produkte – überwiegend Markenartikel – oder Dienstleistungen im Mittelpunkt der Präsentation stehen. Beim **Corporate Placement** geht es um die Präsentation des Firmennamens. Das Gesamtbild eines Unternehmens in der Öffentlichkeit soll wie bei der Public Relations positiv beeinflusst werden (vgl. H.5.). Product Placement wird oft von Corporate Placement begleitet, um ein Produkt oder eine Dienstleistung einem Anbieter zuordnen zu können (Hotels und TUI in „Schöne Ferien"). **Generic Placement** ist die allgemeine Verwendung von Produkten, ohne den Namen zu zeigen. Hier geht es darum z.B. durch demonstratives Rauchen zu zeigen, wie erfolgreich Raucher sind oder durch demonstratives Essen vegetarischer Kost zu zeigen, wie fit und gesund diese Leute sind.

Hinsichtlich der Präsentationsart unterscheidet man On Set Placement und Creative Placement. Beim **On Set Placement** (stilles Placement) spielt der präsentierte Gegenstand nur eine untergeordnete Rolle am Rande der Handlung. Er wird nicht näher in die Handlung einbezogen und nur selten vom Zuschauer bewusst wahrgenommen. Beim **Creative Placement** wird das Produkt dagegen auf kreative Weise in die Handlung eingebaut. Es wird in einer bereits im Drehbuch vorhandenen Szene verwendet, um den Produktnutzen zu unterstreichen. Hier soll oftmals das Image des Darstellers auf das Image des Produktes übertragen werden. Handlung, Darsteller und Produkt bilden eine Einheit.

Form	Intensität	Beispiele
Product Placement im engeren Sinne	On-Set Placement	Paroli Bonbons in der Serie „Tatort" Mercedes in der TV-Serie „Dallas" Whiskas (verbal) in „Im Angesicht des Todes" Beck´s Bier in „Operation Dead End" Audi in der TV-Serie „Schwarzwald Klinik"
	Creative Placement	Coca-Cola in „Die Götter müssen verrückt sein" Reese´s Pieces in „E.T. - Der Außerirdische" VW in der Kino-Serie „Ein toller Käfer" Ferrari in der TV-Serie „Magnum"
Corporate Placement	On Set Placement	TUI in der TV Serie „Schöne Ferien" Lufthansa in der TV-Serie „Grenzenloses Himmelblau"
	Creative Placement	MS Astor in der TV-Serie „Traumschiff" Tiffany´s Schmuckhandel in „Frühstück bei Tiffany"
Generic Placement	On Set Placement	Demonstratives Zigaretten rauchen Demonstrativer Alkoholkonsum
	Creative Placement	Götterspeise in der TV-Serie „Liebling Kreuzberg"

Abb. 132: Formen des Product Placement
Quelle: Bente, 1990, S. 34

Bei der Umsetzung des Product Placement gibt es zwei Möglichkeiten. Die Film- und Fernsehgesellschaften haben entweder eigene Abteilungen, die Planung und Abwicklung selbstständig durchführen und Kontakt zu Unternehmen halten, die am Placement interessiert sind oder sie arbeiten mit externen Unternehmen zusammen. Solche Unternehmen sind Placement Agenturen oder Placement Abteilungen in Werbeagenturen. Den Interessenten werden dabei Drehbücher zur Verfügung gestellt mit Informationen darüber, welche Produkte, wie lange gezeigt werden und welcher Schauspieler diese Produkte verwendet.

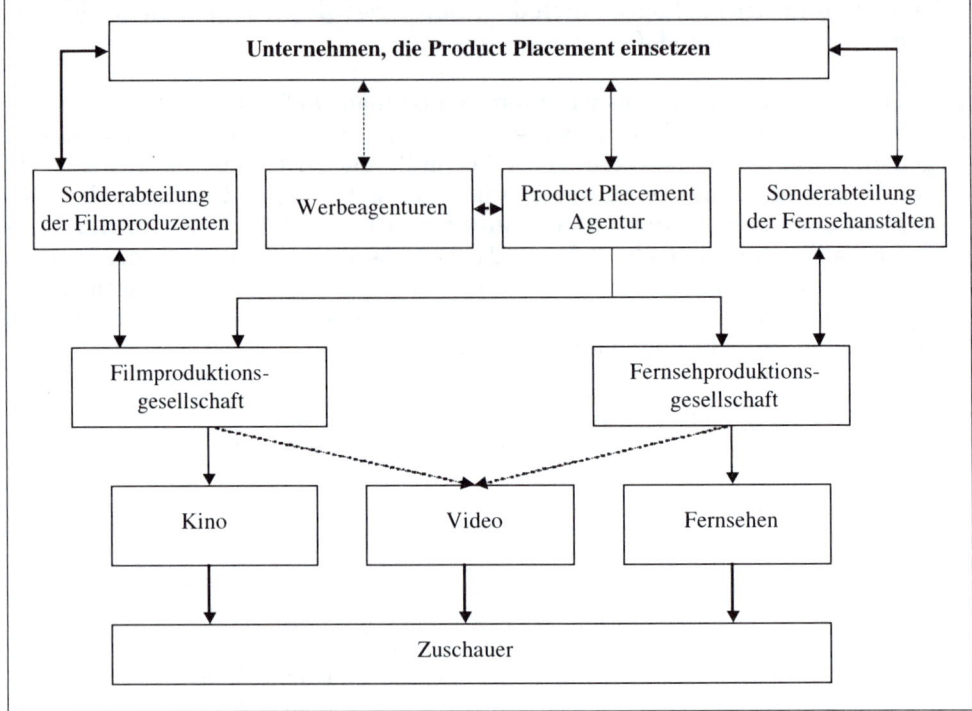

Abb. 132: Die Strukturelemente des Marktes für Product Placement
Quelle: Hermanns, 2002

Product Placement wird eine starke Werbewirkung zugesprochen. Der **Vorteil des Placement** liegt

- in der Leitbildfunktion und im Imagetransfer.
  Schauspieler (Stars) haben oftmals Leitbildfunktion. Sie sind unerreichbare Idole, deren Verhalten, Handlungen und Produktverwendungen nachgeahmt werden. Ihr Image wird als positive Assoziation auf das Produkt übertragen. Dabei ist darauf zu achten, dass das Image des Schauspielers und das gewünschte Produktimage übereinstimmen.
- in der unbewussten Beeinflussung.
  Bei der Werbung ist es selbstverständlich, dass ein Anbieter sein Produkt lobt. Beim Placement muss nicht einmal der Produktname erwähnt werden, allein die Tatsache, dass der beliebte Star das Produkt verwendet überzeugt.
- in dem Umgehen der rechtlich eingeschränkten Werbezeit im öffentlichen Fernsehen.
- in der Vermeidung des Werbewiderstandes (Reaktanz).
  Die Reaktanz kommt bei Werbeblöcken durch das Zappen auf andere Kanäle zum Ausdruck.
- in der internationalen Einsetzbarkeit.
  Kino- und TV-Filme werden zunehmend international vermarktet und prominente Schauspieler sind international bekannt. **Das Product Placement erzielt also**

ohne Veränderung international eine gleiche Wirkung, wenn Schauspieler überall das gleiche Image haben.

Rechtlich ist nach einem BGH Urteil von 1990 das Product Placement sowohl bei öffentlich-rechtlichen als auch bei privaten Rundfunk- und Fernsehanstalten untersagt. (Rundfunkstaatsvertrag von 1987: Werbung ist vom übrigen Rundfunkprogramm deutlich zu trennen und als solche zu kennzeichnen. Sie darf das übrige Rundfunkprogramm inhaltlich nicht beeinflussen.). Dies gilt jedoch nicht für die kostenfreie Bereitstellung von Produkten als Requisite.

Die Tatsache, dass dennoch in der Praxis kaum ein TV Film ohne Product Placement zu sehen ist, deutet darauf hin, dass zwischen allen Beteiligten ein Konsens existiert, da sowohl Unternehmen als auch die Medienindustrie am Placement interessiert sind.

8. Direktwerbung

Direktwerbung ist die unmittelbare Ansprache von ausgewählten Zielpersonen durch (Bruns, 1998, S. 105 ff.):

❑ adressierte Ansprache
  • Direct Mailing
  • Telefon
  • Fax
  • E-Mail
  • SMS Werbung

❑ nicht adressierte Ansprache
  • Haushaltswerbung

Unter **Direct Mailing** versteht man die Zusendung eines Werbebriefs oder eines Anschreibens, dem ein Prospekt, eine CD, eine Probe usw. beigefügt ist. Dieser Brief ist persönlich adressiert. Bei den Adressen handelt es sich um Kundenadressen oder um Adressen, die von Adressverlagen oder Listbrokern gekauft oder gemietet wurden.

Für den Einsatz des **Telefons** gelten in Deutschland strenge Bestimmungen. So ist im Privatbereich ein aktiver Kontakt nur nach vorherigem Einverständnis der Zielperson erlaubt. Im geschäftlichen Bereich (B2B Sektor) ist die telefonische Kontaktaufnahme, dann erlaubt, wenn ein Einverständnis vermutet werden kann.

Da die Übertragung eines **Faxes** auch beim Empfänger Kosten verursacht, ist die aktive Kontaktaufnahme noch strenger geregelt. Das Fax darf zu Werbezwecken nur dann eingesetzt werden, wenn sowohl im privaten wie im geschäftlichen Bereich ein ausdrückliches Einverständnis vorliegt oder wenn im geschäftlichen Bereich ein Bedürfnis vermutet werden kann und aufgrund der Eilbedürftigkeit keine andere Übertragung möglich ist.

Auch Werbung per E-Mail oder SMS ist nur mit ausdrücklichem Einverständnis erlaubt.

Unter **Haushaltswerbung** wird die direkte Ansprache der Zielgruppen durch Werbemittel – in der Regel in Briefkästen – verstanden. Solche Werbemittel können Prospekte, Handzettel, Anzeigen, Proben oder Muster sein. Die Übermittlung der Werbebotschaft erfolgt durch die Tätigkeit von Zusteller- und Verteilerorganisationen.

Vorteile der Direktwerbung sind

- Verringerung der Streuverluste durch genaue Ansprache der Zielperson,
- besseres Eingehen auf die Bedürfnisse der Zielperson,
- intensiverer Kontakt als bei Werbung in Massenmedien, da der Umfang der Botschaft ausführlicher ist.

Die **internationale Einsetzbarkeit** der Direktwerbung hängt ab, von

- den rechtlichen Bestimmungen,
- der Akzeptanz als Kommunikationsmedium,
- der Infrastruktur (Telefonnetz, Briefverteilung, Internetzugang).

9. Messen

9.1 Bedeutung von Messen

Messen sind regelmäßig wiederkehrende Veranstaltungen, auf denen eine Vielzahl von Ausstellern das wesentliche Angebot einer oder mehrerer Wirtschaftszweige ausstellt (§ 64 der Gewerbeordnung). Die Unterscheidung zwischen einer „Messe" als Präsentation im B2B Bereich und „Ausstellung" als Präsentation, die sich an private Konsumenten richtet (B2C Bereich), ist heute bedeutungslos.

Die Messe berührt viele Elemente des Marketing Mix. Insbesondere im Kommunikationsmix fördert sie auf der ersten Ebene den persönlichen Informationsaustausch zwischen Ausstellern und Besuchern. Die Einwirkungsmöglichkeiten auf Kunden und potenzielle Kunden sind nicht zuletzt durch das Umfeld intensiver als bei einem Kundenbesuch. Auch die Informationsgewinnung wird durch das zwanglose Messeumfeld erleichtert. Zum anderen erlaubt die Messe eine intensive und aktive Produktinformation, denn es wird nicht nur über Produkte informiert, sondern sie sind zu besichtigen bzw. in der Anwendung oder im Einsatz zu beobachten.

Auf der zweiten Ebene hat die Messe einen hohen Grad von Ereignischarakter. Der Anbieter kann dem Messebesucher durch „produktbezogene" Showeinlagen, dem Messebesucher ein eindrucksvolles Erlebnis bieten (AUMA, 2002).

Die AUMA stellt diese Überlegungen in folgender Übersicht dar:

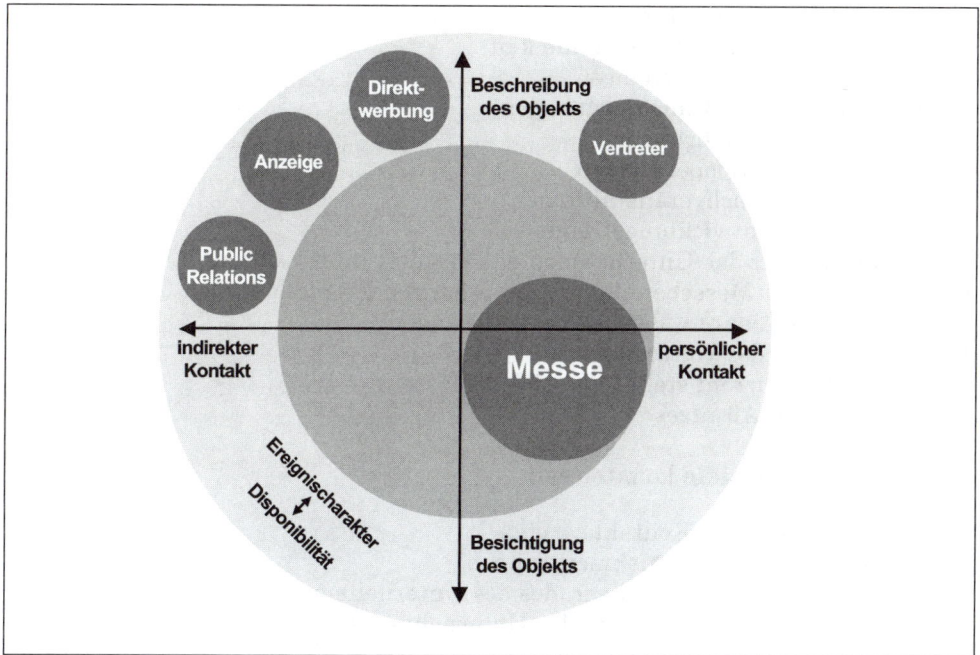

Abb. 134: Messe im Kommunikationsmix
Quelle: Ausstellungs- und Messe AG (Auma)

Messen können insbesondere im internationalen Geschäft ein **praxisbezogener Test** vor Einführung eines Produktes sein, wie die Produktakzeptanz zu beurteilen ist und ob die angestrebten Zielgruppen erreicht werden können.

Voraussetzung ist eine rational geplante Messebeteiligung.

9.2 Messeziele, -auswahl und -organisation

Entscheidungskriterien für die Auswahl einer Messe sind:

- die Marketing Ziele (Erschließung eines neuen Ländermarktes, Intensivierung des Absatzes (Marktdurchdringung) auf einem bereits erschlossenen Markt)
- die Eignung der Messe zur Zielerreichung
- die Kosten der Messebeteiligung und das zur Verfügung stehende Budget

Die aus den Marketingzielen abgeleiteten **Messeziele** sollten bereits vor der Überlegung einer Messebeteiligung aufgrund der Länderauswahl oder der bestehenden Aktivitäten auf einem Ländermarkt vorliegen.

Hierbei kann es sich um folgende **Beteiligungsziele** handeln (AUMA 2002):

- kennen lernen neuer Märkte
- Überprüfung der Konkurrenzfähigkeit
- Erkundung von Exportchancen
- Orientierung über Branchensituation
- Austausch von Erfahrungen
- Anbahnung von Kooperationen
- Beteiligung an Fachveranstaltungen
- erkennen von Entwicklungstrends
- neue Märkte für das Unternehmen/das Produkt interessieren
- Kopplung einer Messebeteiligung mit ergänzenden Maßnahmen
  (Aktionen, Seminaren, Betriebsbesichtigungen)
- kennen lernen der Wettbewerber
  (welcher Konkurrent stellt auf welcher Messe was aus?)
- Steigerung des Absatzes

Kommunikationsziele könnten sein:

- Ausbau persönlicher Kontakte
- kennen lernen neuer Abnehmergruppen
- Steigerung des Bekanntheitsgrades des Unternehmens
- Steigerung der Werbewirkung des Unternehmens gegenüber der Öffentlichkeit
- Vervollständigung der Abnehmerkartei
- Ausbau der Pressearbeit
- Diskussion mit Abnehmern über Wünsche und Ansprüche
- Pflege der bestehenden Geschäftsbeziehungen (Kontaktpflege)

Hinsichtlich des **Einzugsbereichs und der schwerpunktmäßigen Ausrichtung** lassen sich folgende Typen unterscheiden:

❏ Messetypologie nach dem Einzugsgebiet
  - Internationale Messen/Ausstellungen
  - Überregionale Messen/Ausstellungen
  - Regionale Messen/Ausstellungen

❏ Messetypologie nach der Branche
  - Universalmessen
  - Mehrbranchenmessen
  - Fachmessen
  - Kongressausstellungen
  - Verbraucherausstellungen

Als **international** gelten Messen, die mindestens 10 % ausländische Aussteller und mindestens 5 % ausländische Fachbesucher aufweisen und das wesentliche Angebot eines oder mehrerer Wirtschaftszweige zeigen (AUMA Leitsätze).

Überregionale Messen weisen auf der Besucherseite ein Einzugsgebiet auf, das über die Region hinaus geht. Entsprechend kommen bei einer **regionalen Messe** die Besucher überwiegend aus der Region.

Universalmessen, die sowohl ein breites Konsumgüter als auch Investitionsgüterangebot präsentieren, gibt es kaum noch. Auch die **Mehrbranchenmessen** haben an Bedeutung verloren. Es dominieren die **Fachmessen**, die Produkte bestimmter Herstellerbereiche zusammenfassen oder häufiger unterschiedliche Produkte für gleiche Zielgruppen vorstellen.

Die **Auswahl einer Messe** wird danach erfolgen, ob sie die Erreichung der Marketingziele unterstützt (z.B. Werden die bisherigen Kundenkreise erreicht? Werden neue Zielgruppen angesprochen? Werden Meinungsbildner und Entscheidungsträger die Messe besuchen? Findet ein zusätzlicher Kongress statt?)

Parallel hierzu ist zu überlegen, ob für die Teilnahme an einer als geeignet erkannten Messe auch das entsprechende **Budget** zur Verfügung steht. Die wesentliche Kostenfaktoren sind (AUMA 2002):

- Standmiete, Energieversorgung (Grundkosten)
- Standbau/-ausstattung
- Standservice und Kommunikation
- Transport und Entsorgung
- Personal und Reisen

Es ist ferner zu prüfen, ob die Beschickung einer Auslandsmesse im Rahmen des „Auslandsprogrammes des Bundes und der Länder" finanziell gefördert wird. Damit soll der Einstieg in ausländische Märkte erleichtert werden. Die Unterstützung erfolgt jedoch nur, wenn die Beteiligung in Form eines Gemeinschaftsstandes stattfindet (AUMA Publikation: Erfolg auf Auslandsmessen).

Die **organisatorische Abwicklung** einer Auslandsmesse erfordert frühzeitig einen genauen Termin- und Ablaufplan mit Zeitpuffer und Veranwortlichkeiten. Im Einzelnen sind folgende Aspekte bei der Messevorbereitung zu beachten:

❏ erkennen der Bedeutsamkeit der Messe im Marketing
❏ einholen von Informationen über den Messeplatz eines bestimmten Landes
❏ Ausarbeitung von Zielen der Messebeteiligung
❏ Budgetüberprüfung
❏ Auswahl und Entscheidung
❏ organisatorische Abwicklung u.a.
  - Anforderung der Teilnahmebedingungen
  - Sicherheitsbestimmungen
  - Anmeldung
  - Versicherungen
  - Katalogeintragung
  - Serviceangebote der Messegesellschaft
  - Transport und Lagerung
  - Beteiligung am Rahmenprogramm
❏ Entwurf und Auftrag zum Bau des Messestandes
❏ Auswahl der Exponate

❏ Organisation des Standbetriebes
  • An- und Abreise
  • Unterkunft
❏ Werbung und Öffentlichkeitsarbeit
❏ Nacharbeit.

10. Events

Ein Kennzeichen moderner Gesellschaften in Industrieländern ist die zunehmende Erlebnisorientierung. Man möchte etwas Besonderes erleben, „live" dabei sein und von der passiven zur aktiven Beobachterrolle wechseln (Zanger, 2001, S. 833). Vor diesem Hintergrund werden erlebnisorientierte Veranstaltungen von Unternehmen zur Erreichung ihrer kommunikationspolitischen Ziele genutzt.

Unter **Event kann ein inszeniertes Ereignis** – erlebnisorientierte unternehmensbezogene oder produktbezogene Veranstaltung – im Rahmen der Unternehmenskommunikation verstanden werden.

Das Event-Marketing umfasst neben der zielorientierten Planung und Organisation, auch die Umsetzung sowie die Nachbereitung von Events. Events stellen somit den Kern des Event-Marketing dar (Diller, 2001, S. 439 ff.). **Events sollen über die Darbietung emotionaler und physischer Reize einen starken Aktivierungsprozess auslösen.** Während anfangs dieses Instrument vorwiegend von Konsumgüterherstellern und in der Medienindustrie eingesetzt wurde, wird es heute auch zunehmend von Banken oder anderen Dienstleistern und von Investitionsgüterherstellern verwandt.

Gründe für die wachsende Bedeutung des Event Marketing:

• Die Gesellschaft handelt zunehmend erlebnisorientiert.
  Diese Tendenz zeigt sich an der wachsenden Bedeutung von Erlebnis-Parks, Erlebnis-Gastronomie, Erlebnis-Urlauben. Klassische Kommunikationsinstrumente können dieses Bedürfnis nur unzureichend erfüllen.

• Die Verbraucher nehmen nur das „Außergewöhnliche" wahr.
  Die klassische Werbung kann die Verbraucher immer schwerer erreichen. Zu viele Botschaften, zu wenig persönliche Ansprache, wachsender Werbewiderstand.

• Event-Kontakte sind mehrdimensional.
  Sie können alle Sinne ansprechen (sehen, hören, riechen, schmecken, fühlen). Sie vermitteln Eindrücke mit hohem Erinnerungswert.

• Events bieten die Chance zur „echten" Kommunikation.
  Event-Besucher kommen in der Regel neugierig und offen, freiwillig zu einer Veranstaltung. Event-Marketing ist somit ein wichtiger Baustein des Customer Relationship Management (CRM).

Die gestiegene Nachfrage nach Events hat dazu geführt, dass sich neben den Werbe-, PR- und klassischen Veranstaltungsagenturen eigenständige Event-Agenturen entwickelt haben.

Das Event-Marketing wird zur Erreichung

- operativer (kurz- und mittelfristiger) Ziele und
- strategischer (langfristiger) Ziele

eingesetzt.

Operative Ziele sind die kurzfristige emotionale Aktivierung oder die Erhöhung der Dialogbereitschaft der Teilnehmer.

Strategische Ziele sind die positive Beeinflussung der Einstellung zum Unternehmen oder zu einer Marke sowie die Verfestigung der emotionalen Kundenbindung und die Erhöhung des Kaufinteresses und der Kaufbereitschaft durch eine längerfristige Gedächtniswirkung und Verhaltensbeeinflussung.

Soll das Event-Marketing dem Anspruch nach erlebnisorientierter Vermittlung von Kommunikationsinhalten gerecht werden, müssen eine Reihe von Anforderungen erfüllt werden (Zanger, 2001, S. 837 ff.):

- Events werden nur dann glaubwürdig sein und Teilnehmer emotional binden können, wenn sie keinen Verkaufscharakter haben
- Events müssen Botschaften der Kommunikation in erlebbare Ereignisse umsetzen. Tatsächliches Erleben und eigene Erfahrung führen zu einer intensiveren Einstellungs- und Verhaltensbeeinflussung als sie durch massenmediale Kommunikation zu erreichen ist
- Events sind interaktionsorientiert, sie beziehen die Teilnehmer in die dargebotene Erlebniswelt ein
- Events unterscheiden sich von der Alltagswirklichkeit der Zielgruppe und führen durch dieses Abwechslungspotenzial zur Aktivierung
- Events streben einen hohen Grad von individueller Ansprache an und vermeiden so die Streuverluste der Massenkommunikation
- Events sind Teil der Unternehmenskommunikation und mit den anderen Instrumenten abzustimmen

Die Veranstaltungsformen, die durch das Event-Marketing entwickelt wurden, lassen sich nach den Zielgruppen, der Art der Interaktion d.h. der aktiven Einbeziehung der Teilnehmer und dem Erlebnisbereich, aus dem den Teilnehmern emotionale und physische Reize dargeboten werden, gliedern.

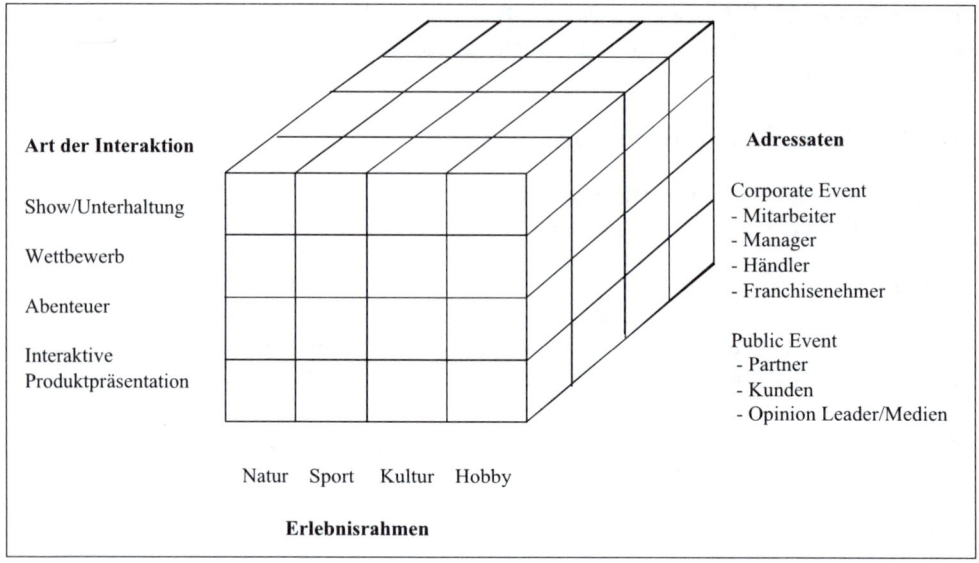

Art der Interaktion

Show/Unterhaltung

Wettbewerb

Abenteuer

Interaktive
Produktpräsentation

Adressaten

Corporate Event
- Mitarbeiter
- Manager
- Händler
- Franchisenehmer

Public Event
- Partner
- Kunden
- Opinion Leader/Medien

Natur   Sport   Kultur   Hobby

Erlebnisrahmen

Abb. 135: Dimensionen des Event Marketing
Quelle: Zanger, 2001, S. 838

In der Praxis wird hauptsächlich nach dem Zielgruppenbezug unterschieden in

- Public Events
  Breiter Teilnehmerkreis (Endverbraucher, Meinungsführer und Medienvertreter als Multiplikatoren
- Corporate Events
  Eingeschränkter Teilnehmerkreis z.B. Mitarbeiter, Händler, Franchisenehmer.

Public Events sind z.B. die Präsentation der Erlebniswelt einer Marke auf Sportwettbewerben, Road Shows oder Abenteuertouren. Bei Markenartikeln stellen Jugendliche eine wichtige Zielgruppe dar. Bei **Corporate Events** werden Präsentations-, Informations- und Motivationsveranstaltungen erlebnisorientiert durchgeführt (z.B. Neuproduktvorstellungen, Kick-off-Meetings zum Start von Projekten, Händler- und Außendienstwettbewerben, Firmenkonferenzen oder -galas, Incentive Reisen für Manager und Mitarbeiter).

Sonderformen sind **Messe-Events**, die für einen öffentlichen Teilnehmerkreis und Fachbesucher durchgeführt werden können. Junge Zielgruppen können durch **Internet-Events** und Events, die das Internet in die Inszenierung einbinden, aktiviert werden.

Kontrollfragen

(1) Beschreiben Sie den Ablauf der Werbeplanung.

(2) Beschreiben Sie den Zusammenhang bzw. Unterschied zwischen Marketing-zielgruppen und Werbezielgruppen.

(3) Erläutern Sie zwei Methoden der Budgetfestlegung. Welche Probleme gibt es bei der Budgetfestlegung?

(4) Welche internationalen Einflussfaktoren sind bei der Gestaltung von Werbe-botschaften zu berücksichtigen?

(5) Was versteht man unter Global-, Glocal- und Local Advertising?

(6) Wann kann man mit einem standardisierten und wann muss man mit einem differenzierten Werbekonzept arbeiten?

(7) Werbemittel lassen sich nach verschiedenen Kriterien einteilen. Nennen Sie zwei solcher Einteilungskriterien.

(8) Nennen Sie fünf Kriterien, die für die Auswahl von Werbeträgern eine Rolle spielen.

(9) Nennen Sie drei Werbewirkungen, die man mit Pretests und drei Wirkungen, die man mit Posttests ermitteln möchte.

(10) Was versteht man unter aktiver, was unter passiver Erinnerungswirkung und wie misst man sie?

(11) Nennen Sie drei Vorteile der Internet-Werbung (online Werbung) gegenüber der klassischen Werbung z.B. in Printmedien oder TV Werbung.

(12) Welche rechtlichen Fragen sind bei der Internet-Werbung, die zwangsläufig länderübergreifend ist, zu beachten?

(13) Grenzen Sie die Verkaufsförderung von der Werbung hinsichtlich des zeitli-chen Einsatzes und der Zielgruppen ab.

(14) Nennen Sie fünf Beispiele für Verkaufsförderungsaktionen, die an den End-verbraucher gerichtet sind.

(15) Nennen Sie acht Beispiele für Aufgaben, die von einem Verkäufer wahrgenom-men werden müssen.

(16) Worin unterscheidet sich die Öffentlichkeitsarbeit von der Werbung oder der Verkaufsförderung?

(17) Erläutern Sie in welchem Zusammenhang Corporate Identity und Image stehen.

(18) Erklären Sie die drei „Säulen" der Corporate Identity.

(19) Nennen Sie drei Vorteile des Sponsoring gegenüber der klassischen Werbung.

(20) Geben Sie je zwei Beispiel für Kultur-, Sozial- und Wissenschaftssponsoring.

(21) Grenzen Sie die Begriffe Product Placement, Corporate Placement und Generic Placement voneinander ab.

(22) Wodurch unterscheiden sich On Set Placement und Creative Placement?

(23) Es wird behauptet, dass man mit dem Product Placement die Werbereaktanz überwinden kann. Was ist damit gemeint? Stimmen Sie dieser Behauptung zu?

(24) Was ist der Vorteil eines persönlichen Mailings gegenüber der Ansprache mit einem Massenmedium?

(25) Welche Voraussetzungen müssen erfüllt sein, um in verschiedenen Ländern Direktwerbung betreiben zu können?

(26) Inwiefern unterscheiden sich Messen und Events von der traditionellen Werbung oder Verkaufsförderung?

(27) Nennen Sie fünf Ziele für eine Beteiligung an einer Messe.

(28) Skizzieren Sie die einzelnen Schritte der organisatorischen Abwicklung einer Messebeteiligung.

(29) Erläutern Sie zwei Gründe für die wachsende Bedeutung des Event-Marketing.

(30) Erklären Sie die operativen und strategischen Ziele des Event-Marketing.

Lösungshinweise

Literatur

Ausstellungs- und Messe AG (AUMA), Erfolgreiche Messebeteiligung, Köln 2002, www.auma.de

Bente, Klaus, Product Placement, 1990, Deutscher Universitätsverlag, Wiesbaden, S. 34

Bruhn, Manfred, Multimedia Kommunikation, Verlag C.H. Beck, München 1997, S. 9

Bruns, Jürgen, Direktmarketing, Friedrich Kiehl Verlag 1998, S. 115 ff..

Deutsche Public Relations-Gesellschaft (DRPG), www.pr-guide.de, Berufsbild, Ziffer 2.

Diller, Hermann (Hrsg.), Vahlens Großen Marketing Lexikon, Verlag C.H. Beck und Verlag Vahlen, 2. Aufl., München 2001, S. 1855 ff.

Fritz, Wolfgang, Internet-Marketing und Electronic Commerce, Gabler Verlag 2000, S. 120 ff.

Gounalakis, Georgios, Werbung im Internet, Rechtliche Aspekte, Leitfaden E-Business, Heft 19, Pricewaterhouse Coopers Int., Frankfurt 1999, S. 7 ff.

Hermanns, Arnold, Operatives Marketing I – Kommunikation, www.unibarmuenchen.de

Hünerberg, Reinhard, Internationales Marketing, Verlag Moderne Industrie, Landsberg 1994, S. 249.

Huth, Rupert/Pflaum, Dieter, Einführung in die Werbelehre, Kohlhammer Verlag, 5. Aufl., Pforzheim 1991, S. 99 ff.

Moeller, Guenter, Corporate Identity und Corporate Image, Loseblattwerk: Das innovative Unternehmen, www.innovation-aktuell.de/ kv1004-01-htm, 2002, S. 1

Perlitz, Manfred, Internationales Management, Reihe UTB 1560, Verlag Lucius & Lucius, 4. Aufl., Stuttgart 2000, S. 348

Rogge, Hans-Jürgen, Werbung, 5.Aufl. Kiehl Verlag, Ludwigshafen 2000, S. 34

Schoppe, Siegfried, Kompendium der internationalen Betriebswirtschaftslehre, 4. Aufl., Oldenbourg Verlag, München, Wien 1998, S. 539

Werbung in Deutschland 2002, Zentralverband der Deutschen Werbewirtschaft (ZAW), Bonn 2002, S. 25 ff., 125

Wirtschaftswoche, Sponsoring, 13.1.2001

Zanger, C., Eventmarketing, in: Tscheulin, D., Helmig, B. (Hrsg.), Branchenspezifische Besonderheiten des Marketing, Stuttgart 2001, S. 833 ff.

I. Implementierung des internationalen Marketing Managements

Aufgabe des internationalen Marketing Managements ist es, zu einer Ausrichtung aller Funktionen eines Unternehmens auf die Bedürfnisbefriedigung der Kunden auf den ausgewählten internationale Märkten beizutragen.

Dieses erfordert über die Aufgabe des Marketings hinaus die Schaffung

- organisatorischer Voraussetzungen in der Unternehmensstruktur0,
- eines leistungsfähigen Führungs- und internen Kommunikationssystems,
- eines internationalen Finanzmanagements,
- eines internationalen Controllings.

Nur bei einer optimalen Gestaltung dieser Rahmenbedingungen und Instrumente kann das Marketing international effizient die Risiken eines Unternehmens vermindern und die Marktchancen eines Unternehmens nutzen helfen. Politische Einflüsse, gesetzliche Vorschriften oder kulturelle Unterschiede stellen allerdings oftmals Restriktionen für eine optimale Gestaltung dar.

1. Internationale Unternehmensstrukturen

Gemäß der Forderung „structur follows strategy" ist eine organisatorische Ausrichtung aller Unternehmensbereiche auf die Erfordernisse des internationalen Marketing zu vollziehen. Die Organisationsstruktur bestimmt das Ausmaß, in dem Aufgaben zentral oder dezentral in verschiedenen Ländern wahrgenommen werden. Sie soll sicherstellen, dass Entscheidungen möglichst reibungslos umgesetzt werden. („Global corporations need strong coordination at headquarters to provide and supervise implementation of global strategy. But local subsidiary managers may have different opinions and pull away from that strategy. Or local government pressures may require greater local responsiveness, even if it means diverging from global strategy. Thus the major task for organizing structure is to mediate between the opposing needs for centralization and local responsiveness" (Terpstra, 1994, S. 655)).

Je nach der grundsätzlichen Managementausrichtung (D.1.2) und der angestrebten Strategie der Markterschließung (D.2) – vom indirekten Export bis zur voll integrierten Fertigungsstätte – treten unterschiedliche Organsationsformen in den Vordergrund.

In der **funktionalen Organisation** nehmen die Topmanager Beschaffung, Produktion, Finanzen, Personal, Marketing usw. für alle Produkte global wahr. Probleme können immer dann auftreten, wenn Tochtergesellschaften nicht einer

Funktion (z.B dem Vertrieb oder der Produktion) zugeordnet werden können. Mit wachsender Diversifikation der Auslandsaktivitäten nehmen die Koordinations-aufgaben zu und die Belastung der Konzernzentrale wird größer (Welge, 1998, S. 149). Dieses hohe Maß an Spezialisierung findet sich deshalb im Wesentlichen in Unternehmen mit einem schmalen Programm und einer begrenzten Anzahl von bearbeiteten Auslandsmärkten. Großer Nachteil dieser Organisationsform ist ferner die fehlende Produktverantwortung, die zwangsläufig zu zeitraubenden Abstimmungen mit der Unternehmensführung führt.

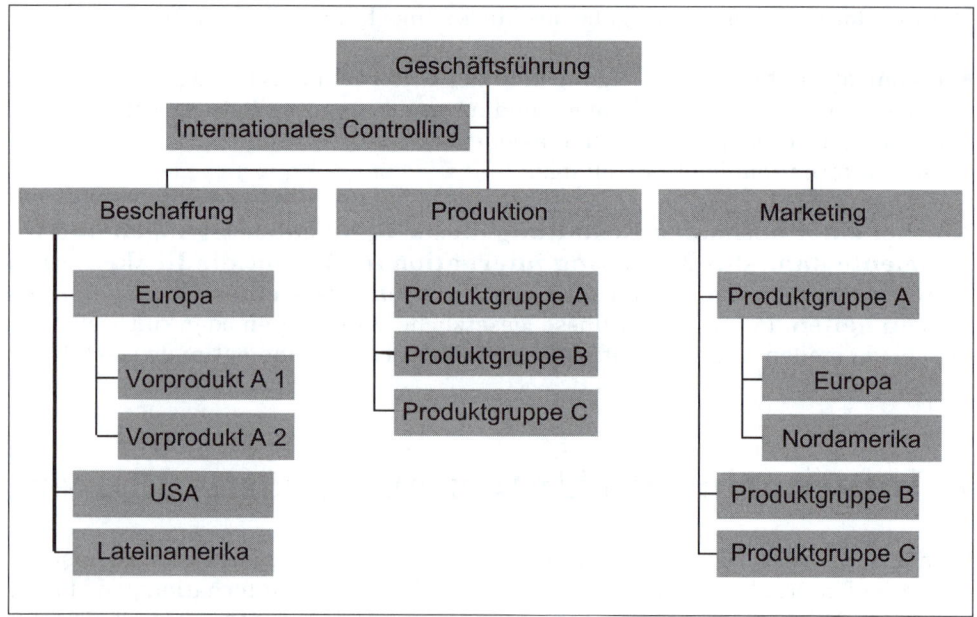

Abb. 136: Funktionale Organisation

In der **produktorientierten Organisation** (auch: Spartenorganisation, Divisionale Organisation, Organisation nach Business Units) tragen die Führungskräfte der zweiten Ebene weltweit die Verantwortung für ihre Produktgruppe. Die Verant-wortung umfasst alle Funktionen von der Beschaffung, über das Personal, die Produktion bis zum Vertrieb. In Sparten finden sich alle Funktionen eines Unter-nehmens wieder. Diese Ergebnisverantwortung erlaubt die Bildung von Profit Centern. Auf diese Weise wird die Motivation und Kreativität der Mitarbeiter gefördert.

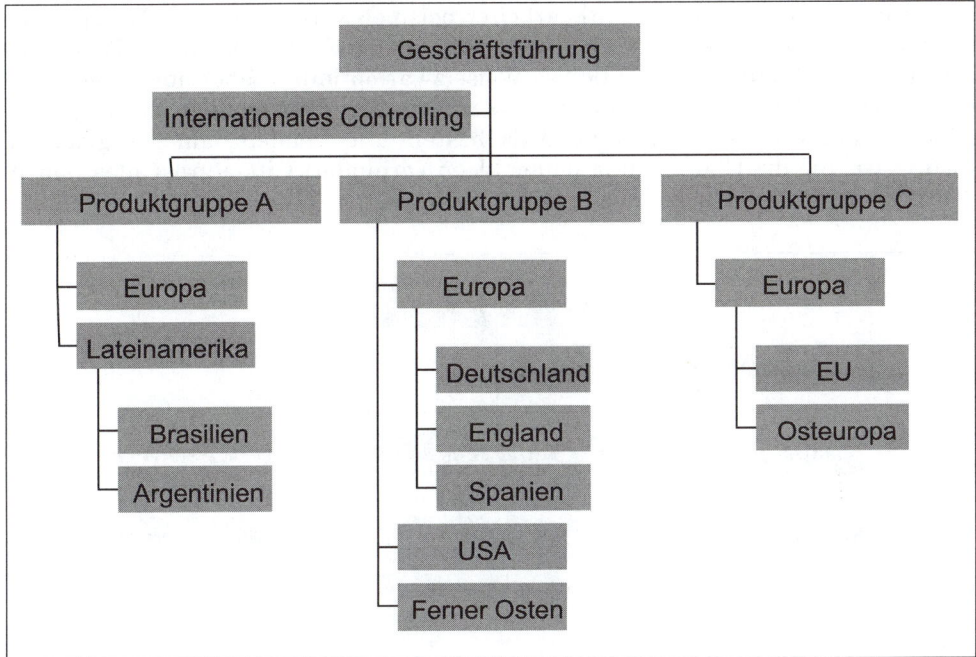

Abb. 137: Spartenorganisation

Nachteil dieser Organisationsform ist die oft fehlende Abstimmung und die mangelnde Kenntnis über die einzelnen internationalen Märkte, die dazu führen kann, dass Marktchancen nicht genutzt werden oder Bedrohungen zu spät erkannt werden. Denn jede Sparte kann nicht über Personal in dem Umfang verfügen, dass eine volle Markttransparenz gewährleistet ist. Die Spartenorganisation erfordert also eine regionale Koordination, um widersprüchliche Länderstrategien und Konflikte zu vermeiden.

In der Praxis werden aus Kostengründen zahlreiche Funktionen, die sinnvollerweise von einer Abteilung als Dienstleistung für alle Sparten erbracht werden können, in **Zentralabteilungen** oder **Zentralen Bereichen** zusammengefasst (z.B. Beschaffung, Personal, EDV, Rechtsabteilung). Die Kosten dieser Abteilungen werden intern mit einem Verrechnungsschlüssel einzelnen Sparten zugeordnet. Solche Zusammenarbeit kann auch auf Länderebene erfolgen, wenn es sich als nicht sinnvoll erweist, dass z.B. im gleichen Land mit verschiedenen Werbeagenturen gearbeitet wird.

Je nach Bedeutung der Absatzregionen kann auch die regionale Verantwortung der Spartenleiter begrenzt werden (z.B. auf Europa und USA). In den anderen Regionen wird die Verantwortlichkeit von regionalen Managern wahrgenommen (area managers).

Für eine Organisation nach **regionalen Gesichtspunkten** spricht die kulturelle Nähe der einzelnen Länder. Das Produkt- und das funktionale Wissen können einheitlich eingesetzt werden. So bearbeiten beispielsweise US Firmen Europa vom Standort London oder europäische Unternehmen den Fernen Osten von Tokio. Die regionale Bearbeitung wird auf diese Weise zwar optimiert, aber auch hier muss eine regionenübergreifende Koordination erfolgen, um die globale Ausrichtung der Produktinteressen sicherzustellen. Es besteht die Tendenz einer regionalen Sichtweise, die die Übertragung neuer Ideen verhindert („its a great idea, but it won't work in my market").

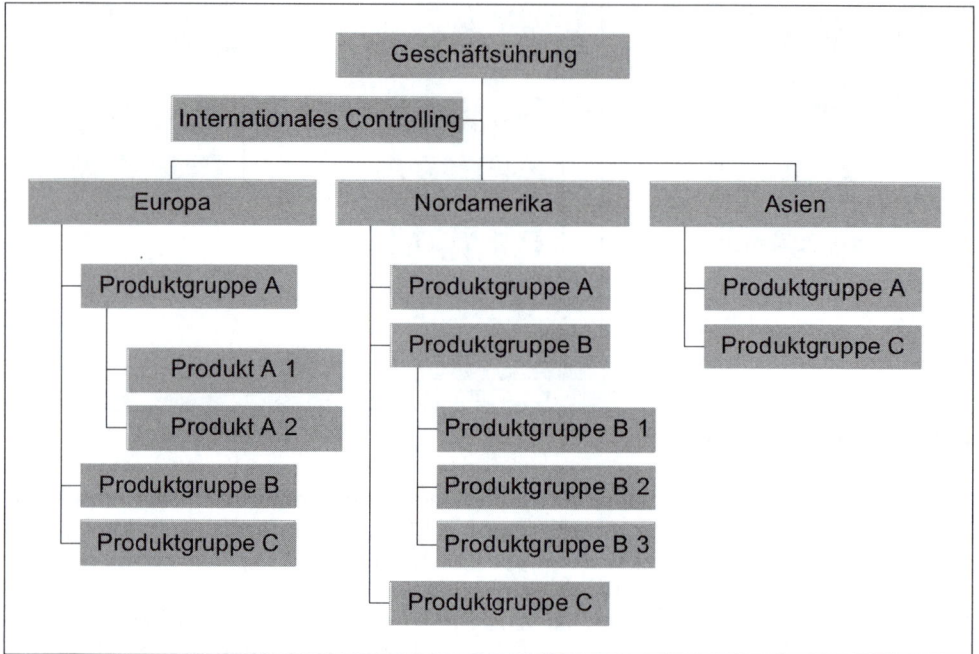

Abb. 138: Regionale Organisation

Die Kritik, die an diesen eindimensional ausgerichteten Organisationen geübt wurde, hat vielfach zu **mehrdimensionalen Organisationen** geführt. Hier erfolgt eine organisatorische Gliederung nach zwei gleichberechtigten Kriterien (**Matrix-Organisation**: Region und Funktion, Region und Produkt) oder nach drei gleichberechtigten Kriterien (**Tensor-Organisation**: Region, Funktion, Produkt).

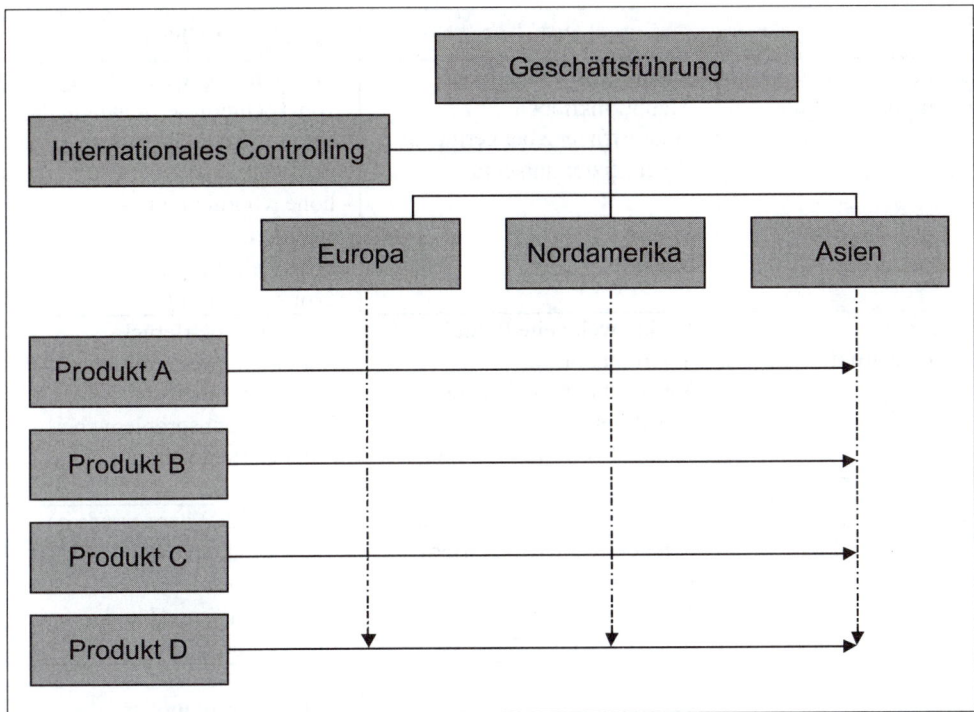

Abb. 139: Matrix-Organisation (Region-Produkt)

Die Notwendigkeit zur Einführung der mehrdimensionalen Struktur wächst mit zunehmender Produktvielfalt und wachsendem Internationalisierungsgrad (Zahl der bearbeiteten Länder und Märkte). Bei der Produkt-Länder-Matrix kann dem funktionalen Aspekt ebenfalls durch die Einführung von Zentralabteilungen Rechnung getragen werden. Der Vorteil der gleichzeitigen Berücksichtigung regionaler, produktspezifischer und funktionaler Anforderungen, wird jedoch nur bei einem ständigen kommunikativen Abstimmungsprozess wirksam. Ansonsten werden die Nachteile des hohen Konfliktpotenzials und der Kompetenzüberschneidungen und damit die Verzögerung von Entscheidungsprozessen überwiegen (Welge, 1998, S. 152).

	Vorteile	Nachteile
Integrierte Funktionalstruktur	- leichte Abstimmung der Hauptfunktionen - hohe Effizienz bei geringem Diversifizierungsgrad	- problematische Zuordnung von Tochtergesellschaften, die über mehrere Funktionen verfügen - hohe Koordinations- erfordernisse - hohe Belastung der Konzernführung
Integrierte Produktstruktur	- leichte weltweite Produkt- koordination - Vermeidung von Programm- zersplitterungen - leichte Ergebniszuordnung	- ungenügende Berück- sichtigung geographischer Besonderheiten - Koordinationsprobleme bei Mehrspartentochtergesell- schaften
Integrierte Regionalstruktur	- Förderung einer weltweiten Perspektive in den betrieb- lichen Funktionen - Möglichkeit zur Nutzung marktbedingten Wissens	- Not-invented-here-Syndrom - Schwierigkeiten bei der Koordination von F&E Programmen und bei der Produktkoordination
Matrix- bzw. Tensor- struktur	- gleichzeitige Berück- sichtigung funktionaler, regionaler und produkt- spezifischer Anforderungen - Förderung des Kommunika- tionsflusses und des kreativen Potenzials	- hoher Koordinationsaufwand - hohes Konfliktpotenzial - langwierige Entscheidungs- prozesse

Abb. 140: Vergleich international ausgerichteter Organisationen
Quelle: Auszug aus Welge, 1998, S. 154

2. Führungssystem und interne Kommunikation

Die in international ausgerichteten Unternehmen praktizierten Führungsstile werden von der kulturellen Umwelt des Heimatlandes und der Gastländer und den Persönlichkeitsmerkmalen der in- und ausländischen Mitarbeiter geprägt.

	Länder	Führungsstilmerkmale
Partizipativer Führungsstil	USA	- Führung durch gemeinsame Entscheidungsvorbereitung
	Niederlande, Flamen Schweden	- Entscheidungs- und Führungsinstanzen durch formelle Normen am Machtmissbrauch weitgehend gehindert
	Großbritannien	- geringe Sicherheitsbedürfnisse bei den Unterstellten
	Belgien, Frankreich	- Führung überwiegend am Rat und der Meinung der Mitarbeiter interessiert/orientiert
	Dänemark, Norwegen, Australien, Japan	- mittlerer Delegationsgrad
	Spanien, Deutschland, Italien	- Unterstellte erwarten keinen hohen Grad von Entscheidungsautonomie
	Griechenland, Türkei, südamerikanische Länder	- sehr geringer Delegationsgrad, zentralistische Entscheidungen
	Malaysia, Indonesien, Thailand u.a.	- Statussymbole und Privilegien für Führungskräfte sichtbar und legitim
	arabische Länder	- Autorität wird nicht hinterfragt, sondern akzeptiert
Autoritärer Führungsstil	Indien, Pakistan	- kaum Informationen zwischen den Ebenen

Abb. 141: Führungspräferenzen
Quelle: Keller in: Berndt, 1999, S. 300

Die Vielfalt unterschiedlicher Bedingungen erfordert es, dass in einem internationalen Unternehmen unterschiedliche Führungsstile eingesetzt werden müssen.

Im internationalen Marketing müssen ferner Fragen der Leitungsbefugnisse gegenüber Marketingstellen im In- und Ausland und Leitungsbefugnisse von Marketingabteilungen gegenüber untergeordneten Organisationseinheiten innerhalb bestimmter Länder und über Ländergrenzen hinweg geregelt werden. Mit wachsender geographischer und kultureller Distanz gewinnt dieses Problem an Brisanz.

Bei der **internen Kommunikation** geht es um die **formelle Kommunikation**, die in der Organisationsstruktur vorgesehen ist, und um die **informelle Kommunikation**, die in der Struktur nicht geregelt ist. Hierbei handelt es sich um Kommunikationsbeziehungen, Kommunikationswege, Kommunikationssystem-Strukturen, Kommunikationsinhalte und Kommunikationstechniken (Hünerberg, 1994, S. 447).

Kriterien	Beispielhafte Ausprägungen
Verhältnis formeller zu informeller Kommunikation	- nur formelle Kommunikation - überwiegend formelle Kommunikationsflüsse - bedeutende informelle Kommunikation, gefördert durch Organisationsinstrumente (Zirkel, Projektmanagement) - bedeutende informelle, ncht geförderte Kommunikationsbeziehungen (z.B. „Casino-Gespräche")
Arten der Kommunikationswege	nach Hierarchie - vertikale Kommunikation - horizontale Kommunikation - diagonale Kommunikation nach der Durchlässigkeit - einseitige Kommunikation - einseitige Kommunikation von oben (top-down) - einseitige Kommunikation von unten (bottom-up) - zweiseitige Kommunikation (Gegenstromverfahren)
Kommunikationssystem-Strukturen	- Sternorganisation - Kettenorganisation - Kreiskommunikation - Netzorganisation (Vollstruktur)
Kommunkationsinhalte	sachbezogene Inhalte - Arbeitsanweisungen - Unternehmensinformationen (z.B. über Unternehmensveränderungen) persönliche Inhalte - „Unternehmensklatsch" - Privatgespräche, z.B. über Hobbies, Familie
Kommunikationstechniken	- persönliche Kommunikation (face-to-face) - Internet/Intranet/E-Mail/Mail-Box Systeme - Briefe/Rundschreiben/Formulare - Videokonferenzen/Telefon/Telefax

Abb. 142: Kommunikationsstrukturen im internationalen Marketing
Quelle: Hünerberg, 1994, S. 448 (weitgehende Übernahme)

Die Organisationsstruktur, Führungsstile und die interne Kommunikation müssen aufeinander abgestimmt sein, um die Voraussetzungen für eine reibungslose Unternehmensführung zu gewährleisten.

3. Internationales Finanzmanagement

Das internationale Finanzmanagement soll die länderspezifischen wirtschaftlichen, rechtlichen und politischen Rahmenbedingungen nutzen, um den Unternehmensgewinn zu steigern. Damit wird gleichzeitig der Spielraum für den Aufbau oder den Ausbau internationaler Wettbewerbsvorteile geschaffen.

Das internationale Finanzmanagement befasst sich mit der

- Kapitalbeschaffung,
- Kapitalstrukturpolitik.
- internationalen Finanzdisposition.

Internationale Unternehmen, die über Tochtergesellschaften im Ausland verfügen, können leichter Chancen auf den internationalen Finanzmärkten nutzen. Sie können staatliche und/oder zinsverbilligte Kredite sowie Förderungen und Subventionen in einzelnen Ländern erhalten, die nur ortsansässigen Unternehmen gewährt werden (Perlitz, 2000, S. 509 ff.).

Dülfer gibt eine Übersicht über die verschiedenen Alternativen zur **Kapitalbeschaffung** (Dülfer, 1997, S. 206).

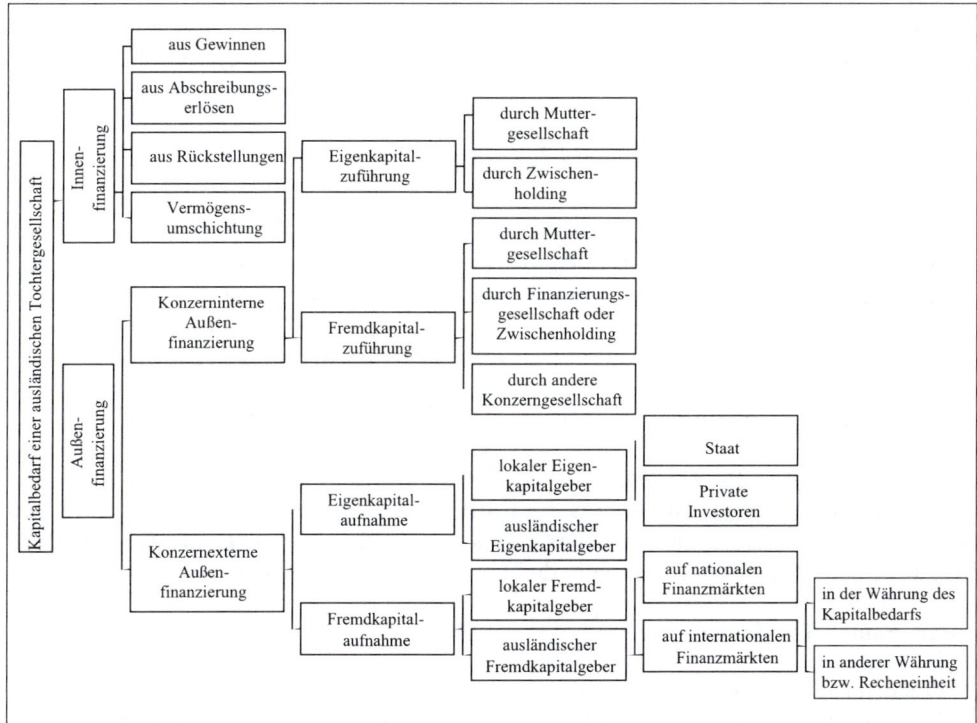

Abb. 143: Kapitalbeschaffung internationaler Unternehmen
Quelle: Dülfer, 1997, S. 206

Die Kapitalstruktur oder (vereinfacht) das Verhältnis von Eigenkapital zu Fremdkapital beeinflusst die Risikoposition, die Kreditwürdigkeit, die potenzielle Liquidität und über den Leverage Effekt die Eigenkapitalrendite (Perlitz, 2000, S. 516). Die **Kapitalstrukturpolitik** soll eine geeignete Ausstattung ausländischer Tochtergesellschaften mit Eigenkapital sicherstellen. Vor allem steuerliche und risikopolitische Überlegungen können zu unterschiedlichen Kapitalausstattungen der Tochtergesellschaften führen.

Die Aufgaben der **internationalen Finanzdisposition** umfassen die Bereiche

- Cashmanagement,
- Währungsmanagement,
- Zinsmanagement.

Ziel des **Cashmanagements** ist die jederzeitige Sicherung der Zahlungsbereitschaft. Hierzu werden täglich Informationen über Kassenbestände, Zeitpunkte von Ein- und Auszahlungen insbesondere über fällige Termingelder, Zins- und Tilgungsraten in verschiedenen Währungen benötigt.

Das **Währungsmanagement** soll Chancen und Risiken, die sich aus Wechselkursänderungen ergeben können, rechtzeitig erkennen und sie nutzen oder das Unternehmen dagegen sichern.

Entsprechend soll das **Zinsmanagement** Zinsunterschiede auf den Kapitalmärkten unter Berücksichtigung des Währungsrisikos für das Unternehmen nutzen.

4. Internationales Controlling

Das Controlling international ausgerichteter Unternehmen soll ausgehend von Analysen durch Planungs-, Steuerungs- und Kontrollprozesse die Erreichung der Unternehmensziele unterstützen und überwachen (Welge, 1998, S. 229 ff.).

Gegenstand des Controlling in einer **wertorientierten Unternehmensführung** sind somit alle Funktionen, alle Produktgruppen, alle Regionen und alle organisatorischen Einheiten wie z.B. Tochtergesellschaften im In- und Ausland.

Das Controlling soll – zentral oder international dezentral organisiert – u.a. die Effizienz von Entscheidungen (z.B. im Rahmen des Marketing-Controlling die von Marketing Entscheidungen) sichtbar machen. Als effizient werden die Entscheidungen angesehen, die den Marktwert des Unternehmens steigern.

Instrumente des Controlling sind

- das Shareholder Value Konzept,
- Performance Measurement-Systeme insbesondere die Balanced Scorecard.

Bei der Ermittlung des **Shareholder Value** versucht man die enge, rückwärts gewandte Sichtweise des Rechnungswesens zu überwinden. Die buchhalterische Art der Gewinnermittlung, die zudem noch von zahlreichen Bewertungsmöglichkeiten beeinflusst wird, gibt keinen Aufschluss über zukünftige Chancen und Risiken des Unternehmens und eignet sich nicht zur Steuerung eines Unternehmens.

Für die Entscheidung eines Investors bilden nicht die auf dem Gläubigerschutzprinzip beruhenden Buchwerte der Rechnungslegung die Grundlage, sondern der

Marktwert eines Unternehmens (Carl; Kiesel, 2000, S. 214 ff.). Der Shareholder Value Ansatz beurteilt also alle Unternehmensentscheidungen aus der Sicht der Anteilseigner.

Der Shareholder Value wird ermittelt als

| Shareholder Value = Unternehmenswert – Wert des Fremdkapitals |

Der **Unternehmenswert** ergibt sich als Summe der abgezinsten Cash-flows zukünftiger Perioden und dem Restwert eines Unternehmens. Der Restwert stellt den Wert eines Unternehmens nach dem Prognoseendjahr – bis zu dem die Cash-flows berechnet wurden – dar. Als Diskontierungsfaktor wird der Weighted Average Cost of Capital (WACC) verwandt, der die Mindestrenditeerwartung der Kapitalgeber ausdrückt. Der Diskontierungsfaktor stellt die Eigen- und Fremdkapitalkosten des Unternehmens dar.

Der Eigenkapitalkostensatz wird üblicherweise mithilfe des Capital Asset Pricing Models (CAPM) ermittelt. Die Fremdkapitalkostensatz und damit auch der **Wert des Fremdkapitals** kann anhand der durchschnittlich zu zahlenden Fremdkapitalzinsen oder eines Zinssatzes für langfristige Schuldverschreibungen ermittelt werden.

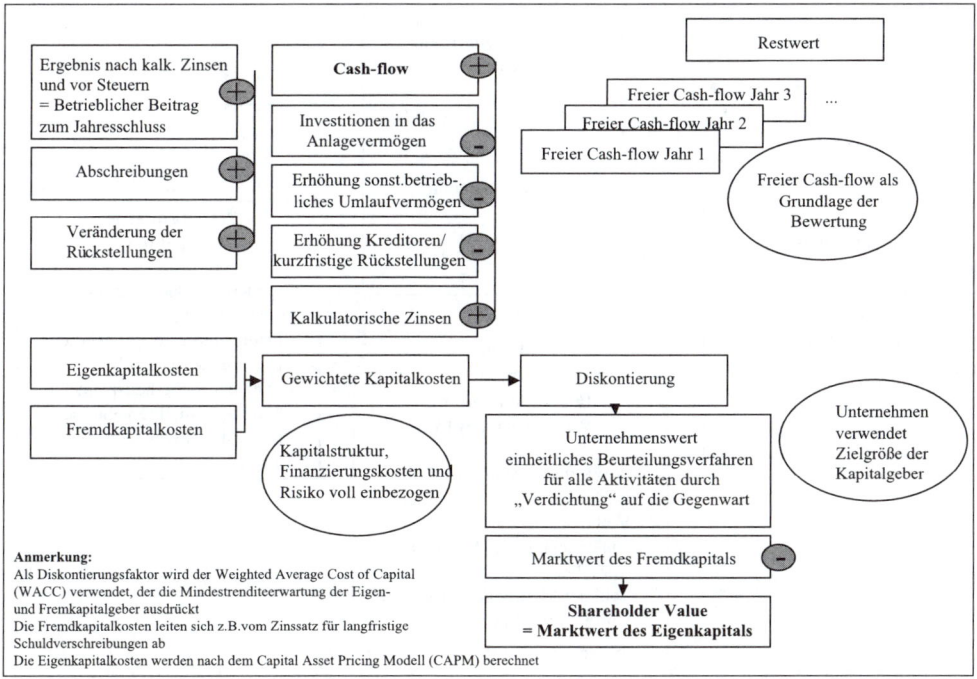

Abb. 144: Berechnung des Shareholder Value
Quelle: Perlitz, 2000, S. 606

Performance Measurement Systeme sind Kennzahlensystem zur Leistungsmessung. Dabei stehen bis heute finanzwirtschaftliche Kennzahlen im Vordergrund. Sie beruhen auf historischen Werten und sagen wenig über den zukünftigen Erfolg eines Unternehmens aus. Für den zukünftigen Erfolg sind aber immaterielle Werte wie Kunden- und Lieferantenbeziehungen, Motivation der Mitarbeiter oder das Entwicklungs-Know-how, das sich in zukünftigen Produkten niederschlagen wird, entscheidend. Der Aufbau dieser Einflussgrößen erscheint im traditionellen Rechnungswesen zunächst als Aufwand, der den Gewinn schmälert.

Das von Kaplan und Norton entwickelte **Balanced Scorecard** Konzept versucht ein Gleichgewicht zwischen den traditionellen Finanzkennzahlen und den Erfolgsfaktoren der Zukunft herzustellen (Carl; Kiesel, 2000, S. 224 ff.). Dazu sollen die Visionen und Strategien eines Unternehmens in Kennzahlensysteme übersetzt werden. Es werden Kennzahlen für die Bereiche

- finanzwirtschaftliche Perspektive,
- Kundenperspektive,
- betriebsinterne Perspektive,
- Innovations- und Wissensperspektive

gebildet.

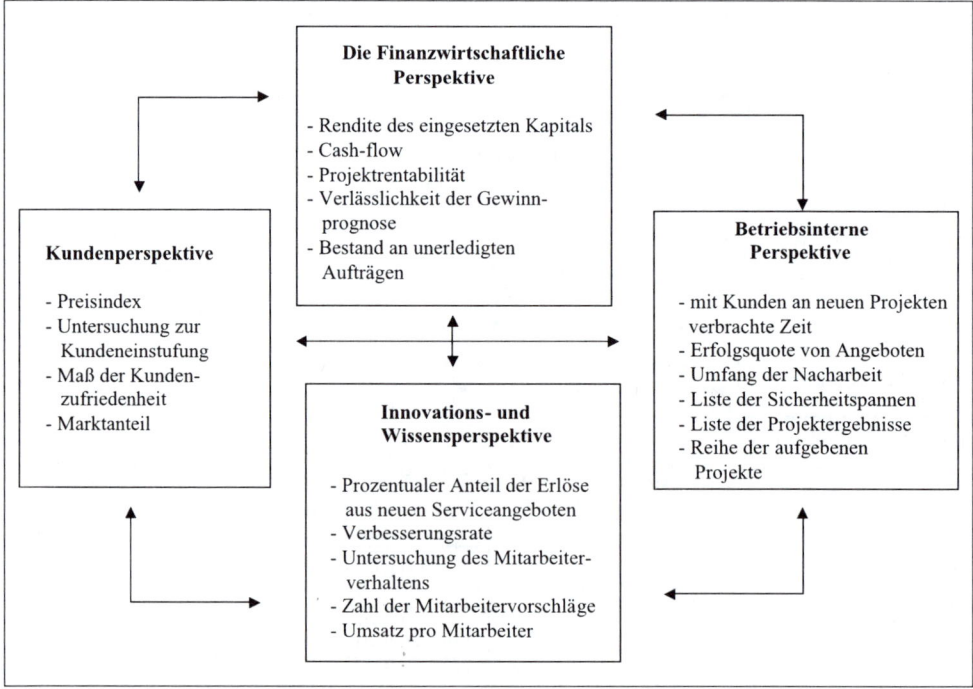

Abb. 145: Perspektiven der Balanced Scorecard
Quelle: Perlitz, 2000, S. 607

Diese Perspektiven sind individuell – strategieorientiert und wettbewerbsrelevant – und „kaskadisch" miteinander verknüpft (Bernhard) festzulegen. Es ist wichtig zunächst die Leistungstreiber eines Unternehmens zu identifizieren, um sie dann in Kennzahlen umzusetzen.

Die Kennzahlen der **finanziellen Perspektive** erfassen die finanziellen Erwartungen der einzelnen Interessengruppen. In der Regel liegen hierzu bereits im Unternehmen Kennzahlen vor, die für die BCS ausgewählt werden können. Die Art der finanziellen Kennzahlen wird stark von der Branche und vom Lebenszyklus, in dem sich das Unternehmen befindet, geprägt. Sie bilden die Ziele für die nachfolgenden Perspektiven.

Bei der **Kundenperspektive** geht es darum, die wichtigsten aktuellen und potenziellen (Wert der Zielkunden) Kunden und ihre Anforderungen zu identifizieren. Hierauf werden Kennzahlen aufgebaut, die zum Ausdruck bringen wie die Kunden gewonnen, zufriedengestellt oder „entzückt" und gebunden werden können.

Bei den **betriebsinternen Prozessen** geht es um die Frage welche Prozesse – beginnend bei der Beschaffung bis zum Vertrieb – dienen der Kundenzufriedenheit. Ziel ist es, in den wettbewerbsrelevanten Prozessen (z.B. Servicequalität, Lieferpünktlichkeit, Qualitätsverbesserung) Wettbewerbsvorteile zu erlangen.

Die **Innovations- und Wissensperspektive** soll die Kennzahlen für die Motivation, Fähigkeit und Zielausrichtung der Mitarbeiter schaffen, da sie der wichtigste Einflussfaktor für ein positives Innovationsklima sind.

Kontrollfragen

(1) Warum spielt die funktionale Organisation in internationalen Unternehmen eine untergeordnete Rolle?

(2) Skizzieren Sie die Vorteile und Nachteile einer reinen Spartenorganisation.

(3) Welche Aufgaben haben Zentrale Bereiche?

(4) Welche Führungsstilkonzepte werden in den USA, Deutschland und in Ländern des Fernen Ostens bevorzugt?

(5) Mit welchen Aufgabenfeldern befasst sich das internationale Finanzmanagement?

(6) Was versteht man unter einer Kapitalstruktur?

(7) Nennen Sie vier Informationen, die das Cashmanagement für seine Aufgabe der Sicherung der Zahlungsbereitschaft benötigt.

(8) Welche Vorteile bietet das Shareholder Value Konzept, gegenüber den Zahlen des traditionellen Rechnungswesens?

(9) Wie kann der Shareholder Value errechnet werden?

(10) Was ist der Unterschied zwischen den traditionellen Kennziffernsystemen und dem Konzept der Balanced Scorecard?

(11) Welche vier Perspektiven werden bei der Balanced Scorecard betrachtet?

(12) Worum geht es bei der Kundenperspektive?

Lösungshinweise

Frage	Seite	Frage	Seite
(1)	340	(7)	348
(2)	340 f.	(8)	348 f.
(3)	341	(9)	349
(4)	345	(10)	350
(5)	347	(11)	350
(6)	347	(12)	350

Literatur

Carl, Notger/ Kiesel, Manfred, Unternehmensführung, Verlag Moderne Industrie, Landsberg/Lech 2000, S. 214 ff.

Dülfer, Eberhard, Internationales Management, Oldenbourg Verlag, 5. Aufl., München 1997, S. 206, 224 ff.

Hünerberg, Reinhard, Internationales Marketing, Verlag Moderne Industrie, Landsberg/Lech 1994, S. 447

Perlitz, Manfred, Internationales Management, Reihe UTB1560, Verlag Lucius & Lucius, 4. Aufl. Stuttgart 2000, S. 509 ff., 516, 607

Terpstra, Vern/ Sarathy, Ravi, International Marketing, The Dryden Press, 6 th. edition, Forth Worth 1994, S. 655

Welge, Martin, K./Holtbrügge, Dirk, Internationales Management, Verlag Moderne Industrie, Landsberg/Lech 1998, S. 149

Übungsteil

Übungsteil: Aufgaben/Fälle

1 : Entwicklung des internationalen Marketing

Skizzieren Sie die historische Entwicklung des Internationalen Marketing.

2 : Internationales Marketing vs. Internationales Management

Grenzen Sie das „Internationale Marketing" vom „Internationalen Management" ab.

3 : Nicht-tarifäre Handelsbeschränkungen

Der freie Handel wird trotz Abbau der Zollschranken im Rahmen der WTO durch nicht-tarifäre Handelshemmnisse und Marktzugangsbeschränkungen (NTB) weiterhin – teilweise sogar in stärkerem Maße - behindert.

Wozu dienen sie? Was versteht man darunter? Geben Sie fünf praktische Beispiele für nicht-tarifäre Handelshemmnisse (Oder: administrativen Protektionismus).

4 : Informationsbedarf bei internationaler Tätigkeit

Entwerfen Sie für einen deutschen Hersteller von Süßwaren (der bisher seine Erzeugnisse nur in Deutschland vertrieben hat) einen Marktforschungsplan, der es ihm später erlauben soll, zu entscheiden, ob er den österreichischen Markt erschließen sollte (Arbeiten Sie mit fiktiven Annahmen – sofern erforderlich).

5 : Standardisierte und nicht standardisierte Befragung

Ein Hersteller von Analysegeräten für die chemische Industrie möchte Informationen über die Zufriedenheit seiner Kunden mit einem vor einem Jahr in Italien und Frankreich eingeführten Gerät erheben und gleichzeitig Ideen für mögliche Weiterentwicklungen gewinnen.

Die Informationen möchte er durch persönliche Interviews gewinnen. Er überlegt, ob er eine standardisierte oder eine nicht-standardisierte Befragung durchführen

soll. Geben Sie eine Empfehlung und begründen Sie diese, indem Sie das ausgewählte Verfahren mit seinen Vor- und Nachteilen schildern.

6 : Persönliches Interview vs. Beobachtung

Ein Warenhauskonzern möchte in drei europäischen Ländern Daten zum Verhalten
des Verkaufspersonals gewinnen. Es werden die Alternativen diskutiert, das Personal mittels versteckter Kameras zu beobachten oder Testpersonen einkaufen zu
lassen oder tatsächliche Kunden zu befragen. Nennen Sie Vorteile und Nachteile
(Probleme) der drei Formen der Datengewinnung.

Welche Form der Datengewinnung schlagen Sie vor?

7 : Punktbewertungsmodell für einen Absatzmarkt

Eine deutsche Brauerei möchte ihr Bier nach Frankreich oder Spanien exportieren.
Entwerfen Sie ein Punktbewertungsmodell, mit je fünf Informationen, die sekundärforscherisch und primärforscherisch gewonnen werden können.

Dieses Modell soll eine möglichst objektive Entscheidung erlauben, welcher Markt
erfolgversprechender ist. Nennen Sie drei Tatbestände, wo dennoch subjektive
Einflüsse bestehen.

8 : Indirekter Export oder Huckepackexport zur Markterschließung

Ein kleiner Hersteller von Beschlägen für Türen, Fenster usw. (10 Mio. Euro
Umsatz, 30 Beschäftigte) möchte den französischen Markt erschließen. Er überlegt,
dies über einen indirekten Export oder im Rahmen einer Exportkooperation
(Huckepackexport) zu machen.

Erläutern Sie beide Möglichkeiten einen Markt zu erschließen (Beschreibung,
Vorteile und Nachteile). Nennen Sie Bedingungen, wann Sie ihm die erste und wann
Sie ihm die zweite Möglichkeit vorschlagen würden.

9 : Lizenzvergabe

Verschiedene Unternehmen Osteuropas haben einen deutschen Hersteller von
Spezialwerkzeugen zur Metallbearbeitung angesprochen und sich für ein Lizenzab-

kommen zur Herstellung dieser Werkzeuge interessiert gezeigt. Der deutsche Hersteller steht diesem Ansinnen bisher skeptisch gegenüber.

Erläutern Sie ihm die Vorteile und Nachteile einer solchen Vereinbarung. Nennen Sie 10 Punkte, die in einem Lizenzvertrag unbedingt geregelt sein sollten.

10 : Joint Venture

Ein mittleres deutsches Einzelhandelsunternehmen der Nahrungsmittelbranche möchte auf dem US-amerikanischen Markt Fuß fassen. Da es über keine Erfahrung auf dem amerikanischen Markt verfügt überlegt es, mit einem amerikanischen Hersteller ein 50:50 % Joint-Venture einzugehen, weil der Partner über Marktkenntnisse verfügt und Kapital in das gemeinsame Unternehmen einbringen würde.

Erläutern Sie welche Probleme in einem Joint Venture auftreten können.

11 : Export vs. Produktion im Ausland

Es wird behauptet, dass durch eine Produktion im Ausland statt eines Exports der Einfluss von Wechselkurschwankungen auf den Gewinn vermindert werden kann.

Zeigen Sie das an folgendem Zahlenbeispiel. Gehen Sie davon aus, dass ein deutsches Unternehmen zunächst nur in die USA exportiert:

Exportversion 2003:
Exportmenge: 10.000 Einheiten
Erzielter Preis auf den US Markt: 2.500 Dollar
Stückkosten in Deutschland: 2.200 Euro
Wechselkurs: 1 Euro = 1 US Dollar

Nach 5 Jahren (2008) fällt bei sonst unveränderten Bedingungen der Wechselkurs auf 0,8 Euro = 1 US Dollar.

Version Produktion den USA:
Bei gleicher Ausgangssituation hat sich ein anderes Unternehmen entschieden in den USA zu produzieren. Stückkosten 2.200 US Dollar.

Wie hoch ist der Erfolg bei beiden Unternehmen (2003) im USA Geschäft?
Wie hoch ist der Erfolg (2008) bei Exporten in die USA (gleiche Mengen, US Preise und Stückkosten in Deutschland wie in 2003)?
Wie hoch ist der Erfolg (2008) bei einer Produktion in den USA (gleiche Mengen, US Preise wie in 2003 und Stückkosten von 2.200 US Dollar)?

12 : Lohnstückkosten

Ein deutscher Werkzeughersteller überlegt, eine neue Fertigung in Bulgarien aufzubauen. Abgesehen von politischen, rechtlichen und sonstigen wirtschaftlichen Standortfaktoren, die er noch untersuchen wird, möchte er wissen, ob – bezogen auf die Lohnsituation - eine kostengünstigere Fertigung in Bulgarien möglich ist.

Ihm liegen folgende Ausgangsdaten vor:

Deutschland: Lohnkosten (einschl. Nebenkosten): 25 Euro/Std.
               Produktivität: 200 Werkzeuge/Std.
Bulgarien: Lohnkosten: 3 Euro/Std.
               Produktivität: 80 Werkzeuge/Std.

Bei welchem Stundenlohn in Bulgarien ginge (unter sonst unveränderten Bedingungen) der Vorteil bei den Lohnstückkosten verloren?

13 : Zeitliches Vorgehen bei der regionalen Markterschließung

Ein großes Handelsunternehmen für Sanitärbedarf möchte die wichtigsten europäischen Märkte und die wichtigsten asiatischen Märkte erschließen. Man überlegt zeitlich nach der Wasserfallstrategie (Backhaus) oder der Brückenkopfstrategie (Bruns) vorzugehen.

Erläutern Sie die Vorgehensweise bei beiden Timing-Strategien und schildern Sie die Vor- und Nachteile beider Strategien.

14 : Marktsegmentierung

Erläutern Sie den Grundgedanken der Marktsegmentierung.

Ein Anbieter von Softdrinks möchte die Märkte für Deutschland, Schweden, Dänemark und Norwegen segmentierten. Welche grundsätzlichen Möglichkeiten hat er? Was wird er bei einer internationalen Segmentierung bedenken?

15 : Portfolio-Analyse

Portfolio-Modelle dienen u.a. der Analyse der Ausgangssituation des Produktprogramms. Für einen Möbelhersteller liegen folgende Informationen vor (das Branchenwachstum wird mit durchschnittlich jährlich 3 % angegeben). Dabei sind

- A: Schlafzimmereinrichtungen
- B: Kücheneinrichtungen
- C: Sitzmöbel
- D: Jugend- und Kindermöbel

	Ausprägungen				Bewertungen				
	Prod. A	Prod. B	Prod. C	Prod. D	Prod. A	Prod. B	Prod. C	Prod. D	Gewicht in %
Marktwachstum in %	0	1	2	6	1	2	2	4	10
Technische Qualität	-	-	-	-	5	4	6	2	40
Liefergeschwindigkeit	-	-	-	-	2	2	4	2	10
Marktvolumen in Mio. Euro	800	3500	1800	1600	1	6	4	3	20
Qualität des Service	-	-	-	-	4	4	3	2	30
Preisstellung	-	-	-	-	4	3	2	1	30
Wettbewerbsintensität	s. gering	hoch	mittel	s. gering	6	2	4	1	30
Nachfrageschwankungen	gering	hoch	mittel	s. hoch	5	2	3	1	10
Durchschnittliche Rentabilität	s. hoch	mittel	s. hoch	gering	5	2	3	1	10
Marktanteil in %	30	20	10	15	rel. Marktanteil				10
Marktanteil des Hauptkonkurrenten	20	30	20	38					

Bewertung: 1 = sehr schlecht, 6 = sehr gut

Der relative Marktanteil soll wie bewertet werden:

Relativer Marktanteil	Bewertung
0 < = rel. MA < 0,5	1
0,5 <= rel. MA < 0,75	2
0,75 <= rel. MA < 1	3
1 <= rel. MA < 1,25	4
1,25 <= rel. MA < 1,5	5
> = 1,5	6

a) Berechnen Sie eine BCG Matrix und stellen Sie sie grafisch dar.
b) Berechnen Sie ein McKinsey Matrix und stellen Sie sie grafisch dar.
c) Vergleichen Sie beide Darstellungen. Welche Konsequenzen ziehen Sie daraus?

16 : Produktgestaltung

Ein deutscher Hersteller von Unterhaltungselektronik, der seine Produkte in Italien fertigt, setzt seine Erzeugnisse in verschiedenen europäischen Ländern ab. Die Technik der Geräte unterscheidet sich nicht von denen seiner Konkurrenten.

Machen Sie Vorschläge wie der Anbieter Wettbewerbsvorteile erlangen kann, indem er sich von seinen Konkurrenten unterscheidet.

17 : Gewährleistung und Produkthaftung

Erklären Sie den Unterschied zwischen Gewährleistung und Produkthaftung. Skizzieren Sie die wesentlichen Unterschiede zwischen Deutschland und den USA.

18 : Markenvorteile

Welche Vorteile bietet eine Marke dem Anbieter von Bier und welche Vorteile bietet eine Marke dem Verbraucher.

19 : Global Brands

Ein Hersteller von Tiefkühlkost, der seine Produkte als Markenware in Deutschland vertreibt, möchte sechs weitere europäische Märkte erschließen. Er möchte seine Produkte als „global brands" vertreiben.

Nennen Sie die Charakteristiken eines Markenartikels und erläutern Sie unter welchen Bedingungen die Produkte als „global brands" vertrieben werden können.

Erörtern Sie ferner welche Forderungen an die „Namensgebung" beachtet werden müssen, wenn er sich für eine internationale Marke (global brand) entscheidet.

20 : Herstellermarke und Handelsmarke

An die Seite von Markenartikeln treten zunehmend Handelsmarken. Erläutern Sie an 5 Kriterien den Unterschied zwischen Markenartikeln und Handelsmarken.

Ein italienischer Hersteller von Markenkaffeemaschinen, Kühlschränken, Waschmaschinen und sonstiger „weißer Ware" – die er bisher als Markenartikel nur in Westeuropa verkauft –, möchte über den Weg der Handelsmarke (Belieferung einer deutschen Warenhauskette, die in Osteuropa vertreten ist) die niedrigpreisigen Märkte Osteuropas erschließen.

Welche Chancen und Risiken hätte dieses Vorgehen? Nennen Sie eine weitere Möglichkeit, wie er den Markt erschließen könnte.

21 : Markenschutz

Ein Hersteller von Damen- und Herrenschuhen möchte seine Marken „Sir Excellent"
und „Lady Excellent" international schützen. Welche Markenelemente kann er
schützen? Wie erlangt er einen internationalen Schutz?

22 : Produktpiraterie

Durch die Nachahmung (imitating) und durch die sklavische Nachahmung
(counterfeiting) von Produkten entstehen Herstellern und Verbrauchern hohe
Schäden.

Grenzen Sie die beiden Begriffe ab und erläutern Sie welche Rechte ein Hersteller
hat, dessen Produkte nachgeahmt werden.

23 : Die Bedeutung des Preises als Marketing Instrument

Es wird oft behauptet die Bedeutung des Preises als Marketing Instrument wird
zukünftig wachsen. Zeigen Sie an drei Entwicklungstendenzen die vermutliche
Richtigkeit dieser These.

24 : Penetrationspreisstrategie

Ein Anbieter hochwertiger Fahrräder, dessen Preise in Deutschland im oberen
Preissegment liegen, möchte mit den gleichen Modellen den niederländischen
Markt erschließen. Aufgrund der starken Konkurrenz auf diesem Markt einerseits
und seiner günstigen Kostenstruktur andererseits denkt er an einen Markteintritt
mittels der Penetrationspreisstrategie.

Erläutern Sie Ziele und Vorgehensweisen dieser Strategie. Beurteilen Sie dann
seine Überlegungen.

25 : Renditeziel

Ein Hersteller möchte eine Umsatzrendite von 10% erreichen. Er erzielt für seine
Erzeugnisse eine Preis von fünf Rechnungseinheiten (RE). Die Fixkosten betragen

10.000 RE und die variablen Kosten 2 RE. Bei welchem mengenmäßigen Absatz erzielt er diese Rendite?

26 : Preiswettbewerb

Ein Unternehmen stellt einen Typ von Sportschuhen her, die für 45 Euro an den Handel geliefert werden. Der Ladenpreis liegt bei rd. 75 bis 90 Euro. Der Schuhhersteller arbeitete im Jahr 2002 an 250 Tagen. Die Tagesleistung lag bei 1.000 Paar Schuhen. Es gab Anfang des Jahres keinen Lagerbestand. Die produzierte Menge in 2002 wurde vollständig abgesetzt. Das Unternehmen hatte Fixkosten in Höhe von 4,5 Mio. Euro und variable Kosten von 25 Euro/Paar. In den Fixkosten stecken Gehälter in Höhe von 2 Mio. EUR.

Im Jahre 2003 trat ein japanischer Wettbewerber auf, der dem Handel qualitativ gleichwertige Schuhe für EUR 43 /Paar anbot. Die Geschäftsleitung weigerte sich diesem Preis zu folgen daraufhin gingen Produktion und Absatz um 20 % zurück.

a) Wie hoch war das Ergebnis in den Jahren 2002 und 2003?

b) Die Geschäftsleitung möchte gerne wissen, in welche „Kostenposition" man im Jahre 2004 käme, wenn man 275 Tage arbeiten würde. Gehen Sie bei Ihren Überlegungen davon aus, dass bei den Gehaltsempfängern Mehrarbeit ohne Gehaltszuschläge erwartet werden kann. Bei den Lohnempfängern würden entsprechend neue Arbeitskräfte, die die gleichen variablen Kosten/Paar Schuhe verursachen würden, eingestellt.

Welche Überlegungen sollten außer der reinen Kostenbetrachtung unter Marketing Gesichtspunkten gemacht werden?

27 : Dumping

Ein französischer Parfumhersteller verkauft die Marke „Quelle Surprise" über eigene Shops in Warenhäusern zu 40 Euro je Flakon. Er verkauft die gleiche Marke in den USA für 43 Euro. Der Wechselkurs lag im Basisjahr bei 1 Dollar = 1 Euro.

Nach 3 Jahren hat sich der Wechselkurs auf 1 Dollar = 0,75 Euro eingependelt. Die Marktpreise in beiden Ländern sind unverändert geblieben. Auf welchen Preis müsste der französische Anbieter den Preis auf dem US-Markt anheben, um den Vorwurf des Dumping zu vermeiden?

28 : Preisgleitklausel

Ein tunesischer Hersteller von (Kupfer-Messing) Autokühlern möchte einen Vertrag über 5 Jahre für den Bezug von Kupferbändern (Lamellenbänder) mit einem deutschen Hersteller abschließen. Da beiden Partnern nicht die zukünftigen Kostenentwicklungen bekannt sind, vereinbaren Sie eine Preisgleitklausel nach folgender Formel:

$$P = \frac{p0}{100}\left(z + x\,\frac{M1}{M0} + y\,\frac{L1}{L0}\right)$$

wobei: P   = Preis am Tag der Lieferung
P_0 = Preis am Tag des Vertragsabschlusses
M_1 = Materialpreis, Energiepreis usw. am Tag der Lieferung
M_0 = Materialpreis am Tag des Vertragsabschlusses
L_0 = Ecklohn am Tag des Vertragsabschlusses
L_1 = Ecklohn am Tag der Lieferung
z   = unveränderlicher Festanteil in Prozent
z, x, y = Anteile der Kostenbestandteile wobei (z + x + y) = 100 %

Als heutiger Preis (Preis am Tag des Vertragsabschlusses) wird ein Preis von 110 Euro/100 kg ausgehandelt. Es sollen ferner 20 Prozent des Preises unverändert bleiben, der Materialanteil (Kupfer) soll mit 65 % und der Lohnkostenanteil mit 15 % in den Preis eingehen. Der Kupferpreis beträgt am Tag des Vertragsabschlusses 2.500 Euro/t und der Lohnindex beträgt 100.

Welcher Preis ist nach 3 Jahren zu bezahlen, wenn der Kupferpreis um 20 % und die Löhne um 9 % gestiegen sind?

29 : Auktionen im Internet

Hohe Transparenz, globale Vernetzung und zeitgleiche Kommunikation haben zu verschiedenen Formen der Preisbildung im Internet geführt.

Beschreiben Sie was man unter folgenden Auktionsformen versteht:

- Englische Auktion
- Japanische Auktion
- Holländische Auktion (Dutch auction)
- Höchstpreis-Auktion (First Price Sealed Bid)
- Zweitpreis – oder Vickrey Auktion

30 : Kompensationsgeschäfte

Kompensationsgeschäfte waren im Handel mit Unternehmen aus devisenschwachen Staaten oder mit staatlichen Außenhandelsstellen schon immer Voraussetzung für Handelsbeziehungen mit diesen Ländern. Bei diesem Tauschgeschäft Ware gegen Ware gibt es verschiedene Ausprägungsformen.

Erläutern Sie an einem fiktiven Beispiel was man unter klassischem und modernem Barter versteht.

31 : Direktvertrieb

Ein Hersteller von Geschenkartikeln, der seine Produkte in den Ländern des Euro-Raumes indirekt über Warenhäuser und Geschenkartikelboutiquen vertreibt, möchte die baltischen Staaten erschließen, in dem er einen Direktvertrieb über den Versand von Katalogen aufbaut.

Welche Vorteile würde dem Hersteller ein solcher Vertrieb bringen und welche Voraussetzungen müssten gegeben sein, um dieser Markterschließung Erfolgschancen zu geben?

32 : Efficient Consumer Response

Zum Zwecke der bestmöglichen Verbraucherbefriedigung wird seit einigen Jahren die Zusammenarbeit von Industrie und Handel gefördert. Im Rahmen einer Kooperation sollen die Waren- und Informationsströme optimiert werden (Efficient Consumer Response). Dabei werden das Supply Chain Management und das Category Management unterschieden.

Erläutern Sie die Aufgaben des Supply Chain Managements und des Category Managements und die Instrumente, die zur Wahrnehmung der Aufgaben eingesetzt werden.

33 : E-Commerce

Der internationale (grenzüberschreitende) E-Commerce bringt dem Anbieter (neben den gestiegenen Absatzchancen aufgrund des größeren Marktes) eine Reihe zusätzlicher Probleme. Erläutern Sie drei solcher Problemfelder.

34 : Marketing- und Werbezielgruppen

In welchem Verhältnis stehen die Zielgruppen des Marketing und die Zielgruppen der Werbung zueinander?

35 : Standardisierte oder differenzierte internationale Werbung

Unternehmen haben die Möglichkeit ihre international vertriebenen Produkte mit einer standardisierten Werbebotschaft (Global Advertising) oder mit einer differenzierten Werbebotschaft (Local Advertising) bekannt zu machen.

Erläutern Sie diese Begriffe und erklären Sie wann Global Advertising und wann Local Advertising zu empfehlen ist.

36 : Corporate Identity

Was ist das Ziel der Schaffung einer Corporate Identity (CI))?

Man spricht oft von den drei Säulen der Corporate Identity. Erklären Sie worum es sich dabei handelt.

37 : Product Placement

Welche Vorteile bietet das Product Placement gegenüber z.B. einem TV-Spot als klassische Werbung?

Schildern Sie die wichtigsten Formen des Product Placement.

38 : Messen

Bevor Auslandsmärkte erschlossen werden, testen Unternehmen oft durch eine Messebeteiligung im potenziellen Zielland, die zukünftigen Absatzchancen ihrer Produkte.

Welche Vorteile bietet eine Messebeteiligung?

39 : Organisation internationaler Unternehmen

Die Organisation international operierender Unternehmen muss so gestaltet sein, dass die Unternehmensstrategie (und als Teil davon die Marketingstrategie), die die Erreichung der Unternehmensziele gewährleisten soll, umgesetzt werden kann.

Skizzieren Sie den Aufbau einer Spartenorganisation mit Zentralabteilungen. Wodurch unterscheiden sich Zentralabteilungen von Stäben?

40 : Balanced Scorecard

Das Balanced Scorecard Konzept (BSC) versucht die begrenzte Erkenntnis des historisch orientierten Rechnungswesens durch Berücksichtigung zukünftiger Erfolgsfaktoren und Erstellung eines Kennziffernsystems zu überwinden. Auf diese Weise versucht man ein handlungsorientiertes „Managementwerkzeug" zu schaffen.

Erläutern Sie die vier Perspektiven, die in diesem Konzept berücksichtigt werden.

Lösungen

1 : Entwicklung des internationalen Marketing

Die ersten internationalen Handelskontakte waren die Rohstoffbezüge aus den europäischen Kolonialgebieten, die später zur Gründung von Tochtergesellschaften in den Kolonien führten. Die beginnende Massenfertigung in der industriellen Revolution machte jedoch vielfach einen Absatz über den eng begrenzten nationalen Markt hinaus erforderlich. Großunternehmen begannen ein Netz von Auslandsniederlassungen zum Absatz ihrer Produkte aufzubauen.

Die beginnende Markt- und Kundenorientierung Mitte des 20. Jahrhunderts blieb nicht auf nationale Märkte beschränkt. Auch für einen Erfolg auf ausländischen Märkten wurde es zunehmend wichtiger, sich an den Kundenwünschen zu orientieren. Die Ausrichtung der Produkte und die zunehmende Marktnähe führten zu verstärkten Exporten und Direktinvestitionen und später zu strategischen Allianzen der Unternehmen der Industrieländer.

Die zunehmende Integration der Märkte – gefördert durch die Liberalisierung des Handels und des Dienstleistungs- und Kapitalverkehrs bis hin zu einer einheitlichen Währung im Euro-Raum – erfordert heute vielfach eine internationale Ausrichtung der Unternehmen als Grundlage eines Erfolges. Sie wird erleichtert durch die neuen Kommunikationstechnologien.

Der Blickwinkel des Marketing hat sich entsprechend von der nationalen Betrachtung auf eine Berücksichtigung einzelner Ländermärkte erweitert. Mit fortschreitender Integration wird die Betrachtung einzelner Länder durch eine globale Betrachtung ersetzt. Am Ende eines solchen Prozesses werden die einzelnen Länder als ein Markt betrachtet.

2 : Internationales Marketing vs. Internationales Management

Das „Internationale Management" befasst sich vor allem mit der Frage, wie Unternehmen organisiert sein und geführt werden sollten, um der unterschiedlichen Intensität ihres Auslandsengagements am besten gerecht werden zu können. Gegenstand des internationalen Managements ist die Gestaltung aller Unternehmensbeziehungen (z.B. Beschaffung, Finanzen, Personal, Fertigung) zur internationalen Umwelt sowie des Unternehmensaufbaus zur optimalen Wahrnehmung dieser Beziehungen.

Das „Internationale Marketing" befasst sich mit einem Aspekt des internationalen Managements, nämlich der internationalen Markterschließung und -bearbeitung durch optimale Gestaltung der Kunden-/Anbieterbeziehung bei sich ändernden Umweltzuständen. Diese Umweltzustände werden im internationalen Marketing als Datum betrachtet, sie sind nicht Gegenstand der Analyse. Trotzdem müssen die anderen Einflussfaktoren berücksichtigt werden, denn Rohstoffverfügbarkeit, die Erfordernis von Kompensationsgeschäften, Möglichkeiten der Personalrekrutierung, steuerliche Gesichtspunkte oder die Verteidigung von Marktpositionen können eine bestimmte Unternehmensstruktur bedingen und ihrerseits die Marketingstrategie beeinflussen.

3 : Nicht-tarifäre Handelsbeschränkungen

Tarifäre Handelshemmnisse sind „sichtbare" Handelshemmnisse d.h. Zölle. Nicht-tarifäre Handelshemmnisse (auch: administrativer Protektionismus) erschweren den Import von Gütern. Importe sind nur dann erlaubt, wenn bestimmte Vorschriften eingehalten werden. Die Bedeutung liegt darin, dass Regierungen, obwohl Zölle gesenkt oder abgebaut wurden, bestimmte nationale Industrien schützen möchten, ohne gegen den „Buchstaben" eines Gesetzes zu verstoßen.

Nicht-tarifäre Handelshemmnisse sind zum Beispiel:

- Importe von Nahrungsmittel sind nur erlaubt, wenn (wie in Deutschland) die Bestimmungen hinsichtlich der Zusatzstoffe eingehalten und deklariert werden
- die Einhaltung nationaler Normen, Standards und Sicherheitsbestimmungen
- freiwillige Exportbeschränkungen (voluntary export restraints). (Ein Land A verzichtet „freiwillig" darauf, mehr als eine Menge x ins das Land B zu exportieren)
- Verzögerungen bei der Zollabfertigung (Frankreich hat zeitweise mit nur zwei Zöllnern in Montpellier die Importe japanischer Autos nach Frankreich abgefertigt)
- Verpackungs- und Kennzeichnungsvorschriften, Ursprungszeugnisse
- selektive Vergabe von Importlizenzen
- Anti-Dumping Regeln

4 : Informationsbedarf bei internationaler Tätigkeit

Problemformulierung:

Unser Unternehmen möchte den österreichischen Markt für unsere Produkte erschließen. Wir möchten zunächst die Chancen und Risiken für den Absatz von Schokolade und Schokoladeprodukten untersuchen. Über die Art der Markterschließung (z.B. Export, Franchising) bestehen noch keine genauen Vorstellungen. Mit der Markterschließung sollte in 6 Monaten nach Abschluss der Untersuchung begonnen werden.

Bisheriger Informationsstand:

Aufgrund unserer langjährigen Tätigkeit verfügen wir über sehr detaillierte Informationen über den deutschen Markt. Hinsichtlich des österreichischen Marktes sind uns nur die dort tätigen Wettbewerber (die auch zum großen Teil in Deutschland vertreten sind) und ihr Produktangebot aus Katalogen und von Messen bekannt.

Zukünftiger Informationsbedarf:

Wir benötigen für Schokolade und Schokoladenprodukte für den Zeitraum 1998 bis 2002 Informationen über den Markt wie:

- Marktgröße, Marktwachstum, Marktanteile der Wettbewerber (jeweils wert- und mengenmäßig nach Produktgruppen), Importe und Importquoten nach Ländern
- eventuelle rechtliche Beschränkungen (z.B. Nahrungsmittelbestimmungen), Art und Höhe der Besteuerung
- finanzielle Schlüsseldaten (z.B. Umsatz, Gewinn, Eigenkapitalquote, Verflechtungen) für die drei größten Wettbewerber
- Produktangebote, Preisniveaus, Vertriebswege (nach Art und Bedeutung), werbliches Vorgehen (genutzte Medien, kommunikative Ansprache usw.)

Es werden ferner Informationen zum Konsumentenverhalten benötigt:

- Käuferverhalten (wer (nach Alter und Geschlecht) kauft wo welche Produkte?), Häufigkeit des Kaufs, ausgegebene Geldbeträge usw.
- Verwenderverhalten (wer (nach Alter und Geschlecht) verzehrt welche Produkte?)
- Zufriedenheit mit dem bisherigen Produktangebot
- Verbraucherwünsche

Art der Erhebung:

Daten zum Markt sollen sekundärstatistisch gewonnen werden (Verbandsstatistiken, Paneldaten).

Daten zum Käufer- und Verwenderverhalten sollten mittels einer 2.000 Personen-Stichprobe (als Quotenstichprobe) durch Befragungen erhoben werden.

Auswertung:

Die Auswertung erfolgt mittels SPSS (Statistical Package for Social Sciences). Es werden einfache Häufigkeiten und Kreuztabellen erstellt. Letztere dienen dazu, vermutete Zusammenhänge zwischen Alter und Geschlecht und dem Verzehr bestimmter Schokoladen und Schokoladenprodukte zu überprüfen.

Zeitbedarf und Projektabschnitte:

Die Ergebnisse der sekundärstatistischen Auswertung sollten 4 Wochen nach

Untersuchungsbeginn vorliegen und präsentiert werden. (Es besteht damit die Möglichkeit das Projekt – bei Aussichtslosigkeit – abzubrechen oder in bestimmten Punkten zu erweitern).

Budget:

30.000 Euro.

5 : Standardisierte und nicht standardisierte Befragung

Bei der standardisierten Befragung handelt es sich um eine Befragung mit vorgefertigtem Fragebogen, d.h. an alle Befragten werden die gleichen Fragen gerichtet. Diese Art der Befragung eignet sich bei gleichem Wissensstand und gleichem Verständnis der Befragten. Sie wird überwiegend im Konsumgüterbereich durchgeführt.

Vorteil: Schnell durchführbar, leicht quantitativ auswertbar, d.h. auszählbar (da immer die gleichen Fragen gestellt werden).

Nachteil: Kein Spielraum für die Befragten. Sie können keine Informationen über den befragten Sachverhalt hinaus geben. Wird es vergessen, einen bestimmten Sachverhalt anzusprechen, so werden hierzu keine Informationen gewonnen.

Bei der nicht-standardisierten Befragung werden Themenkreise vorgegeben, zu denen Informationen beschafft werden sollen. Die Befragung verläuft dann in jedem Interview anders. Diese Interviewform ist im Investitionsgütersektor vorherrschend.

Vorteil: Der Befragte ist nicht eingeengt. Er kann frei erzählen und selbst Sachverhalte zur Sprache bringen.

Nachteil: Die Ergebnisse sind nicht statistisch auswertbar, da sich verschiedene Interviewverläufe ergeben haben. Es ergeben sich „nur" qualitative Tendenzen. Große Gefahr der Interviewereinflussnahme, der hier auch ein Fachmann sein muss.

Hier bietet sich eine nicht-standardisierte Befragung an, weil die Gründe der Zufriedenheit bzw. Unzufriedenheit mit dem Analysegerät ganz unterschiedliche Ursachen haben können, zum anderen weil Verbesserungsvorschläge spontan aus eigener Erfahrung gemacht werden sollen.

6 : Persönliches Interview vs. Beobachtung

Kameraaufzeichnung:

Vorteil:	Das tatsächliche Geschehen wird unverzerrt aufgezeichnet. Subjektive Empfindungen derjenigen, die eingekauft haben, werden ausgeschaltet.
Nachteil:	Aufzeichnung ist in vielen Ländern nur mit vorherigem Einverständnis möglich. Es besteht die Gefahr der Fehlinterpretation, des aufgezeichneten Verhaltens.

Testkäufer:

Vorteil:	Testkäufer können vorher gebrieft werden, bestimmte Verhaltensweisen gezielt zu beobachten
Nachteil:	Testkäufer können das Verhalten des Verkaufspersonals bewusst oder unbewusst beeinflussen.

Tatsächliche Käufer:

Vorteil:	Sie sind unvoreingenommen und können ihre subjektive Meinung wiedergeben
Nachteil:	Sie haben viele Verhaltensweisen nicht bemerkt und können keine Auskunft dazu geben. Unzufriedenheit mit einem Produktangebot oder einem Preis können dem Verkaufspersonal angelastet werden.

Man wird die Informationen sinnvollerweise über Testkäufer gewinnen.

7 : Punktbewertungsmodell für einen Absatzmarkt

	Kriterium	Gewicht	Frankreich		Spanien	
			Bewertung	Punktzahl	Bewertung	Punktzahl
1.	Marktvolumen des Biermarktes	0,10	8	0,80	5	0,50
2.	Marktwachstum	0,20	6	1,20	6	1,20
3.	Stärke des Wettbewerbs	0,10	4	0,40	9	0,90
4.	Marktanteile der 3 großen Anbieter	0,05	4	0,20	3	0,15
5.	Rechtliche Beschränkungen des Zugangs	0,05	1	0,05	4	0,20
1.	Häufigkeit des Bierverbrauchs nach Alter und Geschlecht	0,15	6	0,90	5	0,75
2.	Anlässe zum Bierkonsum	0,15	2	0,30	8	1,20
3.	Konkurrenz zu anderen alkoh. Getränken	0,05	4	0,20	4	0,20
4.	Kauforte/Einkaufsstätten	0,05	6	0,30	5	0,25
5.	Einstellung zum Alkohol	0,10	8	0,80	7	0,70
	Insgesamt	1,00		5,15		6,05

Bewertung: 0 = sehr schlecht, 10 = sehr gut

Danach sollte zunächst der spanische Markt bearbeitet werden.

Subjektive Einflüsse bestehen bei der Auswahl der Kriterien (Art und Anzahl), bei der Gewichtung und bei der Bewertung der Kriterien.

8 : Indirekter Export oder Huckepackexport zur Markterschließung

Bei indirektem Export beliefert man z.B. einen im Inland ansässigen Exporteur, der die Ware ins Ausland liefert. Der Vertragsabschluss erfolgt mit einem im Inland ansässigen Kunden, der alle Auslandsrisiken (z.B. das Währungsrisiko, das Transportrisiko oder das politische Risiko) trägt.

Vorteile des indirekten Exports sind: Geringeres Risiko als beim direkten Export, kein Export-Know-how (Kenntnis von Exporttechniken) und keine Kenntnisse des Auslandsmarktes erforderlich. Vorteile sind ferner der Finanzierungsvorteil, da der Exporteur in der Regel nach 30 Tagen zahlen muss, die Zahlungsziele im Ausland aber länger sind. Der Exporteur muss also das Geschäft vorfinanzieren.

Die wichtigsten Nachteile des indirekten Exports sind der fehlende Kontakt zum Markt, der Marktzugang bleibt auf Dauer verschlossen, die zu erzielenden Erlöse sind geringer als beim direkten Export.

Für viele Unternehmen, die selbst auf einem Auslandsmarkt tätig sein wollen, denen aber die finanziellen Mittel oder die Erfahrung fehlt, bietet sich eine Zusammenarbeit mit anderen Unternehmen im Exportgeschäft (Exportkooperation) an. Eine Form der Kooperation mit einem Partner ist der Huckepackexport.

Hier baut ein Unternehmen mit speziellen Erfahrungen im Auslandsgeschäft für ein anderes Unternehmen mit ergänzendem Produktionsprogramm das Exportgeschäft auf. Das bietet sich dann an, wenn dieses Unternehmen im Ausland bereits komplementäre Produkte an die gleichen Abnehmerkreise anbietet. Wenn ein deutsches Unternehmen z.B. Fensterglas oder Holzfarben an französische Tür- und Fensterhersteller oder Möbelhersteller liefert, bieten sich Beschläge als Produkt zur Sortimentsverbreiterung an.

Falls beide Möglichkeiten der Markterschließung bestehen, so wäre die Huckepack-Kooperation vorzuziehen, da man sich damit eine spätere eigene Marktbearbeitung offenhält. Es ist auch gewährleistet, dass der Kontakt zum Markt immer bestehen bleibt. Das Ausmaß der Abhängigkeit ist geringer als beim indirekten Export.

9 : Lizenzvergabe

Die Lizenzvergabe eignet sich grundsätzlich zur Erschließung solcher Märkte, für die die Finanzkraft des Unternehmens zur eigenen Markterschließung nicht ausreicht oder die dem Unternehmen aufgrund von Beschränkungen verschlossen bleiben. Ist das der Fall, so wäre eine Lizenzvergabe grundsätzlich positiv zu beurteilen.

Weitere Vorteile für die Lizenzvergabe können sein:

- Umgehung von tarifären und nicht-tarifären Handelshemmnissen
- schnelle, kostengünstige Erschließung eines Auslandsmarktes
- die Reduzierung des eigenen Auslandsmarktrisikos
- zusätzliche Einnahmen durch Lizenzgebühren

Die Lizenzvergabe führt möglicherweise zu folgenden Nachteilen:

- mit einer Lizenzvergabe „züchtet" man sich die eigene Konkurrenz
- die Lizenzvergabe kann die Möglichkeit einer späteren eigenen Markbearbeitung vertraglich ausschließen

Letztere Punkte erfordern eine sorgfältige Vertragsgestaltung. Der Lizenzvertrag sollte insbesondere folgende Punkte regeln:

1. Auflagen hinsichtlich der Absatzmärkte des Lizenznehmers und der Weitergabe der Lizenz
2. Auflagen hinsichtlich des Reimports der in Lizenz erzeugten Produkte in das Land des Lizenzgebers
3. Lizenzgebühr
4. Mindestlizenzgebühr bei Nichtinanspruchnahme
5. der Vertragsgegenstand, Schutzrechte, Verkauf von Rechten
6. das Pflichtenheft für den Lizenzgeber
7. das Pflichtenheft für den Lizenznehmer
8. die Haftung der Vertragsparteien
9. Vertragsdauer und Kündigungsfristen
10. Rechtsweg und Schiedsgericht

10 : Joint Venture

Der Verminderung des Risikos und der breiteren Kapitalbasis, die mit einem Joint Venture gewonnen werden, stehen eine Reihe von Nachteilen gegenüber.

Die Probleme, die in einem Joint Venture auftreten können, sind im Wesentlichen

- Probleme aufgrund der Partnerstruktur und der Entscheidungsbefugnisse.
- Probleme aufgrund der Einschränkung des Handlungsspielraumes.

Probleme aufgrund der Partnerstruktur und der Entscheidungsbefugnisse können auftreten, weil die Partner unterschiedliche Vorstellungen über Zielsetzungen, Marktbearbeitung, Gewinnverteilung oder Investitionsverhalten haben. Auch die Geschäftsmentalität, Entscheidungsroutinen, Führungsverhalten sowie ein unterschiedliches unternehmerisches Erfahrungsniveau können zu Schwierigkeiten führen.

Die Einschränkung des Handlungsspielraums kann sich im Absatzbereich bei der Auswahl der Zielgruppen, der Preispolitik oder der Vertriebskanäle im Gastland widerspiegeln.

Ferner müssen Personalentscheidungen im Management, Finanzierungsentscheidungen und Investitionsentscheidungen gemeinsam beschlossen und getragen werden.

Das Entstehen von Schwierigkeiten sollte durch eine detaillierte Vertragsgestaltung im Vorfeld so weit wie möglich aufgefangen werden.

11 : Export vs. Produktion im Ausland

Gewinnveränderung beim Export

Gut A in Deutschland		Wechselkurs	Gut A in USA	
	Euro	1 Euro = 1 US $	US Dollar	
			2.500	Preis in USA
			10.000	Menge in USA
			25 Mio.	Umsatz
US-Erlös in Euro	25 Mio			
Kosten in Deutschland	22 Mio			
Gewinn im US Geschäft	3 Mio	2003		

Gut A in Deutschland		Wechselkurs	Gut A in USA	
	Euro	0,8 Euro = 1 US $	US Dollar	
			2.500	Preis in USA
			10.000	Menge in USA
			25 Mio.	Umsatz
US-Erlös in Euro	20 Mio			
Kosten in Deutschland	22 Mio			
Verlust im US Geschäft	- 2 Mio	2008		

Aus dem Gewinn von 3 Mio. Euro (2003) wird beim Exportgeschäft ein Verlust von 2 Mio. Euro (2008).

Gut A in Deutschland		Wechselkurs	Gut A in USA	
	Euro	1 Euro = 1 US $	US Dollar	
		2003	2.500	Preis in USA
			2.200	Stückkosten in USA
			300	Stückgewinn
			3 Mio.	Gesamtgewinn
Gewinn im US Geschäft	3 Mio.			

Gut A in Deutschland		Wechselkurs	Gut A in USA	
	Euro	0,8 Euro = 1 US $	US Dollar	
		2008	2.500	Preis in USA
			2.000	Stückkosten in USA
			300	Stückgewinn
			3 Mio.	Gesamtgewinn
Gewinn im US Geschäft	2,4 Mio.			

Bei einer Fertigung in den USA beläuft sich der Gewinn in 2003 ebenfalls auf 3 Mio Euro. Nach der Änderung des Wechselkurses verringert sich der Gewinn hier von 3 Mio. Euro auf 2,4 Mio. Euro. (bei einer gegenläufigen Wechselkursentwicklung wäre natürlich die Gewinnsteigerung beim Export höher). In jedem Fall werden aber die Gewinn- bzw. Verlustschwankungen abgemildert.

12 : Lohnstückkosten

Die Frage der kostengünstigeren Fertigung muss anhand der Lohnstückkosten entschieden werden. Die Lohnstückkosten betragen in Deutschland 0,125 Euro und in Bulgarien 0,0375 Euro.

	Stundenlohn
Deutschland	25 Euro/Std.
Bulgarien	3 Euro/Std.

	Output	Input	Arbeitsproduktivität je Std.
Deutschland	200 Werkzeuge	1 Stunde	200 Werkzeuge/Stunde
Bulgarien	80 Werkzeuge	1 Stunde	80 Werkzeuge/Stunde

	Lohnstückkosten
Deutschland	0,125 Euro/Werkzeug
Bulgarien	0,0375 Euro/Werkzeug

Der Wettbewerbsvorteil Bulgariens ginge bei einem Stundenlohn von 10 Euro (bei unveränderter Produktivität und unveränderten Daten in Deutschland) verloren.

13 : Zeitliches Vorgehen bei der regionalen Markter- schließung

Hinsichtlich der regionalen Markterschließung lassen sich folgende zeitliche Vorgehensweisen erkennen:

- die sukzessive Erschließung von Ländermärkten (Wasserfall-Strategie)
- die gleichzeitige Erschließung von Ländermärkten (Sprinkler-Strategie)
- die Erschließung einiger Kernmärkte als Basis für die regionale Ausweitung (Brückenkopf-Strategie)

Bei der Wasserfallstrategie werden die Länder zeitlich nacheinander erschlossen. Dabei werden zunächst die Länder erschlossen, die die größte Ähnlichkeit zum Heimatmarkt haben, bei denen also aufgrund der nationalen Erfahrung die Gefahr eines Fehlschlages gering ist (also hier z.B. die Niederlande, Belgien, Frankreich). Die internationale Erfahrungsbasis wird auf diese Weise schrittweise verbreitert.

Der Vorteil ist

- die Tatsache, dass ein Unternehmen entsprechend seinen Ressourcen ein Auslandsgeschäft ausweiten und gleichzeitig seine internationale Erfahrung schrittweise ausbauen kann,
- die Eingrenzung des Risikos, da erst nach erfolgreicher Erschließung des Marktes eines Landes, das nächste Land in Angriff genommen wird,
- die Verlängerung des gesamten Produktlebenszyklus, da ein Produkt, das sich auf dem Heimatmarkt z.B. in der Sättigungsphase befindet, auf einem Auslandsmarkt erst in der Einführungsphase sein kann,
- der lange Erschließungszeitraum, der die Möglichkeit zur Anpassung an nationale Besonderheiten erlaubt.

Nachteil der Wasserfall-Strategie kann sein, dass

- bei geringen Erfolgen auf den ersten Ländermärkten auf eine weitere Erschließung anderer Länder verzichtet wird, obwohl hier eine positivere Entwicklung zu erwarten wäre,
- Produkte, die erst auf wenigen Märkten eingeführt sind von Konkurrenten auf anderen Märkten nachgeahmt werden,
- aufgrund einer längeren Gesamterschließungszeit das ursprüngliche Produkt aufgrund der technischen Entwicklung oder veränderter Konsumgewohnheiten veraltet ist und nicht mehr auf weiteren Märkten angeboten werden kann.

Bei der Brückenkopf-Strategie werden zunächst einige Länder simultan oder sukzessiv erschlossen. Es werden dabei Länder ausgewählt, die für eine Region eine zentrale Rolle spielen. Von diesen Ländern werden später unter Verantwortung der geschaffenen Stützpunkte die Nachbarländer in der jeweiligen Region erschlossen.

Vorteile der Brückenkopf-Strategie sind, dass

- die aufzubauenden Brückenköpfe in verschiedenen Schlüsselländern einer Region entsprechend den Ressourcen zeitlich schnell (simultan) oder langsam nacheinander (sukzessiv) durchgeführt werden können. Hier bieten sich z.B. Frankreich und Japan als Brückenköpfe an,
- das in den Brückenköpfen gewonnene Know-how auf die Nachbarländer übertragen werden kann, was zu einer Verminderung des Risikos führt,
- der Ausbau der Brückenköpfe in Abstimmung mit der Zentrale, aber operativ von den jeweiligen internationalen Stützpunkten erfolgt, was zu einer Entlastung der nationalen Muttergesellschaft führt.

Nachteile der Brückenkopf-Strategie können sein:

- ein fehlgeschlagener Aufbau eines Brückenkopfes verhindert die Erschließung der übrigen Länder der Region
- der Verringerung des operativen Einsatzes der Muttergesellschaft steht ein erhöhter Koordinierungs- und Kontrollaufwand gegenüber

14 : Marktsegmentierung

Bei der Marktsegmentierung soll ein Gesamtmarkt, der aus heterogenen Verbrauchergruppen (Verbrauchergruppen mit unterschiedlichen Bedürfnissen) besteht, in Teilmärkte mit homogenen Verbrauchergruppen aufgeteilt werden. Diese verschiedenen Verbrauchergruppen oder – einzelne von ihnen – bearbeitet man mit einem unterschiedlichen Marketingmix (z.B. in dem man unterschiedliche Produkte und Leistungen anbietet). Auf diese Weise will man stärker auf die Bedürfnisse in den Verbrauchergruppen eingehen und somit die Absatzchancen erhöhen. Dies wird um so eher gelingen je bedürfnisgerechter die Segmentierung ist und um so kleiner die Marktsegmente (bis hin zum individuellen Segment) sind.

Als Segmentierungskriterien wählt man Merkmale aus, die möglichst statistisch erfasst werden können und die im ursächlichen Zusammenhang mit dem Bedürfnis stehen. So könnte der Konsum von Softdrinks abhängen:

- vom Alter
- vom Geschlecht
- von der soziologischen Schicht
- vom verfügbaren Einkommen
- vom Lebensstil

Bei der internationalen Segmentierung wird man darauf achten, möglichst in allen Ländern nach dem gleichen Kriterium zu segmentieren, um eine einheitliche Marktbearbeitung durchführen zu können.

15 : Portfolio-Analyse

In der BCG Matrix werden als wichtigste Einflussfaktoren für den Unternehmenserfolg das Marktwachstum und der relative Marktanteil abgetragen.

Der relative Marktanteil errechnet sich als der eigene Marktanteil dividiert durch den Marktanteil des größten Wettbewerbes x 100 (%). Danach ergeben sich folgende rel. MA: A: 150 % B: 67 % C: 50 %, D: 40 %. Die BCG Matrix sieht wie folgt aus (Die Kreisfläche repräsentiert den Umsatz der einzelnen Produkte):

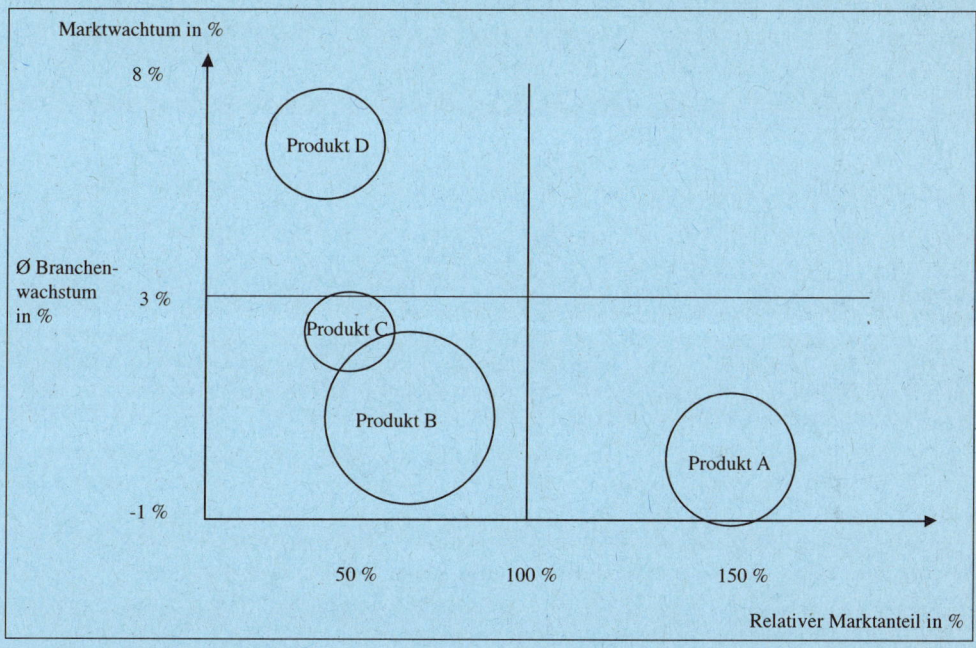

Zur Darstellung der McKinsey Matrix müssen zunächst die gewichteten und bewerteten Einflussfaktoren der Marktattraktivität und der Wettbewerbsstärke zugeordnet werden.

Für das Produkt A ergeben sich folgende Werte:

	Marktattraktivität			
	Gewicht	Bewertung	G x B	Max. Punktzahl
Marktwachstum	10	1	10	60
Marktvolumen	20	1	20	120
Wettbewerbsintensität	30	6	180	180
Nachfrageschwankungen	10	5	50	60
Rentabilität	30	6	180	180
	100		440	600

	Wettbewerbsposition			
	Gewicht	Bewertung	G x B	Max. Punktzahl
Tech. Qualität	40	5	200	240
Liefergeschwindigkeit	10	2	20	60
Service	30	4	120	180
Preisstellung	10	4	40	60
rel. Marktanteil	10	6	60	60
	100		440	600

A ist also am Punkt 440/440 bzw. 4,4/4,4 in einer Matrix zu positionieren, bei der die maximalen Werte je 6 erreichen können. Für die anderen Produkte ergeben sich folgende Werte (Wettbewerbsstärke/Marktattraktivität): B: 3,5/3,1; C: 4,1/4,0; D: 1,8/1,7.

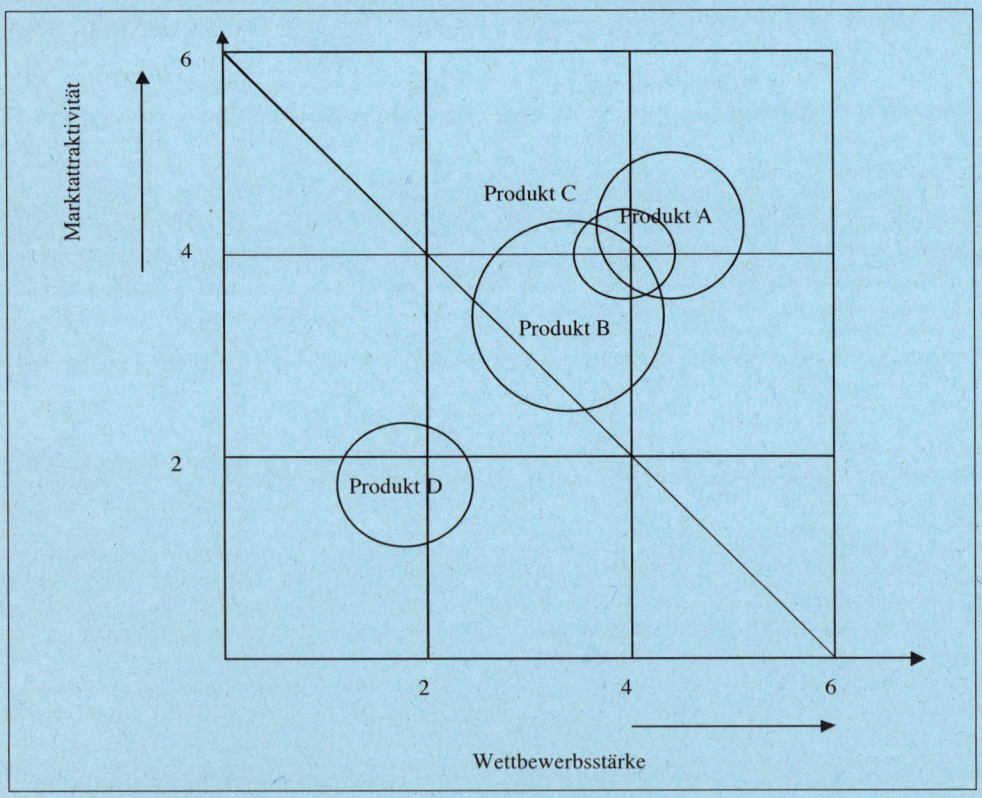

Die beiden Portfolios zeigen eine unterschiedliche Einordnung der Produkte und führen zu unterschiedlichen Empfehlungen, wie die Produkte strategisch zu behandeln sind. Während z.B. für das Produkt A in der BCG Matrix eine Desinvestition vorgeschlagen wird, wird für A in der McKinsey Matrix eine hohe Wettbewerbsstärke und hohe Marktattraktivität ermittelt und ein Ausbau empfohlen.

16 : Produktgestaltung

Wettbewerbsvorteile können erlangt werden, indem kaufrelevante Eigenschaften bedürfnisgerechter gestaltet werden. Neben der Preisgestaltung und dem Vertrieb könnte der Hersteller der Unterhaltungselektronik z.B. folgendes ändern:

- Markennamen
- Design (Form, Farbe)
- Bedienerfreundlichkeit
- Service

17 : Gewährleistung und Produkthaftung

Der Käufer eines fehlerhaften Produktes oder der Käufer, der durch ein Produkt geschädigt wurde, kann unter Umständen Ansprüche geltend machen aus

- Gewährleistung und
- Produkthaftung.

Die vertragliche oder gesetzliche Gewährleistung, gewährt einen Ausgleich für den Minderwert einer Sache.

Unter Produkthaftung (auch: Produzentenhaftung) versteht man die Haftung für Folgeschäden an Personen und Sachen, die dem Benutzer oder Dritten durch die Verwendung fehlerhafter Produkte entstehen.

Gewährleistungsansprüche können sich ergeben aus

- dem Bürgerlichen Gesetzbuch,
- dem Gesetz über die Allgemeinen Geschäftsbedingungen,
- dem Konsumentenschutzgesetz,
- dem Versicherungsvertragsgesetz.

Während es sich bei der Delikthaftung des BGB um eine verschuldensabhängige Haftung handelt, handelt es sich bei der Haftung nach dem Produkthaftungsgesetz (ProdHaftG) um eine reine Gefährdungshaftung. Wer eine Schadensquelle schafft und daraus wirtschaftlichen Nutzen zieht (z.B. fehlerhafte Produkte verkauft) soll haften, selbst wenn ihm kein Verschulden anzulasten ist.

In den USA gibt es ebenfalls eine gesetzliche Mindestgewährleistungspflicht (implied warranties) und eine vertragliche Garantie (expressed warranties). Hier besteht eine verschuldensunabhängige Haftung wegen Verstoßes gegen gesetzliche oder vertraglich vereinbarte Gewährleistungspflichten (breach of warranty).

Beide Haftungen unterscheiden sich nicht sehr von der EG Produkthaftungs-
richtlinie. Starke Unterschiede ergeben sich aber aus den materiell-rechtlichen
Regelungen, der Prozesspraxis und der Höhe der Schadenskompensation. Bei der
Schadenskompensation gilt das Prinzip des Schadensersatzes mit Strafwirkung
(punitive damages). So wird bei der Bemessung der Schadenshöhe und des Strafmaßes u.a. auch die Vermögenssituation des Beklagten berücksichtigt. Dies ist in den
einzelnen Bundesstaaten unterschiedlich geregelt.

18 : Markenvorteile

Aus Sicht des Verbrauchers bietet eine Marke folgende Vorteile:

- Erleichterung der Identifikation durch eine hohe Bekanntheit einer Marke
- Orientierungshilfe bei der Auswahl
- Vermittlung von Vertrauen durch Kompetenz (Qualitätssicherungsfunktion)
- Beweis von Kompetenz beziehungsweise Sicherheit bei der Verwendung und
  Entsorgung. Diese Eigenschaften ergeben sich oft aus der Qualitätsvermutung
- Image- bzw. Prestigefunktion im sozialen Umfeld des Verwenders

Für den Anbieter hat eine Marke die Vorteile:

- den Aufbau einer Markentreue (Markenloyalität) beim Kunden zu ermöglichen
- Schutz vor Angriffen der Konkurrenz zu bieten
- preispolitische Spielräume zu schaffen

19 : Global Brands

Unter einer Marke versteht man nach Mellerowicz Waren, die folgende konstitutive
Anforderungen erfüllen:

- das Vorliegen einer Fertigware
- mit einer Markierung als physische Kennzeichnung
- in gleichbleibender oder verbesserter Qualität
- in gleichbleibender Menge
- in gleichbleibender Aufmachung
- in einem größeren Absatzraum (Überallerhältlichkeit bzw. Ubiquität)
- mit kommunikativer Unterstützung beim Endverbraucher und Anerkennung im
  Markt

International stehen Unternehmen zwischen den extremen Entscheidungen ein
einheitliches Markenkonzept ohne nationale Besonderheiten weltweit durchzusetzen (globale Markenstrategie mit global brands) oder auf Länderbesonderheiten
Rücksicht zu nehmen und individuelle Konzepte für einzelne Ländermärkte zu
entwickeln (multinationale Markenstrategie mit local brands).

Bei der globalen Strategie werden im Idealfall Marken unter einem Markenauftritt, d.h. unter einem Namen, einer Verpackung, in einer Qualität mit einheitlich gestalteten Marketing Instrumenten den gleichen Zielgruppen weltweit angeboten. Solche globale Strategien findet man bei den „Culture-Free-Products". Voraussetzung für die Einführung von global brands ist das Vorliegen von gleichen Zielgruppen, also von Verbrauchern mit gleichen Bedürfnissen in verschiedenen Ländern, die einheitlich bearbeitet werden können.

Bei der Namengebung ist – abgesehen von der Vermeidung der Verletzung geschützter Namen – zu beachten, dass ein Name folgende Kriterien erfüllt:

- Eigenständigkeit
- Seriosität
- Innovationskraft
- Merkfähigkeit
- Schutzfähigkeit
- internationale Verwendbarkeit (leichte Aussprechbarkeit, keine negativen Assoziationen)
- internationale Schutzmöglichkeit

20 : Herstellermarke und Handelsmarke

Herstellermarken erhalten ihren Namen vom Hersteller eines Produktes. Die Hersteller garantieren die Qualität. Sie sind für die Wahl der Distributionswege verantwortlich. Hersteller richten ihre Werbung an den Handel und an die Endverbraucher (Sprungwerbung). Hersteller sind damit für die Markenführung von der Einführung über einen möglichen Relaunch bis zur Eliminierung und den Einsatz aller Marketing-Instrumente verantwortlich.

Handelsmarken werden im Auftrage des Handels von den Herstellern hergestellt. Der Handel garantiert die Qualität. Die Produkte sind nur in den entsprechenden Geschäften einer Handelskette erhältlich. Die Markenführung und der Einsatz der Marketing Instrumente liegt beim Handel.

Ein zusätzlicher Vertrieb einer Herstellermarke als Handelsmarke bietet dem Hersteller zusätzlichen Umsatz und Gewinn. Aufgrund der Losgrößendegression sinken die Stückkosten für die gesamte Fertigung. Es kann allerdings das Risiko bestehen, dass die Verbraucher erkennen, dass es sich um das gleiche Produkt wie die Markenprodukte handelt und der Absatz der Markenprodukte negativ beeinflusst wird.

Dieser negative Einfluss ist aber relativ gering, wenn

- entweder eine emotionale Markenbindung (wie bei vielen Prestigeprodukten) besteht,

- es unwahrscheinlich ist, dass bekannt wird, dass es sich technisch um die gleichen Produkte handelt,
- die technische Produktidentität zwar bekannt ist , aber das Produkt nur schwer zu erwerben ist.

Bei einem Vertrieb in Osteuropa als Handelsmarke kann man davon ausgehen, dass es kaum negative Einflüsse auf den Absatz in Westeuropa geben wird, da der Erwerb mit logistischen Schwierigkeiten und zusätzlichen Kosten verbunden ist.

Eine andere Möglichkeit der Markterschließung wäre beispielsweise der Export der Markenartikel an osteuropäische Händler oder der Vertrieb über Franchise-Partner (wobei bei diesen Alternativen Probleme mit der Durchsetzung des Preis-niveaus auftreten dürften).

21 : Markenschutz

Er kann den Namen der Marken „Sir Excellent" und „Lady Excellent" schützen lassen, ferner ein Logo und eventuell ein Werbejingle.

Einen Schutz für Deutschland kann er beim Marken- und Patentamt, München für 10 Jahre erhalten. Er kann auch einen Markenschutz als EU Gemeinschaftsmarke beim Harmonisierungsamt in Alicante beantragen. Ein solcher Schutz bezieht sich auf alle EU Länder, ohne dass ein Schutz in jedem einzelnen Land beantragt werden muss. Oder er kann auch eine Anmeldung als IR Marke bei der WIPO (World Intellectual Property), Genf , beantragen. Dieser Schutz gilt für 67 Länder, die dem Madrider Markenabkommen beigetreten sind. Will er darüber hinaus seine Marken in weiteren Ländern schützen, so muss er das beim jeweiligen Marken- oder Patent-amt eines Landes beantragen.

22 : Produktpiraterie

Bei der Nachahmung (imitating) wird ein „Produkt durch eigene Leistung nachschaffend wiederholt" (BGH), bei der sklavischen Nachahmung (counterfeit-ing) wird ein Produkt identisch zum Original mit allen Merkmalen kopiert.

Ein internationaler Schutz besteht durch die Anti-Piraterieverordnung der EG von 1988, die eine „Grenzbeschlagnahme" an den Außengrenzen der EU vorsieht, erlangt. Das deutsche „Gesetz zur Stärkung des Schutzes des geistigen Eigentums und zur Bekämpfung der Produktpiraterie" von 1990 geht darüber hinaus. Das Gesetz gibt dem Berechtigten vier Ansprüche:

- Unterlassungs- und Schadensersatzanspruch
- Anspruch der Vernichtung der Piratenware

- Auskunftsanspruch über Herkunft und Vertriebswege
- Anspruch auf Festhalten der Ware am Zoll (Grenzbeschlagnahmeverfahren)

Das deutsche Produktpirateriegesetz gibt dem Schutzrechtsinhaber die Möglichkeit durch einstweilige Verfügung den Weitervertrieb der gefälschten Ware sofort zu verbieten und die Waren sicherzustellen. Er hat ferner einen Anspruch auf Nennung des Lieferanten, Vorbesitzers und Abnehmers der gefälschten Waren zur Aufdeckung der Vertriebswege (Drittauskunft). Weitergehende gesetzliche Möglichkeiten wie die Vorlage von Belegen – wie z.B. in Frankreich und Großbritannien – zur Dokumentation der Richtigkeit der Aussagen des Händlers gibt es in Deutschland noch nicht.

Die Zollbehörden sind ferner verpflichtet, vermutete Pirateriewaren an den Außengrenzen anzuhalten, zu überprüfen und bei Bestätigung zu vernichten. Diese inzwischen EU-weite Regelung wird jedoch in der Praxis von den einzelnen Ländern mit unterschiedlicher Intensität gehandhabt.

23 : Die Bedeutung des Preises als Marketing Instrument

Die Bedeutung des Preises hat in den letzten Jahren zugenommen, da

- die zunehmende Standardisierung international vertriebener Produkte, zwar zu einer Senkung der Stückkosten geführt hat, gleichzeitig aber die Preisvergleichbarkeit und damit den Preiswettbewerb erhöht hat,
- die Einführung des Euro zusätzlich die Preisvergleichbarkeit erleichtert hat,
- der Abbau der Handelsschranken und der Fortfall von Wechselkursrisiken bzw. Kurssicherungskosten im Euro-Gebiet die Durchsetzung international unterschiedlicher Preisniveaus verringert hat,
- das Internet die Möglichkeiten internationaler Preisvergleiche erhöht hat,
- die zunehmend global operierenden Unternehmen international einheitliche Beschaffungspreise (und zwar auf dem niedrigsten Niveau eines Landes) durchzusetzen versuchen.

Alle Einflussfaktoren haben somit die Preistransparenz erhöht und den Preiswettbewerb verschärft.

24 : Penetrationspreisstrategie

Bei der Penetrationsstrategie erfolgt ein Markteintritt zu Niedrigpreisen. Auf diese Weise sollen bei einem neuen Markt Konkurrenten vom Markteintritt abgehalten werden oder es sollen auf einem bestehenden Markt Konkurrenten verdrängt werden. Eine schnelle Absatzsteigerung führt auch zu weiteren Stückkostensenkungen (economies of scale) der Gesamtfertigung. Auch Erfahrungsgewinne (Lernkurve) unterstützen die Stückkostensenkung. Aufgrund des niedrigen Eintrittspreises wird auch das Risiko eines Fehlschlages (Flop) verringert.

Im vorliegenden Fall ist allerdings ein solches Vorgehen nicht zu empfehlen. Es muss damit gerechnet werden, dass aufgrund der geographischen Nähe

- Deutsche ihr Fahrrad in den Niederlanden kaufen,
- deutsche Händler die Fahrräder reimportieren,
- die Marke in Deutschland einen Imageschaden erleiden könnte, wenn der niedrige Preis mit geringer Qualität gleichgesetzt werden sollte.

25 : Renditeziel

$$\text{Umsatzrendite} = \frac{\text{Gewinn}}{\text{Umsatz}} \times 100\ (\%) = \frac{\text{Umsatz - Kosten}}{\text{Umsatz}} \times 100\ (\%)$$

$$10 = \frac{5\,x - (10.000 + 2\,x)}{5\,x} \times 100 = 4.000\ \text{Mengeneinheiten}$$

26 : Preiswettbewerb

a)

		2002	2003
Preis	Euro	45	45
Menge	Stück	250.000	200.000
Umsatz	Mio. Euro	11,25	9,00
fixe Kosten	Mio. Euro	4,50	4,50
variable Kosten	Mio. Euro	6,25	5,00
Gesamtkosten	Mio. Euro	10,75	9,50
Gewinn/Verlust	Mio. Euro	0,50	-0,50

b)

		2002	2003	2004
Menge	Stück	250.000	200.000	275.000
fixe Kosten	Mio. Euro	4,500	4,500	4,500
variable Kosten	Mio. Euro	6,250	5,000	6,875
Gesamtkosten	Mio. Euro	10,750	9,500	11,375
Stückkosten	Euro	43,00	47,50	41,36

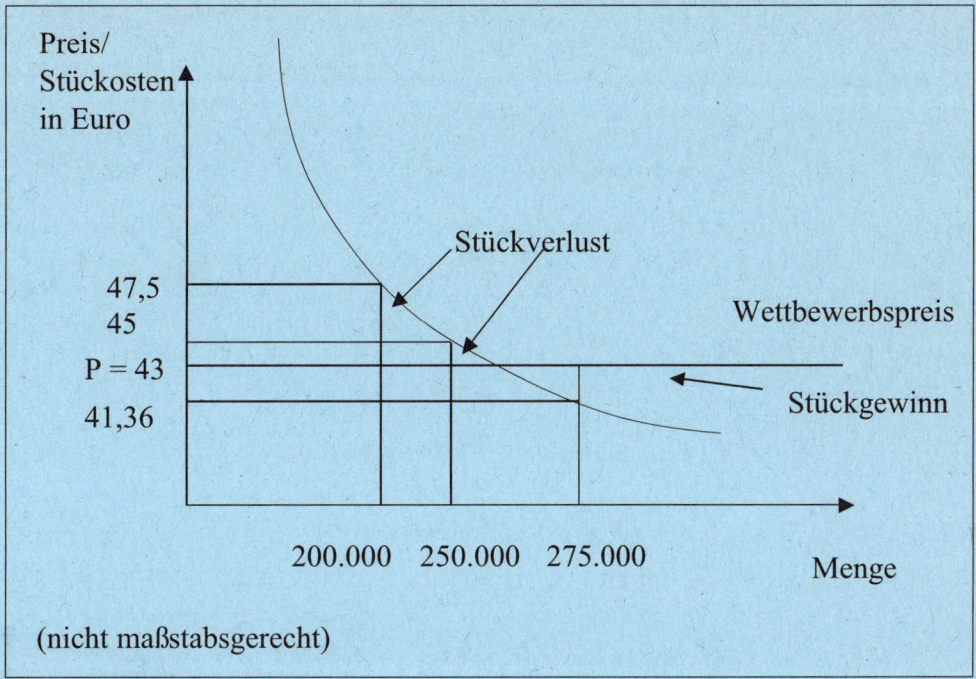

(nicht maßstabsgerecht)

Bei 275.000 Stück Produktion käme das Unternehmen in eine Kostenposition, die es erlauben würde, den japanischen Wettbewerber zu unterbieten. Es ist aber zu prüfen, ob

- die Menge absetzbar ist,
- der japanische Wettbewerber seinen Preis nicht weiter senken wird, wenn er angegriffen wird.

27 : Dumping

In der Ausgangssituation (Kurs 1 Dollar = 1 Euro) erlöste der Parfumhersteller:
in Frankreich: 40 Euro   in USA: 43 Euro

Bei einem Kurs von 1 Dollar = 0,75 Euro erlöst er:
in Frankreich: 40 Euro   in USA: 32,25 Euro

Um auch in den USA mindestens 40 Euro zu erlösen, müsste er den Preis in den USA auf 53,33 Dollar anheben.

28 : Preisgleitklausel

$$P = \frac{p0}{100}\left(z + x\,\frac{M1}{M0} + y\,\frac{L1}{L0}\right)$$

P	= Preis am Tag der Lieferung	
P_0	= Preis am Tag des Vertragsabschlusses	110 Euro/100 kg
M_0	= Materialpreis am Tag des Vertragsabschlusses	2.500 Euro/t
M_1	= Materialpreis am Tag der Lieferung	3.000 Euro/t
L_0	= Ecklohn am Tag des Vertragsabschlusses (Index)	100
L_1	= Ecklohn am Tag der Lieferung (Index)	109
z	= unveränderlicher Festanteil in Prozent	20 %
x	= Materialanteil	65 %
y	= Lohnkostenanteil	15 %

$$P = \frac{110}{100}\left(20 + 65\,\frac{3.000}{2.500} + 15\,\frac{109}{100}\right)$$

Nach 3 Jahren ist ein Preis von P = 125,79 Euro/100 kg zu zahlen.

29 : Auktionen im Internet

Unter einer Auktion ist ein Bietungsprozess zu verstehen, bei dem Anbieter und Nachfrager dem Auktionator ihre Gebote (Preisvorstellungen) mitteilen. Auf diese Weise soll sicher gestellt werden, dass der Nachfrager, dem ein Gut „am meisten Wert" ist – was darin zum Ausdruck kommt, dass er bereit ist den höchsten Preis zu zahlen – auch dieses Gut erhält.

Bei der Englischen Auktion, der bekanntesten Form, geben die Bieter – beginnend mit einem Ausrufungspreis – ihre steigenden Angebotspreise so lange ab, bis ein Bieter übrig bleibt. Dieser erhält zu seinem Reservationspreis den Zuschlag. Die Englische Auktion ist auch die am häufigsten vorkommende Online Auktionsform.

Bei der Japanischen Auktion steigt der Preis kontinuierlich so lange bis nur ein Bieter übrig bleibt. Es erfolgt also bei dieser aufsteigenden Auktion keine gegenseitige Überbietung.

Bei der absteigenden Holländischen Auktion senkt der Auktionator den hohen Anfangspreis langsam und kontinuierlich ab. Der Nachfrager, der zuerst den Preissenkungsprozess unterbricht erhält den Zuschlag.

Bei der Höchstpreisauktion werden Preisangebote in einem versiegelten Umschlag abgegeben. Nach einer festgelegten Frist werden die Umschläge geöffnet und der Bieter mit dem höchsten Preisangebot erhält den Zuschlag.

Die Zweitpreisauktion funktioniert wie die Höchstpreisauktion, nur dass der Bieter nicht den von ihm genannten höchsten Preis , sondern nur den zweithöchsten Preis zahlen muss. Man möchte auf diese Weise die Bieter veranlassen, ihren wahren Höchstpreis (Reservationspreis) zu nennen, da sie wissen im Falle des Zuschlages nur den zweithöchsten Preis zahlen zu müssen.

30 : Kompensationsgeschäfte

Beim klassischen Barter unterscheidet man Eigenkompensation und Fremdkompensation.Bei der Eigenkompensation erhält z.B. ein Lieferant von Stahl nach Russland als Gegenleistung Kohle, die er selbst zur Roheisenherstellung einsetzen kann. Bei der Fremdkompensation erhält dieser Stahllieferant Waschmaschinen, die er über Handelshäuser vermarkten muss.

Beim modernen Barter werden Export- und Importlieferungen verknüpft. Oftmals ist noch ein Handelshaus oder ein Importeur eingeschaltet. Ein deutscher Maschinenbauer liefert z.B. Tiefziehmaschinen nach Rumänien. Ein Importeur kauft diese Maschinen (fakturiert in Euro) und verkauft sie in Landeswährung an einen nationalen Hersteller von Getränkedosen aus Aluminium. Dann kauft er z.B. in Rumänien Autoreifen für Nutzfahrzeuge, die er nach Deutschland gegen Euro exportiert. Er bezahlt jetzt den Autoreifenhersteller in nationaler Währung und den Maschinenbauer in Euro.

31 : Direktvertrieb

Die Entscheidung in den baltischen Staaten einen direkten Vertrieb (Geschäftsanbahnung über den Versand von Katalogen) aufzubauen, hängt im Wesentlichen von folgenden Faktoren ab:

- Vertrautheit der nationalen Kunden mit einem direkten Vertrieb
- Wertschätzung bzw. Ansehen des direkten Vertriebes als Absatzweg
- rechtliche Zulässigkeit in dem jeweiligen Land und für die jeweilige Produktgruppe
- infrastrukturelle Voraussetzungen (z.B. funktionstüchtiger Postversand) für den logistischen Aufbau eines Direktvertriebes

Liegen diese Voraussetzungen vor, so bietet der direkte Vertrieb folgende Vorteile:

- höhere Erlöse als beim indirekten Vertrieb
- freie Gestaltung aller Marketing Instrumente
- Durchsetzung der eigenen Marketing Konzeption bis zum Letztverbraucher
- enger Kundenkontakt und damit vollkommene Information über das Marktgeschehen

- schnelle Reaktionsmöglichkeit auf Veränderungen des Nachfrage- oder Konkurrenzverhaltens

Nachteile sind:

- höhere Logistikkosten als beim indirekten Vertrieb
- höherer Aufwand für die Informationsbeschaffung über Marktveränderungen

32 : Efficient Consumer Response

Das Supply Chain Management bezieht den Hersteller in die Auftrags- und Lieferplanung des Handels mit ein. Die wichtigsten Ziele im Supply Chain Management sind

- die Verkürzung der Lieferzeiten der Hersteller,
- die Verringerung der Lagerbestände beim Handel,
- die Senkung der Logistikkosten,
- die Vermeidung von leeren Lagern im Handel.

Instrumente zur Erreichung dieser Ziele sind

- der Electronic Data Interchange (EDI),
- das Vendor Managed Inventory (VMI),
- weitere Enabling Technologies (z.B. EAN, Sinfos, Cross Docking).

Bei dem Category Management geht es um

- die Entwicklung von Techniken und Technologien zur Standardisierung von Abläufen sowie zur Effizienzsteigerung,
- die Veränderungen der Organisationsform,
- die Optimierung der Sortimentsgestaltung und -führung.

Grundlage sind kundenorientierte Kennzahlen wie

- Kundenzufriedenheit und Stammkundenanteil,
- ABC-Analysen nach Umsatz, Käuferreichweiten und Bedarfsdeckungsquoten, die Kunden- und Warendaten kombinieren,
- die Verknüpfung von Kunden- und Ertragsinformationen in ABC-Analysen nach Spannen und im Customer Lifetime Value, um zu prüfen, ob die richtigen Kunden gebunden werden.

Auf der Basis dieser Kennzahlen erfolgt

- die Bestands- und Regaloptimierung (Efficient Store Assortment),
- die Minimierung der Handlingkosten (Efficient Promotion),
- die Optimierung von Produktentwicklung und -einführung.

Das Category Management fordert somit, dass Hersteller ihre Produkte nicht nur als Problemlösung für den Verbraucher entwickeln, sondern ihr Angebot so gestalten, dass gleichzeitig auch eine Problemlösung für den Handel entsteht.

33 : E-Commerce

Der internationale E-Commerce kann u.a. folgende Probleme mit sich bringen:

- Sprachenvielfalt
- Konflikte im traditionellen Vertriebskanal
- Unterschiede in den Rechtsvorschriften
- Zertifizierung
- steuerliche Fragen
- Sicherheit im Zahlungsverkehr (Verschlüsselung, Kryptographie)

Neben der nationalen Sprache sollte der Kunde eine Kontaktmöglichkeit zumindest in englischer Sprache haben.

Der E-Commerce ermöglicht es, den Handel als Absatzmittler auszuschalten. Händler können in dieser Situation allerdings drohen, die Produkte des Anbieters aus dem Sortiment bzw. aus der Leistungspalette zu nehmen, falls dieser die gleichen Produkte preisgünstiger anbietet.

Beim länderüberschreitenden E-Commerce ist bei Rechtsstreitigkeiten der Gerichtsstand im Land des Käufers und es kommt das landesspezifische Recht zur Anwendung.

Ziel einer Zertifizierung ist es, den potenziellen Kunden Seriosität und Sicherheit zu vermitteln, da der Verbraucher den Geschäftspraktiken unbekannter Anbieter gegenüber reserviert sein kann.

Das internationale Online Geschäft kann umsatzsteuerliche, ertragssteuerliche und körperschaftssteuerliche Konsequenzen haben, die bisher in vielen Fällen noch nicht voll abgeschätzt werden können.

Zahlungen im Internet können über Transfer der Kreditkartennummer oder mittels Electronic Cash (E-Cash) erfolgen. Zahlreiche Verfahren zur Verschlüsselung der Daten sollen einen unbefugten Zugriff verhindern. Die Systeme leiden bis heute darunter, dass sie oft sehr kompliziert sind, und dass sich vor allem kein internationaler Standard durchgesetzt hat, sodass mehrere System nebeneinander bestehen.

34 : Marketing- und Werbezielgruppen

Zielgruppen des Marketing sind alle Personen (oder Unternehmen) eines ausge-wählten Marktsegments, die gleiche oder ähnliche Bedürfnisse aufweisen und die bereits Käufer oder potenzielle Käufer eines Produktes oder einer Leistung sind.

Werbezielgruppen sind Teile einer Marketingzielgruppe. Man wählt aus einer Marketingzielgruppe bestimmte Personenkreise aus, die gezielt umworben werden. Dies können z.B. Käufer oder frühere Käufer oder Wechselkäufer sein. Oder: Befürworter oder Indifferente. Oder: frühe Erstkäufer oder späte Erstkäufer.

35 : Standardisierte oder differenzierte internationale Werbung

Eine Werbebotschaft kann u.a. international in Form eines

- Global Advertising,
- Local Advertising

transportiert werden.

International standardisierte Produkte, die gleichen Zielgruppen in den einzelnen Ländern zur Verfügung gestellt werden, werden möglichst weltweit mittels einer Werbebotschaft in Rahmen eines „Global Advertising" kommuniziert (Coca Cola, Marlboro). In den einzelnen Ländern erfolgt höchstens eine Anpassung der Sprache, eventuell des Namens oder der Farbe.

Das Global Advertising bringt Vorteile in den Kosten, den organisatorischen Abläufen und verringert das Risiko. Durch eine standardisierte Form der Werbung werden Planungs-, Koordinations- und Kontrollabläufe innerhalb und außerhalb des Unternehmens vereinfacht.

Dort wo man in der Produktstrategie differenziert vorgeht, also das Produkt jeweils den nationalen Besonderheiten anpasst oder für jedes Land ein neues Produkt entwirft, erfolgt auch eine lokale Gestaltung der Werbebotschaft. Man betreibt also ein „Local Advertising".

Eine national ausgerichtete Werbung kann aber auch betrieben werden, wenn bei standardisierten Produkten in einzelnen Ländern unterschiedliche Produkt-eigenschaften kaufrelevant sind. Die Wahl des USP (unique selling proposition), des entscheidenden Produktvorteils, ändert sich hier von Land zu Land.

36 : Corporate Identity

Corporate Identity ist das Selbstverständnis eines Unternehmens, das Zielgruppen vermittelt werden soll. Image hingegen ist das Bild eines Unternehmens wie es von der Öffentlichkeit wahrgenommen und verstanden wird. Das Unternehmensimage spiegelt die Vorstellungen wider, die Kunden, Wettbewerber oder Meinungsbildner von einem Unternehmen haben, die nicht notwendigerweise mit den Vorstellungen des Managements übereinstimmen müssen

Eine erfolgreiche Öffentlichkeitsarbeit zeigt sich darin, dass das eigene Unternehmensbild, die Corporate Identity, mit dem Image über das Unternehmen übereinstimmt.

Die Corporate Identity beruht auf den Säulen

- Corporate Design,
- Corporate Communications,
- Corporate Behavior.

Das Corporate Design sucht durch ein einheitliches äußeres Erscheinungsbild, die Bekanntheit und die Wiedererkennung des Unternehmens zu erhöhen.

Die Corporate Communications sollen durch einen zielorientierten Informationsfluss zur externen Öffentlichkeit zum Aufbau von Vertrauen, Sympathie und Akzeptanz beitragen.

Voraussetzung und Rahmenbedingung für die Glaubwürdigkeit einer Unternehmensidentität ist auch die Corporate Behavior, das Verhalten des Unternehmens. Um die im Unternehmensverhalten geforderte Identifikation der Mitarbeiter mit dem Unternehmen (Wir-Gefühl) zu verwirklichen bedarf es der Vorgabe und der Umsetzung von Leitlinien des internen und externen Verhaltens.

37 : Product Placement

Unter Product Placement versteht man die Darstellung, Verwendung oder Erwähnung von Produkten in Spiel-, TV-Filmen und Videos in einer Art und Weise, die für den Zuschauer Namen, Marke oder Ort eindeutig erkennbar machen.

Product Placement wird eine starke Werbewirkung zugesprochen. Der Vorteil des Placement liegt

- in der Leitbildfunktion und im Imagetransfer des Schauspielers bzw. der Schauspielerin,
- in der unbewussten Beeinflussung,

- in dem Umgehen der rechtlich eingeschränkten Werbezeit im öffentlichen Fernsehen,
- in der Vermeidung des Werbewiderstandes (Reaktanz),
- in der internationalen Einsetzbarkeit.

Das Product Placement erzielt also ohne Veränderung international eine gleiche Wirkung, wenn Schauspieler überall das gleiche Image haben.

Man unterscheidet

- Product Placement i.e.S.,
- Corporate Placement,
- Generic Placement,
- On Set Placement,
- Creative Placement.

Beim Product Placement i.e.S. stehen Produkte – überwiegend Markenartikel – oder Dienstleistungen im Mittelpunkt der Präsentation. Beim Corporate Placement geht es um die Präsentation des Firmennamens. Das Gesamtbild eines Unternehmens in der Öffentlichkeit soll wie bei der Public Relations positiv beeinflusst werden.

Generic Placement ist die allgemeine Verwendung von Produkten, ohne den Namen zu zeigen. Hier geht es darum, z.B. durch demonstratives Rauchen zu zeigen, wie erfolgreich Raucher sind oder durch demonstratives Essen vegetarischer Kost zu zeigen, wie fit und gesund diese Leute sind.

Hinsichtlich der Präsentationsart unterscheidet man On Set Placement und Creative Placement. Beim On Set Placement (stilles Placement) spielt der präsentierte Gegenstand nur eine untergeordnete Rolle am Rande der Handlung. Er wird nicht näher in die Handlung einbezogen und nur selten vom Zuschauer bewusst wahrgenommen. Beim Creative Placement wird das Produkt dagegen auf kreative Weise in die Handlung eingebaut.

38 : Messen

Die Einwirkungsmöglichkeiten auf Kunden und potenzielle Kunden sind nicht zuletzt durch das Umfeld einer Messe intensiver als bei einem Kundenbesuch. Auch die Informationsgewinnung wird durch das zwanglose Messeumfeld erleichtert. Zum anderen erlaubt die Messe eine intensive und aktive Produktinformation, denn es wird nicht nur über Produkte informiert, sondern sie sind zu besichtigen bzw. in der Anwendung oder im Einsatz zu beobachten.

Messen können so im internationalen Geschäft ein praxisbezogener Test vor Einführung eines Produktes sein, wie die Produktakzeptanz zu beurteilen ist und ob die angestrebten Zielgruppen erreicht werden können.

Auf der zweiten Ebene hat die Messe einen hohen Grad von Ereignischarakter. Der Anbieter kann dem Messebesucher durch „produktbezogene" Showeinlagen ein eindrucksvolles Erlebnis bieten.

Für den Aussteller kann die Messe folgende Vorteile bieten:

- Kennen lernen der Wettbewerber
- Überprüfung der Konkurrenzfähigkeit
- Erkundung von Exportchancen
- Orientierung über Branchensituation
- Austausch von Erfahrungen
- Anbahnung von Kooperationen
- Erkennen von Entwicklungstrends
- potenzielle Zielgruppen für das Unternehmen/das Produkt interessieren

39 : Organisation internationaler Unternehmen

In der Spartenorganisation (Divisionale Organisation, Organisation nach Business Units) tragen die Führungskräfte der zweiten Ebene weltweit die Verantwortung für ihre Produktgruppe. Die Verantwortung umfasst alle Funktionen von der Beschaffung, über das Personal, die Produktion bis zum Vertrieb. In Sparten finden sich alle Funktionen eines Unternehmens wieder. Diese Ergebnisverantwortung erlaubt die Bildung von Profit Centern. Auf diese Weise wird die Motivation und Kreativität der Mitarbeiter gefördert.

Nachteil dieser Organisationsform ist die oft fehlende Abstimmung auf und die mangelnde Kenntnis über die einzelnen internationalen Märkten, die dazu führen kann, dass Marktchancen nicht genutzt werden oder Bedrohungen zu spät erkannt werden. Denn jede Sparte kann nicht über Personal in dem Umfang verfügen, dass eine volle Markttransparenz gewährleistet ist. Die Spartenorganisation erfordert also eine regionale Koordination, um widersprüchliche Länderstrategien und Konflikte zu vermeiden.

In der Praxis werden aus Kostengründen zahlreiche Funktionen, die sinnvollerweise von einer Abteilung als Dienstleistung für alle Sparten erbracht werden können, in Zentralabteilungen oder zentralen Bereichen zusammengefasst (z.B. Beschaffung, Personal, EDV, Rechtsabteilung). Zentralabteilungen haben anders als Stabsabteilungen nicht nur eine beratende Funktion, sondern es handelt sich um weisungsberechtigte Linienfunktionen.

Je nach Bedeutung der Absatzregionen kann auch die regionale Verantwortung der Spartenleiter begrenzt werden (z.B. Europa und USA). In den anderen Regionen wird die Verantwortlichkeit von regionalen Managern wahrgenommen (area managers).

40 : Balanced Scorecard

Das von Kaplan und Norton entwickelte Balanced Scorecard Konzept berücksichtigt Kennzahlen für die Bereiche

- finanzwirtschaftliche Perspektive,
- Kundenperspektive,
- betriebsinterne Perspektive,
- Innovations- und Wissensperspektive.

Die Kennzahlen der finanziellen Perspektive erfassen die finanziellen Erwartungen der einzelnen Interessengruppen. In der Regel liegen hierzu bereits im Unternehmen Kennzahlen vor, die für die BCS ausgewählt werden können. Die Art der finanziellen Kennzahlen wird stark von der Branche und vom Lebenszyklus, in dem sich das Unternehmen befindet, geprägt. Sie bilden die Ziele für die nachfolgenden Perspektiven.

Bei der Kundenperspektive geht es darum, die wichtigsten aktuellen und potenziellen (Wert der Zielkunden) Kunden und ihre Anforderungen zu identifizieren.

Bei den betriebsinternen Prozessen geht es um die Frage welche Prozesse – beginnend bei der Beschaffung bis zum Vertrieb – dienen der Kundenzufriedenheit. Ziel ist es, in den wettbewerbsrelevanten Prozessen (z.B. Servicequalität, Lieferpünktlichkeit, Qualitätsverbesserung) Wettbewerbsvorteile zu erlangen.

Die Innovations- und Wissensperspektive soll die Kennzahlen für die Motivation, Fähigkeit und Zielausrichtung der Mitarbeiter schaffen, da sie der wichtigste Einflussfaktor für ein positives Innovationsklima sind.

Stichwortverzeichnis

Stichwortverzeichnis

Modernes Marketing für Studium und Praxis

Herausgeber Prof. Dr. Hans Christian Weis

Verkauf
von Prof. Dr. Hans Christian Weis

Werbung
von Prof. Dr. Hans-Jürgen Rogge

Produktpolitik
von Prof. Dr. Klaus Hüttel

Verkaufsgesprächsführung
von Prof. Dr. Hans Christian Weis

Internationales Marketing
von Prof. Jürgen Bruns

Marktforschung
von Prof. Dr. Hans Christian Weis
und Prof. Dr. Peter Steinmetz

Dienstleistungs-Marketing
von Prof. Dr. Ingo Bieberstein

Business-to-Business-Marketing
von Prof. Dr. Peter Godefroid

Marketing-Controlling
von Prof. Dr. Harald Ehrmann

Direktmarketing
von Prof. Jürgen Bruns

Handels-Marketing
von Prof. Dr. Sabine Haller